D1391622

# Le Guide de la Moto 2003

Bertrand **Gahel**

**LES GUIDES
MOTOCYCLISTES**

# Remerciements

Pour leur collaboration de près ou de loin à la réalisation du Guide de la Moto 2003, nous tenons à remercier : toute l'équipe de Cri Communications qui a travaillé sans répit pour rencontrer la date de tombée ; ma blonde adorée Karen pour son support inconditionel et son aide inestimable ; Steven Graetz pour sa générosité infinie et ses superbes photos ; Jack Gramas et l'équipe de l'ASM pour tous les privilèges ; Geneviève Pépin pour l'aide rapide; Michel Crépault et le magazine Motomag pour me permettre de les représenter lors des lancements ; John Campbell et Len Creed du magazine Canadian Biker, toujours pour le privilège de les représenter lors des lancements ; le bon ami Pierre « Pete » Thibodeau pour l'immense coup de main avec notre Index des concessionnaires ; Hugo-Sébastien Aubert pour ses photos d'action ; Ugo « sans H » Levac pour s'être tant dédié au projet ; Delphine Mailet pour ses corrections; Christophe Margerie pour nous avoir dépanné avec si peu de délai ; Marc-André Lavigne et Jean Tardif pour leur éthique et leur travail exact et dévoué, ainsi que leur équipe respective ; Marc « y aura pas de défaut cette année » Bouchard pour avoir été encore plus patient que d'habitude ; Gabriel Gélinas pour son aide au niveau média ; Benoît Charrette pour son aide ; Raynald « en meeting » Brière pour simplement vouloir aider, et ce, malgré ses accaparantes obligations ; Jacques Duval et Denis Duquet pour leur aide à bien des niveaux ; Martin Gaudreault et Alain Nicol de chez AMI Sport pour les mesures dynamométriques « sans préavis » ; Charles Gref et Danielle Cormier pour leur soutien ; Kimpex pour le prêt d'équipements ; Christian Touchais pour son aide et sa sympathie ; ce très cher collège et ami pour sa collaboration inestimable ; son respectable et respecté chef, pour son autorisation ; et enfin les concessionnaires AMI Sport, Claude Ste-Marie, Moto Internationale, Monette Sports, Motos Illimitées, Sport Varennes et Top Moto, pour tout genre de services rendus. En espérant n'avoir oublié personne, merci infiniment à tous et toutes.

## Crédits

**Éditeur, auteur :**
Bertrand Gahel

**Graphisme :**
CRI Communications

**Direction artistique et infographie :**
Geneviève Dubé, Marie-Mousse Léonard, Martin Ruel, Isabelle Plante, Mireille Grondin, Pascal Meunier, Pascale Crête, Julie Ménard, Christiane Desjardins, Christian Lafrenière

**Correction :**
Delphine Mailet, Michèle Tremblay, Christophe Marguerie

**Impression :**
Imprimerie Transcontinental

**LES GUIDES MOTOCYCLISTES**

Teléphone : (450) 651-8623
Télécopieur : (450) 651-1692

Dépôt légal : Quatrième trimestre 2002
Bibliothèque nationale du Québec
Bibliothèque nationale du Canada
ISBN : 2-9805-8927-6

Imprimé et relié au Canada

# Sommaire

# Avant-Propos

I l y a peu de satisfactions aussi grandes que celle de voir enfin un projet de longue date se matérialiser. Peu importe qu'il s'agisse d'acquérir une première maison, de fonder une famille, de décrocher un poste, d'arrêter de fumer ou d'ouvrir sa propre compagnie, la contemplation d'un fait accompli qui, au départ, n'était qu'une pensée, une idée, un souhait, est l'une des expériences les plus gratifiante qui soit. L'édition 2003 du Guide de la Moto sera pour moi l'une des plus belles réalisations, puisqu'il y a bien longtemps que trotte dans ma tête l'image d'un bouquin de ce calibre, du moins en ce qui concerne le contenant. Car si 2002 marquait un tournant majeur du Guide par son passage à la couleur, l'ajout de la couverture rigide et du papier glacé amène enfin le produit au niveau dont je rêvais depuis un bon moment. Merci à vous, d'ailleurs, puisque c'est votre intérêt soutenu pour le produit qui lui a permis d'en arriver là.

La mise en marché de ce Guide 2003 représente non seulement une satisfaction personnelle, mais aussi ma façon de montrer « au Monde » que le milieu de la moto peut parfaitement avoir de la classe, et qu'il y a des facettes plus élégantes à l'univers des deux-roues que le portait qui en est trop souvent peint par les médias. Font chier avec leurs Unes de sportives dangereuses et leurs histoires continuelles de motards. Excusez l'écart de langage, mais… Saviez vous que certains dictionnaires ont commencé à définir le terme « motard » comme un criminel ? « Un motard a fait exploser une bombe », décrit même l'un d'eux. Le mot, qui, à l'origine, désignait tout simplement un motocycliste (et le fait toujours en France), est désormais associé à la moindre activité criminelle par les bulletins nouvelles pourtant apparemment sérieux. Étrange, mais le monde de la moto que je connais n'a pas plus à voir avec le crime que celui de la planche à roulette ou du bowling. Il s'agit d'une activité, d'une passion, d'une discipline, dont le seul crime est d'être marginale du fait qu'elle implique un certain risque.

Mais la mauvaise presse qu'obtient la moto provient aussi d'une minorité de motocyclistes qui pourrait, à relativement court terme, faire très mal à l'ensemble du groupe. Dans la majorité des cas, cette minorité attire l'attention avec la vitesse, mais surtout avec le bruit. Je n'ai personnellement aucun problème avec l'installation de silencieux un peu plus bavards auxquels je fais d'ailleurs régulièrement référence à l'intérieur des pages du Guide, en décrivant par exemple l'attrait accru d'une mécanique de Harley-Davidson lorsqu'elle en est équipée. Je n'ai pas de problème non plus avec les machines sportives et leur niveau élevé de performances. J'ai toutefois un gros problème avec l'imbécile qui tente d'attirer l'attention devant une terrasse, par une belle soirée d'été, en faisant pétarader sa poubelle, peu importe qu'elle soit plastifiée ou chromée. Ou avec l'individu qui fait grincer les dents de son voisinage entier, parfois sans même le savoir, chaque fois qu'il part en moto. Ou encore avec le parfait débutant qui veux épater la galerie en se payant la bombe de l'année.

La seule chance que nous ayons de renverser la vapeur, ou à tout le moins de stopper l'hémorragie, en ce qui concerne l'image peu reluisante qu'a la moto auprès de monsieur et de madame tout le monde, est tout simplement de nous prendre en main. Personne ne dit qu'il faut renoncer à l'installation d'un silencieux au son flatteur qui permettra de mieux apprécier les moments privilégiés que nous passons aux commandes de nos adorées montures. Et personne ne dit non plus qu'il faut renoncer à vivre l'expérience des extraordinaires performances des dernières machines sportives. Mais il faut absolument que nous en arrivions à choisir plus logiquement où et quand profiter de ces plaisirs. Car si la tendance se maintient et que nous devenons toujours plus nombreux à rouler sur deux roues au Québec, il est insensé de croire que nous pourrons éternellement éviter de se faire imposer une limite sur les modèles qu'on peut acheter et sur la façon dont on désire les équiper. Il est là, en fait, le vrai danger.

La solution miracle n'existe pas, et il ne faut pas qu'elle existe non plus puisqu'elle prendrait inévitablement la forme d'une intervention extérieure. Il faut que nous arrivions à nous discipliner nous-mêmes avant qu'on décide de le faire pour nous. J'insiste sur ce fait.

Ce qui est injuste, c'est que la très grande majorité d'entre nous sommes déjà disciplinés et faisons déjà attention de ne pas exaspérer « le Monde ». C'est cette minorité qui nous fait mal. Il va falloir qu'elle comprenne, parce que sinon, comme on dit, ça ne regarde pas très bien pour tantôt.

J'ai d'ailleurs une petite idée qui permettrait justement à ceux et celles qui font déjà attention à l'image de la moto d'aider davantage leur cause. Il ne reste qu'à la réaliser. On s'en reparle, d'accord ?

Quant au Guide 2003, je crois qu'il est le plus beau et le plus complet que nous ayons produit à ce jour, bien que, comme d'habitude d'ailleurs, je n'en sois pas tout à fait satisfait. J'aimerais par exemple que plus de nouveaux modèles aient été testés avant l'impression, mais la majorité d'entre eux ne sera disponible qu'à la fin de l'hiver, tandis que dans d'autres cas, les manufacturiers n'ont tout simplement pas de modèles disponibles pour la presse. Peut-être ont-ils peur d'une évaluation objective ? Difficile de trouver une solution à cela. J'aimerais avoir disposé de plus de temps pour fignoler les textes, mais l'arrivée tardive de l'information communiquée par les manufacturiers nous force à travailler à un rythme complètement fou pour être disponible avant Noël. L'auteur en moi aurait aimé inclure une centaine de pages en plus, même si le temps n'était tout simplement pas là pour le permettre, mais l'éditeur en moi lui a fait comprendre qu'il y a longtemps que le budget avait été défoncé.

Enfin, je sais au moins que tout ce qu'il avait été possible de faire a été fait, ce qui est probablement le plus important. On essaiera de faire plus l'année prochaine.

En espérant que vous y trouverez tout ce que vous cherchez et qu'il vous plaira, il est à nouveau temps de vous souhaiter une belle et prudente saison 2003, et de vous donner le traditionnel rendez-vous dans un an.

Bertrand Gahel

## Fiche d'essai-sondage lecteur

L'avis du lecteur est très important pour Le Guide de la Moto. C'est pourquoi nous vous invitons à nous faire parvenir l'essai de votre propre moto, ainsi qu'à remplir le petit questionnaire qui suit, en totalité ou en partie. Soyez assurés que chaque commentaire et suggestion est lu et pris en considération, et servira éventuellement à améliorer les éditions à venir.

> **Retournez ce rapport d'essai**
> **à l'attention de Bertrand Gahel**
> via l'Internet:
> **bgahel@total.net**
> par courrier :
> **230, rue Bord de l'eau Est, Longueuil (Québec)  J4H 1A2**

## Avis aux lecteurs – Défaut d'impression

Un défaut d'impression s'est malencontreusement glissé dans quelques exemplaires du Guide de la Moto 2002 lors du procédé d'assemblage. Il s'agit d'une répétition des pages 65 à 80 suivie de l'absence des pages 81 à 96, ou d'une répétition des pages 193 à 208 suivie de l'absence des pages 209 à 224. Nous nous excusons infiniment auprès des lecteurs touchés pour ce problème d'impression survenu en usine, et donc en dehors de notre contrôle. Nous assumerons toutefois la responsabilité du remplacement des copies défectueuses auprès des lecteurs concernés. Ces derniers n'ont qu'à nous retourner leur livre défectueux avec une adresse de retour, et nous leur ferons promptement parvenir une bonne copie.

## Offre

### Votre collection du Guide de la Moto est incomplète ?
### Pas de problème ! Nous avons encore en stock des éditions :

- 2002 (français, 272 pages en couleurs)
- 2001 (français, 256 pages en noir et blanc avec section couleur)
- 2000 (français ou anglais, 256 pages en noir et blanc avec section couleur)
- 1999 (français, 272 pages en noir et blanc)
- 1998 (français, 240 pages en noir et blanc)

Pour vous les procurer, envoyez par courrier un chèque ou un mandat postal **au nom de Bertrand Gahel**, à l'adresse suivante :

> **230, rue Bord de l'eau Est**
> **Longueuil (Québec)  J4H 1A2**

Le coût total par Guide est : **30 $** pour l'édition 2002, **20 $** pour l'édition 2001 et **15 $ pour** les éditions 1998, 1999 ou 2000.

### IMPORTANT :

N'oubliez pas de préciser exactement quelle(s) édition(s) vous désirez et d'inclure votre nom et votre adresse complets écrits de manière lisible, pour le retour ! Les commandes sont en général reçues à l'intérieur d'une quinzaines de jours.

## Questionnaire

bgahel@total.net

**1 Votre (vos) moto(s) :**
a. la marque
b. le modèle
c. l'année
d. le kilométrage
e. achetée neuve ou usagée
f. équipements ajoutés
g. raisons de ce choix
h. consommation

**2 Votre concessionnaire :**
a. est-il compétent ?
b. son service est-il bon ?
c. est-il honnête ?
d. à votre discrétion : le nom de l'établissement

**3 L'essai de votre (vos) moto(s) :**
a. points forts
b. points faibles
c. les améliorations que vous aimeriez y voir apportées

*Sur une échelle de 1 à 10 (1=faible) :*
a. l'agrément de conduite
b. les performances
c. la tenue de route
d. la maniabilité
e. la stabilité
f. le freinage
g. la selle
h. la position de conduite
i. les suspensions
j. la protection au vent

**4 Vous-même :**
a. nombre d'années de pilotage
b. une idée de votre prochaine moto
c. avez-vous l'intention d'acheter une moto neuve ou usagée prochainement, et si oui dans quel délai ?
d. dans l'ordre, vos cinq motos préférées de 2003
e. votre âge
f. votre occupation

**5 Que lisez-vous ?**
a. je suis abonné(e) à
b. j'achète régulièrement
c. j'achète à l'occasion

**6 Le Guide**
a. comment connaissez-vous Le Guide de la Moto ?
b. dans quelle région et dans quel type d'établissement avez-vous acheté votre copie du Guide ?
c. depuis quand achetez-vous Le Guide de la Moto ?
d. avez-vous eu de la difficulté à vous procurer votre copie du Guide de la Moto. Si oui, veuillez expliquer.
e. combien de personnes consultent votre copie du Guide de la Moto ?
f. lors de votre prochain achat de moto, Le Guide de la Moto vous influencera :
   (a) fortement, (b) moyennement, (c) peu ou (d) pas du tout.
g. le coût actuel du Guide de la Moto vous semble
   (a) juste (b) trop faible (c) trop élevé
e. vos commentaires et vos suggestions sur Le Guide de la Moto 2003
   1. la clarté des textes vous satisfait-elle ?
   2. le vocabulaire est-il trop technique, pas assez ?
   3. les renseignements techniques sont-ils complets, et sinon que manque-t-il ?
   4. vos commentaires et suggestions sur la présentation graphique
   5. qu'aimeriez-vous retrouver de plus dans Le Guide de la Moto comme reportage ou dossier ?
   6. la publicité telle qu'elle est présentée dans Le Guide de la Moto vous dérange-t-elle ? Veuillez expliquer.
   7. aimeriez-vous voir des VTT et/ou des motocross présentés dans les pages du Guide de la Moto ?
   8. qu'aimeriez-vous retrouver sur le site internet du Guide de la Moto ?
   9. qu'aimeriez-vous retrouver de plus dans l'Index des concessionnaires du Guide de la Moto

# L'auteur au bureau...

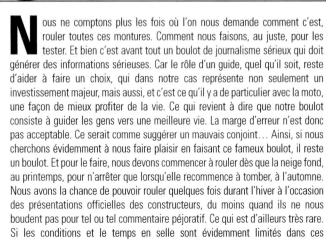

**N**ous ne comptons plus les fois où l'on nous demande comment c'est, rouler toutes ces montures. Comment nous faisons, au juste, pour les tester. Et bien c'est avant tout un boulot de journalisme sérieux qui doit générer des informations sérieuses. Car le rôle d'un guide, quel qu'il soit, reste d'aider à faire un choix, qui dans notre cas représente non seulement un investissement majeur, mais aussi, et c'est ce qu'il y a de particulier avec la moto, une façon de mieux profiter de la vie. Ce qui revient à dire que notre boulot consiste à guider les gens vers une meilleure vie. La marge d'erreur n'est donc pas acceptable. Ce serait comme suggérer un mauvais conjoint… Ainsi, si nous cherchons évidemment à nous faire plaisir en faisant ce fameux boulot, il reste un boulot. Et pour le faire, nous devons commencer à rouler dès que la neige fond, au printemps, pour n'arrêter que lorsqu'elle recommence à tomber, à l'automne. Nous avons la chance de pouvoir rouler quelques fois durant l'hiver à l'occasion des présentations officielles des constructeurs, du moins quand ils ne nous boudent pas pour tel ou tel commentaire péjoratif. Ce qui est d'ailleurs très rare. Si les conditions et le temps en selle sont évidemment limités dans ces présentations, à la maison, les possibilités sont infinies. Nous avons la chance d'avoir régulièrement des circuits à notre disposition, notamment celui de l'Autodrome St-Eustache, ce qui nous permet de tester les modèles sportifs fréquemment renouvelés dans un environnement contrôlé. Nous avons aussi la chance d'avoir un magnifique coin de pays où mener nos essais dans des circonstances beaucoup plus significatives pour le lecteur moyen. Enfin, oui, il est tout à fait possible d'aimer à la fois des customs et des sportives. Et des standards et des grosses touristes et des aventurières, aussi.

Bref, s'il s'agit d'un boulot, c'est aussi un privilège. Après tout, combien de bureaux ont une telle vue ?

1. La Honda CB900F, maintenant devenue la 919, à Forth Worth, au Texas
2. La Triumph Sprint ST à San Diego, en Californie
3. La Honda VFR800, sur le circuit de l'Autodrome St-Eustache
4. La Triumph Speed Triple, à San Diego, en Californie
5. La Suzuki V-Strom (qui n'a définitivement pas de système ABS, nous en avons fait et refait la preuve), à Montréal
6. La BMW F650CS (absolument, regardez bien), à Santa Barbara, en Californie
7. La Yamaha YZF-R1, sur le circuit de l'Autodrome St-Eustache

8. La Honda CBR954RR (qui, même à 170 km/h, voulait toujours s'envoyer en l'air), sur un circuit privé à Forth Worth, au Texas
9. La Honda VTX1300S, à Verchères
10. La Yamaha FJR1300, toujours à Verchères
11. La Kawasaki ZZ-R1200, à La Prairie
12. La Triumph Speed Four, sur le magnifique circuit de Alicante, en Espagne
13. La R1150GS Adventure, à Santa Barbara, en Californie
14. La BMW R1200CL, à Atlanta

# Index par marque

# Index par catégorie

# Index des prix

## Aprilia
| | |
|---|---|
| Caponord | n/d |
| RSV Mille | n/d |

## Benelli
| | |
|---|---|
| Tornado Tre Biposto | 29 950 |
| Tornado Tre Limited Edition | 55 950 |
| Adiva | 8 995 |

## BMW
| | |
|---|---|
| K1200LT | 26 950 |
| K1200LT High Line | 29 450 |
| R1200CL | 22 500 |
| R1150RT | 22 300 |
| K1200GT | 24 600 |
| K1200RS | 22 500 |
| R1150GS | 17 400 |
| R1150GS Adventure | 18 700 |
| R1150RS | 18 700 |
| R1100S | 18 225 |
| R1100S Replica | 19 490 |
| R1150R | 14 990 |
| R1200C | 18 250 |
| R1200C Independent | 18 950 |
| R1200C Avantgarde | 18 560 |
| F650CS | 10 990 |
| F650GS | 10 290 |
| F650GS Dakar | 10 990 |

## Buell
| | |
|---|---|
| XB9R Firebolt | 15 499 |
| XB9S Lightning | 15 499 |
| Blast | 7 299 |

## Derbi
| | |
|---|---|
| Boulevard | 5 995 |
| GPR | 5 995 |
| Predator | 4 595 |
| Atlantis | 2 995 à 3 295 |
| Revolution | 2 995 |

## Ducati
| | |
|---|---|
| ST4s | 22 995 |
| ST4s ABS | 24 595 |
| 999 | 27 995 |
| 999S | 35 995 |
| 999R | 46 995 |
| 749 | 20 295 |
| 749S | 22 995 |
| 620 Sport | 10 995 |
| 800 Sport | 11 995 |
| Supersport 800 | 13 995 |
| Supersport 1000 DS | 17 295 |
| Monster 620 i.e. Dark | 9 995 |
| Monster 620 i.e. | 10 995 |
| Monster 800 i.e. Dark | 11 995 |
| Monster 800S i.e. | 12 995 |
| Monster 1000S i.e. | 16 995 |

## Harley-Davidson
| | |
|---|---|
| Electra Glide Ultra Classic EFI | 31 899 |
| Electra Glide Classic | 27 099 |
| Electra Glide Classic EFI | 28 099 |
| Electra Glide Standard | 23 699 |
| Electra Glide Standard EFI | 24 699 |
| Road King | 26 199 |
| Road King EFI | 27 199 |
| Road King Classic EFI | 28 099 |
| Road Glide EFI | 28 199 |
| Dyna Low Rider | 24 499 |
| Dyna Super Glide T-Sport | 24 799 |
| Dyna Super Glide Sport | 22 999 |
| Dyna Super Glide | 19 799 |
| Dyna Wide Glide | 26 299 |
| VRSC V-Rod | 29 538 |
| Heritage Softail Classic | 27 299 |
| Heritage Softail Classic EFI | 28 299 |
| Heritage Softail Springer | 28 699 |
| Heritage Softail Springer EFI | 29 699 |
| Softail Deuce | 27 299 |
| Softail Deuce EFI | 28 299 |
| Springer Softail | 26 399 |
| Fat Boy | 26 099 |
| Fat Boy EFI | 27 099 |
| Softail Standard | 21 999 |
| Softail Standard EFI | 22 999 |
| Night Train | 24 899 |
| Night Train EFI | 25 899 |
| Sportster 1200 | 13 699 |
| Sportster 1200 Custom | 15 299 |
| Sportster 1200 Sport | 14 449 |
| Sportster 883 | 9 999 |
| Sportster 883 Hugger | 10 499 |
| Sportster 883 Custom | 11 499 |
| Sportster 883R | 11 099 |

## Honda
| | |
|---|---|
| Gold Wing | 26 799 |
| ST1300 | 17 599 |
| ST1300A | 18 999 |
| CBR1100XX | 14 599 |
| VTR1000F | 10 999 |
| RC51 | 16 399 |
| CBR954RR | 14 399 |
| VFR800 | 13 399 |
| VFR800A | 14 199 |
| CBR600RR | 11 999 |
| CBR600F4i | 11 399 |
| 919 | 10 999 |
| Rune | n/d |
| VTX1800C | 18 499 |
| VTX1800 Retro | 18 999 |
| VTX1800 Retro illusion | 19 399 |
| VTX1800 Retro Spoke | 19 299 |
| VTX1300S | 13 999 |
| VTX1300S illusion | 14 199 |
| VTX1300C | n/d |
| Valkyrie | 17 699 |
| Shadow Sabre | 12 099 |
| Shadow Sabre 2-tons | 12 499 |
| Shadow Spirit | 11 399 |
| Shadow Spirit couleur | 11 599 |
| Magna 750 | 10 699 |
| Shadow A.C.E. 750 | 7 999 |
| Shadow A.C.E. 750 2-tons | 8 499 |
| Shadow A.C.E. 750 motif | 8 699 |
| Shadow Spirit 750 | 8 599 |
| Shadow VLX | 7 399 |
| Rebel 250 | 4 799 |
| XR650L | 7 449 |
| Jazz | 2 549 |
| Ruckus | 2 699 |

## Indian
| | |
|---|---|
| Indian Chief Roadmaster | 23 495 US |
| Indian Chief Deluxe | 21 995 US |
| Indian Chief Springfield | 21 495 US |
| Indian Chief | 20 995 US |
| Scout Deluxe | 17 795 US |
| Scout Springfield | 17 495 US |
| Scout | 16 995 US |
| Spirit Springfield | 18 495 US |
| Spirit Deluxe | 18 995 US |
| Spirit Roadmaster | 19 995 US |

## Junior
| | |
|---|---|
| J-Roadster 1200 | 19 599 |
| Stallion Luxor | 34 900 |
| Typhoon Luxor | 34 900 |
| Black Train | 29 900 |

## Kawasaki
| | |
|---|---|
| Voyager XII | 18 299 |
| Concours | 12 199 |
| ZRX1200R | 11 599 |
| ZZ-R 1200 | 14 399 |
| Z1000 | 10 999 |
| ZR-7S | 8 499 |
| Ninja ZX-12R | 15 499 |
| Ninja ZX-9R | 14 099 |
| Ninja ZX-7R | 12 399 |
| Ninja ZX-6R | 11 399 |
| ZZ-R600 | 9 599 |
| Ninja 500R | 6 799 |
| ZZ-R250 | 6 199 |
| Vulcan 1600 Classic | 15 299 |
| Vulcan 1500 Classic | 11 999 |
| Vulcan 1500 Nomad | 16 999 |
| Vulcan 1500 Mean Streak | 15 599 |
| Vulcan 800 Drifter | 10 499 |
| Vulcan 800 Classic | 8 499 |
| Vulcan 500 LTD | 6 799 |
| Eliminator 125 | 3 999 |
| KLR650 | 6 399 |
| Super Sherpa | 5 599 |

## KTM
| | |
|---|---|
| 950 Adventure | 16 499 |
| Enduro | 10 349 |
| Supermoto | 10 699 |
| Adventure | 12 599 |
| Duke | 12 499 |

## Moto Guzzi
| | |
|---|---|
| V11 Naked | 16 490 |
| V11 Scura | 21 990 |
| V11 Le Mans | 17 990 |
| V11 Le Mans Rosso Scura | 21 990 |
| Breva V750 IE | n/d |
| Stone | 13 790 |
| Stone Chrome | 14 190 |
| Stone Metal Black | 14 190 |
| California Aluminum | 17 990 |
| California Titanium | 18 390 |
| Stone Touring | 14 590 |
| California EV | 18 890 |
| California EV Touring | 19 590 |

## Suzuki
| | |
|---|---|
| GSX1300R Hayabusa | 14 999 |
| Bandit 1200S | 10 599 |
| DL1000 V-Strom | 11 699 |
| SV1000S | 11 799 |
| GSX-R1000 | 14 699 |
| GSX-R750 | 12 699 |
| Katana 750 | 9 599 |
| SV650S | 8 699 |
| GSX-R600 | 11 399 |
| Katana 600 | 9 099 |
| Bandit 600 | 8 699 |
| GS500E | 5 999 |
| Burgman 650 | 10 899 |
| Intruder 1500 LC | 14 099 |
| Intruder 1500 SE | 16 099 |
| Intruder 1400 | 10 599 |
| Intruder 800 | 8 099 |
| Marauder 800 | 7 599 |
| Volusia 800 SE | 9 999 |
| Volusia 800 | 8 599 |
| Savage | 6 099 |
| Marauder 250 | 4 549 |
| DR650S | 6 999 |
| DR-Z400S | 7 399 |
| DR200S | 4 999 |

## Triumph
| | |
|---|---|
| Trophy 1200 | 15 499 |
| Sprint ST | 14 999 |
| Sprint RS | 13 499 |
| Daytona 955i | 15 999 |
| Daytona 600 | n/d |
| TT600 | 11 399 |
| Speed Triple | 14 999 |
| Speed Four | 11 499 |
| Thunderbird | 12 299 |
| Thunderbird Sport | 12 999 |
| Bonneville | 9 999 |
| Bonneville T100 | 10 999 |
| Bonneville America | 11 699 |
| Speedmaster | 11 999 |
| Tiger | 14 999 |

## Victory
| | |
|---|---|
| Classic Cruiser noir | 17 999 |
| Touring Cruiser noir | 19 949 |
| Vegas noir | 19 949 |

## Yamaha
| | |
|---|---|
| Royal Star Venture | 21 399 |
| Royal Star Venture Midnight | 21 999 |
| FJR1300 | 17 499 |
| FZ-1 | 11 999 |
| FZ-1 Limited Edition | 12 099 |
| YZF-R1 | 14 399 |
| YZF-R1 Limited Edition | 14 499 |
| YZF-R6 | 11 499 |
| YZF-R6 Limited Edition | 11 599 |
| YZF600R | 9 799 |
| Road Star Warrior | 17 999 |
| Road Star Warrior LE | 18 199 |
| Road Star 1600 | 15 299 |
| Road Star 1600 Midnight | 15 599 |
| Road Star 1600 Silver Edition | 15 999 |
| Road Star Silverado | 16 999 |
| Road Star Silverado SE | 17 799 |
| V-Max | 12 299 |
| V-Star 1100 Silverado | 12 599 |
| V-Star 1100 Classic | 11 099 |
| V-Star 1100 Custom | 10 389 |
| V-Star 650 Classic | 8 399 |
| V-Star 650 Custom | 7 899 |
| Virago 250 | 4 799 |
| XT225 | 5 099 |
| TW200 | 4 599 |
| BW's | 2 699 |
| Vino | 2 349 |
| Vino Classic | 2 399 |

# 100 ans de Harley-Davidson

Au tournant du siècle, en pleine ère d'invention, Arthur Davidson et William S. Harley jonglent avec l'idée de produire une bicyclette motorisée. Walter Davidson, frère d'Arthur et mécanicien, décide de se joindre à eux. Il sera suivi, peu après, d'un autre des frères Davidson, William A., un fabricant d'outils. Le premier moteur Harley-Davidson est produit en 1902, la première motocyclette Harley-Davidson est construite en 1903. La première « usine » Harley-Davidson est érigée la même année ; il s'agit d'un cabanon dans la cour arrière de la résidence Davidson. Le reste est de l'histoire.

Photographie : Steven Graetz

# 100 ans de Harley-Davidson

## Chronologie

**1902** Le premier moteur Harley-Davidson est produit.

**1903** La première moto Harley-Davidson est produite. La première usine, également appelée « The Shed » (le cabanon), est construite.

**1906** Harley-Davidson produit son premier catalogue; 50 motos sont vendues.

**1907** Harley-Davidson s'incorpore. Walter Davidson devient le premier président de la Motor Company ; Arthur est nommé vice-président, secrétaire et directeur des ventes; William A. devient chef de production et William S. Harley prend les postes de chef ingénieur et trésorier.

**1908** Les premières motos de police sont commandées. Les ventes aux services de police partout aux États-Unis deviennent une partie très importante des affaires réalisées par Harley-Davidson, ce qui demeure vrai aujourd'hui.

**1909** La première Harley-Davidson à moteur V-Twin est produite; 27 unités sont construites cette année.

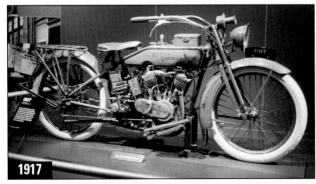

1917

**1910** Le logo blasonné Harley-Davidson est conçu et utilisé pour la première fois.

**1912** La première ligne de vêtements et d'accessoires de motos est créée et offerte au public.

**1913** Seul Indian devance Harley-Davidson en terme de production de motos. Une motocyclette se vend alors entre 200 $ et 300 $, tandis qu'une Ford Modèle T est vendue environ 850 $.

**1914** Harley-Davidson établit un réseau national et international de concessionnaires. L'un des premiers concessionnaires américains est C.H. Lang, à Chicago, et l'un des premiers concessionnaires internationaux est Fred Warr, à Londres. Les premières motos exportées en Europe sont envoyées cette année, en Angleterre.

**1916** Harley-Davidson publie le magazine « The Enthusiast » ; un premier dialogue s'établi entre la compagnie et sa clientèle.

**1919** Harley-Davidson est le plus important constructeur de motos au monde avec 23 000 motos, 16 000 sidecars, presque 1 800 employés et une usine s'étalant sur plus de 400 000 pieds carrés. À cette période, il y a environ 265 manufacturiers de motos aux États-Unis.

**1920** L'arrivée de la chaîne de production fait baisser le coût des automobiles, et les ventes de Harley-Davidson chutent au début des années 20, tombant jusqu'à 10 786 unités en 1922. Une moto se vend alors entre 330 $ et 390 $, une auto 400 $. Les ventes reprennent en **1923 et 1924**, mais chutent de nouveau en 1925. Les meilleures ventes de la décennie sont réalisées en 1929 avec 23 989 unités, mais plongent encore durant la Grande Dépression.

**1925** Harley-Davidson reste à flot grâce à l'exportation. Les catalogues sont imprimés en 7 langues différentes et 60 000 copies du magazine « The Enthusiast » sont distribuées dans 115 pays.

**1931** Excelsior ferme ses portes ; Harley-Davidson et Indian sont désormais les seuls manufacturiers américains de motos encore en affaires.

**1932** Pour promouvoir les ventes, une gamme de couleurs et d'options esthétiques est offerte pour la première fois. L'année suivante, des peintures deux-tons d'inspiration Art Déco sont appliquées de série.

**1933** Les ventes dégringolent jusqu'à 3 703 unités. Durant la Dépression, la compagnie survit grâce à ses contrats avec la police et les agences gouvernementales, ainsi qu' à l'expansion des lignes de vêtements et d'accessoires.

1911

**1936** Le moteur Knucklehead est introduit; il représente une évolution considérable au niveau de l'ingénierie et du design. La même année, les ventes reprennent.

**1937** Joe Petrali, membre de l'équipe de course Harley-Davidson, établit un nouveau record de vitesse avec le Knucklehead. La compagnie devient syndiquée. William A. Davidson meurt la même année.

**1940** Alors que le pays se prépare à la guerre, Harley-Davidson obtient des contrats gouvernementaux pour produire les WLA, les WLC et le XA pour les forces armées américaines.

**1941** Les motos civiles sont rares durant la guerre, et les clubs se multiplient. La moto devient particulièrement populaire auprès des femmes et des « Motor Maid », des domestiques à moto ; une variante féminine de l'Association Motocycliste Américaine est fondée.

**1942** Le président de la compagnie Walter Davidson meurt cette année, et William S. Harley meurt en 1943. William H. Davidson occupera le poste de président jusqu'en 1971.

**1943** Harley-Davidson reçoit le prix de l'excellence de la Navy pour un service exceptionnel en temps de guerre. Grâce à son implication dans l'effort militaire américain, la compagnie est associée à l'élan de patriotisme qui suit la guerre.

1916

1918

# 100 ans de Harley-Davidson

**1947** Harley-Davidson achète et réoutille une ancienne usine d'hélices sur Capitol Drive à Wauwatosa, Wisconsin. Le moteur Panhead 1948, qui doit remplacer le Knucklehead, est produit à cet endroit. La pénurie de matériaux due à l'après-guerre empêche la compagnie de reprendre la pleine production de motos civiles. L'AMA commandite un rallye motocycliste célébrant le Jour de l'Indépendance à Hollister, en

Californie. L'événement attire l'attention de la nation lorsque le magazine Life publie la photo d'une mise en scène montrant un motocycliste assis sur une Harley-Davidson entourée de bouteilles de bière. Cet incident déclenche une envolée médiatique qui peint les motocyclistes comme de turbulentes bandes d'ivrognes ; c'est ce qui inspire Stanley Kramer à produire le film The Wild One mettant en vedette Marlon Brando, en 1954. Alors que tout le monde croyait que Brando roulait une Harley-Davidson dans le film, il chevauchait en fait une Triumph. Lee Marvin roulait une Harley.

**1948** La plus importante production de motos civiles à ce jour est atteinte, avec 29 612 unités, dont une nouvelle petite 125 cc.

**1949** Harley-Davidson inaugure une suspension avant hydraulique sur la Hydra Glide 1949.

**1950** Le seul fondateur restant, Arthur Davidson, meurt.

1925

1935

# mentalité urbaine

Passez à la vitesse supérieure avec la Kawasaki Z1000. La première motocyclette sport routière du monde est équipée d'un moteur à injection électronique du carburant de 1 000 cm³, emprunté à celui de notre ZX-9R. Elle affiche fièrement une fourche avant inversée, des freins avant doubles de 300 mm, quatre pots d'échappement en acier inoxydable, un cadre diamanté léger et une silhouette voluptueuse qui ne manquera pas de faire tourner les têtes.

**Alors, attrapez, si vous le pouvez, la toute nouvelle sport routière Z1000 chez le concessionnaire Kawasaki le plus proche de chez vous.**

**www.kawasaki.ca**
motosaccessoirespassion

# Kawasaki
V'là le bon temps.™

# 100 ans de Harley-Davidson

**1951** Un programme européen impose une taxe à l'exportation de 35% à 50%, et de seulement 8% à l'importation. La combinaison de cet avantage économique à la forte demande du moment pour des motos de faible cylindrée permet aux manufacturiers britanniques et japonais d'inonder le marché.

**1953** Indian, le seul compétiteur américain restant, ferme ses portes.

**1960** La position qu'occupe Harley-Davidson sur le marché est menacée par des constructeurs japonais qui importent des motocyclettes fiables, légères et économiques dirigées vers une clientèle nouvelle et plus vaste. Afin de concurrencer ces produits importés plus légers et plus performants, Harley-Davidson commence à produire des modèles sportifs, dont le modèle K et la Sportster. La compagnie s'associe également avec le manufacturier italien Aermacchi pour produire des petites motos comme la Sprint et la Leggro. Harley-Davidson achète 50% de la compagnie italienne cette année.

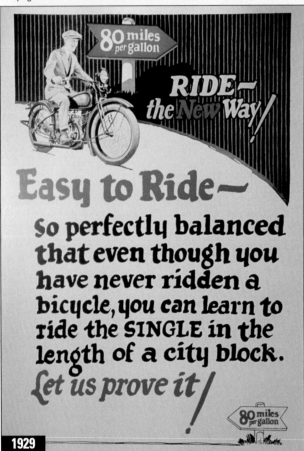

1929

**1962** Les concessionnaires Harley-Davidson vivent des moments difficiles en cette période de concurrence étrangère et de motos nouvelles de format allégé. La production et les ventes chutent très bas durant cette année et celle de 1963. John Davidson joint la compagnie comme relationniste auprès des concessionnaires ; il deviendra plus tard président. Afin d'étendre son champ d'affaires, Harley-Davidson commence à produire des voiturettes de golf ; avant la fin de la décennie, la compagnie dominera cette industrie. Harley-Davidson achète l'usine de bateaux Tomahawk et l'utilise pour fabriquer des valises, des sidecars et des carrosseries de voiturettes de golf.

**1963** Willie G. Davidson joint la compagnie comme chef styliste.

**1965** Les affaires sont chancelantes et Harley-Davidson a besoin d'argent;

la compagnie devient publique. Les membres de la famille conservent 53% des parts, une faible majorité. Harley-Davidson tente de se concentrer sur ce qu'elle fait de mieux et introduit un démarreur électrique sur sa toute nouvelle moto de tourisme, l'Electra Glide. L'année suivante, le moteur Shovelhead est introduit en remplacement du Panhead.

1934

**1969** Après être devenue publique en 1965, Harley-Davidson est menacée d'une tentative de prise de contrôle orchestrée par Bangor Punta. Afin d'éviter ce scénario, la compagnie s'associe avec AMF, un manufacturier de produits de plaisance et industriels. AMF achète Harley-Davidson et investit considérablement pour augmenter la production. L'usine de York est convertie et réoutillée afin de produire strictement des motocyclettes Harley-Davidson, plutôt que de l'équipement militaire et des voiturettes de golf. Mais AMF n'a qu'une connaissance limitée du marché de la moto, ce qui compromet à la fois la qualité du produit et les relations avec la clientèle. La masse ouvrière loyale est démoralisée et les relations avec les employés se dégradent. En 1974, une grève de 101 jours a lieu.

1942

ON THE *FIRST LINE OF DEFENSE*

Harley-Davidson Motorcycles are not only establishing outstanding records of performance in motorized units of the U. S. Army — but are enabling police departments throughout the country to better meet the vital need for protection of rapidly growing defense industries. And all this time Harley-Davidson Motorcycles are continuing to serve the police of America on the first line of defense against loss of lives in traffic accidents.

**HARLEY-DAVIDSON MOTOR COMPANY, Milwaukee, Wisconsin**

HARLEY-DAVIDSON
THE POLICE MOTORCYCLE

1941

**1970** En dépit des problèmes de gestion et de production, AMF continue d'investir dans la technologie et le développement des moteurs.

**1971** Harley-Davidson introduit la Super Glide. La même année, le nouveau logo AMF Harley-Davidson est apposé sur des motos. John H. O'Brien devient président ; ce poste sera occupé par John A. Davidson en 1973.

**1975** Harley-Davidson continue de diversifier sa production : il fabrique désormais des voiturettes de golf, des motoneiges et des motos de faible cylindrée.

for the time of your life...

MAKE YOURS A
Hydra-Glide VACATION

HARLEY-DAVIDSON MOTOR COMPANY • MILWAUKEE 1, WIS., U.S.A.

HARLEY-DAVIDSON

1949

**1978** La compagnie a 75 ans. Les parts de la compagnie Aermacchi sont vendues. L'ancien patron de AMF, Gus Davis, devient président.

**1980** C'est au tour de Charles K. Thompson de devenir président, un poste qu'il occupera jusqu'en 1988.

**1981** AMF met Harley-Davidson à vendre. Un groupe de 13 gestionnaires mené par Vaughn Beals rachète la compagnie de AMF. Ils sont Vaughn Beals, Charlie Thompson, Jeffrey Bleustein, Willie G. Davidson, Kurt Woerpel, Dave Lickerman, Chris Sartalis, John Hamilton, James Paterson, Timothy Hoelter, David Caruso, Ralph Swenson et Peter Profumo. La Citybank accorde un prêt de 80 millions de dollars U.S. pour la transaction.

**1981** Le 16 juin, Harley-Davidson est de nouveau une compagnie privée. L'événement est marqué par une parade de York à Milwaukee sous le thème « The Eagle Soars Alone », l'aigle vole seul. De nouvelles méthodes de contrôle de la qualité utilisées chez les Japonais, dont celle de donner plus d'initiative à chaque ouvrier, sont appliquées aux usines Harley-Davidson.

# 100 ans de Harley-Davidson

**1983** La compagnie privée montre enfin un modeste profit. Le moteur Evolution est introduit sur les modèles 1984. Harley-Davidson fortifie la relation avec sa clientèle par une communication plus étroite et la fondation du Harley Owner's Group, ou H.O.G..

**1984** Des nouveaux banquiers à la Citicorp croient que le prêt à Harley-Davidson représente un mauvais risque financier. En 1985, ils exigent que le prêt soit entièrement remboursé à l'intérieur d'une période de 6 mois, soit au plus tard le 1er janvier 1986. Craignant d'être mise en liquidation, la compagnie cherche désespérément une autre voie de financement, mais les options sont peu nombreuses. Mais finalement, quelques minutes avant la fermeture des banques, les documents nécessaires sont signés et un nouveau prêt est accordé.

**1986** Harley-Davidson introduit l'Heritage Softail, son premier modèle d'apparence nostalgique. Harley-Davidson redevient une compagnie publique. L'offre initiale est de 11 $ l'action, mais peu de temps après, la valeur du titre double.

**1988** Harley-Davidson célèbre son 85e anniversaire. C'est une année phénoménale puisque chacune des 47 928 unités produites cette année sont vendues. Le poste de président est occupé par Richard F. Teerlink, puis par James Paterson en 1990.

1957

1950

**1990** Le réseau de concessionnaires compte désormais plus de 1 000 détaillants.

**1993** Harley-Davidson achète 49% de la Buell Motorcycle Company fondée par Eric Buell, un ancien employé de Harley-Davidson qui construit des motocyclettes sportives. La première moto conjointement construite est la Thunderbolt. Jeffrey L. Bleustein devient président.

**1997** Harley-Davidson inaugure le centre de développement de produits Willie G. Davidson sur Capitol Drive, à Wauwatosa, Wisconsin. L'usine de Pilgrim Road est inaugurée; les moteurs Twin Cam 88 et Twin Cam 88B y sont produits.

**1998** Une nouvelle usine est inaugurée à Kansas City, au Missouri, où sont assemblés les modèles Sportster. En 2001, la même usine commence la production du moteur Revolution et de la V-Rod. Les modèles Dyna y sont assemblés depuis 2002.

1999 Le moteur Twin Cam 88 est introduit sur les modèles Dyna et FLH.

**2000** Le Moteur Twin Cam 88B est introduit sur les modèles Softail.

**2001** James A. McCaslin devient président. Le magazine Forbes nomme Harley-Davidson, Inc. compagnie de l'année. Les ventes atteignent 234 461 unités, marquant une quinzième année consécutive de profits records.

**2002** Le moteur Revolution fait ses débuts dans la V-Rod. Les ventes surpassent maintenant le quart de million d'unités.

**2003** Harley-Davidson célèbre son 100e anniversaire. Il est le plus vieux constructeur américain de motos dont la production n'ait jamais cessé. En raison de l'intérêt généré par le centenaire d'existence de la compagnie, des ventes de plus de 289 000 unités sont anticipées.

1961

**À l'occasion du seul arrêt en sol canadien du Open Road Tour célébrant le siècle d'existence du manufacturier américain, à Barrie, Ontario, Le Guide de la Moto s'est entretenu avec Bill Davidson, directeur du développement des nouveaux produits. Il est le fils de Willie G.Davidson, chef styliste chez Harley-Davidson, lui-même petit fils de William A. Davidson, l'un des fondateurs.**

### Le Guide de la Moto
Monsieur Davidson, comment va la marque Harley-Davidson ?

### Bill Davidson
Nous nous portons de manière absolument fabuleuse. En fait, les choses ne pourraient mieux aller pour la compagnie et le nom Harley-Davidson. En plus d'avoir tout juste annoncé notre seizième année consécutive de profits records, nous avons 100 ans et venons de lancer le « Open Road Tour » en juillet, à Atlanta ! Il s'agit aujourd'hui, à Barrie, Ontario, du quatrième arrêt de la tournée dont le succès, à date, nous rend extrêmement satisfaits. Mais ça n'empêche pas tout le monde de ne parler que de Milwaukee ; c'est là qu'un immense party aura lieu la journée de la fête du Travail de 2003.

### Le Guide de la Moto
C'est là que la boucle de toutes ces festivités sera bouclée ?

### Bill Davidson
Exactement. Il y a quatre phases à nos célébrations du centenaire de Harley-davidson. La première est le « Open Road Tour » qui doit se terminer en juillet 2003. Puis, quatre randonnées traversant les États-Unis doivent se dérouler durant le mois d'août. Elles convergeront toutes vers Milwaukee, où la troisième phase de l'anniversaire aura lieu, une célébration de trois jours. Enfin, la phase ultime se déroulera le quatrième jour à Milwaukee, soit le dimanche du week-end de la fête du travail. Là, ce sera le vrai party. Il s'agira d'un concert monstre ouvert au public avec une vedette majeure à l'affiche. Ce sera extraordinaire.

### Le Guide de la Moto
Comme de nombreuses grandes vedettes seront probablement de la partie, croyez-vous que ce soit le genre d'événement qui prenne suffisamment d'ampleur pour qu'on puisse même en entendre parler jusque chez nous, au Québec?

### Bill Davidson
Oh oui, définitivement. Je crois qu'à cause de notre nom et de la façon dont les gens semblent excités de voir Harley-Davidson fêter son centième anniversaire, ce sera le genre d'événement qui attirera beaucoup d'attention. Beaucoup d'yeux de partout dans le monde regarderont vers Milwaukee, ce week-end.

### Le Guide de la Moto
Pourquoi avoir choisi l'option de créer un tel événement pour célébrer le centenaire de Harley-Davidson plutôt que, par exemple, introduire une série de nouveaux modèles marquants comme la plupart des autres constructeurs l'auraient probablement fait ?

### Bill Davidson
Nous avons commencé à planifier ce 100e dès le lendemain des célébrations du 95e anniversaire. Cela fait donc cinq ans que nous travaillons sur ce projet. Pour souligner l'événement, nous nous sommes dit que non seulement nous produirions des modèles commémoratifs spécialement identifiés (mais techniquement inchangés), mais que nous organiserions aussi une tournée mondiale afin de nous retrouver près de nos clients de partout dans le monde, afin que nous puissions tous ensemble vivre cette passion de la moto, et plus particulièrement des Harley-Davidson. C'est donc une manière pour nous de nous retrouver face à face avec notre clientèle pour célébrer notre riche passé et la ferveur qu'il engendre. Et c'est aussi une façon de célébrer le fantastique avenir qui nous attend.

### Le Guide de la Moto
Ah !? Auriez-vous la gentillesse de nous éclairer davantage sur cet avenir ?

### Bill Davidson
Bien…Ha ha ha! Je suis très chanceux puisque ma responsabilité au sein de la compagnie est de travailler sur les projets futurs. Mais tout ce que je peux vous dire est que nous avons des choses réellement excitantes en préparation.

### Le Guide de la Moto
Plus spécifiquement, combien d'années à l'avance travaillez-vous ?

### Bill Davidson
Disons plusieurs…

### Le Guide de la Moto
Donnez-nous quand même une idée : deux ans, cinq ans, dix ans ?

### Bill Davidson
Euh, oui. Ha ha ha !

### Le Guide de la Moto
Bon, nous n'insisterons pas davantage.

### Bill Davidson
Juste pour faire travailler votre imagination, sachez que notre centre de développement des produits est en train de voir ses dimensions doubler. Et il s'agit d'un immeuble dans lequel nous n'avons emménagé qu'en juin 1997. Jusque-là, notre département d'ingénierie tout entier occupait le deuxième étage des bureaux de la rue Juneau. Mais en raison de notre croissance, du besoin pour des produits différents et changeants et de la vitesse à laquelle la technologie de l'industrie avançait, nous nous sommes décidés à bâtir et à exploiter ce centre afin de donner à notre compagnie une expertise qu'elle n'aurait pu acquérir autrement. C'est très excitant puisqu'il ne s'est passé que 5 ans entre l'ouverture de 1997 et aujourd'hui, et déjà, à cause des besoins de développements que nous avons, nous devons doubler sa superficie. Cela nous permettra d'en faire beaucoup plus, et donc d'en mettre beaucoup plus à la disposition de nos clients.

### Le Guide de la Moto
Avant 1997, était-ce l'absence d'un tel centre de développement qui vous poussait à rester dans ce qu'on pourrait appeler « le même moule »? Vous savez, celui du V-Twin Evolution et des mécaniques refroidies par air, etc.

### Bill Davidson
Je vous dirais que nos produits sont effectivement très évolutifs. Et c'est en partie parce que notre clientèle le souhaite ainsi. Nous essayons toujours de livrer des produits que nos clients demandent. En ce qui concerne le centre de développement, tous les produits qui y ont été développés et finalisés existaient déjà avant sa création. Ceci dit, en raison de la manière avec laquelle l'information est diffusée dans ce centre, en raison de la méthodologie de travail qu'il permet d'exploiter, les résultats des recherches arrivent beaucoup plus rapidement et sont beaucoup plus efficaces. Le centre nous permet de mettre sur le marché des nouveaux produits plus différents, plus rapidement ; c'est ça qui est formidable.

### Le Guide de la Moto
Si on revenait un peu à la cuvée 2003 ? Il s'agit bien évidemment d'une année très importante pour Harley-Davidson, d'où toutes les célébrations qui l'entourent. Et bien sûr, il y a les emblèmes commémoratifs et la peinture spéciale, et il ne fait aucun doute que vous n'aurez besoin de rien de plus pour atteindre un autre nouveau record d'unités vendues en 2003. Mais pourquoi donc aucune nouveauté ? Cette absence de nouveaux modèles serait-elle voulue ?

# 100 ans de Harley-Davidson

**Bill Davidson**

Pas vraiment. Lorsque nous élaborons nos plans de développement, nous nous assurons de mettre sur le marché des produits que nos clients demandent et qui sont excitants par rapport au reste de l'industrie. L'année 2002 a été une année incroyable en termes de nouveautés, avec le dévoilement de la V-Rod. Si l'année antérieure, 2001, a quand même amené des améliorations notables au niveau technique, il faut se souvenir que 1999 et 2000 ont toutes deux été des années énormes pour nous avec l'introduction du nouveau Twin Cam 88 en 1999, et de sa version balancée en 2000. Ces quatre années consécutives ont donc été très prolifiques au niveau des nouveautés, pour Harley-Davidson. Or, l'excitation créée sur le marché par ces nouveaux produits continue d'exister en 2003. Sachant que beaucoup de gens n'ont pas encore fait l'expérience d'une V-Rod ou d'une version balancée du Twin Cam 88, nous avons choisi de créer les versions commémoratives les plus différentes et les plus frappantes de toute notre histoire, d'un point de vue cosmétique. Nous croyons que de s'être concentré à faire de ces modèles des unités très spéciales représente une formule qui est bonne et qui excite notre clientèle. Toutefois, n'oublions pas que certaines nouveautés et améliorations sont quand même de la partie. Par exemple, nos montures de tourismes sont les premières de l'industrie à être livrées avec des lecteurs de CD.

**Le Guide de la Moto**

La V-Rod était donc prête à être commercialisée en 2002 et c'est à ce moment que vous l'avez lancée. Si vous aviez voulu, vous auriez pu continuer de la raffiner jusqu'à 2003, ou alors simplement retarder son lancement d'un an, comme cela se fait occasionnellement dans l'industrie. Il ne fait aucun doute qu'introduire une moto aussi marquante pour l'histoire de votre compagnie à l'occasion de son 100e anniversaire aurait fait beaucoup de bruit. Mais vous pouviez facilement prévoir que ce bruit en serait également un de controverse. D'ailleurs, les réactions négatives provenant de votre clientèle, disons plus traditionaliste, envers la V-Rod, ont été nombreuses et largement médiatisées. L'anticipation de cette réaction partagée aurait-elle été à la base de la décision de lancer la V-Rod en 2002 plutôt qu'à l'occasion du 100e anniversaire ? Est-il possible que vous l'ayez perçue comme un couteau à deux tranchants et que vous n'ayez pas voulu prendre le risque de déranger les célébrations de votre centenaire d'existence ?

**Bill Davidson**

Absolument pas. La V-Rod a été lancée en 2002 parce que tel était le plan, et si pour une raison ou une autre nous avions dû la lancer en 2003, alors nous l'aurions simplement fait. Vous savez, à travers les années, la controverse a souvent accompagné les changements portés à nos produits. D'accord, la V-Rod est

vraiment différente. D'accord, elle n'a pas tout à fait la sonorité d'une Harley-Davidson avec un Twin Cam 88. Mais je crois qu'une fois que les gens s'en approchent pour la voir de près, ou s'ils ont la chance de l'essayer, ils réalisent alors combien elle est réellement une Harley, autant dans sa conduite que dans le fait qu'aucune autre moto au monde ne lui ressemble. Par ailleurs, nous sommes heureux que la V-Rod ait pu être présentée l'année avant le 100e anniversaire simplement parce que nous savions qu'il y aurait tellement à faire en 2003. À titre d'exemple, la peinture Sterling Silver et Vivid Black offerte sur certains modèles à l'occasion du centenaire a demandé trois ans de développement. Il s'agit d'une peinture dont l'effet est simplement spectaculaire et qu'on ne peut retrouver sur aucun autre véhicule de production, auto ou moto.

**Le Guide de la Moto**

Un an plus tard, parlez-nous de la V-Rod. Vous a-t-elle amené tout ce que vous espériez ? A-t-elle été plus difficile à faire accepter que vous l'auriez cru, ou alors plus facile ? Vous êtes-vous soucié des réticences à son égard, ou plutôt ne leur avez-vous pas accordé d'importance, considérant qu'elles venaient d'une clientèle que vous ne visiez pas au départ ?

**Bill Davidson**

Nous sommes absolument ravis de la V-Rod. Elle a gagné de nombreux prix et continue encore d'en mériter. Nous sommes particulièrement fiers d'un prix de design qui lui a été décerné en Europe par un jury composé des designers des grands manufacturiers eux-mêmes, comme Honda et Ducati ! La revue Motorcyclist vient de la nommer moto de l'année. L'un des avantages très intéressants que nous a donné la V-Rod est le pouvoir d'amener à la marque Harley-Davidson des clients de manufacturiers concurrents. L'éventail démographique des acheteurs de V-Rod

est aussi digne de mention puisque nous avons vu des motocyclistes de 25 ans comme de 60 ans s'en procurer une ; cela représente un bassin de clients potentiels immense. En fait, il s'agit là d'une surprise pour nous puisque, à l'origine, nous ne nous attendions pas à attirer l'attention et l'intérêt d'une clientèle aussi vaste et nombreuse. Définitivement, la V-Rod est pour nous un énorme succès. J'ai reçu la mienne en mai !

Le succès de la V-Rod est d'autant plus excitant, pour nous, qu'il s'agit du premier modèle d'une toute nouvelle famille. Vous pouvez être certain que plusieurs autres modèles construits autour du nouveau V-Twin Revolution qui propulse la V-Rod seront présentés. Ils font justement partie de ces excitants projets d'avenir dont nous parlions plus tôt.

**Le Guide de la Moto**

Parlant du moteur de la V-Rod, existe-t-il une chance qu'il se retrouve dans une Buell, ou est-ce que les deux compagnies sont totalement indépendantes à ce niveau ?

**Bill Davidson**

Non, Harley-Davidson et Buell ne sont pas du tout indépendantes. Au contraire, en fait, puisqu'elles partagent continuellement de l'information au niveau de l'ingénierie. Pour ce qui est du reste, comme je ne peux commenter les projets futurs, je ne peux évidemment pas vous répondre, mais je vous dirai quand même ceci : nous ne cesserons jamais d'écouter nos clients. Nous écoutons la clientèle de Buell avec exactement la même attention que celle de Harley-Davidson. Si jamais la clientèle de Buell se met à réclamer haut et fort plus de puissance et de performance, alors nous ferons tout ce qui est nécessaire pour développer des produits qui lui plairont.

**Le Guide de la Moto**

Vous venez d'introduire une version Lightning de la Firebolt lancée l'an dernier et, par la même occasion,

d'arrêter la production de toutes les anciennes Buell sauf la Blast. Doit-on voir cela comme une rupture avec le passé, comme un nouveau départ pour la compagnie?

**Bill Davidson**

Plus ou moins. Je crois que nous avons déjà établi une bonne fondation pour la compagnie avec les modèles à cadre tubulaire. Il y a d'ailleurs toujours une bonne quantité de loyaux amateurs de Buell sur la route qui affectionnent ces modèles. Ce qu'apportent les modèles Lightning et Firebolt est une nouvelle technologie; ils représentent des concepts uniques qui non seulement ne tentent de suivre ou d'imiter personne, mais qui fonctionnent aussi extrêmement bien.

**Le Guide de la Moto**

En 2002, Harley-Davidson s'est retiré de la compétition. Est-ce que l'aventure de la course s'arrête réellement là?

**Bill Davidson**

En réalité, il est faux de dire que nous nous sommes retirés de la compétition puisque nous continuons de courir sur terre battue et en accélération. Nous avons seulement mis fin au programme de Superbike. Nous nous sommes dit que nous pourrions mieux utiliser les fonds autrefois investis en Superbike dans notre équipe d'accélération Vance & Hines, par exemple, qui roule une machine basée sur la V-Rod produisant en ce moment aux alentours de 350 chevaux, ce qui est passablement élevé pour un V-Twin.

**Le Guide de la Moto**

En terminant, y a-t-il quoi que ce soit que vous puissiez nous révéler sur vos plans futurs?

**Bill Davidson**

Je peux vous dire que nous avons un tas d'années excitantes devant nous! Comme je le mentionnais, nous venons d'annoncer notre seizième année de profits records. Notre santé financière est donc excellente, ce qui nous permet déjà d'accroître notre centre de développement. J'aimerais vraiment pouvoir vous en dire plus, car les produits planifiés sont réellement très excitants, mais je suis certain que vous comprenez mon obligation à garder malheureusement le silence à ce sujet.

*Nous le comprenons très bien et le remercions de nous avoir généreusement accordé cette entrevue.*

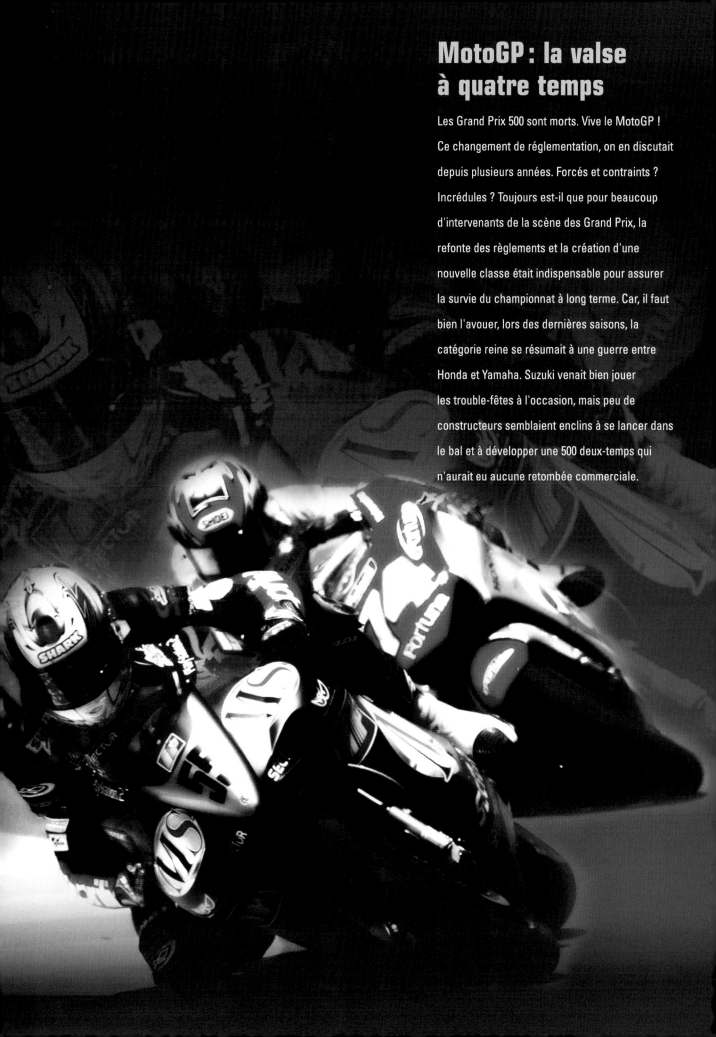

# MotoGP : la valse à quatre temps

Les Grand Prix 500 sont morts. Vive le MotoGP !
Ce changement de réglementation, on en discutait
depuis plusieurs années. Forcés et contraints ?
Incrédules ? Toujours est-il que pour beaucoup
d'intervenants de la scène des Grand Prix, la
refonte des règlements et la création d'une
nouvelle classe était indispensable pour assurer
la survie du championnat à long terme. Car, il faut
bien l'avouer, lors des dernières saisons, la
catégorie reine se résumait à une guerre entre
Honda et Yamaha. Suzuki venait bien jouer
les trouble-fêtes à l'occasion, mais peu de
constructeurs semblaient enclins à se lancer dans
le bal et à développer une 500 deux-temps qui
n'aurait eu aucune retombée commerciale.

# Les motos de la nouvelle catégorie reine

La saison 2002 marque un changement drastique dans l'histoire des Grand Prix. La nouvelle classe MotoGP ouvre la porte à une gamme de machines plus étendue que l'ancienne et devrait permettre à un plus grand nombre de manufacturiers de s'impliquer dans le championnat du monde. Si certains ont attendu de voir les résultats de cette saison de transition avant de se lancer dans le développement d'un prototype de MotoGP, les principaux acteurs du championnat avaient déjà bien affûté leurs armes.

Le géant **Honda** attendait ce moment avec impatience. Premier manufacturier à présenter son prototype, le constructeur de Suzuka était fin prêt. Et au terme de la saison inaugurale, force est de reconnaître qu'il s'était donné les moyens de ses ambitions. En seize Grand prix, la RC211V à moteur V5 a permis aux pilotes du Géant Rouge de ne laisser échapper que deux victoires (ont victoires pour Rossi, deux pour Barros, une pour Ukawa). Avec, à la clef, le premier titre de champion du monde de la catégorie pour le jeune prodige italien Valentino Rossi. Max Biaggi, le pilote officiel de la Yamaha/Marlboro M1, a complété la totale domination des quatre-temps en remportant les GP de Tchécoslovaquie et de Malaisie. Une démonstration magistrale qui a confondu même les plus sceptiques. À aucun moment, les deux-temps, pourtant prétendus technologiquement supérieurs, n'ont été en mesure d'inquiéter la RC211V ou la M1.

Pour les autres constructeurs ayant tenté l'expérience, le passage au quatre-temps n'a pas été aussi spectaculaire.

**Honda RC211V**
V5 (3 cylindres en avant, 2 en arrière) à 75,5 degrés,
DACT, refroidi au liquide, 4 soupapes par cylindre
Cylindrée : 990 cc
Puissance : plus de 200 chevaux
Poids : 145 kg (319 lbs)

# Les motos de la nouvelle catégorie reine

**Yamaha M1**
Configuration : 4 cylindres en ligne, DACT,
refroidi au liquide, 5 soupapes par cylindre
Cylindrée : 990 cc
Puissance : plus de 200 chevaux
Poids : 145 kg (319 lbs)

**Yamaha**, dont la M1 était encore en cours de développement au début de la saison, a connu certains déboires dans la première partie du championnat. La compagnie d'Iwata City aurait rencontré des ennuis de mise au point de son système de contrôle du frein moteur. Dans la seconde moitié de la saison, une fois ce problème résolu, la M1 est devenue compétitive et a permis à Biaggi de remporter deux victoires importantes.

# Touchez les étoiles Star

*Virago 250*

*V-Star 1100 Classic*

*Road Star*

*Silver Edition Silverado*

*Custom de l'année 2002*

*Warrior*

Peu importe votre Star de prédilection parmi nos treize boulevardières rutilantes, vous savez que vous pouvez compter sur la qualité, la performance et la valeur qui font la renommée de Yamaha.

Depuis la Road Star Warrior, lauréate de nombreux prix, jusqu'à la classique Road Star Silverado que le temps ne saurait toucher, les boulevardières de Yamaha sont conçues avec une chose en tête... l'excellence.

La famille Star de Yamaha... Lorsque vous visez les étoiles, vous ne pouvez qu'éblouir!

## Pour connaître le concessionnaire le plus proche, composez
## le 1 800 267-8577
### www.yamaha-motor.ca

YAMAHA GENUINE
Parts & Accessories
pièces et accessoires

YAMAHA

# Les motos de la nouvelle catégorie reine

**Suzuki GSV-R**
Configuration : 4 cylindres en V à 60 degrés, DACT, refroidi au liquide, 4 soupapes par cylindre
Cylindrée : 990 cc
Puissance : plus de 210 chevaux @ plus de 14 000 tr/min
Poids : 145 kg (319 lbs)

Du côté de chez **Suzuki**, la GSV-R a été lancée tardivement et souffrait d'un déficit de développement en début de saison. Pourtant, lors du premier GP à Suzuka, le pilote japonais Akira Ryo, aux guidons de la troisième moto du team Suzuki Telefonica MoviStar, créait la surprise en menant l'épreuve sous une pluie diluvienne, avant de se faire coiffer au fil d'arrivée par Valentino Rossi et sa **Honda**. Cette deuxième place a constitué le meilleur résultat de la **Suzuki**. Ni l'Américain Kenny Roberts Jr, ni l'Espagnol Sete Gibernau, les deux pilotes officiels de l'écurie, n'ont brillé aux guidons du V4 de Hamamatsu. Roberts n'est monté qu'une fois sur la dernière marche du podium, à Motegi. Quant à son coéquipier, il n'a pu faire mieux qu'une 4e position en Tchécoslovaquie.

**Aprilia RS Cube**
Configuration :
3 cylindres en ligne, DACT,
refroidi au liquide,
4 soupapes par cylindre
Cylindrée : 990 cc
Puissance : plus de 200 chevaux
@ plus de 15 000 tr/min
Poids : 135 kg (298 lbs)

Dans le cas d'**Aprilia**, la RS Cube n'a jamais tenu ses promesses, au grand dam du pilote Français Régis Laconi qui fondait beaucoup d'espoirs dans le tricylindre de Noale en début de saison. Sa 8e place à Suzuka laissait pourtant présager mieux. Il semble que le développement de la Cube ait stagné et que l'écart entre l'écurie italienne et ses concurrents se soit creusé irrémédiablement. **Aprilia**, qui vient de signer, pour 2003, l'Américain Colins Edwards, champion du monde de Superbike 2002, et le Japonais Noriyuki Haga, aurait de sérieuses prétentions pour la saison prochaine et se livre à d'intensives séances d'essais hivernaux.

# Les motos de la nouvelle catégorie reine

**Kawasaki ZX-RR**
Configuration : 4 cylindres en ligne, DACT, refroidi au liquide, 4 soupapes par cylindre
Cylindrée : 990 cc
Puissance : plus de 200 chevaux
Poids : 145 kg (319 lbs)

À l'occasion des quatre dernières épreuves du calendrier, **Kawasaki** a confronté son prototype ZX-RR à la dure réalité de la compétition afin de peaufiner son développement. Lors de la dernière course de la saison, l'Australien Andrew Pitt a engrangé les 4 points de la 12e place après trois abandons consécutifs lors des épreuves précédentes. Une performance qui encourage les ingénieurs des Verts, d'autant que le jeune Australien sera épaulé, l'an prochain, par son compatriote Garry McCoy, transfuge de chez **Yamaha** et multiple vainqueur en 500.

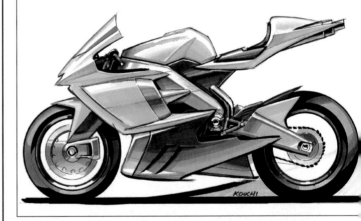

## Titres des manufacturiers de GP500

| Année | Manufacturier | Moteur | Année | Manufacturier | Moteur |
|-------|---------------|--------|-------|---------------|--------|
| **L'époque 4-temps** | | | **L'époque 2-temps** | | |
| 1950 | Norton | Monocylindre | 1974 | Yamaha | 4 cyl. parallèles |
| 1951 | Norton | Monocylindre | 1975 | Yamaha | 4 cyl. parallèles |
| 1952 | Gilera | 4 cyl. parallèles | 1976 | Suzuki | 4 en carré |
| 1953 | Gilera | 4 cyl. parallèles | 1977 | Suzuki | 4 en carré |
| 1954 | Gilera | 4 cyl. parallèles | 1978 | Suzuki | 4 en carré |
| 1955 | Gilera | 4 cyl. parallèles | 1979 | Suzuki | 4 en carré |
| 1956 | Gilera | 4 cyl. parallèles | 1980 | Suzuki | 4 en carré |
| 1957 | MV Agusta | 4 cyl. parallèles | 1981 | Suzuki | 4 en carré |
| 1958 | Gilera | 4 cyl. parallèles | 1982 | Suzuki | 4 en carré |
| 1959 | MV Agusta | 4 cyl. parallèles | 1983 | Honda | V3 |
| 1960 | MV Agusta | 4 cyl. parallèles | 1984 | Honda | V3 & V4 |
| 1961 | MV Agusta | 4 cyl. parallèles | 1985 | Honda | V4 |
| 1962 | MV Agusta | 4 cyl. parallèles | 1986 | Yamaha | V4 |
| 1963 | MV Agusta | 4 cyl. parallèles | 1987 | Yamaha | V4 |
| 1964 | MV Agusta | 4 cyl. parallèles | 1988 | Yamaha | V4 |
| 1965 | MV Agusta | 4 cyl. parallèles | 1989 | Honda | V4 |
| 1966 | Honda | 4 cyl. parallèles | 1990 | Yamaha | V4 |
| 1967 | MV Agusta | 3 cyl. parallèles | 1991 | Yamaha | V4 |
| 1968 | MV Agusta | 3 cyl. parallèles | 1992 | Honda | V4 |
| 1969 | MV Agusta | 3 cyl. parallèles | 1993 | Yamaha | V4 |
| 1970 | MV Agusta | 3 cyl. parallèles | 1994 | Honda | V4 |
| 1971 | MV Agusta | 3 cyl. parallèles | 1995 | Honda | V4 |
| 1972 | MV Agusta | 3 cyl. parallèles | 1996 | Honda | V4 |
| 1973 | MV Agusta | 3 cyl. parallèles | 1997 | Honda | V4 |
| | | | 1998 | Honda | V4 |
| **L'ère MotoGP (990 cc 4-temps)** | | | 1999 | Honda | V4 |
| 2002 | Honda | V5 | 2000 | Yamaha | V4 |
| | | | 2001 | Honda | V4 |

# Grandes lignes des règlements de la catégorie MotoGP

## Motos acceptées
Prototypes deux-temps et quatre-temps

## Cylindrée maximale
990 cc pour les quatre-temps
351 à 500 cc pour les deux-temps

## Poids minimal
### Quatre-temps
135 kg pour les monocylindres, bicylindres et tricylindres
145 kg pour les quatre et cinq-cylindres
155 kg au-delà
### Deux-temps
101 kg pour les monocylindres et les bicylindres
116 kg pour les tricylindres
131 pour les quatre-cylindres
Capacité du réservoir à essence :
24 litres pour 2002 - 2003
22 litres pour 2004 et les saisons suivantes

## Limite de bruit
115 dB/A avant le départ - 120 dB/A en fin de course
Les niveaux actuels sont de 110 dB/A avant le départ
et de 113 dB en fin de course.

# Les motos de la nouvelle catégorie reine

En 2003, la majorité du plateau MotoGP sera constitué de quatre-temps et deux nouveaux manufacturiers aligneront des machines sur la grille : **Kawasaki** avec sa ZX-RR et **Ducati** avec sa Desmosedici à moteur V4 à distribution desmodromique. La moto italienne, qui sera pilotée par l'Australien Troy Bayliss, champion du monde de Superbike 2001 sur **Ducati** et l'Italien Loris Capirossi, ex-Honda 500, tourne déjà depuis quelques mois en essais privés. Les temps enregistrés à Jerez, en novembre 2002, semblent prometteurs.

Les rumeurs font état de la venue probable d'autres manufacturiers d'ici 2004. La compagnie autrichienne **KTM**, qui disputera les GP125 l'an prochain, a annoncé qu'elle devrait débuter en MotoGP en 2004. On ne sait rien encore de la configuration choisie. Il semble que **BMW** travaillerait également à la mise au point d'un proto MotoGP pour 2004 ou 2005. Et certains observateurs prétendent que **Harley-Davidson** serait intéressé par ce championnat. Sans compter le retour annoncé de certains préparateurs de partie-cycle (Moriwaki, Yoshuimura, etc.) auxquels les principaux manufacturiers pourraient vendre leurs moteurs. Tout ceci vient démontrer le bien-fondé des changements apportés par la FIM. Jamais la participation des constructeurs au championnat du monde n'a été aussi importante depuis deux décennies. Tout le monde semble vouloir valser au rythme des quatre-temps et faire sa marque dans cette catégorie prometteuse. Un succès qui pourrait bien se faire, cependant, au détriment du championnat du monde de Superbike que plusieurs manufacturiers (Honda, Suzuki, Yamaha...) ont déjà déserté.

# TRANSFERT DE TECHNOLOGIE DE LA MOTO GP

**Infusée** des progrès technologiques de la fascinante RC211V Championne Mondiale, la CBR600RR 2003 met la technologie de la Moto GP à la portée de tous les enthousiastes. Un moteur qui tourne à 15 000-tr/mn, une toute nouvelle injection séquentielle à double phase, un échappement central en hauteur, un cadre d'aluminium à parois amincies coulé sous pression, l'allure d'une RC211V prête pour la course et un groupe suspension Pro-Link révolutionnaire à l'arrière. La toute nouvelle CBR600RR, le résultat d'un transfert de technologie en temps réel.

# Les motos de la nouvelle catégorie reine

## Les écuries 2003

### Honda
Honda HRC/Repsol : Valentino Rossi - Nicky Hayden
Honda Telefonica MoviStar / Gresini : Daijiro Kato - Sete Gibernau
Honda Pons/Pramac : Max Biaggi - Turo Ukawa
Honda Kanemoto/Bridgestone : Makoto Tamada

### Yamaha
Yamaha Fortuna : Carlos Checa - Marco Melandri
Yamaha Gauloises : Olivier Jacques - Alex Barros
Yamaha D'Antin : Shinya Nakano

**Suzuki** Kenny Roberts Jr. - John Hopkins

**Aprilia** Colin Edwards - Noriyuki Haga

**Ducati Marlboro** Troy Bayliss - Loris Capirossi

**Kawasaki** Garry McCoy - Andrew Pitt

## Un peu d'histoire

Ce changement de réglementation est l'une des plus importantes réformes de l'histoire des Grand Prix. L'une des plus prometteuses aussi. Depuis l'instauration du championnat du monde de vitesse (Grand Prix) en 1949, les règlements ont peu évolué. Durant ses 20 premières années, ce championnat a été dominé par les quatre-temps européens (AJS, Norton, Gilera, MV Agusta). L'apparition des deux-temps japonais, au début des années 70, a signalé la fin des cylindres à soupapes. La première victoire d'un deux-temps date du 14 août 1971 au T.T. d'Irlande du Nord. Il s'agissait d'une Suzuki TR500 (bicylindre parallèle refroidi au liquide). Elle fut suivit le 26 septembre de la même année par la victoire d'une Kawasaki H1-R (trois cylindres parallèles) au GP d'Espagne. La TR500 et la H1-R étaient dérivées de motos de série. Avant 2002, la dernière victoire d'un quatre-temps en 500 remontait au 29 août 1976, au GP d'Allemagne de l'Ouest, remporté par Giacomo Agostini sur MV Agusta. Depuis 1974, aucun quatre-temps n'avait remporté le titre.

# Le plaisir sur bicylindre

Certaines personnes passent leur vie à rechercher la plénitude. D'autres se rendent comptent qu'il ne s'agit que de trouver la bonne motocyclette. Suzuki est fière de fournir des bonnes vibrations instantanées sous la forme de la SV1000S, une émouvante bicylindre en V dotée de l'injection d'essence, d'un châssis d'avant-garde et d'une apparence renversante.

Elle est remarquablement élégante, compacte et agile. Le plaisir de la moto sous sa forme la plus pure.

Le vrai plaisir sur une vraie moto ; améliorez votre qualité de vie d'un tour de poignet. La SV1000S. La moto à fière allure, au son plaisant, aux belles sensations.

www.suzuki.ca

Moteur bicylindre en V à 90°, 996 cc, 4 temps, refroidi au liquide, DACT, 4 soupapes • Cylindres d'aluminium plaqués de SCEM • Module de gestion moteur à 32 bits • Injection d'essence avec le système Suzuki Dual Throttle Valve • Respectant les normes anti-pollution Euro 2 (là où elles s'appliquent) • Cadre à armature en alliage d'aluminium • Bras oscillant en alliage d'aluminium • Fourche avant entièrement réglable avec tubes internes de 46 mm • Amortisseur arrière à réservoir externe entièrement réglable • Doubles freins à disques à l'avant de 310 mm avec étriers à 4 pistons opposés • Roues de 17 pouces • Pneus radiaux • Feu arrière à DEL

 SUZUKI SÉCURITÉ PLUS

 ActiVente $ SUZUKI
PROGRAMME DE FINANCEMENT

 $ SUZUKI.
une valeur bien pensée

 SUZUKI
Laissez-vous emporter!

# Les motos de la nouvelle catégorie reine

## Champions du monde GP500

| ANNÉE | | CHAMPION | NAT. | MARQUE | | ANNÉE | | CHAMPION | NAT. | MARQUE |
|---|---|---|---|---|---|---|---|---|---|---|
| **La nouvelle ère 4-temps** | | | | | | **L'ère 4-temps** | | | | |
| 2002 | MotoGP | Valentino Rossi | ITA | Honda | | 1974 | GP 500 | Phil Read | GBR | MV Agusta |
| **L'ère 2-temps** | | | | | | 1973 | GP 500 | Phil Read | GBR | MV Agusta |
| 2001 | GP 500 | Valentino Rossi | ITA | Honda | | 1972 | GP 500 | Giacomo Agostini | ITA | MV Agusta |
| 2000 | GP 500 | Roberts Kenny Jr. | USA | Suzuki | | 1971 | GP 500 | Giacomo Agostini | ITA | MV Agusta |
| 1999 | GP 500 | Alex Criville | SPA | Honda | | 1970 | GP 500 | Giacomo Agostini | ITA | MV Agusta |
| 1998 | GP 500 | Michael Doohan | AUS | Honda | | 1969 | GP 500 | Giacomo Agostini | ITA | MV Agusta |
| 1997 | GP 500 | Michael Doohan | AUS | Honda | | 1968 | GP 500 | Giacomo Agostini | ITA | MV Agusta |
| 1996 | GP 500 | Michael Doohan | AUS | Honda | | 1967 | GP 500 | Giacomo Agostini | ITA | MV Agusta |
| 1995 | GP 500 | Michael Doohan | AUS | Honda | | 1966 | GP 500 | Giacomo Agostini | ITA | MV Agusta |
| 1994 | GP 500 | Michael Doohan | AUS | Honda | | 1965 | GP 500 | Mike Hailwood | GBR | MV Agusta |
| 1993 | GP 500 | Kevin Schwantz | USA | Suzuki | | 1964 | GP 500 | Mike Hailwood | GBR | MV Agusta |
| 1992 | GP 500 | Wayne Rainey | USA | Yamaha | | 1963 | GP 500 | Mike Hailwood | GBR | MV Agusta |
| 1991 | GP 500 | Wayne Rainey | USA | Yamaha | | 1962 | GP 500 | Mike Hailwood | GBR | MV Agusta |
| 1990 | GP 500 | Wayne Rainey | USA | Yamaha | | 1961 | GP 500 | Gary Hocking | RHO | MV Agusta |
| 1989 | GP 500 | Eddie Lawson | USA | Honda | | 1960 | GP 500 | John Surtees | GBR | MV Agusta |
| 1988 | GP 500 | Eddie Lawson | USA | Yamaha | | 1959 | GP 500 | John Surtees | GBR | MV Agusta |
| 1987 | GP 500 | Wayne Gardner | AUS | Honda | | 1958 | GP 500 | John Surtees | GBR | MV Agusta |
| 1986 | GP 500 | Eddie Lawson | USA | Yamaha | | 1957 | GP 500 | Libero Liberati | ITA | Gilera |
| 1985 | GP 500 | Freddie Spencer | USA | Honda | | 1956 | GP 500 | John Surtees | GBR | MV Agusta |
| 1984 | GP 500 | Eddie Lawson | USA | Yamaha | | 1955 | GP 500 | Geoff Duke | GBR | Gilera |
| 1983 | GP 500 | Freddie Spencer | USA | Honda | | 1954 | GP 500 | Geoff Duke | GBR | Gilera |
| 1982 | GP 500 | Franco Uncini | ITA | Suzuki | | 1953 | GP 500 | Geoff Duke | GBR | Gilera |
| 1981 | GP 500 | Marco Lucchinelli | ITA | Suzuki | | 1952 | GP 500 | Umberto Masetti | ITA | Gilera |
| 1980 | GP 500 | Kenny Roberts | USA | Yamaha | | 1951 | GP 500 | Geoff Duke | GBR | Norton |
| 1979 | GP 500 | Kenny Roberts | USA | Yamaha | | 1950 | GP 500 | Umberto Masetti | ITA | Gilera |
| 1978 | GP 500 | Kenny Roberts | USA | Yamaha | | 1949 | GP500 | Les Graham | GB | AJS |
| 1977 | GP 500 | Barry Sheene | GBR | Suzuki | | | | | | |
| 1976 | GP 500 | Barry Sheene | GBR | Suzuki | | | | | | |
| 1975 | GP 500 | Giacomo Agostini | ITA | Yamaha | | | | | | |

# Fantasmes mécaniques

## Les protos

Cette année, la récolte de prototypes est plutôt maigre. Serait-ce dû à la morosité ambiante qui règne actuellement en Europe (les ventes ont accusé une baisse sensible en 2002) ou à un manque d'imagination de la part des concepteurs ? Difficile à dire. Voici les concepts qui ont attiré notre attention.

### BMW Roadster

Parler de prototype dans le cas de cette moto-concept de BMW est un abus de langage. Il s'agirait plutôt d'une étude de style réalisée autour d'une plateforme éprouvée et d'accessoires existant déjà au catalogue du manufacturier bavarois. La base de ce roadster sportif est la standard R1150R à laquelle on a ajouté des jantes de R1100S, des phares et un pare-brise de R1150GS, une selle monoplace et divers autres accessoires maison. Présentée à l'occasion du salon Intermot de Munich, ce roadster destiné à une clientèle jeune et extravertie a reçu un accueil enthousiaste de la presse et du public, ce qui a convaincu BMW de la mettre en production dès le printemps 2003.

### KTM Duke 950

KTM a le vent en poupe et attaque sur tous les fronts. Dominateur en rallyes-raids (KTM a monopolisé les 11 premières places du classement au dernier Paris-Dakar) et en enduro, actif en motocross et en supercross mondial avec la signature de Jeremy McGrath, le manufacturier autrichien tentera l'aventure des GP 125 l'an prochain, avec le jeune pilote français Arnaud Vincent, champion du monde en titre. Et prépare sa venue en MotoGP pour 2004. Avec sa Duke 950 à V-twin Rotax quatre-temps, KTM s'attaque au seul créneau dans lequel elle n'est pas vraiment présente. La Duke 950 suit la même philosophie que les Ducati Multistrada ou Yamaha TDM 900. Il s'agit d'un roadster performant, croisement entre une sportive et une supermotard, destiné à briller sur tout type de revêtement. Empattement court, géométrie de direction radicale, assiette basculée vers l'avant, moteur pêchu et look crapuleux, la Duke possède de sérieux arguments pour convaincre une clientèle sportive cherchant une moto joueuse, à l'aise partout. Elle devrait faire son apparition au catalogue du manufacturier de Mattighofen dès l'an prochain.

# NOUS AVONS MÊME RÉINVENTÉ LA ROUE.

La toute nouvelle Buell® Firebolt^MD XB9R a pratiquement redéfini le sport, grâce à des innovations comme le cadre servant de réservoir à carburant et de l'huile dans le bras oscillant, l'empattement le plus court sur le marché et le système de freinage Zero Torsional Load^MD, la configuration freins-roues la plus légère qui soit. Voyez la Firebolt de près dès aujourd'hui. Composez le 1 800 LUV2RIDE ou visitez le www.buell.ca pour connaître le détaillant agréé Buell et Harley-Davidson^MD le plus près de chez vous.

**Buell**
AMERICAN MOTORCYCLES

*La différence saute au sens*

# Fantasmes mécaniques

### Moto Guzzi MSG/01 et Moto Guzzi Griso

Depuis son rachat par Aprilia, Moto Guzzi semble avoir repris du poil de la bête. Et retrouvé la créativité qui a marqué ses années dorées. En plus de présenter la nouvelle Breva 750, Moto Guzzi a profité du salon Intermot de Munich pour dévoiler deux prototypes très réussis. La MGS/01 est une étude de style de supersportive basée sur le légendaire bicylindre longitudinal de la firme de Mandello del Lario. Elle préfigure les futures sportives de la marque, mais ne verrait pas le jour sous cette configuration, selon son concepteur. La Griso (appelée aussi Techno Cruiser), est un muscle bike, façon V-Max. Un proto de feu destiné à faire vibrer les amateurs de cruisers performants. La Griso est également un exercice de style, mais un modèle s'en inspirant pourrait rapidement voir le jour.

# Fantasmes mécaniques

## Celles qu'on aurait aimé avoir

**Elles existent. On les voit partout sur Internet et dans les magazines européens et pourtant, nous ne pouvons pas nous les procurer. C'est trop injuste. D'autant que certaines de ces belles d'ailleurs ont des arguments pour nous séduire.**

## Mondial Piega

Pour les amateurs de GP 125 et GP 250, Mondial n'est pas un nom inconnu. Entre 1949 et 1957 la firme de Bologne a remporté 10 championnats du monde dans ces deux catégories. Elle a développé le premier frein à disque et à été l'instigatrice des carénages tels qu'on les connaît aujourd'hui. Se prévalant d'une dette d'honneur contractée en 1957 par Soichiro Honda (il aurait acheté un monocylindre à DACT à Mondial afin de battre MV Agusta et remporter les championnats 125 et 250 cette même année), Mondial a obtenu du Géant Rouge qu'il lui fournisse le V-twin de la RC51 pour sa nouvelle Piega. Cette sportive d'exception est un exemple de haute couture mécanique à l'italienne. Elle fait appel aux meilleures composantes sur le marché (cadre tubulaire au chrome-molybdène, fourche inversée Paioli de 46 mm, frein Brembo...) et sera produite à 250 exemplaires en 2003. Elle se détaillera près de 38 000 $.

## MZ 1000 S

La MZ 1000 S n'est plus un proto à proprement parler. Présentée à Munich il y a deux ans, la MZ 1000 S a franchi l'étape de la mise en production. C'est la première grosse cylindrée de la firme de Zschopau-Hohndorf. Cette sportive aux lignes anguleuses, mue par un bicylindre en V de 1 000 cc, se détaillera aux alentours de 12500 euros (environ 18 000 $). La grosse allemande est d'ores et déjà produite en petite série et sera disponible en Europe au printemps 2003.

### Aprilia Tuono Fighter

Au moment d'aller sous presse, les destinées d'Aprilia au Canada ne sont pas encore connues. S'il semble que Barret Diversified assurera la distribution canadienne de la marque de Noale, impossible de savoir quels modèles seront importés au pays, ni quels seront les concessionnaires de la marque. Présentée au salon Intermot de Munich, la Tuono Fighter est un roadster sportif agressif. Il s'agit d'une RSV 1000 débarrassée de son carénage, à laquelle on a ajouté un petit saute-vent et un large guidon tubulaire. Plus impressionnante en personne qu'en photo, la Tuono offrirait des prestations de sportive, avec un brin de confort en plus. Elle est annoncée à 130 hp. Une concurrente directe de la nouvelle Kawasaki Z1000 et de la FZ-1.

# Fantasmes mécaniques

## Honda Varadero 1000

Depuis son apparition en Europe en 1999, la Varadero a connu un franc succès parmi les amateurs de grosses double-usage à vocation GT. Complètement revampée, la nouvelle XL1000 à moteur V2 possède un look nettement plus attrayant et un gabarit moins imposant. Les volumes ont été réduits sans amoindrir la protection offerte par cette routière axée vers le confort. Devant le succès rencontré au Canada par la V-Strom de Suzuki, on s'attendait à ce que la Varadero soit proposée ici, mais il semble que Honda en ait décidé autrement.

## Ducati Multistrada

Lors de son lancement au salon de Paris 2001, la Multistrada due au coup de crayon controversé de Pierre Terblanche a suscité bien des commentaires. Lesquels n'ont pas toujours été élogieux. Commercialisée dès le printemps 2003 en Europe, en versions standard et GT (avec sacoches spécifiques, bulle haute, etc.) la Multistrada n'entrerait pas tout de suite au Canada. Avec son design hybride hésitant entre sportive, supermotarde et roadster, la Multistrada prétend définir un nouveau type de moto capable de performer sur tout type de revêtement avec un facteur fun très élevé. Si c'est vrai, on a hâte de l'essayer.

## Yamaha TDM900

La TDM de Yamaha est un phénomène. Lancée en Europe en 1991 (elle a été offerte au Canada en 1992, mais Yamaha l'a retirée de son catalogue la saison suivante), la TDM850 est depuis plus de 10 ans une des motos préférées des motocyclistes français. Modifiée l'an dernier et maintenant offerte avec un bicylindre parallèle de 900 cc, la nouvelle TDM900 est une moto hybride à l'aise sur tout type de revêtement, à l'instar de la Ducati Multistrada. Bien qu'elle ne soit pas un monstre de puissance, la TDM900 compense en offrant à son pilote polyvalence et plaisir de conduite. Là encore, on pensait que le succès de la DL1000 de Suzuki inciterait les décideurs de Yamaha à prendre un beau risque. On s'était trompé. Dommage !

## MV Agusta 750 F4 Ago Replica

Énième variation de la 750 F4, la Ago Replica est une édition limitée rendant hommage au légendaire pilote italien Giacomo Agostini, multiple champion du monde 500 pour MV Agusta. Flanquée du numéro Un, la F4 Ago Replica est une sportive d'exception destinée à des amateurs au portefeuille bien garni. Elle est toujours propulsée par un quatre-cylindres en ligne injecté, quatre-temps, refroidi au liquide. Annoncée à près de 126 hp, la Ago Replica est livrée avec de nouvelles jantes dorées à cinq branches dédoublées et une fourche inversée Marzocchi. Prix estimé : 34 500 $. Le prix de la rareté et du rêve ?

**NOUVEAUTÉ 2003**

KG › 215    CH › 98         $ › N/O

**Sacrifiant à la mode des gros trails routiers qui fait rage en Europe depuis quelques années, Aprilia a lancé, il y a deux ans, la Caponord. Une grosse double-usage routière confortable, au look futuriste. Dotée d'une partie cycle haut de gamme et originale cette machine s'est d'emblée taillée une place de choix dans ce créneau du marché.**

La Caponord est une moto difficile à manquer. Avec son look taillé au couteau, toute en lignes anguleuses, elle ne ressemble à aucune autre moto, si ce n'est la Futura, sa sœur sport-tourisme. Plus routière que tout-terrain, la Caponord est axée sur la polyvalence et le plaisir de conduite. Cette moto destinée à affronter toutes sortes de terrains se conduit avec l'aisance d'une moto d'enduro tout en offrant la performance et le confort d'une routière luxueuse. Elle se veut l'incarnation du concept de la moto totale, à la façon de la Ducati Multistrada, de la Suzuki V-Strom ou de la Yamaha TDM900.

La Caponord est propulsée par le fameux V-Twin à 60 degrés de 997,6 cc de la firme de Noale, dont la puissance a été réduite à 98 hp. Ainsi modifié, le bicylindre fait preuve d'une grande souplesse, d'un couple important et s'accorde parfaitement à la vocation routière de la Caponord.

Il est logé dans une partie cycle avant-gardiste. En effet, la ETV 1000 est la première grosse double-usage à être équipée d'un cadre massif à double poutre de section large, en aluminium.

La suspension est assurée par une fourche inversée Marzocchi à poteaux de 50 mm de diamètre et un monoamortisseur Sachs réglable en précontrainte du ressort, en compression et en détente. Le débattement s'établit respectivement à 175 mm à l'avant et à 185 mm à l'arrière.

Le freinage est confié à un trio de disques Brembo (deux 300 mm à l'avant, un 270 mm à l'arrière), à étriers semi-flottants à double piston.

Concurrente directe de la Honda Varadero, la Caponord est l'exemple parfait de l'évolution routière des grosses aventurières.

## FICHE TECHNIQUE

| | |
|---|---|
| Catégorie : | Double-usage |

### MOTEUR

| | |
|---|---|
| Type/refroidissement : | bicylindre en V / liquide |
| Cylindrée : | 998 cc |
| Alésage et course : | 97 mm x 67,5 mm |
| Puissance : | 98 ch @ 8 250 tr/min |
| Couple : | 72 lb/pi @ 6 250 tr/min |
| Boîte de vitesses : | 6 rapports |
| Transmission finale : | par chaîne |

### PARTIE CYCLE

| | |
|---|---|
| Type de cadre : | périmétrique, en aluminium |
| Suspension avant : | fourche conventionnelle de 50 mm non réglable |
| Suspension arrière : | monoamortisseur réglable en précharge, compression et détente |
| Freinage avant : | 2 disques de 300 mm de ø avec étriers à 4 pistons |
| Freinage arrière : | disque simple de 270 mm de ø |
| Pneus avant/arrière : | 110/80-19 & 150/70-17 |
| Empattement : | 1 544 mm |
| Hauteur du siège : | 820 mm |
| Poids à vide : | 215 kg |
| Réservoir de carburant : | 25 litres |
| Prix : | n/d |
| Garantie : | n/d |
| Couleur : | rouge, bleu, gris |

# aprilia
# RSV Mille

NOUVEAUTÉ 2003

KG▸ 187     CH▸ 130          $▸ N/D

Considérée à juste titre comme l'une des meilleures sportives disponibles sur le marché, la RSV jouit d'une solide réputation auprès des pilotes sportifs et sur les circuits du monde entier. Attendue par de nombreux amateurs, la RSV 1000 est l'illustration parfaite du dynamisme d'Aprilia et de son implication en compétition.

À sa quatrième année sur le marché, la RSV, qui avait gagné quelques chevaux supplémentaires en 2001, s'offre un léger face-lift. Elle reçoit un nouvel échappement, une selle passager et un garde-boue avant redessiné ainsi qu'une nouvelle boîte de vitesses dont les trois premiers rapports ont été allongés et les deux derniers raccourcis.

Animée par le V2 de 997,6 cc, ouvert à 60 degrés, à double arbre à cames en tête, quatre soupapes par cylindre et refroidissement au liquide, la RSV est dotée d'un système d'injection électronique à papillons de 51 mm et un injecteur par cylindre. Il produit une puissance de 130 chevaux à 9 500 tr/min. Il est logé dans une partie cycle ultra moderne, à cadre double poutre en alu, réputé rigide et hyperprécis auquel est fixé un massif bras oscillant de type «banane», comme sur le modèle de course de la compagnie.

Une version RSV-R est également offerte au catalogue du manufacturier de Noale. Par rapport au modèle standard, la R représente le nec plus ultra en matière de sport et se destine principalement à la compétition. Elle se distingue, entre autres, par des éléments de suspension haut de gamme (fourche inversée et mono-amortisseur Olhins), des jantes forgées en alu et des pinces de frein Brembo Gold radiales. Les étriers à quatre pistons de 34 mm activent quatre plaquettes séparées en métal fritté pour une efficacité accrue en freinage.

Concurrente directe des Ducati 999 et Honda RC51, tant sur la route que sur les circuits, la supersportive de classe ouverte d'Aprilia est une moto exotique, puissante et performante. Une moto de rêve, enfin accessible. Il reste à espérer qu'elle fasse partie des modèles Aprilia qui entreront au Canada en 2003 ; une information qui n'est toujours pas disponible au moment d'aller sous presse.

FICHE TECHNIQUE

| | |
|---|---|
| Catégorie : | Sportive |

**MOTEUR**

| | |
|---|---|
| Type/refroidissement : | bicylindre en V / liquide |
| Cylindrée : | 998 cc |
| Alésage et course : | 97 mm x 67,5 mm |
| Puissance : | 130 ch @ 9 500 tr/min |
| Couple : | 75 lb/pi @ 7 250 tr/min |
| Boîte de vitesses : | 6 rapports |
| Transmission finale : | par chaîne |

**PARTIE CYCLE**

| | |
|---|---|
| Type de cadre : | périmétrique, en aluminium |
| Suspension avant : | fourche inversée de 43 mm réglable en précharge, compression et détente |
| Suspension arrière : | monoamortisseur réglable en précharge, compression et détente |
| Freinage avant : | 2 disques de 320 mm de ø avec étriers à 4 pistons |
| Freinage arrière : | disque simple de 220 mm de ø |
| Pneus avant/arrière : | 120/70 ZR17 & 190/50 ZR17 |
| Empattement : | 1 415 mm |
| Hauteur du siège : | 820 mm |
| Poids à vide : | 187 kg |
| Réservoir de carburant : | 18 litres |
| Prix : | n/d |
| Garantie : | n/d |
| Couleur : | rouge, noir, gris |

NOUVEAUTÉ **2003**

| KG▸ 185 | CH▸ 144 | $▸ 29 950 À 55 950 |
|---|---|---|

Lancé en 2000, le prototype de la Benelli Tornado Tre a été l'une des grandes attractions du Salon de Milan. Destinée à la production et conçue pour représenter la marque en compétition (Championnat du monde de Superbike, TT de l'Île de Man), la Tornado Tre est une moto d'exception comme seuls les artisans Italiens savent en faire. Si elle se distingue évidemment par sa ligue sculpté, elle a aussi la particularité de positionner son radiateur sous la selle et non à l'avant du moteur. Il s'agit d'une caractéristique majeure de sa présence esthétique puisque sa vue arrière se voit marquée de la présence d'une paire de ventilateurs intégrés à la portion selle.

## Mamassita...

**P**our tous les amateurs de course, Benelli est une marque mythique, créée en 1911 par six frères amoureux de belles mécaniques et mordus de compétition. Présente en Grand Prix de 1950 au début des années 70, la firme italienne remporta plusieurs titres, dont celui de la catégorie 250, en 1969, avec le légendaire Carruther. À la fin des années 60, Benelli surprend les amateurs avec une routière dotée d'un six-cylindres en ligne de 900 cc qui fait encore figure de moto-culte aujourd'hui. Quasiment mourante à la fin des années 70, comme la plupart des manufacturiers européens victimes de l'invasion japonaise, Benelli à survécu grâce aux scooters et aux motos de petite cylindrée. Un créneau dans lequel le constructeur est très actif et jouit d'une bonne réputation.

La présentation de la Tornado Tre, à moteur tricylindre quatre-temps injecté, de 900 cc, marque le retour de la firme italienne dans le monde de la moto et en compétition. La version LE qui devrait être disponible au Canada dès 2003 (55 950$) est une série limitée, comme son nom l'indique, produite à 150 exemplaires, principalement aux fins d'homologation pour le Championnat du monde de Superbike, championnat auquel elle a participé l'an dernier, aux mains du pilote Australien Peter Goddard. Sur la Tornado LE, qui ne sera offerte que sur commande spéciale, on retrouve une foule d'équipements exotiques (carrosserie et réservoir entièrement en fibre de carbone, roues Marchesini en aluminium forgé, ligne d'échappement en titane, suspensions Ohlins, pièces de moteur en magnésium...).

La Tornado Biposto (29 950$) est une version plus abordable (tout est relatif) offerte avec une selle biplace. Destinée à la route, il s'agit d'un modèle un peu moins équipé que la version LE. Elle dispose néanmoins de composantes de qualité (fourche inversée Marzocchi, mono-amortisseur Extreme Tech, carénage en ABS...).

La Tornado (LE et Biposto) est propulsée par un 3-cylindres en ligne de 898 cc refroidi au liquide, incliné à 15 degrés. Ce moteur à DACT et 4 soupapes par cylindre incorpore un contrebalancier, afin de réduire les vibrations. Il produit 144 chevaux à 12 000 tr/min et est alimenté par un système d'injection Sagem à un seul injecteur par cylindre. Il est complété par un embrayage à sec et une boîte de vitesses à 6 rapports, de type à cartouche, amovible.

| Catégorie : | Sportive |
|---|---|

## MOTEUR

| Type/refroidissement : | tricylindre en ligne/liquide |
|---|---|
| Cylindrée : | 898 cc |
| Alésage et course : | 88 mm x 49,2 mm |
| Puissance : | 144 ch @ 11 500 tr/min |
| Couple : | 74 lb/pi @ 8 500 tr/min |
| Boîte de vitesses : | 6 rapports |
| Transmission finale : | par chaîne |

## PARTIE CYCLE

| Type de cadre : | hybride treillis d'acier et aluminium coulé |
|---|---|
| Suspension avant : | fourche inversée de 43 mm réglable en précharge, compression et détente |
| Suspension arrière : | monoamortisseur réglable en précharge, compression et détente |
| Freinage avant : | 2 disques de 320 mm de ø avec étriers à 4 pistons |
| Freinage arrière : | disque simple de 220 mm de ø |
| Pneus avant/arrière : | 120/70 ZR17 & 180/55 ZR17 |
| Empattement : | 1 419 mm |
| Hauteur du siège : | 810 mm |
| Poids à vide : | 185 kg |
| Réservoir de carburant : | 18 litres |

## PERFORMANCES ESTIMÉES

| Révolution à 100 km/h : | n/d |
|---|---|
| Consommation moyenne : | n/d |

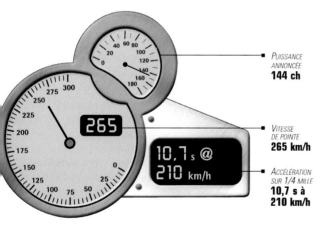

PUISSANCE ANNONCÉE
**144 ch**

VITESSE DE POINTE
**265 km/h**

ACCÉLÉRATION SUR 1/4 MILLE
**10,7 s à 210 km/h**

| Prix : | 29 950 $ (Biposto) 55 950 $ (Limited Edition) |
|---|---|
| Garantie : | 1 an/kilométrage illimité |
| Couleur : | gris, rouge, vert |

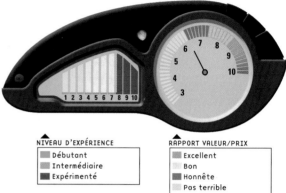

NIVEAU D'EXPÉRIENCE
- Débutant
- Intermédiaire
- Expérimenté

RAPPORT VALEUR/PRIX
- Excellent
- Bon
- Honnête
- Pas terrible

## « Des courbes comme seules les Italiennes en ont... »

## Conclusion

Destinées à des amateurs fortunés, amoureux de belles mécaniques, les Benelli Tornado Tre sont de véritables joyaux. Des machines qui, en plus de leur potentiel à nous faire rêver, représentent le savoir-faire technologique des artisans Italiens. Belles, avant-gardistes, rares et performantes, elles sont à la moto ce que la haute couture est à la mode. L'expression de la passion pure, irraisonnée et excessive, mais ô combien bénéfique. La preuve qu'il est encore possible, aujourd'hui, d'échapper aux produits de production de masse et de se distinguer de la foule. Du moins, tant qu'on a les moyens...

QUOI DE NEUF EN 2003 ?

• **Nouveau modèle**

PAS MAL          BOF

- Une ligne absolument superbe, comme seuls les Italiens savent en dessiner, et des composantes de qualité
- Un moteur d'une configuration rare, qu'on annonce très performant et dont la beauté de la sonorité laisse planer peu de doutes
- Un châssis très sérieux bâti avec l'intention de participer à des compétitions de haut niveau

- Des motos d'exception avec les prix correspondants : à plus de 55 000 $, la Tornado Tre LE est de loin la moto la plus dispendieuse du marché
- Une mécanique nouvelle qui n'a aucun dossier de fiabilité connu, et un réseau de concessionnaires limité pour l'entretenir

# BMW
# K1200LT

| KG › 378 | CH › 98 | $ › 26 950 À 29 450 |

**La K1200LT est actuellement la seule moto de l'industrie qui puisse légitimement prétendre appartenir à la même catégorie que la célèbre Honda Gold Wing. Apparue en 1999, soit deux ans avant que la Honda ne soit renouvelée, la grosse touriste bavaroise fut la première monture à défier la vénérable Honda depuis que celle-ci avait essentiellement monopolisé, durant plus d'une décennie, le marché des montures de tourisme de luxe. Si la K1200LT reste dans l'ensemble la même depuis son lancement, il est bon de noter qu'elle est équipée depuis 2001, de série, d'un complexe système de freinage antibloquant servo-assisté, mais extrêmement sécuritaire que BMW appelle l'ABS Integral.**

# Élitiste touriste...

**D**ans le monde des deux-roues, BMW a la réputation de travailler en soufflerie plus fort et plus longtemps que n'importe quel autre manufacturier. La K1200LT en est d'ailleurs un parfait exemple que même la talentueuse Honda n'arrive à surpasser. En fait, grâce à l'extrême efficacité de son ingénieux pare-brise ajustable électriquement, elle peut être considérée comme la monture isolant son pilote du vent le plus efficacement et le plus silencieusement de toute l'industrie. L'excellent niveau de confort offert par la LT vient aussi de la très bonne selle, du beau travail des suspensions qui réussissent à pratiquement tout absorber sans jamais renvoyer de coups désagréables au pilote, et de la bonne position de conduite. Cependant, les personnes de grande taille (environ 6 pieds et plus) pourraient trouver que l'emplacement des repose-pieds plie un peu trop leurs jambes. La seule autre critique concernant le confort est une légère rugosité de la mécanique aux alentours de 5 000 tr/min.

Avec une centaine de chevaux sous le capot, la grosse LT se déplace autoritairement. La souplesse à bas régimes est bonne et plaisante, alors que les hauts régimes réservent une montée en puissance tout aussi agréable. À vitesse légale sur l'autoroute, la K1200LT dort littéralement, rendant le soutien de hautes vitesses dérisoirement facile.

La masse de la K1200LT disparaît aussitôt qu'elle se met en mouvement, laissant place à une tenue de route exceptionnelle pour une monture de ce gabarit : il faut rouler à plus de 200 km/h pour commencer à prendre en faute la stabilité en ligne droite, alors qu'en virage elle se comporte avec grâce et simplicité, se montrant précise, rassurante et neutre lorsqu'inclinée. Le poids élevé redevient cependant gênant lors de manœuvres à basse vitesse, surtout pour les pilotes de petite taille, la selle haute et large les empêchant de toucher le sol de pied ferme. Le système de freinage ABS Integral a été considérablement amélioré cette année. Sans qu'on le sente encore parfaitement naturel, il demeure d'une extrême efficacité en situation d'urgence et permet essentiellement à quiconque d'obtenir des distances de freinage minimales. Si la qualité et la quantité d'équipement sont difficilement reprochables, le volume de rangement offert par le trio de valises s'avère plutôt juste, surtout pour une machine de tourisme aussi compétente.

| | |
|---|---|
| Catégorie : | Tourisme de luxe |

## MOTEUR

| | |
|---|---|
| Type/refroidissement : | 4-cylindres en ligne à plat /liquide |
| Cylindrée : | 1 171 cc |
| Alésage et course : | 70,5 mm x 75 mm |
| Puissance : | 98 ch @ 6 750 tr/min |
| Couple : | 84,6 lb/pi @ 4 750 tr/min |
| Boîte de vitesses : | 5 rapports et marche arr. élect. |
| Transmission finale : | par arbre |

## PARTIE CYCLE

| | |
|---|---|
| Type de cadre : | poutre centrale, en aluminium |
| Suspension avant : | fourche « Telelever » de 35 mm avec monoamortisseur non-réglable |
| Suspension arrière : | monoamortisseur réglable en précharge |
| Freinage avant : | 2 disques de 320 mm de ø avec étriers à 4 pistons (ABS) |
| Freinage arrière : | disque simple de 285 mm de ø (ABS) |
| Pneus avant/arrière : | 120/70 ZR17 & 160/70 ZR17 |
| Empattement : | 1 633 mm |
| Hauteur du siège : | 770/800 mm |
| Poids à vide : | 378 kg (avec plein d'essence) |
| Réservoir de carburant : | 23,4 litres |

## PERFORMANCES

| | |
|---|---|
| Révolution à 100 km/h : | 3 000 tr/min |
| Consommation moyenne : | 6,2 l/100 km |

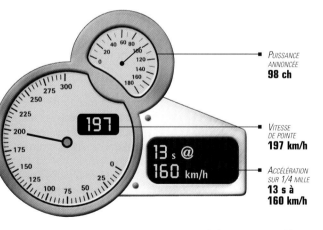

*PUISSANCE ANNONCÉE*
**98 ch**

*VITESSE DE POINTE*
**197 km/h**

*ACCÉLÉRATION SUR 1/4 MILLE*
**13 s à 160 km/h**

| | |
|---|---|
| Prix : | 26 950 $   (Highline 29 450 $) |
| Garantie : | 3 ans/kilométrage illimité |
| Couleur : | argent, anthracite, brun |

# Technique

La K1200LT est équipée de série de la version Integral du système antibloquant de troisième génération du constructeur allemand, tandis que d'autre sont plutôt munies, parfois en option, de la version Semi Integral. Servo assisté et contrôlé par ordinateur, sur la K1200LT, ce système ABS qui lie à 100 pour cent le levier et la pédale de frein s'est avéré incroyablement puissant et efficace en situation d'urgence. Toutefois, il est bruyant (la pompe électrique s'anime dès qu'on touche les freins), peu pratique dans certaines circonstances (il ne fonctionne pas si le contact n'est pas allumé) et continue de manquer quelque peu de progressivité et de sensation au levier, et ce, même l'évolution qu'il a subi en milieu de production, l'an dernier, a grandement amélioré la situation. Son plus grand avantage est de permettre à tous les pilote d'arriver à des distances de freinages très courtes.

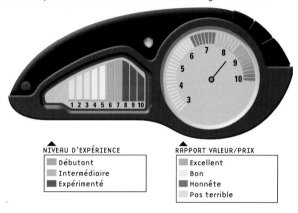

NIVEAU D'EXPÉRIENCE
- ▨ Débutant
- ▨ Intermédiaire
- ▨ Expérimenté

RAPPORT VALEUR/PRIX
- ▨ Excellent
- ▨ Bon
- ▨ Honnête
- ▨ Pas terrible

« *L'obésité dans la grâce et la classe...* »

# Conclusion

En étant plutôt difficile, les seuls reproches qu'on réussit à formuler envers la K1200LT concernent une mécanique compétente, mais quelque peu anonyme, surtout après avoir roulé la Honda, ainsi qu'un volume de bagage un peu juste. Autrement, elle frôle la note parfaite, tant au niveau de son superbe aérodynamisme, que de ses équipements aussi nombreux que pratiques, comme ses selles chauffantes, par exemple. Des qualités, disons-le, dont la Honda pourrait vraiment s'inspirer. Et pour couronner le tout, la qualité de finition est sans bavure.

QUOI DE NEUF EN 2003 ?

- **Système ABS Intergal amélioré**
- **Aucune augmentation de prix**

PAS MAL                    BOF

- **Un niveau d'équipement complet et extrêmement efficace, ainsi qu'une très belle finition**
- **Un comportement routier impressionnant pour un bétail de ce gabarit, et un niveau de confort relevé**
- **Une efficacité aérodynamique (absence de bruit de vent et de turbulence) insurpassée dans l'industrie**

- **Un système de freinage ABS Integral en net progrès, mais toujours affligé de certains inconvénients**
- **Une selle plutôt haute, suffisamment pour gêner les pilotes de courte taille, surtout compte tenu du poids élevé**
- **Une mécanique qui fait son travail adéquatement, mais de façon un peu banale, sans charme particulier**

# BMW
## R1200CL

NOUVEAUTÉ 2003

KG▸ 308,6     CH▸ 61          $▸ 22 500

**La nouvelle R1200CL se veut le second assaut de BMW sur le très lucratif marché de la custom. Il s'agit en fait d'une base de R1200C à laquelle ont été ajoutés divers équipements, dont un trio de valises et un gros carénage de fourche monté d'un distinctif pare-brise en forme de « M ». Le châssis a aussi été subtilement modifié afin de mieux se prêter à la vocation touristique de la nouveauté. Probablement pour des raisons de simplicité, mais aussi parce qu'il estime que les amateurs de customs n'en demandent pas plus, le constructeur a choisi de conserver la motorisation de 61 chevaux sur la CL.**

## Un faible pour le luxe...

En tant que monture de tourisme, la R1200CL remplit son rôle de façon fort honorable. L'équipement est complet puisqu'on a droit à un trio de jolies valises aussi spacieuses que simples d'utilisation, en plus de toute la panoplie de gadgets habituellement proposés sur ces motos, du lecteur de CD au régulateur de vitesse en passant par les éléments chauffants (certains sont des options). Les caractéristiques les plus appréciées sur un long trajet restent toutefois l'excellente selle et les belles qualités aérodynamiques du gros pare-brise. La forme de ce dernier permet de regarder au-dessus, plutôt qu'au travers, tout en bénéficiant d'une généreuse protection. Il ne provoque aucune turbulence. Positionnant le pilote à mi-chemin entre la posture relaxe d'une custom et la pose plus droite d'une machine de tourisme, la CL reste longtemps confortable, même si pieds et mains semblent être placés un peu plus haut que leur position naturelle. On s'en doute un peu, avec une soixantaine de chevaux pour propulser toute cette masse, la R1200CL se montre paresseuse s'il faut accélérer ou dépasser

franchement. Le niveau de puissance disponible ne pose toutefois pas de problème en conduite tranquille, la vrombissante mécanique se montrant alors douce et coopérante, en plus d'être bien secondée par un embrayage régulier et précis, et d'une transmission à six vitesses sensiblement améliorée par rapport celle de la R1200C.

Bien qu'il soit facile d'apercevoir la R1200C originale sous les divers ajouts qui l'ont transformée en R1200CL, on remarque une nette différence dès les premiers instants à bord, notamment au niveau de la direction qui se montre lourde et même maladroite à basse vitesse. Heureusement, dès que la vitesse augmente, tout semble rentrer dans l'ordre. La R1200CL affiche alors tout le caractère sûr et précis pour lequel sont réputées les montures allemandes. Elle préfère nettement les courbes dégagées, où elle brille par sa stabilité, sa neutralité et sa généreuse garde au sol, que les virages serrés où elle donne plutôt l'impression d'être claustrophobe. Le système ABS Integral installé de série fonctionne mieux que les premières versions, même si la sensation au levier reste un peu floue. Il offre une puissance de freinage exceptionnelle dans toutes les circonstances, et ne demande aucune dextérité particulière pour être pleinement exploité.

| | |
|---|---|
| Catégorie : | Tourisme de luxe |

## MOTEUR

| | |
|---|---|
| Type/refroidissement : | bicylindre boxer/air & huile |
| Cylindrée : | 1 170 cc |
| Alésage et course : | 101 mm x 73 mm |
| Puissance : | 61 ch @ 5 000 tr/min |
| Couple : | 72 lb/pi @ 3 000 tr/min |
| Boîte de vitesses : | 6 rapports |
| Transmission finale : | par arbre |

## PARTIE CYCLE

| | |
|---|---|
| Type de cadre : | treillis en acier, moteur porteur |
| Suspension avant : | fourche «Telelever» de 35 mm avec monoamortisseur non-ajustable |
| Suspension arrière : | monoamortisseur réglable en précharge |
| Freinage avant : | 2 disques de 320 mm de ø avec étriers à 4 pistons (ABS) |
| Freinage arrière : | disque simple de 285 mm de ø (ABS) |
| Pneus avant/arrière : | 150/80-16 & 170/80-15 |
| Empattement : | 1 641 mm |
| Hauteur du siège : | 745 mm |
| Poids à vide : | 308,6 kg (avec plein d'essence) |
| Réservoir de carburant : | 17 litres |

## PERFORMANCES

| | |
|---|---|
| Révolution à 100 km/h : | 2 700 tr/min |
| Consommation moyenne : | 6,6 l/100 km |

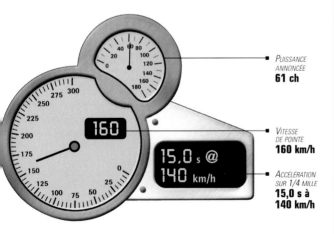

**Puissance annoncée**
**61 ch**

**Vitesse de pointe**
**160 km/h**

**Accélération sur 1/4 mille**
**15,0 s à 140 km/h**

| | |
|---|---|
| Prix : | 22 500 $ |
| Garantie : | 3 ans/kilométrage illimité |
| Couleur : | bleu, argent, brun |

## Technique

En dehors des différences d'équipement, la R1200CL se distingue surtout de la R1200C au niveau de la partie cycle. La portion arrière du cadre de la CL, par exemple, a été entièrement revue afin d'accepter les valises. La suspension avant Paralever de la CL ne partage que très peu de pièces avec celle de la C : les poteaux de fourche ont été écartés afin de pouvoir recevoir une nouvelle roue avant chaussée d'une pneu plus large ; la géométrie de direction est encore plus relâchée ; et, enfin, un ensemble disques-étriers EVO est couplé au système de freinage ABS Integral. À l'arrière, si le constructeur n'a pas jugé nécessaire d'installer un système Paralever, il affirme que le « Monolever » de la R1200C a été renforcé, tandis qu'une nouvelle roue coulée a été installée. Enfin, les débattements de suspensions gagnent une vingtaine de millimètres.

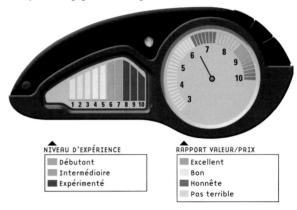

| NIVEAU D'EXPÉRIENCE | RAPPORT VALEUR/PRIX |
|---|---|
| Débutant | Excellent |
| Intermédiaire | Bon |
| Expérimenté | Honnête |
| | Pas terrible |

## « *Chasseuse d'horizons sans souffle...* »

## Conclusion

Au-delà du thème techno-custom aussi délicieusement osé qu'excentrique qui défini ses lignes, la R1200CL se montre plus à l'aise en chassant l'horizon que dans n'importe quelle autre situation, et peut légitimement être qualifiée d'authentique voyageuse. S'il est vrai que le côté poussif de sa mécanique déçoit quelque peu, surtout compte tenu du prix qu'on en demande, elle n'en demeure pas moins une monture posée, précise et confortable dont le niveau d'équipement est complet et la finition impeccable.

QUOI DE NEUF EN 2003 ?

• **Nouveau modèle basé sur la R1200C**

PAS MAL — BOF

- **Une longue liste d'équipements fonctionnels et une finition sans faute**
- **Un bon niveau de confort agrémenté d'une efficacité aérodynamique élevée de l'ingénieux pare-brise**
- **Un comportement solide, équilibré et rassurant, du moins une fois en route**

- **Une direction lourde et maladroite à très basse vitesse, qui gêne lors des manœuvres serrées**
- **Des performances suffisantes pour aller tranquillement de A à B à Z, mais insuffisantes pour exciter le pilote**
- **Une position de conduite qui demande de s'habituer à la position un peu haute des mains et des pieds**

# BMW
## R1150RT

| KG › 279 | CH › 95 | $ › 22 300 |
|---|---|---|

Malgré son arrivée tardive, le duo Honda ST1300 – Yamaha FJR1300 est devenu l'un des sujets les plus débattus de 2002. Avec raison, d'ailleurs, puisqu'il s'agissait de montures aussi vantées par leur constructeur qu'attendues du public. Tant et si bien que la R1150RT, pourtant l'une des touristes sportives les plus réputées du marché, s'est souvent trouvée exclue des discussions. On avança même que, compte tenu de sa mécanique moins puissante, une comparaison lui aurait été défavorable. Quelle sottise ! Depuis son introduction, en 1996, la RT s'est bâtie une très enviable réputation qu'elle a, de plus, consolidé encore davantage depuis sa refonte de 2001.

## Oubliée...

**S**'il est vrai que les nouvelles machines de tourisme sportif provenant de Yamaha et Honda sont pleines de mérites, il est également juste que, malgré ses performances inférieures, la R1150RT ne donne pas sa place lorsqu'il est question d'abattre de fortes doses de kilométrage. Cet art, l'allemande le maîtrise si bien qu'elle surpasse ses jeunes et puissantes rivales à plus d'un niveau, dont l'aérodynamisme et l'équipement, pour ne nommer que ceux-là.

Mains et jambes idéalement positionnées, dos droit, protégé par un généreux carénage muni du seul pare-brise électrique réellement efficace de la classe, bénéficiant d'équipements aussi nombreux que fonctionnels, le pilote de la R1150RT enfile les kilomètres sans broncher. Une excellente efficacité aérodynamique le tient à l'abri des éléments sans créer de turbulences, et ce, même s'il se moque des limites légales de vitesses. Ce que l'excellent Twin Boxer qui l'anime permet d'ailleurs à souhait. Faisant preuve d'un charme absolument unique à l'industrie, essentiellement en raison de son vrombissement très particulier, il s'agit d'une mécanique non seulement généreusement gavée de couple en bas, mais aussi très

coopérante tout au long de sa plage de régimes. Les suspensions sont suffisamment fermes pour permettre d'attaquer une belle route sinueuse, tout en demeurant assez souples pour ne pas brutaliser le pilote sur un revêtement plus dégradé. La selle est bien formée, bien rembourrée et ne commence à se faire sentir qu'après plusieurs centaines de kilomètres sans pause.

Quand, soudain, une situation d'urgence l'exige, le système de freinage ABS Integral installé de série entre en action sans délai ou la nécessité d'un doigté spécialisé, et ralentit toujours la moto avec la même impressionnante efficacité, peu importe qu'on utilise le levier, la pédale ou les deux. Pour 2003, sa sensibilité est considérablement améliorée puisqu'il n'a plus cette mauvaise tendance, à la moindre sollicitation des leviers à très basse vitesse, à immobiliser la moto.

Malgré ses indéniables qualités de routière, la R1150RT a sa part de lacunes. Il s'agit par exemple d'une moto dont le poids élevé complique la manipulation à l'arrêt, surtout que le système de freinage servo-assisté ne fonctionne pas si le contact n'est pas mis. De plus, bien qu'il se soit amélioré, ce dernier n'est toujours pas aussi transparent et facile à moduler qu'un système conventionnel ; il est par ailleurs bruyant, son agaçante pompe électrique s'activant dès qu'une des commandes de frein est touchée.

| | |
|---|---|
| Catégorie : | Sport-Tourisme |

## MOTEUR

| | |
|---|---|
| Type/refroidissement : | bicylindre boxer/ air & huile |
| Cylindrée : | 1 130 cc |
| Alésage et course : | 101 mm x 70.5 mm |
| Puissance : | 95 ch @ 7 250 tr/min |
| Couple : | 73 lb/pi @ 5 500 tr/min |
| Boîte de vitesses : | 6 rapports |
| Transmission finale : | par arbre |

## PARTIE CYCLE

| | |
|---|---|
| Type de cadre : | treillis en acier, moteur porteur |
| Suspension avant : | fourche «Telelever» de 35 mm non-ajustable |
| Suspension arrière : | monoamortisseur réglable en précharge et détente |
| Freinage avant : | 2 disques de 320 mm de ø avec étriers à 4 pistons et ABS |
| Freinage arrière : | disque simple de 276 mm de ø et ABS |
| Pneus avant/arrière : | 120/70 ZR17 & 170/60 ZR17 |
| Empattement : | 1 485 mm |
| Hauteur du siège : | 805/825/845 mm |
| Poids à vide : | 279 kg (avec plein d'essence) |
| Réservoir de carburant : | 25,2 litres |

## PERFORMANCES

| | |
|---|---|
| Révolution à 100 km/h : | environ 3 300 tr/min |
| Consommation moyenne : | 5,2 l/100 km |

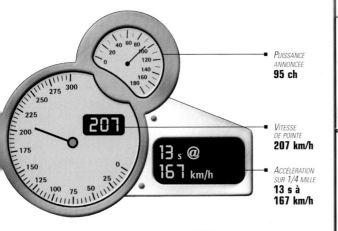

*PUISSANCE ANNONCÉE*
**95 ch**

*VITESSE DE POINTE*
**207 km/h**

*ACCÉLÉRATION SUR 1/4 MILLE*
**13 s à 167 km/h**

| | |
|---|---|
| Prix : | 22 300 $ |
| Garantie : | 3 ans/kilométrage illimité |
| Couleur : | argent, rouge, titane, bleu |

## Technique

Il y a 2 ans, BMW révisait profondément sa R-RT en faisant passer sa cylindrée de 1100 à 1150 cc (une augmentation exacte de 45 cc). En plus de bénéficier d'un gain en puissance de 5 chevaux, la mécanique de la nouvelle R1150RT gagna également un sixième rapport. De plus, la ligne fut considérablement rafraîchie, l'aérodynamisme amélioré et certains éléments de la partie cycle, dont les roues, furent remplacés. Le plus gros changement vint toutefois du système de freinage antibloquant de troisième génération du constructeur, l'ABS Intergral. Activé par une pompe hydraulique électrique qu'on entend d'ailleurs dès qu'on touche les freins, et contrôlé par ordinateur de façon à doser la force de freinage appliquée à chacune des roues en fonction de la répartition du poids des passagers et de leurs bagages, il est incroyablement puissant et extrêmement efficace, peu importe le calibre du pilote.

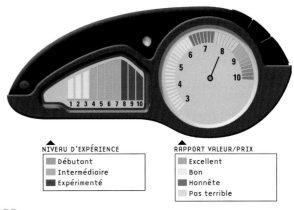

NIVEAU D'EXPÉRIENCE
- Débutant
- Intermédiaire
- Expérimenté

RAPPORT VALEUR/PRIX
- Excellent
- Bon
- Honnête
- Pas terrible

« *La force de l'évolution, face à la révolution...* »

## Conclusion

Si les Honda et Yamaha entendent chacune révolutionner l'univers du tourisme sportif à leur manière, le fait reste que le chemin évolutif qui a mené la R1150RT à son niveau actuel en fait une candidate non seulement extrêmement sérieuse, mais aussi plus aboutie sous tous ses angles que l'une ou l'autre des nouvelles venues. Ni la plus rapide ni la plus agile, la RT doit plutôt être perçue comme celle qui fait tout bien. Et souvent, très bien.

QUOI DE NEUF EN 2003 ?

- Système ABS Integral amélioré
- Coûte 200 $ de plus qu'en 2002

PAS MAL          BOF

- Un excellent niveau de confort et une efficacité aérodynamique toujours insurpassée
- Un Twin Boxer généreux en couple dès les premiers tours et qui s'exprime de manière très plaisante
- Une force de freinage exceptionnelle rendue accessible à des pilotes de tout calibres

- Une facilité de modulation du freinage améliorée, mais toujours pas parfaite
- Un poids élevé qui complique les manœuvres lentes comme les déplacements à l'arrêt
- Un prix facilement plus élevé de la concurrence pour un niveau de performance considérablement inférieur

| KG▸ 285 | CH▸ 130 | $▸ 22 500 À 24 600 |
|---|---|---|

Certaines rumeurs insistaient à l'effet que BMW en soit à préparer une K1300RS pour 2003, afin de contrer la récente poussée des Honda ST et Yamaha FJR. La réalité ne le confirme toutefois que partiellement, puisque si le nouveau modèle existe effectivement, il s'agit plutôt d'une K1200GT devant être vendue au côté de la K1200RS, sans la remplacer. En fait, la nouvelle GT est une RS améliorée au niveau du confort et de l'équipement, notamment par l'ajout d'un pare-brise à réglage électrique, l'altération de la position de conduite, l'ajout d'une selle chauffante et l'installation de valises agencées. Tout le reste est issu de la K1200RS.

## Mutée en GT...

**B**ien que la K1200GT ne soit disponible qu'au début de 2004, le fait qu'elle soit la jumelle technique de la K1200RS laisse facilement présager le genre de moto auquel on aura affaire. Au chapitre des performances et du comportement routier, par exemple, comme la nouveauté est en tout point identique à la RS, les mêmes traits de caractères sont à prévoir.

À 130 chevaux annoncés, la K1200RS est l'allemande à deux roues la plus puissante produite à ce jour. Si le caractère de son quatre-cylindres semble quelque peu terne par rapport à celui des vrombissants Twin Boxer de la série R, les performances sont, en revanche, dans une autre classe, et devraient au moins satisfaire le genre de pilote attiré par ce genre de monture. Il s'agit d'un moteur davantage conçu pour tourner en bas et au milieu, là où le couple est d'ailleurs généreusement disponible, qu'à haut régime. Ce qui ne l'empêche toutefois aucunement de se montrer plaisant à faire occasionnellement grimper dans les tours.

Sur papier, le moteur couché de la K1200RS laisse présager un centre de gravité bas, mais sur la route, elle laisse définitivement l'impression d'une pièce de machinerie massive, demandant un bon coup de bras à lever de sa béquille et exigeant une dose appréciable de muscle pour la faire changer de cap une fois en mouvement. Sur une route sinueuse, plus le rythme et la vitesse augmentent, plus la demande en effort grandit. Sa direction a beau être assez neutre et précise, son imposant gabarit la rend bien plus agréable à piloter de façon coulée qu'agressive. Imprécise et compromise sur les tracés serrés, elle se montre carrément délicieuse aussitôt qu'on lui permet de respirer et de se délier les jambes. Les grands virages rapides, et même très rapides, sont avalés comme si de rien n'était, sans le moindre et avec une stabilité sans reproche, à la manière d'un train à grande vitesse.

La K1200RS fait belle figure au chapitre du confort avec sa mécanique douce, sa bonne selle, sa position de conduite relevée et ses suspensions habilement calibrées. La GT devrait être sensiblement supérieure au niveau de la protection au vent, grâce à son pare-brise ajustable et ses divers déflecteurs, du confort de selle, puisqu'elle est redessinée et même chauffante, et de la position de conduite, puisque les poignées sont plus hautes et rapprochées du pilote.

| | |
|---|---|
| Catégorie : | Routière Sportive |

## MOTEUR

| | |
|---|---|
| Type/refroidissement : | 4-cylindres en ligne à plat /liquide |
| Cylindrée : | 1 171 cc |
| Alésage et course : | 70,5 mm x 75 mm |
| Puissance : | 130 ch @ 8 750 tr/min |
| Couple : | 86 lb/pi @ 6 750 tr/min |
| Boîte de vitesses : | 6 rapports |
| Transmission finale : | par arbre |

## PARTIE CYCLE

| | |
|---|---|
| Type de cadre : | poutre centrale, en aluminium |
| Suspension avant : | fourche «Telelever» de 35 mm avec monoamortisseur réglable en détente |
| Suspension arrière : | monoamortisseur réglable en précharge et détente |
| Freinage avant : | 2 disques de 320 mm de ø avec étriers à 4 pistons (ABS) |
| Freinage arrière : | disque simple de 285 mm de ø (ABS) |
| Pneus avant/arrière : | 120/70 ZR17 & 180/55 ZR17 |
| Empattement : | 1 555 mm |
| Hauteur du siège : | 770/800 mm |
| Poids à vide : | 285 kg (avec plein d'essence) GT : 300 kg |
| Réservoir de carburant : | 20,5 litres |

## PERFORMANCES

| | |
|---|---|
| Révolution à 100 km/h : | 3 500 tr/min |
| Consommation moyenne : | 7,0 l/100 km |

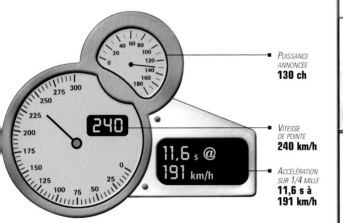

PUISSANCE ANNONCÉE
**130 ch**

VITESSE DE POINTE
**240 km/h**

ACCÉLÉRATION SUR 1/4 MILLE
**11,6 s à 191 km/h**

| | |
|---|---|
| Prix : | 22 500 $ (GT : 24 600 $) |
| Garantie : | 3 ans/kilométrage illimité |
| Couleur : | bleu, vert (GT) bleu, bleu et blanc, rouge (RS) |

## Technique

Les K1200 RS et GT partagent le même quatre-cylindres en ligne injecté placé longitudinalement dans la moto, à plat sur son côté gauche. Il en est de même pour le massif cadre en aluminium. La différence majeure entre les deux modèles se retrouve au niveau du pare-brise plus gros et ajustable électriquement sur la GT, plutôt que manuellement sur la RS ; également, des déflecteurs pour les mains et pour les jambes sont ajoutés sur la GT. Il s'agit de pièces individuelles qui viennent s'ajouter au carénage original de la K1200RS. D'après BMW, cette version modifiée de la RS aurait d'abord été développée pour les corps de police. Dans sa version « civile » canadienne, elle sera livrée de série avec l'ABS Semi Integral, une sellerie chauffante, une paire de valises et un régulateur de vitesse.

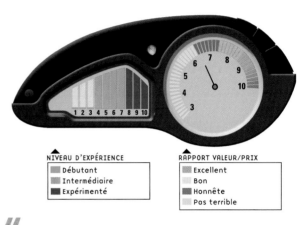

NIVEAU D'EXPÉRIENCE
- Débutant
- Intermédiaire
- Expérimenté

RAPPORT VALEUR/PRIX
- Excellent
- Bon
- Honnête
- Pas terrible

## « Probablement plus intéressante qu'on pense, cette GT... »

## Conclusion

Il a souvent été dit qu'il ne manquerait que peu de choses pour transformer la K1200RS en excellente machine de sport-tourisme. Bien que la K1200GT puisse faire penser à une réponse hâtive aux dernières Honda ST et Yamaha FJR, le résultat pourrait facilement surprendre. Car si la réputation de train à haute vitesse de la RS n'est plus à faire, le fait d'en améliorer de telle façon le confort et l'équipement pourrait non seulement en faire une rivale tout à fait sérieuse des japonaises, mais aussi de l'excellente R1150RT.

QUOI DE NEUF EN 2003 ?

- **Version GT**
- **Aucune augmentation de prix pour la RS**
- **Système ABS semi-Intégral amélioré**

PAS MAL

BOF

- La GT est un concept tout simple qui pourrait être terriblement efficace
- Une mécanique douce et souple bien adaptée aux habitudes de hautes vitesses soutenues des modèles
- Un châssis sûr et solide, d'une stabilité imperturbable, même à des vitesses folles

- Des prix élevés : une K1200GT se détaille 7 100 $ de plus qu'une Yamaha FJR1300, 5 600 $ de plus qu'une Honda ST1300A
- Un comportement pataud sur les tracés serrés et lors de manœuvres à basses vitesses
- Un caractère plutôt terne, presque automobile, provenant du gros quatre-cylindres en ligne

# BMW
# R1150GS

KG▸ 249          CH▸ 85                    $▸ 17 400 À 18 700

On est toujours étonné d'apprendre que la R1150GS est l'un des modèles les plus populaires de la gamme allemande, mais c'est bel et bien le cas. Revue pour la dernière fois en 2000 alors que la cylindrée passa à 1 150 cc, que la transmission gagna un sixième rapport et que la ligne fut rafraîchie, la grosse GS s'est vue jointe, l'an dernier, par un version Adventure. Soi-disant destinée aux plus sérieux amateurs d'excursions en terrains inhospitaliers, l'Adventure est équipée de pneus à gros crampons tout à fait légaux, de suspensions à grand débattement et d'un réservoir d'essence absolument hallucinant de 30 litres. Fluets, s'abstenir.

# Testostérone germanique...

**B**ien qu'elle semble, sur papier, assez proche de la R1150GS originale, en personne, l'Adventure est un véritable monstre dont les proportions dépassent presque l'entendement. Imaginez-vous, par exemple, un réservoir d'essence aussi large que les cylindres protubérants du Twin Boxer, ou des pneumatiques dont les gros crampons font vibrer la moto entière, à la manière de pneus à neige… Ou encore, un poids et une hauteur de selle capables de faire perdre toute confiance à un pilote expérimenté de 6 pieds. Décidément, l'Adventure est une bête qui fait dans la démesure. Ceci dit, une fois en selle, les liens avec la GS originale redeviennent beaucoup plus clairs. En fait, à l'exception d'un premier rapport plus court et d'un sixième moins démultiplié, ainsi que d'une sensation quelque peu déconcertante de guimauve fondue renvoyée par les pneus à crampons (qui s'usent littéralement à vue d'œil) la conduite est essentiellement la même. La mécanique est caractérisée par un fonctionnement agréablement doux, alors qu'à aucun moment les vibrations ne deviennent inconfortables, que ce soit lorsque de hautes vitesses sont maintenues ou lors de longs trajets. Les performances n'impressionnent pas outre mesure, mais demeurent néanmoins honnêtes, les accélérations s'avérant franches et amusantes, accompagnées d'une bonne souplesse à bas et moyen régimes.

La grosse GS a toujours été remarquablement à l'aise sur des routes non-pavées, se montrant même capable de les avaler, elles et leurs défauts, à un rythme impressionnant. Alors que l'Adventure devrait offrir un avantage dans ces conditions, le pilote moyen est si intimidé par la hauteur de l'engin qu'il préfère ne pas pousser sa chance. Sur la route, la stabilité en ligne droite ou dans les virages pris à haute vitesse est essentiellement sans faute, alors qu'un minimum d'efforts est requis pour attaquer un virage, et que la direction s'avère précise et neutre. Les freins sont toujours plus qu'à la hauteur et l'ABS II est discret et efficace.

Le niveau de confort offert par la R1150GS est suffisant pour considérer tout genre de voyage. En plus d'un moteur dont les vibrations sont bien contrôlées, on bénéficie de suspensions très efficaces, d'une position relevée et dégagée, d'une surprenante protection au vent, surtout sur l'Adventure, et, enfin, à une selle bien formée et rembourrée. Comme sur toutes les BMW, les poignées chauffantes livrées de série sont franchement appréciées par temps froid.

Fiche à venirCatégorie :     Double-Usage

## MOTEUR

| | |
|---|---|
| Type/refroidissement : | bicylindre boxer/air & huile |
| Cylindrée : | 1 130 cc |
| Alésage et course : | 101 mm x 70.5 mm |
| Puissance : | 85 ch @ 6 750 tr/min |
| Couple : | 71,5 lb/pi @ 5 250 tr/min |
| Boîte de vitesses : | 6 rapports |
| Transmission finale : | par arbre |

## PARTIE CYCLE

| | |
|---|---|
| Type de cadre : | treillis en acier, moteur porteur |
| Suspension avant : | fourche «Telelever» de 35 mm avec monoamortisseur réglable en précharge |
| Suspension arrière : | monoamortisseur réglable en précharge et détente |
| Freinage avant : | 2 disques de 305 mm de ø avec étriers à 4 pistons |
| Freinage arrière : | disque simple de 276 mm de ø |
| Pneus avant/arrière : | 110/80 H19 & 150/70 H17 |
| Empattement : | 1 509 mm |
| Hauteur du siège : | 840/860 mm (Adventure : 900 mm) |
| Poids à vide : | 249 kg (avec plein d'essence) Adventure : 253 kg |
| Réservoir de carburant : | 22 litres Adventure : 30 litres |

## PERFORMANCES

| | |
|---|---|
| Révolution à 100 km/h : | environ 3 600 tr/min |
| Consommation moyenne : | 5,9 l/100 km |

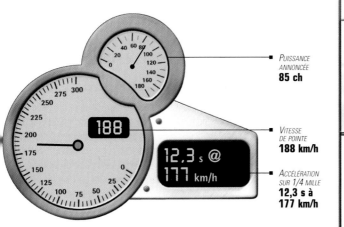

*Puissance annoncée* **85 ch**

*Vitesse de pointe* **188 km/h**

*Accélération sur 1/4 mille* **12,3 s à 177 km/h**

| | |
|---|---|
| Prix : | 17 400 $ (Adventure : 18 700 $) |
| Garantie : | 3 ans/kilométrage illimité |
| Couleur : | noir, bleu et blanc, graphite, jaune (GS) noir, aluminium (Adventure) |

## Technique

L'Adventure est bien entendu très proche de la R1150GS, au point de vue technique. Elle diffère toutefois au niveau de ses suspensions offrant 20 mm de débattement supplémentaire, de sa transmission dont le premier et sixième rapports sont plus courts, de son réservoir d'essence surdimensionné de 30 litres, soit 8 de plus que la GS, de ses pneus à gros crampons (légaux pour la route), de sa selle monopièce, de son pare-brise plus grand, de ses barres et de ses plaques de protection plus généreuses, et de son traitement visuel propre (peinture exclusive, moteur noir, roues, fourche et couvercles anodisés, etc.). Valises, top-case en aluminium, phares anti-brouillard, etc. sont autant d'équipements optionnels proposés. Notons que la selle deux-pièces (40 mm plus basse) et les pneus « presque route » de la GS originale peuvent être installés sans frais sur l'Adventure.

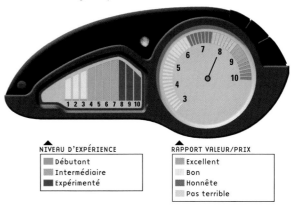

NIVEAU D'EXPÉRIENCE
- Débutant
- Intermédiaire
- Expérimenté

RAPPORT VALEUR/PRIX
- Excellent
- Bon
- Honnête
- Pas terrible

## « Monsters inc. »

## Conclusion

Alors que la R1150GS continue d'être la grosse aventurière amicale, raffinée et ultra polyvalente qu'elle a toujours été, particulièrement depuis sa révision de 2000, l'édition limitée Adventure vient faire chavirer cette belle équation en faveur de la démesure totale. Presque caricaturale dans sa monstruosité, elle n'est définitivement pas pour tout le monde, et certainement pas pour les moins grands. Véritable char d'assaut sur deux-roues, elle est un équivalent des mastodontes à quatre roues motrices qui se bousculent sur nos routes.

QUOI DE NEUF EN 2003 ?

- Coûtent 200 $ de plus qu'en 2002

PAS MAL      BOF

- Une polyvalence qui ne cesse d'impressionner pour la GS originale, et jusqu'à un certain point pour l'Adventure
- Une tenue de route solide et précise qui pourrait facilement troubler l'égo de certains proprios de sportives
- Une mécanique douce, qui a du caractère et dont la puissance est bien adaptée à l'utilisation

- Une habileté hors-route adéquate pour des chemins non-pavés de tout genre, mais pas vraiment plus
- Une selle assez haute sur la version originale, et d'une hauteur impensable sur l'Adventure
- Une sensation dérangeante de guimauve ressentie sur l'Adventure en raison de ses pneus à crampons

# BMW
## R1150RS

| KG ▸ 248 | CH ▸ 95 | $ ▸ 18 700 |

La R1150RS est une évolution de la R1100RS, la première allemande motorisée par le Twin Boxer de nouvelle génération lancée en 1993 qui est réapparue sur notre marché l'année dernière après une absence de quatre ans. S'il s'agit du modèle allemand ayant le plus récemment subi la mise à jour « boîte 6-vitesses, mécanique 1150 » jusque-là déjà appliquée aux GS, R et RT, la RS se veut aussi la seule monture de ce groupe à avoir si peu évolué, d'un point de vue esthétique. Équipée de série de la version Semi Integral du révolutionnaire système ABS de BMW, elle est de retour sans modification en 2003.

# Évolution sans évolution...

Il est toujours étonnant de réaliser combien l'impact visuel d'un modèle, la façon dont il est perçu, peut affecter sa cote de popularité. L'intérêt relativement faible que suscite visuellement la R1150RS est très probablement responsable de l'attention réduite qu'il génère auprès d'un public habitué d'identifier une BMW au premier coup d'œil. Ainsi, s'il est immédiatement clair qu'une R1150R est une standard, qu'une R1150GS est une routière aventurière et qu'une R1150RT est une sérieuse touriste sportive, on semble plutôt hésiter face à une R1150RS. En fait, la RS est une routière sportive au sens à la fois le plus pur et le plus banal du terme, son comportement ne se montrant ni particulièrement sportif, ni particulièrement routier. Motorisée par la version développant 95 chevaux du réputé Twin Boxer du constructeur allemand, la même qui équipe la R1150RT, la RS offre un niveau de performance franc sans pourtant vraiment être excitant ; elle se montre en revanche agréablement souple à bas et moyen régimes. Si la sensation générale de la mécanique rappelle la R1100S, ce quelque chose qui donne à celle-ci son charme hors du commun semble dilué. Une impression semblable émane de la partie cycle qui, malgré d'excellentes qualités, dont une stabilité exemplaire donnant l'effet de rouler sur un rail, et ce, tant en ligne droite que dans les longs virages rapides, n'a pas la vivacité ou la précision affichée par la R1100S. La direction n'est pas particulièrement légère, en plus d'apparaître un peu floue à cause du système de montage des poignées sur caoutchouc. La possibilité de s'amuser sur un chemin sinueux est tout à fait réelle, mais pas au point de s'éclater, comme on peut le faire sur la R1100S. Similairement, sans pourtant être du calibre offert par la R1150RT, le confort à long terme reste très bon. Les grands pilotes pourraient trouver la distance selle/repose-pieds un peu juste, mais tout le reste n'attire que des compliments : la position de conduite ne place pas de poids sur les mains; les suspensions sont calibrées de façon à confortablement négocier les défauts de la route ; les vibrations du Twin sont présentes, mais pas au point de déranger ; la selle est aussi bien rembourrée que formée ; et, enfin, la protection offerte par le carénage et le pare-brise ajustable manuellement est réellement étonnante, et ce, sans qu'aucune turbulence ne soit ressentie.

| | |
|---|---|
| Catégorie : | Routière Sportive |

## MOTEUR

| | |
|---|---|
| Type/refroidissement : | bicylindre boxer/ air & huile |
| Cylindrée : | 1 130 cc |
| Alésage et course : | 101 mm x 70.5 mm |
| Puissance : | 95 ch @ 7 250 tr/min |
| Couple : | 73 lb/pi @ 5 500 tr/min |
| Boîte de vitesses : | 6 rapports |
| Transmission finale : | par arbre |

## PARTIE CYCLE

| | |
|---|---|
| Type de cadre : | treillis en acier, moteur porteur |
| Suspension avant : | fourche «Telelever» de 35 mm ajustable en précharge |
| Suspension arrière : | monoamortisseur réglable en précharge et détente |
| Freinage avant : | 2 disques de 320 mm de ø avec étriers à 4 pistons |
| Freinage arrière : | disque simple de 285 mm de ø |
| Pneus avant/arrière : | 120/70 ZR17 & 160/60 ZR18 |
| Empattement : | 1 469 mm |
| Hauteur du siège : | 790/810/830 mm |
| Poids à vide : | 248 kg (avec plein d'essence) |
| Réservoir de carburant : | 23 litres |

## PERFORMANCES

| | |
|---|---|
| Révolution à 100 km/h : | environ 3 300 tr/min |
| Consommation moyenne : | 5,2 l/100 km |

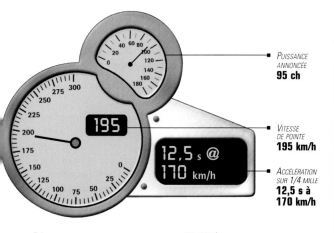

*Puissance annoncée* **95 ch**

*Vitesse de pointe* **195 km/h**

*Accélération sur 1/4 mille* **12,5 s à 170 km/h**

| | |
|---|---|
| Prix : | 18 700 $ |
| Garantie : | 3 ans/kilométrage illimité |
| Couleur : | bleu, argent, gris et ivoire, bleu nuit |

## Technique

La médecine « 1150 – 6 vitesses » administrée depuis quelques années aux modèles de la série R afin de les rajeunir est habituellement accompagnée d'une refonte esthétique assez marquante. Les nouvelles versions des GS, R et RT parlent d'ailleurs d'elles-mêmes à ce chapitre. Inexplicablement, toutefois, la RS n'a que très peu changé. Si son pare-brise a été agrandi et les formes de son carénage légèrement remaniées, l'œil peu averti pourrait très bien croire apercevoir la version antérieure. Ceci dit, la mécanique a bel et bien progressé puisque la cylindrée du bicylindre Boxer est passée de 1 085 cc à 1 130 cc, et que la transmission a gagné un sixième rapport. Le gain en puissance est de l'ordre de 5 chevaux, tandis que le couple est sensiblement le même, mais mieux réparti.

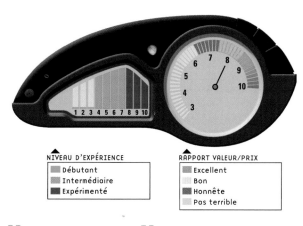

| NIVEAU D'EXPÉRIENCE | RAPPORT VALEUR/PRIX |
|---|---|
| Débutant | Excellent |
| Intermédiaire | Bon |
| Expérimenté | Honnête |
| | Pas terrible |

## « *R comme raison...* »

## Conclusion

La R1150RS est d'une certaine manière le membre raisonnable de la famille R, celui qui fait tout de façon très logique, très réfléchie, mais jamais par élan passionnel. Si la mécanique Boxer amène heureusement un brin de piquant au pilotage, le reste de l'expérience laisse définitivement un goût aseptisé d'efficacité sans passion. Ce qui, tout dépendant du caractère du pilote, peut s'avérer soit positif, soit négatif. Les plus simples apprécieront probablement, tandis que les plus intenses resteront possiblement sur leur faim.

QUOI DE NEUF EN 2003 ?

- **Système ABS Semi Integral (optionnel) amélioré**
- **Aucune augmentation de prix**

PAS MAL      BOF

| PAS MAL | BOF |
|---|---|
| • Une mécanique plaisante aux sens, honnêtement performante et agréablement souple | • Une ligne incompréhensiblement anonyme vu l'effort mis par le constructeur, à ce niveau, sur ses autres modèles |
| • Un châssis ultra-stable qui brille particulièrement par son aplomb à haute vitesse, même en courbe | • Un agrément de conduite plus dilué, plus aseptisé que sur les autres montures de la série R |
| • Un excellent niveau de confort, et un autre exemple de la force de BMW au niveau de l'aérodynamisme | • Une distance selle/repose-pieds courte qui pourrait déranger les grands pilotes |

# BMW
# R1100S

| KG › 229 | CH › 98 | $ › 18 225 À 19 490 |
|---|---|---|

La R1100S est le modèle le plus sportif de la gamme de routières du constructeur allemand, et le membre de la série R le plus puissant avec ses 98 chevaux. En Europe, une série existe d'ailleurs où seules des R1100S courent, la Boxer Cup. C'est justement en l'honneur de cette série que BMW présente en 2003 une édition limitée de la S appelée Boxer Cup Replica. Il s'agit d'une variante essentiellement esthétique du modèle original lancé en 1999 et inchangé depuis, qui se distingue surtout par sa peinture spéciale inspirée des F1 Williams/BMW, ses diverses pièces en carbone et par son sabot de moteur.

## L'italien, traduit à l'allemand...

**À** moins d'aller lorgner du côté de certaines italiennes affectionnant spécialement le rouge, les motos aussi particulières et fortes en caractère que la R1100S sont une rareté. Même sa ligne, si simple et pourtant si distincte avec ses silencieux hauts et son immanquable optique asymétrique, possède un charme décidément italien. Et pourtant, dès l'instant ou le Twin Boxer prend vie dans un lourd bourdonnement feutré, impossible de la confondre avec quoi que ce soit d'autre sur le marché qu'une allemande de série R. Par sa manière de doucement gronder et sa façon de vibrer sans gêne, le bicylindre à plat de 1 085 cc est l'élément le plus plaisant de l'ensemble de particularités qui fait le caractère particulier de la R1100S. Il s'agit du plus puissant moteur de ce type chez BMW, avec 98 chevaux. En dépit des données chiffrées relativement modestes qu'il génère, il livre des performances réellement plaisantes, à défaut d'être percutantes. Plus que l'intensité de ses accélérations, soit dit en passant tout

à fait satisfaisantes, sa grande force est la superbe souplesse dont il fait preuve à très bas régimes. Une qualité appréciée à chaque sortie. En revanche, le plus grand défaut de cette version du moteur Boxer est la quantité de vibrations qu'il transmet au pilote, surtout par les poignées. Pas désagréable, voire même plaisant à court ou moyen terme, le bourdonnement finit par devenir agaçant lorsque le temps en selle s'allonge. La tenue de route de la R1100S est excellente. Admirablement stable en ligne droite et dans les virages longs et rapides, elle demande peu d'efforts à inscrire en courbe et demeure précise, neutre et solide lorsqu'inclinée, même fortement ou sur revêtement bosselé. Les freins font toujours un excellent travail. L'excellent système ABS Semi-Integral, sensiblement amélioré au niveau de la sensibilité pour 2003, est offert en option. L'option « Tourer » améliore le confort sur long trajet en offrant une meilleure protection au vent et en soulageant les poignets qui, avec l'option Sport ou le modèle de base, s'engourdissent après quelques heures en selle. Les suspensions bien calibrées savent se montrer souples et fermes quand il faut, alors que, même si elle garde une saveur sportive, la position de conduite reste plaisante. La selle est toutefois assez durement rembourrée et finit par devenir inconfortable quand le temps en selle s'allonge.

| | |
|---|---|
| Catégorie : | Routière Sportive |

### MOTEUR

| | |
|---|---|
| Type/refroidissement : | bicylindre boxer/air & huile |
| Cylindrée : | 1 085 cc |
| Alésage et course : | 99 mm x 70,5 mm |
| Puissance : | 98 ch @ 7 500 tr/min |
| Couple : | 71,4 lb/pi @ 5 750 tr/min |
| Boîte de vitesses : | 6 rapports |
| Transmission finale : | par arbre |

### PARTIE CYCLE

| | |
|---|---|
| Type de cadre : | C en aluminium et treillis en acier, moteur porteur |
| Suspension avant : | fourche «Telelever» de 35 mm avec monoamortisseur réglable en détente |
| Suspension arrière : | monoamortisseur réglable en précharge et détente |
| Freinage avant : | 2 disques de 320 mm de ø avec étriers à 4 pistons |
| Freinage arrière : | disque simple de 276 mm de ø |
| Pneus avant/arrière : | 120/70 ZR17 & 170/60 ZR17 |
| Empattement : | 1 478 mm |
| Hauteur du siège : | 800 mm |
| Poids à vide : | 229 kg (avec plein d'essence) |
| Réservoir de carburant : | 18 litres |

### PERFORMANCES

| | |
|---|---|
| Révolution à 100 km/h : | environ 3 500 tr/min |
| Consommation moyenne : | 6.0 l/100 km |

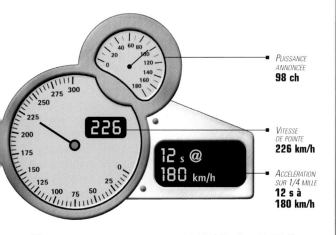

PUISSANCE ANNONCÉE
**98 ch**

VITESSE DE POINTE
**226 km/h**

ACCÉLÉRATION SUR 1/4 MILLE
**12 s à 180 km/h**

| | |
|---|---|
| Prix : | 18 225 $ (Replica : 19 490 $) |
| Garantie : | 3 ans/kilométrage illimité |
| Couleur : | rouge, bleu, gris, gris et mandarine (S) blanc et bleu (Replica) |

## Technique

La R1100S est construite autour de la même plateforme que le reste de la série « R » et utilise donc la dernière génération du bicylindre Boxer R259, lancé en 1993 sur la R1100RS. Avec ses 98 chevaux au vilebrequin, il s'agit de la version la plus puissante de cette mécanique. La suspension de type Telelever à l'avant et celle de type Paralever à l'arrière sont des systèmes ingénieux et uniques à BMW. Afin de permettre un potentiel sportif plus élevé que la moyenne pour la série « R », BMW a muni la S d'un véritable cadre en aluminium augmentant la rigidité de la partie cycle, ainsi que d'un Telelever plus léger réduisant le poids non suspendu et permettant un travail plus précis. Les belles roues à dix branches sont, elles aussi, relativement légères, ce qui contribue à diminuer encore davantage le poids non suspendu.

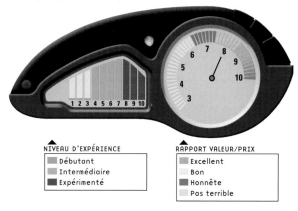

NIVEAU D'EXPÉRIENCE
- Débutant
- Intermédiaire
- Expérimenté

RAPPORT VALEUR/PRIX
- Excellent
- Bon
- Honnête
- Pas terrible

### « *Coup de cœur pour une allemande...* »

## Conclusion

L'arrivée de la Boxer Cup Replica donne à la R1100S un air sportif qui non seulement lui va à merveille, mais qui reflète également mieux que jamais ses réelles capacités sportives, ne serait-ce que sur la route. L'expérience qu'elle propose est hautement émotionnelle et sensorielle, surtout en raison du tempérament très particulier de sa mécanique, mais aussi pratique, relativement confortable et très fonctionnelle. Il s'agit d'un des rares chouchous du Guide de la Moto, d'une de ces motos que nous ne nous lassons jamais de retrouver.

QUOI DE NEUF EN 2003 ?

- **Version Boxer Cup Replica**
- **Système ABS Semi-Integral (optionnel) amélioré**
- **Aucune augmentation de prix**

PAS MAL

BOF

- **Un moteur Twin Boxer absolument charmant, mais aussi agréablement performant et souple**
- Un comportement routier extrêmement sûr et un excellent système de freinage
- Une ligne qui, malgré ses années, plaît toujours ; l'édition limitée est superbe

- **Un niveau de vibration considérable et toujours présent qui peut devenir gênant à la longue**
- **Des performances maximales qui inquièteront bien peu de sportives**
- **Une selle durement rembourrée qui finit par devenir inconfortable sur long trajet**

# BMW
## R1150R

| KG › 238 | CH › 85 | $ › 14 990 |

Ramenée à son état le plus pur, le plus authentique, une BMW de série R ne devrait conserver que le légendaire Twin Boxer allemand pour se motoriser, un train avant Telelever pour se diriger, et une suspension arrière Paralever pour se propulser. Ce qu'est très exactement la R1150R. Inaugurée en 1995, elle évoluait pour la première fois en 2001 avec une conversion « 1150 – 6 vitesses », mais aussi par un habile rhabillage. Si le statu quo vaut pour le modèle, une variante en sera présentée au début de 2003. Mécaniquement identique, cette nouvelle R sera néanmoins visuellement bien moins simple.

## Une R, pure et simple

Exception faite des F650, la R1150R est aisément l'allemande la plus facile de prise en main. Si elle n'est pourtant pas extraordinairement légère, et ce, malgré l'absence de tout équipement non-vital, elle est en revanche étonnamment basse pour une moto d'une telle cylindrée. Si bien qu'à ce chapitre elle pourrait surprendre bien des motocyclistes de petite taille, d'autant plus qu'une selle basse optionnelle est offerte. D'un autre côté, en raison de la faible distance selle/repose-pieds, les pilotes grands pourraient s'y sentir à l'étroit.
Sur la route, la R1150R rend tout à fait honneur à la réputation de routières haut de gamme dont jouissent les modèles plus dispendieux de la gamme. Construite autour d'un châssis solide et novateur, elle affiche une stabilité sans faute dans pratiquement toutes les circonstances grâce à ses systèmes Paralever et Telelever qui réduisent respectivement l'effet de couple de l'entraînement par arbre et la plongée au freinage. En fait, ce sont toutes les facettes de la tenue de route qui bénéficient de la qualité de la partie cycle. Comme la direction est neutre, précise et relativement légère, et que le comportement en pleine inclinaison est solide et sain, la R se prête même

volontiers au pilotage sportif. L'intensité des freinages permis par le système ABS Semi Integral offert en option est extraordinairement forte. S'il est nettement amélioré sur la plan de la facilité de modulation en 2003, il n'est toujours pas aussi naturel à utiliser qu'un système conventionnel. Ses avantages en situation d'urgence restent toutefois incontestables puisqu'il permet essentiellement à tout pilote, peu importe son calibre, d'arriver à des distances de freinage semblables, simplement en enfonçant le levier du frein avant. Un système servo-assisté contrôlé par ordinateur se charge d'appliquer le frein arrière et de ralentir la moto aussi rapidement que physiquement possible.
Bien que la dernière évolution de la mécanique Boxer qui propulse la R ne soit que marginalement plus puissante que la précédente, son charme demeure intact : elle vibre sans gêne, mais sans jamais incommoder, bourdonne d'une manière unique à l'industrie et offre une souplesse exemplaire à bas régimes, en plus de performances fort honnêtes.
Grâce à une bonne selle, à une position assise bien équilibrée et à des suspensions fermes, mais correctes, le niveau de confort offert par la R1150R attire très peu de critiques.

FICHE TECHNIQUE

Catégorie :                                    Standard

## MOTEUR

| Type/refroidissement : | bicylindre boxer/air& huile |
|---|---|
| Cylindrée : | 1 130 cc |
| Alésage et course : | 101 mm x 70,5 mm |
| Puissance : | 85 ch @ 6 750 tr/min |
| Couple : | 72 lb/pi @ 5 250 tr/min |
| Boîte de vitesses : | 6 rapports |
| Transmission finale : | par arbre |

## PARTIE CYCLE

| Type de cadre : | treillis en acier, moteur porteur |
|---|---|
| Suspension avant : | fourche «Telelever» de 35 mm avec monoamortisseur ajustable en détente |
| Suspension arrière : | monoamortisseur réglable en précharge et détente |
| Freinage avant : | 2 disques de 320 mm de ø avec étriers à 4 pistons |
| Freinage arrière : | disque simple de 276 mm de ø |
| Pneus avant/arrière : | 120/70 ZR17 & 170/60 ZR17 |
| Empattement : | 1 487 mm |
| Hauteur du siège : | 800 mm |
| Poids à vide : | 238 kg (avec plein d'essence) |
| Réservoir de carburant : | 20,4 litres |

## PERFORMANCES

| Révolution à 100 km/h : | environ 3 600 tr/min |
|---|---|
| Consommation moyenne : | 5,9 l/100km |

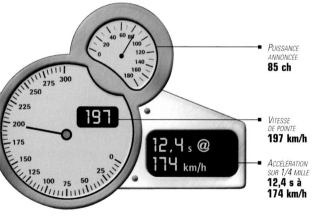

PUISSANCE ANNONCÉE
**85 ch**

VITESSE DE POINTE
**197 km/h**

ACCÉLÉRATION SUR 1/4 MILLE
**12,4 s à 174 km/h**

| Prix : | 14 990 $ |
|---|---|
| Garantie : | 3 ans/kilométrage illimité |
| Couleur : | noir, argent, jaune, rouge |

## Technique

La version Semi-Integral ABS offerte en option sur la R1150R est en quelque sorte le penchant sportif de ce système de freinage antibloquant puisqu'il n'entre pleinement en action que lorsque le frein avant est actionné. Alors que la pédale n'agit que sur le frein arrière (qui dispose aussi de l'ABS), le levier de frein actionne à la fois les freins avant et arrière. Le système BMW diffère des autres freins combinés, comme le LBS de Honda par exemple, en ce qu'il agit à pleine capacité simultanément sur les deux roues via une pompe hydraulique contrôlée par un ordinateur ; celui-ci dose la pression optimale pour chaque roue en fonction de la distribution du poids et de l'adhérence disponible aux pneus. On entend d'ailleurs clairement le moteur électrique de la pompe dès qu'on touche aux freins.

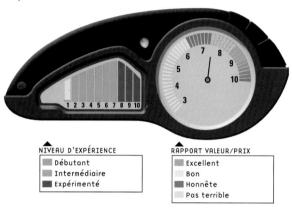

NIVEAU D'EXPÉRIENCE
- Débutant
- Intermédiaire
- Expérimenté

RAPPORT VALEUR/PRIX
- Excellent
- Bon
- Honnête
- Pas terrible

## « Une équivalence toute nue... »

## Conclusion

Si la R1150R peut techniquement être considérée comme la monture au bas de la gamme de la série R, étant la moins dispendieuse et la moins équipée, tout aussi techniquement, elle demeure l'équivalent des autres modèles de la série, équipement en moins, bien sûr. Ce que son prix reflète d'ailleurs. On n'achète donc pas une simple image, mais bien toute la technologie ultra-fonctionnelle et tout l'agrément de conduite pour lesquels les allemandes de série R plus dispendieuses et leur charmant Twin Boxer sont réputées.

QUOI DE NEUF EN 2003 ?

- **Système ABS Semi Integral (optionnel) amélioré**
- **Version modifiée à venir au début 2003**
- **Coûte 340 $ de plus qu'en 2002**

PAS MAL

BOF

- Un moteur au caractère aussi particulier qu'agréable qui se veut la signature mécanique de BMW
- Un comportement routier sûr, solide et précis équivalent à celui des R plus dispendieuses
- Une facilité de prise en main insoupçonnée pour une moto d'une telle cylindrée

- Des performances décentes, voire plaisantes, mais pas réellement excitantes
- Une distance selle/repose-pieds plutôt réduite pouvant gêner les pilotes de grande taille
- Une absence totale de protection au vent qui finit par affecter le confort sur long trajet

# BMW
# R1200C

KG▸ 256　　　　CH▸ 61　　　　$▸ 18 250 À 18 950

**Quand, en 1997, BMW décida que le marché de la custom était simplement trop important pour être ignoré et qu'il pourrait être bénéfique pour lui d'y entrer, même s'il devait en quelque sorte se travestir pour le faire, il opta pour une machine construite autour d'éléments familiers, mais présentée de façon totalement inattendue. En raison de l'ampleur du créneau dans lequel elle évolue, elle s'est d'ailleurs rapidement hissée au sommet du palmarès de vente du manufacturier, où elle se maintient depuis. Si les années ne lui ont apporté aucun changement, plusieurs variantes esthétiques ont tout de même été présentées, dont l'Avantgarde et l'Independent monoplace.**

## Une cruise originale...

L a preuve que BMW sait y faire en matière de design peut être trouvée dans la popularité de la R1200C, car même après ses six ans à sillonner les routes sans évolution, elle continue de faire tourner les têtes. À ce chapitre, la version Independent, avec ses phares optiques auxiliaires, son saute-vent, sa partie arrière dénudée et ses originales roues BBS attirent particulièrement l'attention. En selle, toutefois, à l'exception d'une hauteur de guidon différente et d'une meilleure protection au vent sur l'Independent, l'expérience de conduite demeure la même. Quant à l'Avantgarde, elle ne diffère de la R1200C originale que dans sa finition.

Si les sensations renvoyées par la mécanique Boxer n'ont rien à voir avec le rythme langoureux d'un gros V-Twin américain, elles ont tout de même leur cachet. Au ralenti, par exemple, la moto tremble tout entière, comme si elle grelottait. Une fois en route, la sonorité typiquement grave et feutrée de la mécanique allemande prend le dessus, et les vibrations se font bien plus discrètes. Pourtant gonflée de 1 100 à 1 200 cc pour son utilisation sur la

R1200C, le Twin Boxer s'avère bizarrement moins puissant et coupleux que sur les autres modèles de la série R. Bien qu'on dispose d'assez de jus pour se balader agréablement, les termes « poussif » et « paresseux » viennent vite à l'esprit lorsqu'on tente d'augmenter un tant soit peu le rythme. La transmission, par ailleurs, n'a rien de très impressionnant puisqu'elle s'avère bruyante et parfois capricieuse.

Contrairement à la mécanique, le châssis de la R1200C demeure digne de la lignée R : une stabilité imperturbable en ligne droite ; une direction lente, mais légère, neutre et précise ; un comportement correct en courbe et un freinage de première classe, surtout avec l'ABS II optionnel. Peu importe la sévérité des ralentissements, la fourche Telelever refuse de plonger tout en demeurant assez souple pour absorber les défauts du pavé. À l'arrière, toutefois, on ne dispose pas du système Paralever des autres R (qui élimine les effets de couple du cardan), et l'amortisseur est parfois douloureusement sec. Autrement, le niveau de confort reste acceptable puisque la position de conduite est plutôt bien équilibrée, que la selle est ferme, mais bien formée et que les vibrations restent bien contrôlées, bien que toujours présentes.

Catégorie :                          Custom

## MOTEUR

| | |
|---|---|
| Type/refroidissement : | bicylindre boxer/air & huile |
| Cylindrée : | 1 170 cc |
| Alésage et course : | 101 mm x 73 mm |
| Puissance : | 61 ch @ 5 000 tr/min |
| Couple : | 72 lb/pi @ 3 000 tr/min |
| Boîte de vitesses : | 5 rapports |
| Transmission finale : | par arbre |

## PARTIE CYCLE

| | |
|---|---|
| Type de cadre : | treillis en acier, moteur porteur |
| Suspension avant : | fourche «Telelever» de 35 mm avec monoamortisseur non-ajustable |
| Suspension arrière : | monoamortisseur réglable en précharge et détente |
| Freinage avant : | 2 disques de 305 mm de ø avec étriers à 4 pistons |
| Freinage arrière : | disque simple de 285 mm de ø |
| Pneus avant/arrière : | 100/90-18 & 170/80-15 |
| Empattement : | 1 650 mm |
| Hauteur du siège : | 740 mm |
| Poids à vide : | 256 kg (avec plein d'essence) |
| Réservoir de carburant : | 17 litres |

## PERFORMANCES

| | |
|---|---|
| Révolution à 100 km/h : | n/d |
| Consommation moyenne : | 6,4 l/100 km |

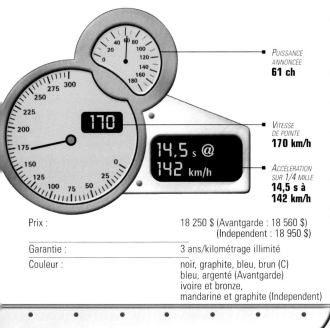

PUISSANCE ANNONCÉE
**61 ch**

VITESSE DE POINTE
**170 km/h**

ACCÉLÉRATION SUR 1/4 MILLE
**14,5 s à 142 km/h**

| | |
|---|---|
| Prix : | 18 250 $ (Avantgarde : 18 560 $) (Independent : 18 950 $) |
| Garantie : | 3 ans/kilométrage illimité |
| Couleur : | noir, graphite, bleu, brun (C) bleu, argenté (Avantgarde) ivoire et bronze, mandarine et graphite (Independent) |

# Technique

Malgré des différences visuelles flagrantes, la R1200C est techniquement très proche de ses sœurs plus sportives de la série R, les S, R et RT. Outre la cylindrée supérieure, la mécanique est essentiellement la même. Sa puissance est néanmoins largement inférieure : il manque presque une quarantaine de chevaux par rapport à la R1100S, par exemple. Il s'agit d'un bicylindre Boxer de 1 170 cc refroidi par air et huile qui utilise une transmission à cinq rapports avec entraînement final par arbre. Comme la R1200C ne dispose pas du système Paralever (avec la R1200CL, il s'agit des seuls modèles de la série R à ne pas en bénéficier) chaque ouverture ou fermeture de l'accélérateur se traduit respectivement par une extension ou une compression de la suspension arrière. À l'avant, le système Telelever est le même que sur les autres R.

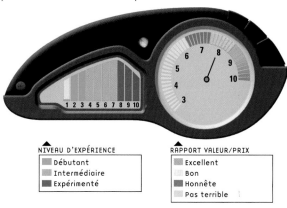

NIVEAU D'EXPÉRIENCE
- Débutant
- Intermédiaire
- Expérimenté

RAPPORT VALEUR/PRIX
- Excellent
- Bon
- Honnête
- Pas terrible

> « *Pour le style et la marque, comme une Harley...* »

# Conclusion

Il est vrai que la R1200C affiche des qualités dynamiques qui ne sont certes pas la norme chez ce genre de moto, et que ses lignes continuent de susciter l'intérêt, même après tout ce temps. Mais il est tout aussi vrai que les prestations de son sympathique Twin Boxer n'ont rien pour exciter et que pour le prix demandé, on serait au moins en droit de s'attendre à une transmission plus précise et une suspension arrière moins rude. Comme nous l'avions déjà conclu : une bonne moto de route abaissée au rang de custom.

QUOI DE NEUF EN 2003 ?

- **Retour de la version Avantgarde**
- **Aucune augmentation de prix**

PAS MAL

BOF

- Un style qui continue de plaire et d'étonner après tout de même six ans de production
- Une tenue de route plus solide, au potentiel plus élevé que la moyenne chez les customs
- Un freinage vraiment supérieur à la norme de la catégorie, surtout avec l'ABS II optionnel

- **Une mécanique au caractère sympathique, mais dont les performances et la souplesse n'impressionnent aucunement**
- **Une suspension arrière qui devient sèche et désagréable sur revêtement cahoteux**
- **Une transmission dont la précision n'est que moyenne et à laquelle on doit s'adapter**

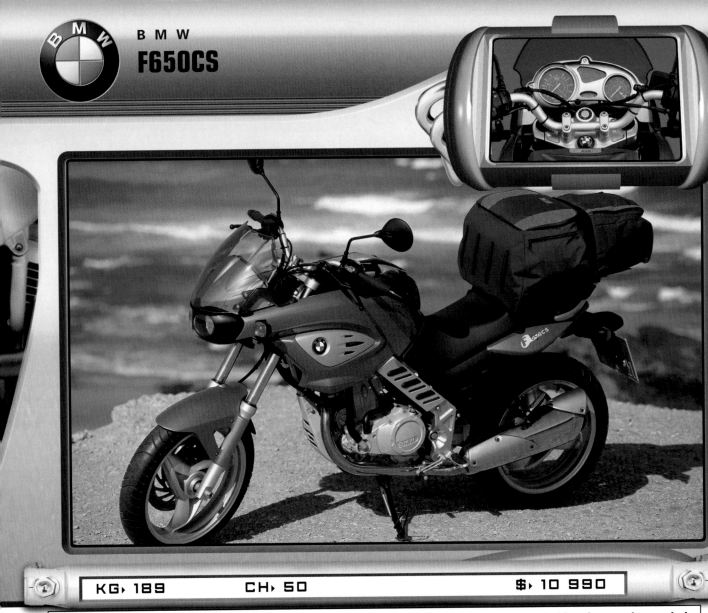

# BMW
## F650CS

**KG▸ 189**     **CH▸ 50**     **$▸ 10 990**

Avant le renouvellement de F650, en 2000, le constructeur allemand offrait non pas une, mais bien deux variantes de la petite monocylindre, une routière et une double-usage. Au début de 2002, plus de deux ans après avoir présenté la version double-usage de la F650, la GS, BMW en a inauguré le penchant routier. En fait, on devrait plutôt parler de la nouvelle CS comme d'un penchant citadin de la F650 puisque le manufacturier la décrit essentiellement comme un véhicule simple, pratique et dynamique parfaitement adapté aux besoins de la ville, bref, comme l'outil de ville parfait. Il ne manque que les pieds devant, et on croirait entendre parler d'un scooter.

## Outil de ville...

L e style très particulier de la F650CS s'explique par le fait que son constructeur la dirige vers une clientèle jeune et dynamique qu'il ne croit pas réellement attirée vers l'allure régulière des motos. D'un autre côté, BMW avoue que l'intérêt d'une éventuelle clientèle féminine est quelque peu responsable de la délicatesse des lignes. Une moto de fille ? Non ! Faut surtout pas le dire comme ça ! Ça fait fuir les gars...

L'une des caractéristiques prédominantes de la conduite de la F650CS est son exceptionnelle facilité de prise en main. Basse, légère et tout sauf intimidante, elle met immédiatement à l'aise les plus craintifs. Sa position de conduite relevée ne penche aucunement le pilote sur ses mains et l'installe plutôt dans une posture qui ne fait qu'augmenter davantage la rapidité de la prise de confiance.

Bien qu'elle ne soit particulièrement légère, ayant un poids semblable à celui d'une sportive de 600 cc, la F650CS demande très peu d'efforts à lancer dans une courbe. En raison de la légèreté, de la précision et de la neutralité de sa

direction, elle est même une joie à piloter sur un trajet sinueux, où son comportement sûr et posé permet d'atteindre un rythme qui pourrait surprendre bien des propriétaires de sportives. Seul le freinage, confié à un unique disque à l'avant semble légèrement surmené dans ces circonstances. En revanche, le système ABS optionnel s'acquitte bien de sa tâche et, quand les deux freins sont utilisés, les distances d'arrêt restent honnêtes.

Bien que la cinquantaine de chevaux annoncés ne fassent évidemment pas de la F650CS une catapulte, les prestations du monocylindre à injection restent étonnantes. En fait, tant qu'on demeure sous la barre des 165 km/h, point au-dessus duquel il s'essouffle très vite, ses accélérations sont fort respectables, à défaut d'être vraiment amusantes. Plutôt timide à bas régimes, la mécanique se montre surtout coopérante entre 3 000 tr/min et 7 000tr/min, soit juste avant la zone rouge. Étonnamment, jamais ses vibrations ne dérangent.

Le niveau de confort offert par la F650CS est plus que satisfaisant : une selle qui reste confortable même après des heures de route, une position bien équilibrée, ainsi que des suspensions raisonnablement souples et une protection au vent correcte font qu'elle laisse envisager tout genre de périples sans crainte d'inconfort prématuré.

Catégorie :                    Standard

## MOTEUR

| | |
|---|---|
| Type/refroidissement : | monocylindre/liquide |
| Cylindrée : | 652 cc |
| Alésage et course : | 100 mm x 83 mm |
| Puissance : | 50 ch @ 6 800 tr/min |
| Couple : | 45 lb/pi @ 5 500 tr/min |
| Boîte de vitesses : | 5 rapports |
| Transmission finale : | par chaîne |

## PARTIE CYCLE

| | |
|---|---|
| Type de cadre : | périmétrique, en acier |
| Suspension avant : | fourche conventionnelle de 41 mm non-ajustable |
| Suspension arrière : | monoamortisseur réglable en précharge et détente |
| Freinage avant : | 1 disque de 300 mm de ø avec étrier à 2 pistons |
| Freinage arrière : | disque simple de 240 mm de ø |
| Pneus avant/arrière : | 110/70-17 & 160/60-17 |
| Empattement : | 1 473 mm |
| Hauteur du siège : | 780 mm |
| Poids à vide : | 189 kg (avec plein d'essence) |
| Réservoir de carburant : | 15 litres |

## PERFORMANCES

| | |
|---|---|
| Révolution à 100 km/h : | environ 4 000 tr/min |
| Consommation moyenne : | 4,5 l/100 km |

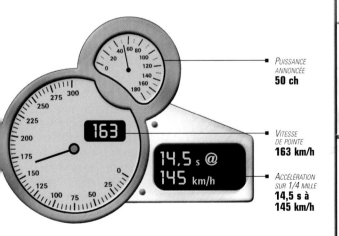

PUISSANCE ANNONCÉE
**50 ch**

VITESSE DE POINTE
**163 km/h**

ACCÉLÉRATION SUR 1/4 MILLE
**14,5 s à 145 km/h**

| | |
|---|---|
| Prix : | 10 990 $ |
| Garantie : | 3 ans/kilométrage illimité |
| Couleur : | bleu, argent, orange, graphite |

# Technique

Techniquement, la F650CS est très proche de la double-usage GS. Le monocylindre à injection de 50 chevaux est essentiellement le même, bien que BMW annonce une légère augmentation du couple maxi de 1,7 lb-pi, et que le système d'échappement ne dispose que d'un seul silencieux (deux sur la GS, situés sous la selle). Le fait que l'huile soit contenue dans le cadre et non dans un réservoir a procuré l'espace nécessaire à l'innovatrice baie de rangement, qui peut accueillir un casque, un coffre verrouillable et même une chaîne stéréo. Si la suspension avant est pratiquement la même que celle de la GS, à l'arrière, on a droit à un superbe bras monobranche sur lequel est fixée la poulie d'un entraînement par courroie. La CS utilise des roues coulées de 17 pouces au lieu des roues à rayons de toutes les F650 précédentes.

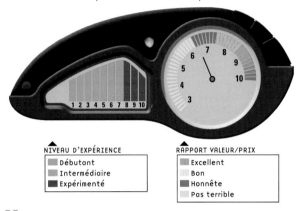

NIVEAU D'EXPÉRIENCE
- Débutant
- Intermédiaire
- Expérimenté

RAPPORT VALEUR/PRIX
- Excellent
- Bon
- Honnête
- Pas terrible

« *Une citadine polie, joueuse et facile à aborder...* »

# Conclusion

En autant qu'on soit à l'aise avec la substantielle facture, la F650CS se révèle être une petite moto tout à fait charmante. Bien que BMW fasse tout son marketing autour du thème citadin, elle pourrait aussi bien servir au tourisme qu'à l'initiation, en passant par des sorties sportives. Quant aux femmes, qu'on semble viser sans vouloir le dire trop fort, si ce qu'elles cherchent est une monture basse, amusante et facile à exploiter sans trop être puissante, elles tomberont pile.

QUOI DE NEUF EN 2003 ?

- **Aucun changement**
- **Coûte 40 $ de plus qu'en 2002**

PAS MAL                    BOF

- Une facilité de prise en main hors du commun qui met instantanément à l'aise les plus craintifs
- Un comportement routier très sain : elle est stable, précise et très maniable
- Une mécanique sophistiquée qui utilise sa puissance limitée aussi bien que cela semble possible

- Un prix costaud pour une monocylindre de 50 chevaux ; il y a bien d'autres choix à ce prix
- Un niveau de performance correct, pas qui n'a rien de très excitant pour le pilote un tant soit peu expérimenté
- Un style très différent qui, pour bien des motocyclistes, pourrait être trop différent

## B M W
# F650GS

| KG▸ 193 | CH▸ 50 | $▸ 10 290 À 10 990 |

**Avec son prix fixé tout juste au-dessus de la barre des 10 000 $, la F650GS représente l'achat le moins dispendieux chez le constructeur allemand. Inaugurée il y a presque une décennie sous la forme d'une monocylindre plus routière qu'aventurière, la petite F650 fut sacrée GS en 2000 après qu'une sérieuse révision l'ait clairement catégorisée double-usage. Elle bénéficie depuis d'une alimentation par injection, d'un système de freinage ABS optionnel, des caractéristiques rares ou uniques sur une monture de ce type. Une version Dakar, avec suspensions à longs débattements, pneus à crampons et traitement graphique spécial, est toujours disponible pour environ mille dollars supplémentaires.**

## Techno mono...

La pauvre F650 a dû rendre des comptes durant plusieurs années à des puristes de la marque bavaroise ne la considérant tout simplement pas comme une « vraie » BMW. En fait, ce n'est que lors de sa transformation en GS, il y a trois ans, qu'elle a commencé à faire taire les mauvaises langues. Probablement en raison du lien de parenté depuis lors évident avec sa très respectée grande sœur, la R1150GS, mais aussi grâce aux caractéristiques inédites de son monocylindre. Car s'il n'a pas le panache des mécaniques des séries R et K du constructeur, il n'en demeure pas moins l'un des moteurs du genre les plus avancés et les plus puissants de l'industrie, avec son alimentation par injection et ses 50 chevaux. Sur la route, il offre des prestations respectables, surtout caractérisées par une bonne puissance à mi-régimes ainsi qu'une douceur d'opération surprenante. Du moins, tant qu'on ne roule pas à haute vitesse, ce dont il est d'ailleurs parfaitement capable. Quant à l'injection, elle fait en général son travail sans accroc, exception faite d'une occasionnelle hésitation, voire calage, à très bas régimes.

Une autre facette de la conduite où la petite GS fait honneur à sa marque est la tenue de route. Toujours très stable, elle s'inscrit en virage avec peu d'efforts et maintient de manière neutre et solide l'arc choisi. La combinaison de sa précision de direction, de sa solidité une fois inclinée et de sa généreuse garde au sol en font d'ailleurs une arme surprenante sur une route tortueuse.

Même lorsqu'il n'est plus question de route, la F650GS continue à bien se tirer d'affaire. Tant qu'on s'en tient aux routes non pavées ou aux terrains accidentés négociés modérément, elle se montre agile et même facile à contrôler en dérapage. Le poids est cependant trop élevé pour rouler agressivement en sentier.

À l'exception d'une selle qui, sans être mauvaise, finit par devenir incommodante en raison de son étroitesse, le niveau de confort est très correct dans l'ensemble. La position de conduite dégagée et relevée y est pour beaucoup, mais le petit carénage fait aussi sa part en soulageant une bonne partie de la pression du vent sur l'autoroute. Les grands débattements des suspensions avalent quant à eux essentiellement tout ce que la route peut leur lancer comme défaut.

| | |
|---|---|
| Catégorie : | Double-Usage |

## MOTEUR

| | |
|---|---|
| Type/refroidissement : | monocylindre/liquide |
| Cylindrée : | 652 cc |
| Alésage et course : | 100 mm x 83 mm |
| Puissance : | 50 ch @ 6 500 tr/min |
| Couple : | 44 lb/pi @ 5 000 tr/min |
| Boîte de vitesses : | 5 rapports |
| Transmission finale : | par chaîne |

## PARTIE CYCLE

| | |
|---|---|
| Type de cadre : | périmétrique, en acier |
| Suspension avant : | fourche conventionnelle de 41 mm non-ajustable |
| Suspension arrière : | monoamortisseur réglable en précharge et détente |
| Freinage avant : | 1 disque de 300 mm de ø avec étrier à 2 pistons |
| Freinage arrière : | disque simple de 240 mm de ø |
| Pneus avant/arrière : | 100/90-19 & 130/80-17 |
| Empattement : | 1 479 mm |
| Hauteur du siège : | 780 mm |
| Poids à vide : | 193 kg (avec plein d'essence) |
| Réservoir de carburant : | 17,3 litres |

## PERFORMANCES

| | |
|---|---|
| Révolution à 100 km/h : | environ 4 000 tr/min |
| Consommation moyenne : | 4,5 l/100 km |

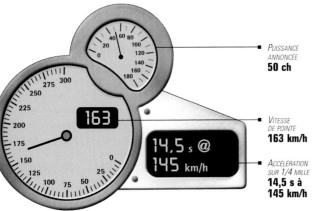

PUISSANCE ANNONCÉE
**50 ch**

VITESSE DE POINTE
**163 km/h**

ACCÉLÉRATION SUR 1/4 MILLE
**14,5 s à 145 km/h**

| | |
|---|---|
| Prix : | 10 290 $ (Dakar : 10 990 $) |
| Garantie : | 3 ans/kilométrage illimité |
| Couleur : | bleu, noir, jaune, argent, argent et jaune (GS) bleu et blanc (Dakar) |

## Technique

Lors de sa révision de 2000, probablement autant pour faire évoluer le modèle que pour faire taire les mauvaises langues le qualifiant de fausse BMW, le constructeur a bourrée la F650 d'une foule d'astuces techniques. Du côté de la mécanique, on a retenu l'essentiel du monocylindre original de 652 cc de 50 chevaux. Dotée de 4 soupapes et de 2 arbres à cames en tête, son alimentation est désormais confiée à un système d'injection électronique, une caractéristique très rare sur une mécanique de cette configuration. On note par ailleurs un réservoir d'essence astucieusement situé sous la selle et moulé pour servir également de caches latéraux, un système d'échappement double joliment intégré au style, un châssis périmétrique et, en option, un système de freinage antibloquant, une autre caractéristique très rarement retrouvée sur une monocylindre.

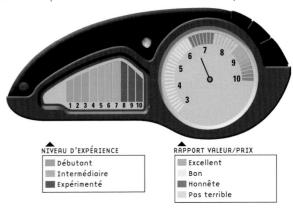

NIVEAU D'EXPÉRIENCE
- Débutant
- Intermédiaire
- Expérimenté

RAPPORT VALEUR/PRIX
- Excellent
- Bon
- Honnête
- Pas terrible

 **Le bas de gamme du haut de gamme...**

## Conclusion

À plus de 10 000 $ pièce, il faut véritablement tenir à rouler en BMW pour considérer l'acquisition d'une F650GS. Car si tel n'est pas le cas, le marché ne manque pas d'options moins coûteuses, plus puissantes, plus polyvalentes, etc. Ceci dit, peur ceux ou celles qui n'ont pas de problème de fric et que la petite GS intéresse, nous ne pouvons trouver de raison valable de les en décourager. Au contraire, puisque dans le genre, la béhème abordable est même plutôt attachante.

QUOI DE NEUF EN 2003 ?

- F650GS coûte 140 $ de plus qu'en 2002
- F650GS Dakar coûte 90 $ de plus qu'en 2002

PAS MAL — BOF

- Un monocylindre qui se tire étonnamment bien d'affaire grâce à ses bonnes performances, sa souplesse et sa douceur
- Un comportement routier précis et solide, et un excellent niveau de maniabilité
- Une capacité réelle à affronter tout type de route, et même des terrains passablement accidentés

- Un prix élevé pour une monocylindre de 650 cc, malgré la présence d'un bon niveau technologique
- Des performances correctes pour le genre de moteur, mais qui ennuieront le pilote moyennent expérimenté
- Une selle dont l'étroitesse devient inconfortable sur long trajet

| KG▶ 175 | CH▶ 92 | $▶ 15 499 |

L'arrivée sur le marché de la XB9R Firebolt, l'an dernier, a complètement bouleversé ce qu'on croyait connaître, jusque-là, d'une Buell. Il est vrai, d'un point de vue technique, la continuité des côtés typiquement extravagant et innovateur du constructeur pouvait nettement être perçue sur la nouveauté. Sur route, toutefois, la Firebolt s'est révélée plus fonctionnelle et aboutie qu'on ne l'aurait jamais cru possible de la part du petit constructeur américain, aujourd'hui devenu la filiale sportive de Harley-Davidson. Un an plus tard, la XB9R n'a probablement pas remporté le succès qu'elle mérite, une conséquence plus que probable des déboires passés du manufacturier. Une situation que le temps arrangera peut-être, ou pas.

## L'anti-Buell

Quiconque a déjà été initié à l'expérience d'une Buell d'ancienne génération croira rêver une fois aux commandes de la XB9R. Car à la place de cette impression peu flatteuse de fabrication maison à laquelle les vieilles Buell nous ont habitués, la XB9R semble plutôt construite précisément, solidement, rigoureusement. Il était temps. Ce qui n'est pas dire, toutefois, que la « saveur » Buell ait complètement disparu. Le nouveau V-Twin injecté, par exemple, continue de faire trembler la moto tout entière à l'arrêt et, une fois en route, de faire parvenir ses pulsations jusqu'au pilote sans aucune gêne. Jamais, toutefois, cela ne devient déplaisant. Si ses performances ne sont pas vraiment élevées (on peine par exemple à atteindre les 210 km indiqués), en revanche, la disponibilité de la puissance est largement répartie sur la plage de régimes : ça tire suffisamment dès le ralenti pour ne pas avoir besoin de recourir aux tours élevés, et ça s'intensifie régulièrement de 4 000 tr/min jusqu'à la zone rouge de 7 500 tr/min. En gros, il s'agit d'une livrée de puissance extrêmement amicale et utilisable, mais pas très excitante. L'injection fait son travail de façon constante et sans accroc, mais la transmission pourrait être améliorée au chapitre de la précision et de la fluidité, et ce, même si elle est facilement supérieure à tout ce que Buell a produit jusqu'ici.

C'est au chapitre de la tenue de route que la XB9R impressionne le plus. Bien qu'elle nécessite quand même un peu d'effort à s'incliner et que sa direction ne soit pas parfaitement neutre, on a droit à une stabilité irréprochable, à une garde au sol essentiellement illimitée, à un excellent freinage, à une précision extraordinaire en courbe, et surtout à un aplomb et une solidité en virage simplement superbes. Sur un circuit, la XB9R est un pur délice pouvant facilement se comparer à ce qui se fait de mieux sur le marché. Elle offre un niveau de confort correct en utilisation routière, mais sans plus. Ainsi, on prend place sur une selle qui finit par devenir inconfortable assez vite, une situation que les suspensions plutôt fermes n'aident en rien, on est positionné de façon sportive et très compacte, sans toutefois tomber dans l'extrême, et on a droit à une protection au vent décente.

| | |
|---|---|
| Catégorie : | Sportive |

## MOTEUR

| | |
|---|---|
| Type/refroidissement : | bicylindre en V/air |
| Cylindrée : | 984 cc |
| Alésage et course : | 88,8 mm x 79,8 mm |
| Puissance : | 92 ch @ 7 200 tr/min |
| Couple : | 68 lb/pi @ 5 500 tr/min |
| Boîte de vitesses : | 5 rapports |
| Transmission finale : | par courroie |

## PARTIE CYCLE

| | |
|---|---|
| Type de cadre : | périmétrique, en aluminium |
| Suspension avant : | fourche inversée de 41 mm réglable en précharge, compression et détente |
| Suspension arrière : | monoamortisseur réglable en précharge, compression et détente |
| Freinage avant : | 1 disque de 375 mm de ø avec étrier à 6 pistons |
| Freinage arrière : | disque simple de 230 mm de ø |
| Pneus avant/arrière : | 120/70 ZR17 & 180/55 ZR17 |
| Empattement : | 1 320 mm |
| Hauteur du siège : | 775 mm |
| Poids à vide : | 175 kg |
| Réservoir de carburant : | 14 litres |

## PERFORMANCES

| | |
|---|---|
| Révolution à 100 km/h : | environ 3 300 tr/mn |
| Consommation moyenne : | 6,7 l/100km |

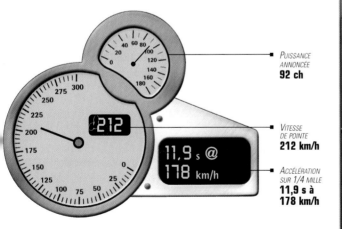

*Puissance annoncée*
**92 ch**

*Vitesse de pointe*
**212 km/h**

*Accélération sur 1/4 mille*
**11,9 s à 178 km/h**

| | |
|---|---|
| Prix : | 15 499 $ |
| Garantie : | 1 an/kilométrage illimité |
| Couleur : | blanc, bleu |

## Technique

Une foule d'innovations techniques intéressantes peuvent être trouvées sur la XB9R, la première étant ce cadre massif en aluminium agissant aussi comme réservoir d'essence. Il permet de réduire le nombre de pièces à fabriquer, de sauver du poids et de mieux utiliser l'espace disponible. La même chose peut être dite du bras oscillant qui contient l'huile, alors qu'on note partout sur la moto un effort poussé pour maximiser les fonctions des pièces et centraliser le poids. Même le freinage sort de l'ordinaire : le gigantesque disque avant de 375 mm est fixé à l'extérieur de la roue plutôt qu'au centre, ce qui permet un allégement notable et une puissance équivalente à un système à disque double commun. Quant au V-Twin de 984 cc, il est tout nouveau, mais conserve quand même une architecture américaine typique, d'ailleurs devenue la marque de commerce de Buell.

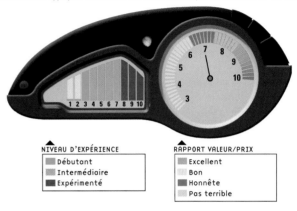

NIVEAU D'EXPÉRIENCE
- Débutant
- Intermédiaire
- Expérimenté

RAPPORT VALEUR/PRIX
- Excellent
- Bon
- Honnête
- Pas terrible

## « *La Buell de demain…* »

## Conclusion

La XB9R est une preuve concrète que Buell peut désormais fabriquer des motos non seulement modernes et efficaces, mais également novatrices. Ce qui n'est certes pas peu dire vu le degré de technologie aujourd'hui devenu commun chez les sportives de haut calibre. Il s'agit d'une machine aboutie et hautement capable, possédant un caractère propre et dont le seul véritable point faible se situe au niveau d'une puissance qu'on souhaiterait plus intéressante. Une vingtaine de chevaux en plus et on parlerait d'une réussite totale.

QUOI DE NEUF EN 2003 ?

- Aucun changement
- Aucune augmentation de prix

PAS MAL

BOF

- **Une tenue de route particulièrement impressionnante, d'un calibre proche ou équivalent de ce qui se fait de mieux**
- **Un V-Twin honnête sur la totalité de la plage de régime, mais surtout plaisant aux sens**
- **Une liste d'innovations techniques non seulement intéressantes, mais aussi tout à fait fonctionnelles**

- **Une puissance trop juste pour rassasier le pilote expérimenté ; il lui faudrait au moins un bon 20 chevaux de plus**
- **Une transmission qui demande des passages de vitesses nets et complets pour travailler correctement**
- **Un niveau de confort plutôt faible amené par une selle moyenne et des suspensions fermement calibrées**

## Buell
# XB9S Lightning

NOUVEAUTÉ 2003

| KG › 175 | CH › 92 | $ › 15 499 |
| --- | --- | --- |

**Voilà, la page est tournée. La grosse dame a chanté. En lançant son innovatrice XB9R Firebolt, l'an dernier, Buell s'est essentiellement donné les moyens d'en finir, enfin, diront certains, avec les sympathiques, mais combien problématiques modèles à cadres tubulaires, les S3, X1 et autres M2. La suite logique des événements, elle est là. C'est cette XB9S Lightning, toute nouvelle pour 2003. En mariant la base révolutionnaire de la XB9R au style « streetfighter » aujourd'hui devenu la carte de visite du manufacturier américain, la XB9S est non seulement immanquablement une Buell, c'est aussi un genre de curriculum vitae, de mosaïque des acquis du marginal constructeur, à ce jour.**

# PitBuell...

## Technique

On se souviendra de 2002 comme d'un point tournant dans l'histoire du petit manufacturier américain Buell, d'une année marquée par l'avènement d'une première machine véritablement moderne, la XB9R Firebolt. Coïncidant avec la disparition de tous les modèles de la génération précédente, le millésime 2003 marque, lui aussi, une étape importante du cheminement de Buell. Étant donné la rareté des motos pouvant être accusées d'avoir causé autant d'ennuis à leur manufacturier que l'excentrique duo de standards X1 Lightning et M2 Cyclone, sans oublier leur adaptation routière, la S3 Thunderbolt, il fait peu de doute que l'expression « Bon débarras ! » accompagnera régulièrement les réflexions portant sur leur disparition. Et pourtant, le mérite revient à ces modèles d'avoir non seulement servi à bâtir une clientèle de base, si faible soit-elle, mais aussi d'avoir réussi à coller à Buell une identité aussi distincte que forte. Ainsi, comme on associe sport-tourisme à BMW, fiabilité à Honda ou custom à Harley-Davidson, il semble être accepté que les « streetfighters » soient le domaine de Buell. Quoi de plus naturel, donc, que d'enchaîner avec le dévoilement d'une

variante de la sportive XB9R préparée selon la recette fétiche du manufacturier, et d'ainsi reprendre exactement là où les modèles discontinués ont laissé. Le plan fait d'autant plus de sens que Buell, aujourd'hui, c'est en réalité Harley, et que chez Harley, les variantes, on s'y connaît...

La XB9S Lightning reprend la base de la XB9R Firebolt dans son intégrité. On n'a donc pas affaire, sous prétexte qu'il s'agit d'un concept moins sportif, à une machine moins poussée ou avancée que le modèle original, mais bel et bien à un équivalent tout à fait fidèle, d'un point de vue technique, de la XB9R. Ainsi, la XB9S est construite autour d'un cadre en aluminium aujourd'hui toujours unique à l'industrie du fait qu'il tient également le rôle de réservoir d'essence. Bien que cette idée ait pu, au début, sembler farfelue, le fait est qu'elle est simplement brillante. Il faut voir une XB9 en pièces pour se rendre compte de la simplicité que cette manière de faire permet d'apporter au design. Car le cadre ne sert pas uniquement à contenir l'essence, mais il devient aussi un point de fixation pour une pléiade de composantes, éliminant la nécessité de nombreuses pièces. Le concept, que Buell aime appeler « multifonction », est également appliqué au bras oscillant puisqu'il occupe le double rôle de réservoir d'huile, ainsi qu'à diverses autres composantes de la moto. Jusque dans ses

| | |
|---|---|
| Catégorie : | Standard |

## MOTEUR

| | |
|---|---|
| Type/refroidissement : | bicylindre en V/air |
| Cylindrée : | 984 cc |
| Alésage et course : | 88,8 mm x 79,8 mm |
| Puissance : | 92 ch @ 7 200 tr/min |
| Couple : | 68 lb/pi @ 5 500 tr/min |
| Boîte de vitesses : | 5 rapports |
| Transmission finale : | par courroie |

## PARTIE CYCLE

| | |
|---|---|
| Type de cadre : | périmétrique, en aluminium |
| Suspension avant : | fourche inversée de 41 mm réglable en précharge, compression et détente |
| Suspension arrière : | monoamortisseur réglable en précharge, compression et détente |
| Freinage avant : | 1 disque de 375 mm de ø avec étrier à 6 pistons |
| Freinage arrière : | disque simple de 230 mm de ø |
| Pneus avant/arrière : | 120/70 ZR17 & 180/55 ZR17 |
| Empattement : | 1 320 mm |
| Hauteur du siège : | 775 mm |
| Poids à vide : | 175 kg |
| Réservoir de carburant : | 14 litres |

## PERFORMANCES [XB9R]

| | |
|---|---|
| Révolution à 100 km/h : | environ 3 300 tr/mn |
| Consommation moyenne : | 6,7 l/100 km |

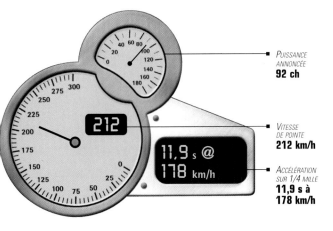

PUISSANCE
ANNONCÉE
**92 ch**

VITESSE
DE POINTE
**212 km/h**

ACCÉLÉRATION
SUR 1/4 MILLE
**11,9 s à
178 km/h**

| | |
|---|---|
| Prix : | 15 499 $ |
| Garantie : | 1 an/kilométrage illimité |
| Couleur : | noir, jaune |

moindres détails, la partie cycle des deux XB9 est identique ; la Lightning profite donc des mêmes dimensions extrêmes qui, sur la Firebolt, ont tant fait couler d'encre, soit l'empattement hypercourt et la géométrie de direction extrêmement agressive, entre autres. Quant au V-Twin injecté de 92 chevaux, il conserve, lui aussi, une fiche technique intacte après être passé sur la XB9S. S'il est juste de conclure que l'essentiel des changements se situe au niveau esthétique, il reste que Buell affirme avoir passablement modifié la position de conduite en abaissant les repose-pieds d'un peu plus d'un pouce, en haussant le guidon (devenu tubulaire) d'environ 3,5 pouces ainsi qu'en reculant ce dernier par plus de 5 pouces. Si la nouvelle position devrait assurément s'avérer plus facile à vivre au jour le jour, elle pourrait très bien, en plus, insuffler au pilote un degré de confiance et d'aisance facilement supérieur à ce que transmet la Firebolt, un phénomène largement documenté après qu'une monture ait subi ce genre de transformation.

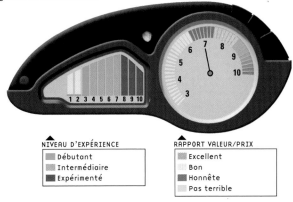

NIVEAU D'EXPÉRIENCE

| |
|---|
| Débutant |
| Intermédiaire |
| Expérimenté |

RAPPORT VALEUR/PRIX

| |
|---|
| Excellent |
| Bon |
| Honnête |
| Pas terrible |

« *Le concept de la Buell classique, sorti de l'âge de pierre...* »

## Conclusion

Le comportement de la XB9S Lightning est relativement facile à prévoir puisqu'il devrait être sensiblement le même que celui de l'excellente XB9R lancée l'an dernier. Notre expérience sur les sportives modifiées comme l'est la XB9S nous pousse toutefois à anticiper un comportement à la fois largement plus joueur et accessible dans le cas de la nouveauté. Le genre de comportement qui colle instantanément un sourire idiot au visage du pilote, tout juste avant de le pervertir à la délinquance juvénile. Bref, elle devrait nous aller comme un gant.

QUOI DE NEUF EN 2003 ?

• **Nouveau modèle basé sur la XB9R Firebolt 2002**

PAS MAL          BOF

• **Une gueule de voyou comme seul Buell sait en dessiner**

• **Une qualité de tenue de route qui devrait s'apparenter de très près à celle de la XB9R**

• **Une multitude de solutions techniques aussi intelligentes que pratiques, les mêmes que la XB9R**

• **Une réputation de fiabilité lourdement entachée par les Buell précédentes ; la XB9R semble toutefois tenir le coup**

• **Une mécanique plaisante et assez coupleuse, mais pas assez puissante pour exciter un pilote d'expérience**

• **Confort à voir pour le pilote (la XB9R est fermement suspendue) ; ou est la selle du passager ?**

| KG▸ 163 | CH▸ 34 | $▸ 7 299 |
|---|---|---|

**La Blast, c'est la petite Buell, la Buell abordable, la Buell du peuple. Peu coûteuse, peu encombrante, peu puissante, son unique raison d'être est l'initiation. Techniquement, du moins. Introduite en 2000, premier enfant, chez Buell, du mariage avec le géant Harley-Davidson, la Blast existe aussi stratégiquement. Le but : répondre à la question du vieillissement constant de la clientèle, chez Harley-Davidson. L'idée est qu'en apprenant sur une américaine, on voudra peut-être continuer sur une autre machine Made in U.S of A. ; Harley ou Buell, peu importe, l'argent va dans la même poche. De retour sans le moindre changement pour 2003.**

# Buellette...

En enseignement, l'une des différences majeures entre le niveau maternel et primaire est que l'un ne dure qu'une année, l'autre plusieurs. Contrairement aux Suzuki GS500E et autres Kawasaki Ninja 500R pouvant être considérées comme un apprentissage primaire du pilotage d'une deux-roues, la Buell Blast représente plutôt la portion maternelle de l'initiation à la moto, au même titre qu'une Kawasaki ZZ-R250 ou qu'une Yamaha TW200, par exemple.

Malgré un poids à sec équivalent à celui d'une sportive de 600 cc, peu de montures sur le marché rendent l'impression de machine miniature qui émane de la Blast. S'il est une responsable de ce sentiment, c'est indéniablement la hauteur de selle ultra-faible. Une siège optionnel existe d'ailleurs qui la réduit de 2 pouces supplémentaires ! De quoi accueillir un nain, ou presque. Exception faite des customs, il s'agit d'une qualité extrêmement rare qui accélère drastiquement la prise de confiance. En revanche, les pilotes plus grands auront essentiellement l'impression d'avoir les genoux dans le front. À 6 pieds, on s'y sent presque ridicule. Comme, en plus, le guidon semble plus haut qu'il devrait l'être, on ne s'y sent définitivement pas immédiatement à l'aise.

Le confort peut être qualifié de satisfaisant lors des déplacements urbains relativement courts, en fait, tant qu'on ne s'éternise pas en selle. Au-delà de ce point, la selle devient inconfortable, ce qui vaut surtout pour l'option du siège bas dont le rembourrage est réduit, alors que les suspensions s'avèrent rudes sur pavé dégradé, surtout à l'arrière.

Côté mécanique, on s'en doute, les performances sont très faibles. Elles n'intimideront donc jamais, mais deviendront en revanche inintéressantes relativement vite. Ceci dit, la puissance disponible reste bien distribuée, arrivant assez tôt en régime. Il sera toutefois nécessaire de faire tourner le petit monocylindre abondamment pour en extraire le meilleur. Heureusement, bien qu'il tremble sans gêne à bas régimes, ses vibrations sont bien contrôlées et ne dérangent pas. Ce qui ne peut être dit de la transmission, qui est simplement exécrable puisque bruyante, rude et imprécise.

L'un des points forts de la Blast est indéniablement son comportement sain et précis. Sur la route, elle s'avère toujours stable, fait preuve d'une excellente maniabilité et d'une grande légèreté de direction, et permet des freinages puissants. Un frein avant un peu trop sensible exige toutefois une certaine habitude.

Catégorie :      Standard

## MOTEUR

| | |
|---|---|
| Type/refroidissement : | monocylindre/air |
| Cylindrée : | 492 cc |
| Alésage et course : | 88,9 mm x 79,3 mm |
| Puissance : | 34 ch @ 6 500 tr/min |
| Couple : | 30 lb/pi @ 5 500 tr/min |
| Boîte de vitesses : | 5 rapports |
| Transmission finale : | par courroie |

## PARTIE CYCLE

| | |
|---|---|
| Type de cadre : | poutre centrale, en acier |
| Suspension avant : | fourche conventionnelle de 37 mm non-ajustable |
| Suspension arrière : | monoamortisseur non-ajustable |
| Freinage avant : | 1 disque de 320 mm de ø avec étrier à 2 pistons |
| Freinage arrière : | disque simple de 220 mm de ø |
| Pneus avant/arrière : | 100/80-16 & 120/80-16 |
| Empattement : | 1 405 mm |
| Hauteur du siège : | 699 (Low : 648) mm |
| Poids à vide : | 163 kg |
| Réservoir de carburant : | 10,6 litres |

## PERFORMANCES

| | |
|---|---|
| Révolution à 100 km/h : | environ 4 000 tr/min |
| Consommation moyenne : | 4,5 l/100 km |

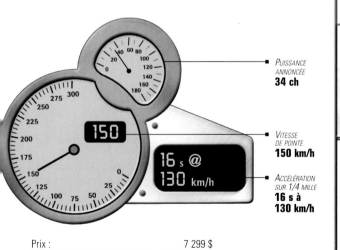

*PUISSANCE ANNONCÉE* **34 ch**

*VITESSE DE POINTE* **150 km/h**

*ACCÉLÉRATION SUR 1/4 MILLE* **16 s à 130 km/h**

| | |
|---|---|
| Prix : | 7 299 $ |
| Garantie : | 1 an/kilométrage illimité |
| Couleur : | orange, noir, jaune |

## Technique

La Blast est construite autour d'un châssis en acier de type « épine dorsale » de section rectangulaire servant également de réservoir d'huile. Il loge de façon souple un monocylindre de 492 cc qui est essentiellement un V-Twin de Sportster amputé d'un cylindre. Alors que plusieurs pièces sont interchangeables entre les deux mécaniques, d'autres sont dérivées de la Sportster. Refroidi par air, le monocylindre utilise 2 soupapes ouvertes par tiges et culbuteurs, une transmission à 5 rapports et un entraînement final par courroie. Il est intéressant de noter que la tension de cette dernière n'est pas ajustable, que ce qui ressemble presque à un bas de carénage est en fait le système d'échappement, et que le disque de frein avant et la poulie de la roue arrière sont directement fixés aux branches des roues, plutôt qu'aux moyeux.

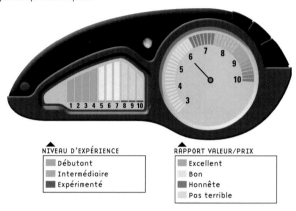

NIVEAU D'EXPÉRIENCE
- ▨ Débutant
- ▨ Intermédiaire
- ▨ Expérimenté

RAPPORT VALEUR/PRIX
- ▨ Excellent
- ▨ Bon
- ▨ Honnête
- ▨ Pas terrible

« *Des arguments difficiles à trouver...* »

## Conclusion

Le concept de la Blast n'a rien de foncièrement mauvais : il s'agit d'une machine simplement construite visant à être simplement utilisée, sur une période aussi courte ou longue que durera l'apprentissage. Le problème est, primo, que les montures disponibles sur notre marché qui répondent aux mêmes questions (et quelques unes de plus) n'ont rien de rare et, secondo, que ces dernières bénéficient d'un net avantage au niveau de la fiabilité et de la qualité de construction. Difficile, donc, d'y voir quelque chose de vraiment intéressant.

QUOI DE NEUF EN 2003 ?

• **Aucune augmentation de prix.**

PAS MAL      BOF

- **Une facilité de prise en main qui rivalise avec celle d'une bicyclette**
- **Une agilité exceptionnelle, amenée par des dimensions réduites et un châssis solide, stable et précis**
- **Une selle déjà basse à l'origine, et qui devient l'une des plus basse de l'industrie avec le siège optionnel**

- **Une des transmissions les moins agréables à utiliser de l'industrie; ça ne fait pas très sérieux...**
- **Un niveau de confort limité par une suspension arrière simpliste aux réactions parfois sèches**
- **Une position de conduite « pieds en haut, mains en haut » peu naturelle, surtout pour les grands pilotes**

NOUVEAUTÉ **2003**

| KG › 135 | CH › 11,5 | $ › 8 995 |

## Technique

L'Adiva, de Benelli, est sans aucun doute l'un des modes de transport les plus originaux qui soient. Il s'agit d'un scooter convertible, rien de moins. D'après le constructeur, qui fait son entrée au Canada en 2003 par le biais du distributeur Crono Motorcraft, l'Adiva offrirait un confort inégalé sur un deux-roues grâce à son ingénieux système de toit rétractable qui permettrait de rouler sans aucun souci par toute température. Il y a même un essuie-glace ! Les avances ne sont certes pas difficiles à croire puisque la protection offerte par l'énorme pare-brise devrait aisément surpasser celle des meilleures montures de tourisme. Un passager peut être accueilli sans problème, et lorsque le toit n'est pas replié, le volume du compartiment à bagages est gigantesque. La motorisation vient d'un monocylindre 4-temps annoncé à 11,5 chevaux couplé à une transmission automatique. Le diamètre des roues (13 pouces à l'avant, 12 pouces à l'arrière) est relativement généreux, tandis que le système de freinage est, lui aussi, plutôt relevé avec ses disques de 220 mm aux deux extrémités.

## FICHE TECHNIQUE

| Catégorie : | Scooter |
|---|---|

### MOTEUR

| | |
|---|---|
| Type/refroidissement : | monocylindre 4-temps/liquide |
| Cylindrée : | 150 cc |
| Alésage et course : | n/d |
| Puissance : | 11,5 ch @ 7 500 tr/min |
| Couple : | n/d |
| Boîte de vitesses : | automatique |
| Transmission finale : | par courroie |

### PARTIE CYCLE

| | |
|---|---|
| Type de cadre : | en acier |
| Suspension avant : | fourche conventionnelle non-ajustable |
| Suspension arrière : | double amortisseur non-ajustable |
| Freinage avant : | disque simple de 220 mm de ø avec étrier à double piston |
| Freinage arrière : | disque simple de 220 mm de ø |
| Pneus avant/arrière : | 120/70-13 & 130/70-12 |
| Empattement : | n/d |
| Hauteur du siège : | n/d |
| Poids à vide : | 135 kg |
| Réservoir de carburant : | 9,8 litres |
| Prix : | 8 995 $ |
| Garantie : | 1 an/kilométrage illimité |
| Couleur : | rouge |

# DERBI Boulevard et Révolution

NOUVEAUTÉ **2003**

KG› N/D    CH› 11,2        $› 2 995 À 5 995

## Technique

Voilà maintenant bien longtemps qu'un scooter de plus de 100 cc n'a pas été offert sur notre marché. Voilà l'attente terminée, puisqu'en 2003, Derbi offrira le Boulevard, ci-haut. Propulsé par un monocylindre 4-temps de 151 cc à transmission automatique et refroidi par air, il ne se détaillera étonnamment que 400 $ de plus que le Predator de 49 cc, ce qui semblerait en faire une valeur intéressante. On ne semble pourtant pas avoir lésiné sur la qualité puisque la ligne européenne est fraîche et dynamique et que les composantes, comme les roues de 13 pouces et le frein avant à disque de 220 mm, ne font pas bon marché.

Quant au Revolution, ci-bas, il serait fort étonnant qu'il convainque qui que ce soit de vouloir être aperçu à ses commandes. Surtout que son prix est pratiquement le même que celui de l'Atlantis. La motorisation est confiée à l'habituel monocylindre de 49 cc refroidi par air, mais le Revolution n'offre qu'un démarrage au pied. D'ailleurs, il n'y a même pas de batterie…

## FICHE TECHNIQUE

| | |
|---|---|
| Catégorie : | Scooter |

### MOTEUR

| | |
|---|---|
| Type/refroidissement : | monocylindre 4-temps/air forcé |
| Cylindrée : | 151 cc |
| Alésage et course : | n/d |
| Puissance : | 11,2 ch @ 7 000 tr/min |
| Couple : | n/d |
| Boîte de vitesses : | automatique |
| Transmission finale : | par courroie |

### PARTIE CYCLE

| | |
|---|---|
| Type de cadre : | en acier |
| Suspension avant : | fourche conventionnelle de 35 mm non-ajustable |
| Suspension arrière : | monoamortisseur non-ajustable |
| Freinage avant : | disque de 220 mm de ø |
| Freinage arrière : | tambour mécanique de 140 mm de ø |
| Pneus avant/arrière : | 130/60-13 & 130/60-13 |
| Empattement : | n/d |
| Hauteur du siège : | n/d |
| Poids à vide : | n/d |
| Réservoir de carburant : | 9 litres |
| Prix : | 5 995 |
| Garantie : | 1 an/kilométrage illimité |
| Couleur : | rouge, argent |

# DERBI GPR

NOUVEAUTÉ 2003

KG▸ 90        CH▸ 9                    $▸ 5 995

## Technique

La GPR se situe à mi-chemin entre la sportive et le scooter. Entièrement carénée, peinte comme une moto de Grand Prix, munie d'un cadre massif à double longeron et de roues sport à trois branches, d'une certaine distance, elle pourrait carrément passer pour une vraie sportive. Et pourtant, « sous le capot », la motorisation a davantage à voir avec la race des scooters qu'avec celle des sportives puisqu'il s'agit d'un petit monocylindre 2-temps. Mais la GPR n'entend pas se laisser traiter de vulgaire scooter et rétorque avec une transmission à 6 vitesses, pas une de moins, et un refroidissement au liquide, des caractéristiques qui la distingue effectivement d'un cyclomoteur. Même aux yeux de la loi, d'ailleurs, qui exige un véritable permis de conduite moto pour tout deux-roues à transmission manuelle. D'après le constructeur, le petit monocylindre produirait 9 chevaux, ce qui serait plutôt impressionnant. Avec un poids d'à peine 90 kilos et une partie cycle somme toute sérieuse, la mini-sportive qu'est la GPR devrait s'avérer passablement divertissant à piloter. Quoi qu'à quelques centaines de dollars près d'une Ninja 250…

## FICHE TECHNIQUE

| | |
|---|---|
| Catégorie : | Sportive |

### MOTEUR

| | |
|---|---|
| Type/refroidissement : | monocylindre 2-temps/liquide |
| Cylindrée : | 49 cc |
| Alésage et course : | n/d |
| Puissance : | 9 ch @ 9 000 tr/min |
| Couple : | n/d |
| Boîte de vitesses : | 6 vitesses |
| Transmission finale : | par chaîne |

### PARTIE CYCLE

| | |
|---|---|
| Type de cadre : | périmétrique |
| Suspension avant : | fourche inversée de 35 mm non-ajustable |
| Suspension arrière : | monoamortisseur non-ajustable |
| Freinage avant : | disque simple de 260 mm de ø avec étrier à double piston |
| Freinage arrière : | disque simple de 220 mm de ø |
| Pneus avant/arrière : | 90/90-16 & 120/80-16 |
| Empattement : | 1 315 mm |
| Hauteur du siège : | n/d |
| Poids à vide : | 90 kg |
| Réservoir de carburant : | 7,25 litres |
| Prix : | 5 995 $ |
| Garantie : | 1 an/kilométrage illimité |
| Couleur : | rouge |

# Atlantis et Predator

**NOUVEAUTÉ 2003**

**KG▸ 75      CH▸ 6,5      $▸ 2 995 À 4 595**

## Technique

L'Atlantis, ci-haut, a de grandes chances de devenir le produit le plus commun, chez nous, du manufacturier Derbi, puisqu'il est ce qui se rapproche le plus du genre de scooter que nous sommes habitués à voir et à acheter. S'il se montre plutôt ordinaire au niveau mécanique, avec son petit moteur 2-temps de 49 cc à transmission automatique et refroidissement par air, il offre en revanche l'avantage, par rapport à la concurrence asiatique, de roues de 12 pouces plutôt que 10 pouces, et d'une capacité à accepter un passager.

Quant au Predator, ci-bas, s'il n'est assurément pas donné, à 4 595 $, il propose plusieurs avantages dont celui d'une mécanique refroidie par liquide, ce qui est très rare sur un scooter de cette cylindrée (49 cc). Mais le Predator explique aussi son prix par le fait qu'il utilise des roues de 13 pouces, qu'il bénéficie de freins à disque aux deux extrémités et que sa ligne soit considérablement plus dynamique que la norme pour ces engins. Lui aussi, peut légalement accueillir un passager.

## FICHE TECHNIQUE

| Catégorie : | Scooter |
|---|---|

### MOTEUR

| | |
|---|---|
| Type/refroidissement : | monocylindre 2 temps/air forcé |
| Cylindrée : | 49 cc |
| Alésage et course : | 40 mm x 39,2 mm |
| Puissance : | 6,5 ch @ 8 000 tr/min |
| Couple : | n/d |
| Boîte de vitesses : | automatique |
| Transmission finale : | par courroie |

### PARTIE CYCLE

| | |
|---|---|
| Type de cadre : | en acier |
| Suspension avant : | fourche conventionnelle non-ajustable |
| Suspension arrière : | monoamortisseur non-ajustable |
| Freinage avant : | disque simple de 190 mm de ø |
| Freinage arrière : | tambour mécanique |
| Pneus avant/arrière : | 120/70-12 & 120/70-12 |
| Empattement : | 1 265 mm |
| Hauteur du siège : | n/d |
| Poids à vide : | 75 kg |
| Réservoir de carburant : | 7,2 litres |
| Prix : | 2 995 $ à 3 295 $ |
| Garantie : | 1 an/kilométrage illimité |
| Couleur : | rouge, bleu, argent |

| KG⟩ 212 | CH⟩ 117 | $⟩ 22 995 À 24 595 |
| --- | --- | --- |

**Le concept du sport-tourisme est basé sur un compromis : concilier les qualités contradictoires des sportives pures et dures et des routières au longs cours. Chez Ducati, la culture de l'entreprise est basée sur la performance et les motos de sport-tourisme de la marque ont toujours eu un penchant sportif affirmé. Les anciennes ST2 à bicylindre en L, à deux soupapes par cylindre et ST4, équipée du Twin à 4 soupapes par cylindre de la 916 n'étaient des GT comme on le conçoit ici. La ST4s, quant à elle, fait figure de Superbike équipée de sacoches.**

# Superbike à sacoches...
## Technique

Quand Ducati a introduit la série ST, en 1998, il a pris soin de s'assurer que ses GT ne trahissaient pas la tradition sportive de la firme. Et qu'elles collaient aux besoins et aux habitudes de conduite des Ducatisti. En Europe, voyez-vous, une GT doit pouvoir parcourir des distances supérieures à 400 km par jour, dans un confort relatif, à une vitesse d'au moins 200 km/h. Et permettre à son pilote de jouer les Troy Bayliss sur les petites routes secondaires, quand l'envie lui en prend. On est loin de la conception nord-américaine du tourisme et du cahier des charges d'une Gold Wing, on en conviendra.

Même si les ST2 et les ST4, pourtant performantes, correspondaient à la définition européenne du concept GT, elles n'étaient pas assez sportives au goût de la firme de Bologne qui a pris la seule solution qui s'imposait à ses yeux. Équiper la 996 Superbike de sacoches rigides, d'un carénage plus protecteur et d'une position de conduite moins radicale. C'est ainsi

qu'est née, l'an dernier, la ST4s, la plus sportive des GT sur le marché. En 2003, Ducati franchit une nouvelle étape en offrant l'ABS en option sur la ST4s. Mais comme il n'était pas question d'installer un système antiblocage générique qui enlèverait une part de contrôle au pilote et le priverait de certaines sensations, Ducati entreprit d'en développer un plus fin et précis en collaboration avec les firmes Bosch et Brembo.

Le bicylindre en V Desmoquattro de 996 cc, à 4 soupapes par cylindre et refroidissement au liquide est annoncé à 117 chevaux à 8 750 tr/min et un couple étonnant de 72,2 li/pi à 7 000 tr/min. Il est logé dans une partie cycle haut de gamme qui fait appel à un cadre treillis tubulaire en acier évolué dans lequel le moteur contribue à la rigidité. Le châssis bénéficie d'une géométrie agressive qui favorise la tenue de cap en courbe et la stabilité directionnelle à haute vitesse. La suspension haut de gamme est assurée à l'avant par une fourche inversée Showa de 43 mm, totalement réglable, dont les tubes sont traités au TiN, comme sur les machines de course exotiques, et à l'arrière par un combiné unique Ohlins avec un ajustement à distance de la précontrainte du ressort.

| | |
|---|---|
| Catégorie : | Routière Sportive |

## MOTEUR

| | |
|---|---|
| Type/refroidissement : | bicylindre en V/liquide |
| Cylindrée : | 996 cc |
| Alésage et course : | 98 mm x 66 mm |
| Puissance : | 117 ch @ 8 750 tr/min |
| Couple : | 72,3 lb/pi @ 7 000 tr/min |
| Boîte de vitesses : | 6 rapports |
| Transmission finale : | par chaîne |

## PARTIE CYCLE

| | |
|---|---|
| Type de cadre : | treillis en acier tubulaire |
| Suspension avant : | fourche inversée de 43 mm réglable en précharge, compression et détente |
| Suspension arrière : | monoamortisseur réglable en précharge, compression et détente |
| Freinage avant : | 2 disques de 320 mm de ø avec étriers à 4 pistons |
| Freinage arrière : | disque simple de 245 mm de ø |
| Pneus avant/arrière : | 120/70 ZR17 & 180/55 ZR17 |
| Empattement : | 1 430 mm |
| Hauteur du siège : | 820 mm |
| Poids à vide : | 212 kg |
| Réservoir de carburant : | 23 litres |

## PERFORMANCES

| | |
|---|---|
| Révolution à 100 km/h : | n/d |
| Consommation moyenne : | n/d |

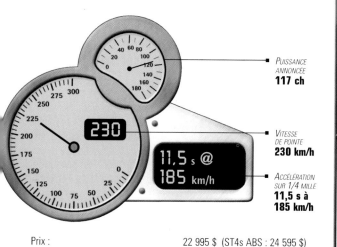

PUISSANCE ANNONCÉE
**117 ch**

VITESSE DE POINTE
**230 km/h**

ACCÉLÉRATION SUR 1/4 MILLE
**11,5 s à 185 km/h**

| | |
|---|---|
| Prix : | 22 995 $ (ST4s ABS : 24 595 $) |
| Garantie : | 2 ans/kilométrage illimité |
| Couleur : | rouge, jaune, gris |

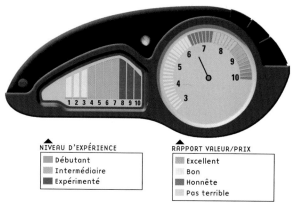

NIVEAU D'EXPÉRIENCE
- Débutant
- Intermédiaire
- Expérimenté

RAPPORT VALEUR/PRIX
- Excellent
- Bon
- Honnête
- Pas terrible

## « *Multifonction, façon Ducati...* »

## Conclusion

La ST4S est une sport-tourisme digne de porter le logo Ducati. Capable de vous mener à destination confortablement et à vive allure, elle se montre aussi à l'aise sur l'autoroute que sur les petites routes sinueuses de campagne ou de montagne. Si l'on en croit le constructeur, elle peut même vous permettre, en cours de chemin, d'arrêter à votre circuit préféré pour une journée d'essais libres. Avec l'ajout de l'ABS, elle devient plus luxueuse, plus polyvalente et plus sécuritaire, sans pour autant renier ses origines de Superbike.

QUOI DE NEUF EN 2003 ?

- **Version équipée d'un système de freinage ABS**

PAS MAL

- **Une mécanique qui n'a plus rien à voir avec les V-Twin de second rang utilisés auparavant : le V-Twin de la ST4s vient directement de la 996**
- **Un châssis extrêmement sérieux assemblé de composantes qui feraient rougir toutes les routières sportives rivales**
- **Un niveau de confort appréciable amené en partie par une position de conduite relevée**

BOF

- **La Superbike à valise est aussi une Superbike de riche puisqu'on frôle maintenant les 25 000 $ sur la version ABS**
- **Un budget d'entretien qui, si on en croit les propriétaires, serait plus élevé que la moyenne**
- **Une ligne qui n'a jamais été la plus spectaculaire de la gamme, et qui commence à sérieusement se faire vieille**

NOUVEAUTÉ
2003

| KG▸ 199 | CH▸ 124 | $▸ 20 295 À 46 995 |
|---|---|---|

**Prenant tout le monde par surprise, Ducati a mis fin à la carrière prestigieuse d'une moto qu'on pensait intouchable : la légendaire 916, alias 996, puis 998, née du coup de crayon génial de Tamburini. Le choc est d'autant plus important pour les Ducatisti qu'il ne reste sur la nouvelle 999 que le V2 Testrastretta de la défunte 998. Avec une boîte à air plus volumineuse et relocalisée. Le reste de la machine est entièrement nouveau, à commencer par le design agressif de Pierre Terreblanche, qui est loin de faire l'unanimité chez les aficionados de la marque de Bologne. La 916 est morte ! Vive la 999 ?**

# La fin d'un mythe...

## Technique

Alors que le design de la 916 originale était tout en finesse et semblait pouvoir défier le temps, celui de la nouvelle 999 est futuriste et tourmenté. Tout en lignes anguleuses, il reprend plusieurs éléments visuels de certains des modèles développés par l'équipe du concepteur sud-africain, à savoir la 900Mhe et la Multistrada. Les changements apportés au look visent à améliorer l'ergonomie de la moto et à permettre une meilleure interaction entre la machine et le pilote. L'aérodynamisme est également bonifié.

Quand on scrute la 999 à la loupe, on découvre une foule d'innovations technologiques : recours au multiplexage utilisé en automobile, qui fait gagner 4 kilos sur le câblage électrique, ajustement de tension de chaîne par bague... Afin de permettre au pilote de modifier la position de conduite et ainsi adapter l'ergonomie de la machine à son style de pilotage, l'ensemble selle-réservoir s'ajuste d'avant en arrière sur 20 mm et les repose-pieds se règlent en 5 positions.

La partie cycle fait appel à un nouveau cadre treillis tubulaire en acier, plus rigide et plus compact que l'ancien, qui permet de recentraliser les masses vers l'avant. Avec pour conséquence d'accroître la maniabilité et l'agilité lors des changements d'angles, d'après le constructeur. La fourche inversée (Ohlins sur les 999S/749S, Showa sur les 999/749 standards) est soutenue par une colonne à té supérieur doté d'un excentrique qui permet de faire varier l'angle de chasse de 23,5 à 24,5 degrés, sans affecter l'empattement qui reste à 1420 mm. Le déport passe de 91 à 97 mm, selon le réglage choisi. Le pilote peut donc décider de favoriser la maniabilité ou la stabilité de sa monture selon ses besoins ou la configuration du circuit, pour les coureurs. Le monobras de l'ancienne 998 est remplacé par un bras oscillant double conventionnel, en aluminium, pour une rigidité accrue et un poids réduit. Le monoamortisseur (Ohlins sur les 999S/749S, Showa sur les 999/749 standards) est progressif et complètement réglable en compression, détente et précontrainte du ressort.

Les freins avant à double disque Brembo de 320 mm (240 mm à l'arrière) sont équipés d'étriers à quatre pistons de 34 mm et quatre plaquettes de frein individuelles, en métal fritté, pour un meilleur contrôle de la force de freinage et un mordant accru, spécialement sous la pluie.

Catégorie :  Sportive

## MOTEUR

| | |
|---|---|
| Type/refroidissement : | bicylindre en V/liquide |
| Cylindrée : | 999 (749) cc |
| Alésage et course : | 100 (90) mm x 63,5 (58,5) mm |
| Puissance : | 124 (103) ch @ 9 500 (10 000) tr/min |
| Couple : | 75,3 (56,8) lb/pi @ 8 000 (8 500) tr/min |
| Boîte de vitesses : | 6 rapports |
| Transmission finale : | par chaîne |

## PARTIE CYCLE

| | |
|---|---|
| Type de cadre : | tubulaire, en chrome molybdène |
| Suspension avant : | fourche inversée de 43 mm réglable en précharge, compression et détente |
| Suspension arrière : | monoamortisseur réglable en précharge, compression et détente |
| Freinage avant : | 2 disques de 320 mm de ø avec étriers à 4 pistons |
| Freinage arrière : | disque simple de 240 mm de ø |
| Pneus avant/arrière : | 120/70 ZR17 & 190/50 (180/55) ZR17 |
| Empattement : | 1 420 mm |
| Hauteur du siège : | 780 mm |
| Poids à vide : | 199 (197) kg |
| Réservoir de carburant : | 17 litres |

## PERFORMANCES [998]

| | |
|---|---|
| Révolution à 100 km/h : | environ 3 500 tr/min |
| Consommation moyenne : | 5,6 l/100 km |

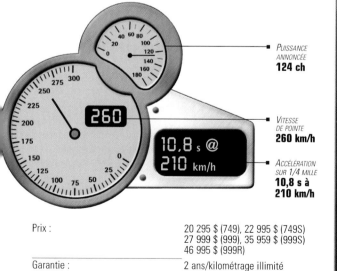

PUISSANCE ANNONCÉE
**124 ch**

VITESSE DE POINTE
**260 km/h**

ACCÉLÉRATION SUR 1/4 MILLE
**10,8 s à 210 km/h**

| | |
|---|---|
| Prix : | 20 295 $ (749), 22 995 $ (749S) 27 999 $ (999), 35 959 $ (999S) 46 995 $ (999R) |
| Garantie : | 2 ans/kilométrage illimité |
| Couleur : | rouge, jaune |

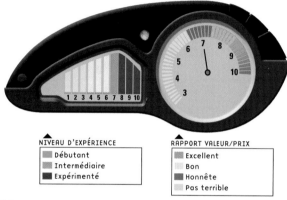

NIVEAU D'EXPÉRIENCE
- ☐ Débutant
- ☐ Intermédiaire
- ☐ Expérimenté

RAPPORT VALEUR/PRIX
- ☐ Excellent
- ☐ Bon
- ☐ Honnête
- ☐ Pas terrible

« *Un passé légendaire, mais lourd à assumer...* »

## Conclusion

Les premiers échos laissent entendre que les nouvelles 999 et 749 démontrent qu'elles sont plus performantes que leurs devancières, plus maniables, plus agiles et dotées d'une meilleure stabilité du train avant. Plus efficaces sur piste, plus faciles à piloter de façon agressive, elles représenteraient une évolution sensible. Pourtant, leur acceptation par le public reste à démontrer. Il faudra voir, dans un an ou deux, si les fans de la marque finiront par embrasser le nouveau design... Il est parfois risqué de changer le look d'un modèle qui a atteint le statut de moto-culte.

QUOI DE NEUF EN 2003 ?

- Nouveau modèle remplaçant la 916/996/998 et qui n'en conserve que le V-Twin Testastretta

PAS MAL

- Une mécanique relativement performante, mais surtout très présente par sa sonorité
- Un comportement apparemment amélioré sur celui d'une 916/996/998 dont la réputation n'est plus à faire
- Une ergonomie qu'on annonce ajustable au niveau de l'avancée de la selle et de la hauteur des repose-pieds

BOF

- Des prix élevés à l'achat et un entretien coûteux qui les réservent au mieux nantis
- Une ergonomie ajustable, mais jusqu'à quel point ? On part de loin puisque la 998 était particulièrement sévère
- Une ligne qui est sans aucun doute spectaculaire, mais qui n'affiche pas la pureté et la simplicité du modèle original

RÉVISION
2003

| KG▶ 189 | CH▶ 85,5 | $▶ 10 995 À 17 295 |

**Avant l'avènement de la 851, à la fin des années 80, moto qui marqua le début du règne de la famille Superbike et donna naissance à des motos prestigieuses comme la 888, avec laquelle Ducati remporta son premier titre de Champion du Monde de Superbike, puis la 916 qui connut la carrière glorieuse que l'on sait, les légendaires SS représentaient le summum en matière de sportives bolognaises. Aujourd'hui confinées à un rôle de soutien, elles constituent une porte d'entrée dans la gamme sportive de Ducati. Et allient raison et passion en un mélange subtil qui, aujourd'hui encore, ravit des milliers de Ducatisti.**

# Raison, passion, et tradition...
## Technique

La famille Supersport regroupe les sportives les plus traditionnelles de Ducati. Au fil des ans, elles ont subi de constantes évolutions et sont devenues des classiques. Des machines de caractère s'adressant à des pilotes matures et expérimentés. La gamme Ducati SS 2003 a été agrandie et mise à jour en termes de motorisation et de partie cycle. Plus que jamais, elles font le bonheur des motocyclistes pour qui la souplesse moteur, la tenue de route, la maniabilité, la stabilité et les qualités dynamiques sont plus importantes que la vitesse pure. Pour 2003, la famille Supersport comprend quatre membres : la 620 Sport, la 800 Sport, la 800 Supersport et la 1000 DS Supersport. On assiste donc à une rationalisation des gammes Monster et Supersport qui partagent la même motorisation. Les anciennes 750 et 900 ont fait place aux 800 et 1000 DS (deux bougies par cylindre) dont le bicylindre desmodromique en L ouvert à 90 degrés et refroidi à l'air est doté de deux soupapes par cylindre. Comme les Monster, les Supersport sont toutes dotées de l'injection et d'un nouveau système d'échappement à convertisseur catalytique leur permettant de se conformer aux plus récentes normes anti-pollution.

La nouvelle 620 Sport fait désormais office de modèle d'introduction au mythe Ducati Sport. Avec ses 61 hp à 8 750 tr/min et un couple respectable de 39,2 lb/pi à 7 000 tr/min, la 620 Sport ouvre de nouveaux horizons aux néophytes et aux femmes recherchant une sportive différente, relativement économique (10 995$) et facile à conduire. La 620 Sport et la 800 Sport possèdent des roues à trois branches, une fourche inversée Marzocchi de 43 mm et un monoamortisseur Boge complètement ajustable. La 800 Supersport reçoit une fourche Showa de 43 mm complètement réglable, un monoamortisseur Boge également réglable avec un système évolué de contrôle de l'amortissement, des jantes à 5 branches et un bras oscillant en aluminium. La 1000 DS Supersport a droit à une fourche de 43 mm Showa légère et entièrement réglable et à un monoamortisseur Olhins performant, réglable en hauteur, afin de pouvoir ajuster l'assiette de la moto en fonction des préférences du pilote. Jantes à 5 branches et bras oscillant en alu font également partie de l'équipement standard de la 1000 DS Supersport qui constitue le nec plus ultra de la gamme SS.

Tous les modèles Supersport bénéficient d'un châssis treillis tubulaire en acier qui offre une rigidité accrue et garantit une tenue de route et une stabilité exemplaires.

Catégorie : Sportive

## MOTEUR

| | |
|---|---|
| Type/refroidissement : | bicylindre en V/air et huile |
| Cylindrée : | 992 cc |
| Alésage et course : | 94 mm x 71,5 mm |
| Puissance : | 85,5 ch @ 7 750 tr/min |
| Couple : | 64,6 lb/pi @ 5 750 tr/min |
| Boîte de vitesses : | 6 rapports |
| Transmission finale : | par chaîne |

## PARTIE CYCLE

| | |
|---|---|
| Type de cadre : | treillis en acier tubulaire |
| Suspension avant : | fourche inversée de 43 mm réglable en précharge, compression et détente |
| Suspension arrière : | monoamortisseur réglable en précharge, compression et détente |
| Freinage avant : | 2 disques de 320 mm de ø avec étriers à 4 pistons |
| Freinage arrière : | disque simple de 245 mm de ø |
| Pneus avant/arrière : | 120/70 ZR17 & 180/55 ZR17 |
| Empattement : | 1 395 mm |
| Hauteur du siège : | 820 mm |
| Poids à vide : | 189 kg |
| Réservoir de carburant : | 18 litres |

## PERFORMANCES

| | |
|---|---|
| Révolution à 100 km/h : | n/d |
| Consommation moyenne : | n/d |

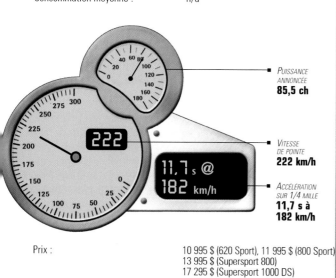

PUISSANCE ANNONCÉE
**85,5 ch**

VITESSE DE POINTE
**222 km/h**

ACCÉLÉRATION SUR 1/4 MILLE
**11,7 s à 182 km/h**

| | |
|---|---|
| Prix : | 10 995 $ (620 Sport), 11 995 $ (800 Sport) 13 995 $ (Supersport 800) 17 295 $ (Supersport 1000 DS) |
| Garantie : | 2 ans/kilométrage illimité |
| Couleur : | rouge, jaune (SS1000) rouge,gris (SS800), argent (Sport) |

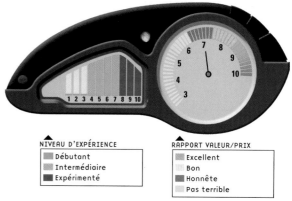

NIVEAU D'EXPÉRIENCE
- Débutant
- Intermédiaire
- Expérimenté

RAPPORT VALEUR/PRIX
- Excellent
- Bon
- Honnête
- Pas terrible

## « Les italiennes pour la masse... »

## Conclusion

La performance pure est une valeur futile et éphémère dans le monde hyperspécialisé des sportives actuelles. Une valeur qui débouche irrémédiablement sur une voie sans issue. La bombe d'aujourd'hui ne sera qu'une moto anonyme de plus demain et beaucoup de motocyclistes attendent plus de leur machine. Les Supersport de Ducati réussissent à combiner toutes les qualités dynamiques qui font d'une sportive une moto à nulle autre pareille. À un prix qui reste accessible au plus grand nombre.

QUOI DE NEUF EN 2003 ?

- Famille de modèles entièrement remaniée qui bénéficie de deux nouvelles mécaniques de 800 et 1 000 cc au lieu des 750 et 900 cc précédentes

PAS MAL

BOF

- Des mécaniques renouvelées, mais toujours traditionnelles et très particulières par leur sonorité et leur vrombissement
- Une tenue de route solide et exacte qui a toujours été un de leurs points forts, et qui ne devrait être que meilleure
- Une ligne simple, mais très originale qui ne laisse planer aucun doute quant au pays d'origine des modèles

- Un niveau de performances qui, sans être déplaisant, n'a jamais vraiment été élevé
- Un niveau de confort moyen amené par une ergonomie dédiée, des suspensions fermes et des vibrations mécaniques très présentes
- Une rapport prix/performance peu favorable et des frais d'entretien plus élevés que la moyenne, selon les propriétaires

# Ducati
# Monster

RÉVISION 2003

| KG▸ 179 | CH▸ 73 | $▸ 9 995 À 16 995 |

En lançant la Monster originelle, au début des années 90, Ducati a inauguré le concept des roadsters extrêmes. Des machines dénudées au look minimaliste, mais conçues pour offrir au pilote un maximum de performance, de plaisir de conduite et un look à nul autre comparable. En 2003, la famille Monster est complètement revampée et propose pas moins de cinq modèles, répartis en trois cylindrées différentes : 620, 800, et 1000 cc. Tous sont dotés de l'injection et du châssis de la S4, la Monster absolue qui n'est plus disponible sur le marché canadien en 2003.

# Roadster original...

## Technique

Aux deux extrémités de la gamme Monster, on retrouve la 620 i.e., le modèle d'entrée de gamme de la firme bolonaise, disponible en versions de base et Dark (sans tête de fourche, peinture matte), et la S4, le modèle haut de gamme qui reprend le bicylindre en V à quatre soupapes desmodromiques par cylindre de la 916. Notons que pour 2003, ce dernier n'est pas offert chez nous. Quant aux modèles de milieu de gamme, ils évoluent considérablement en 2003. En effet, les anciennes 750 et 900 ont fait place aux nouvelles 800 et 1000 DS (pour Dual Spark, qui signifie deux bougies par cylindre). Il s'agit toujours d'un V-Twin ouvert à 90 degrés, refroidi à l'air, doté de deux soupapes à distribution desmodromique par cylindre. La 800 cc voit sa puissance annoncée accrue de 9 chevaux par rapport à la 750 cc. La 1000 DS, quant à elle, possède des soupapes de plus gros diamètre, dont la tige est amincie et dont l'angle est plus prononcé. L'allumage du mélange dans la chambre de combustion est

assuré par deux bougies par cylindre. Sa puissance annoncée s'établit à 84 chevaux à 8 000 tr/min, un accroissement de 6 chevaux par rapport à l'ancienne 900. Ces deux nouveaux moulins sont complétés par un nouvel embrayage à cloche en aluminium et dont les disques ont été allégés. Ceci permet de réduire le poids et le bruit tout en favorisant l'accélération, grâce à la réduction de l'inertie de l'ensemble. La DS utilise un embrayage à sec haute performance. Ces nouveaux moteurs sont désormais installés dans un châssis plus performant. Il s'agit d'un cadre treillis tubulaire en acier, dérivé de celui de la ST4, le modèle sport tourisme de la marque. Il a fait son apparition dans la gamme Monster il y a deux ans, sur la S4 et sur la 620 i.e., l'an dernier. Ce cadre offre une rigidité supérieure de 30% pour une stabilité accrue et une meilleure tenue de route. Sur les 620 i.e. et la 800 i.e. standard, la hauteur de selle a été abaissée afin qu'elles soient accessibles à un plus grand nombre de personnes, particulièrement les femmes. Sur la 800S i.e. et la 1000, la selle est plus haute pour une garde au sol accrue.

Catégorie : Standard

## MOTEUR

| | |
|---|---|
| Type/refroidissement : | bicylindre en V/air et huile |
| Cylindrée : | 802 cc |
| Alésage et course : | 88 mm x 66 mm |
| Puissance : | 73 ch @ 8 250 tr/min |
| Couple : | 51 lb/pi @ 6 500 tr/min |
| Boîte de vitesses : | 6 rapports |
| Transmission finale : | par chaîne |

## PARTIE CYCLE

| | |
|---|---|
| Type de cadre : | tubulaire, en chrome-molybdène |
| Suspension avant : | fourche inversée de 43 mm non-ajustable |
| Suspension arrière : | monoamortisseur réglable en précharge et détente |
| Freinage avant : | 2 disques de 320 mm de ø avec étriers à 4 pistons |
| Freinage arrière : | disque simple de 245 mm de ø |
| Pneus avant/arrière : | 120/60 ZR17 & 160/60 ZR17 |
| Empattement : | 1 440 mm |
| Hauteur du siège : | 795 mm |
| Poids à vide : | 179 kg |
| Réservoir de carburant : | 16 litres |

## PERFORMANCES

| | |
|---|---|
| Révolution à 100 km/h : | environ 3 500 tr/min |
| Consommation moyenne : | 5,2 l/100 km |

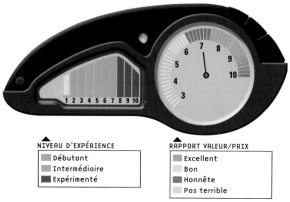

NIVEAU D'EXPÉRIENCE
- Débutant
- Intermédiaire
- **Expérimenté**

RAPPORT VALEUR/PRIX
- Excellent
- Bon
- **Honnête**
- Pas terrible

« *La deux-roues italienne à nu...* »

## Conclusion

La famille Monster est non seulement plus complète que par le passé, elle devient aussi plus performante, tant au chapitre du moteur que de la partie cycle. Que vous choisissiez la 620 d'entrée de gamme, la 800, la 1000DS ou la superlative S4, vous aurez la satisfaction d'être propriétaire d'une parcelle du mythe Ducati, mais surtout d'une machine légendaire qui a été l'instigatrice d'un nouveau type de moto. Il s'agit de motos simples, bien maniérées et particulièrement charismatiques.

QUOI DE NEUF EN 2003 ?

- Famille de modèles remaniée qui bénéficie de deux nouvelles mécaniques de 800 et 1 000 cc au lieu des 750 et 900 cc précédentes

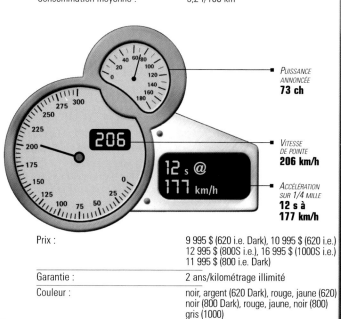

PUISSANCE ANNONCÉE
**73 ch**

VITESSE DE POINTE
**206 km/h**

ACCÉLÉRATION SUR 1/4 MILLE
**12 s à 177 km/h**

| | |
|---|---|
| Prix : | 9 995 $ (620 i.e. Dark), 10 995 $ (620 i.e.) 12 995 $ (800S i.e.), 16 995 $ (1000S i.e.) 11 995 $ (800 i.e. Dark) |
| Garantie : | 2 ans/kilométrage illimité |
| Couleur : | noir, argent (620 Dark), rouge, jaune (620) noir (800 Dark), rouge, jaune, noir (800) gris (1000) |

PAS MAL · BOF

- **Des mécaniques qui réussissent joliment à faire oublier leurs performances moyennes avec leur charme**
- **Un comportement routier solide et exact venant d'une partie cycle essentiellement sportive**
- **Des prix qui permettent à l'acheteur moyen d'une sportive neuve de les inclure dans ses choix potentiels**

- **Des niveaux de performances qui n'ont rien d'extraordinaire et qui s'adressent donc à des pilotes matures**
- **Une ligne fort jolie et, certains diront, indémodable, mais qui a tout de même aujourd'hui dix ans**
- **Des coûts d'entretien que les propriétaires trouvent souvent élevés**

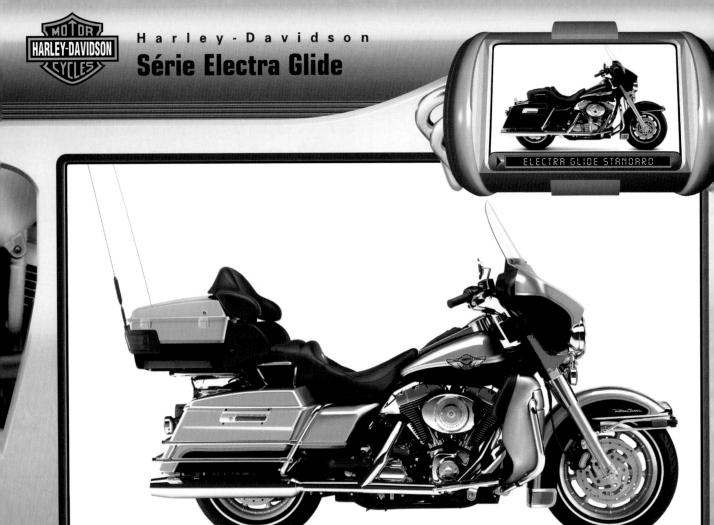

ELECTRA GLIDE STANDARD

ELECTRA GLIDE ULTRA CLASSIC

KG› 344-358    CH› 62         $› 23 699 À 31 899

**La catégorie des machines de tourisme de luxe propose uniquement des montures dédiées aux longues distances, tant par leur niveau de confort que par l'étendue de leur équipement. S'il s'agit là d'une description tout à fait appropriée des trois modèles de la série Electra Glide, ces derniers n'en demeurent pas moins très différents de presque tout le reste de la catégorie, puisqu'ils sont en fait des customs accessoirisées plutôt que des montures spécifiquement construites à cet effet. La série est composée de trois niveaux de finition : la Standard, la Classic et l'Ultra Classic, en ordre croissant de prix et d'équipement. Pour la première fois en 2003, l'injection est aussi offerte sur la Standard.**

## Cruiser longtemps...

Elles ont beau appartenir à la même catégorie que ces Electra Glide, les sérieuses machines de tourisme « conventionnelles » que sont les Honda Gold Wing et BMW K1200RS n'offrent définitivement pas une expérience de pilotage similaire. Propulsées par un étroit V-Twin totalement exposé, plutôt que par les gros quatre ou six-cylindres enveloppés de la concurrence, les américaines renvoient une impression de minceur et de faible encombrement qui fait nettement contraste avec l'immense gabarit des autres. Le V-Twin de 1 450 cc qui les anime, aussi appelé Twin Cam 88, est une mécanique pour laquelle nous n'avons pratiquement que de bons mots. Bien que ses performances soient considérablement limitées par les poids très élevés des motos, elle n'en demeure pas moins agréable, utilisant son excellent couple à bas et moyens régimes, sa sonorité grave et saccadée, ainsi que son faible, mais plaisant niveau de vibrations pour charmer le pilote. L'excellent système d'injection, désormais également disponible sur le modèle bas de gamme (Standard) pour un surplus d'un millier de dollars, n'augmente pas vraiment le niveau de performance, mais assure plutôt un rendement constant.

Bien que rien sur la partie cycle des Electra Glide ne soit particulièrement moderne, il s'agit d'un tout qui accomplit un travail fort honnête pour autant qu'on s'en tienne au tourisme tranquille ou à la promenade. Dans ces conditions, les Electra Glide s'inscrivent en virages sans grand effort, y restent neutres et relativement solides et s'avèrent même stables à haute vitesse. Il faut toutefois se rappeler qu'on a affaire à des customs et que, si amicales soient-elles, leur tenue de route n'est pas à la hauteur de montures comme les BMW ou Honda rivales. À plus basse vitesse, la maniabilité n'est pas mauvaise, mais la masse élevée exige de l'attention lors de manœuvres serrées.

Leur niveau de confort est excellent, tout à fait adapté aux voyages. Les selles sont confortables, surtout sur les Classic, la position de conduite assise est équilibrée et dégagée, les vibrations de la mécanique sont toujours sous contrôle, et la protection au vent et aux intempéries est bonne. Toutefois, en ce qui concerne ce dernier point, les Electra Glide accusent un net recul sur la concurrence, le pare-brise causant bruit et turbulence au niveau du casque, et n'offrant aucune possibilité d'ajustement. De même, si les freinages sont, à la limite, satisfaisants, aucun système ABS n'est offert.

| | |
|---|---|
| Catégorie : | Tourisme de luxe |

## MOTEUR

| | |
|---|---|
| Type/refroidissement : | bicylindre en V/air |
| Cylindrée : | 1 450 cc |
| Alésage et course : | 95,2 mm x 101,6 mm |
| Puissance : | 62 ch @ 5 500 tr/min (à la roue) |
| Couple : | 86 lb/pi @ 3 500 tr/min |
| Boîte de vitesses : | 5 rapports |
| Transmission finale : | par courroie |

## PARTIE CYCLE

| | |
|---|---|
| Type de cadre : | double berceau en acier |
| Suspension avant : | fourche conventionnelle de 41 mm réglable pour la pression d'air |
| Suspension arrière : | 2 amortisseurs réglables pour la pression d'air |
| Freinage avant : | 2 disques de 292 mm de Ø avec étriers à 4 pistons |
| Freinage arrière : | disque simple de 292 mm de Ø |
| Pneus avant/arrière : | MT90B 16 & MT90B 16 |
| Empattement : | 1 612 mm |
| Hauteur du siège : | 693 mm |
| Poids à vide : | 358 (Classic : 352, Standard : 344) kg |
| Réservoir de carburant : | 19 litres |

## PERFORMANCES

| | |
|---|---|
| Révolution à 100 km/h : | environ 2 700 tr/min |
| Consommation moyenne : | 5,9 l/100 km |

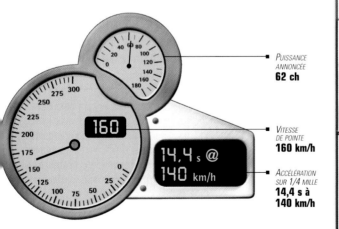

PUISSANCE ANNONCÉE
**62 ch**

VITESSE DE POINTE
**160 km/h**

ACCÉLÉRATION SUR 1/4 MILLE
**14,4 s à 140 km/h**

| | |
|---|---|
| Prix : | 23 699 $ à 31 899 $ |
| Garantie : | 1 an/kilométrage illimité |
| Couleur : | argent Sterling et noir, noir, perle, bleu, rouge, blanc |

## Technique

Plusieurs améliorations furent faites à la série Electra Glide l'année dernière. D'abord, au niveau de l'alimentation, Harley-Davidson a choisi d'utiliser l'excellent système d'injection introduit en 2000 sur les Softail. Mais c'est la partie cycle qui a reçu le plus de changements. Rappelons que lors de l'arrivée du Twin Cam 88, en 1999, le châssis était resté presque inchangé. Ainsi, pour 2002, la rigidité a été augmentée grâce à l'adoption d'un bras oscillant plus rigide avec axe de roue arrière plus large, à 25 mm, et par l'utilisation de nouveaux supports moteurs souples. Les suspensions ont, elles aussi, été sérieusement revues puisque la fourche est depuis du type à cartouche, ce qui lui a permis de laisser tomber son ajustement pneumatique, alors qu'une nouvelle paire d'amortisseurs a été installée à l'arrière. Dans ce cas, le réglage pneumatique a été conservé.

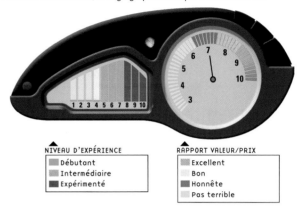

NIVEAU D'EXPÉRIENCE
- Débutant
- Intermédiaire
- Expérimenté

RAPPORT VALEUR/PRIX
- Excellent
- Bon
- Honnête
- Pas terrible

《 *...en prenant son temps...* 》

## Conclusion

On fait les choses différemment, chez Harley, c'est bien connu, et cette série Electra Glide n'échappe pas à la règle. Car si elle est composée de machines tout à fait aptes à parcourir des grandes distances, la manière avec laquelle elles remplissent leur mission est unique à l'industrie. L'idée dans ce cas, n'est pas d'arriver le plus vite possible à destination, mais plutôt de profiter du voyage pour se faire bercer au son du V-Twin le plus mélodieux sur Terre. Une idéologie qui leur va comme un gant.

QUOI DE NEUF EN 2003 ?

- **Identifications « 100e anniversaire »**
- **Lecteur de cassettes remplacé par un lecteur de CD**
- **Electra Glide Standard désormais livrable avec l'injection (1 000 $ de plus)**
- **Coûtent entre 950 $ et 1 440 $ de plus qu'en 2002**

PAS MAL

BOF

- **Un niveau de confort élevé dans les trois cas, agrémenté d'un degré d'équipement intéressant**
- **Une mécanique au caractère charmeur, identique à celle des customs de la même famille**
- **Un comportement routier correct et des dimensions moins intimidantes que la concurrence, une fois en selle**

- **Des puissances très justes pour des engins d'un tel poids ; les motocyclistes pressés ne sont pas au bon endroit**
- **Un niveau d'équipement moins poussé et performant que la concurrence ; ex : éléments chauffants, aérodynamique ajustable, etc.**
- **Des prix aussi élevés, sinon plus, que la concurrence, mais une technologie largement inférieure**

ROAD GLIDE

ROAD KING

**KG› 325-332    CH› 62        $› 26 199 À 28 199**

Peu de motos ont marqué le motocyclisme comme le fait la Road King depuis 1994. On débat souvent de la première véritable sportive ultra-légère ou de la moto de tourisme qui révolutionna le genre, mais la Road King doit être reconnue comme le modèle à l'origine de la catégorie des customs de tourisme léger. Car si le concept existe depuis des décennies, ce n'est qu'après son arrivée sur le marché que les autres constructeurs ont commencé à sérieusement s'y intéresser. Quant à la Road Glide, il s'agit en gros d'un équivalent technique de la King, carénage en plus. Aucun changement à signaler en 2003, outre le fait qu'il s'agisse d'éditions « 100e anniversaire ».

# Jumelles, incroyablement…

La série Electra Glide et ces Road King et Road Glide sont toutes élaborées à partir d'exactement la même plateforme. En fait, la Road Glide est même plus proche de l'Electra Glide Standard qu'elle ne l'est de la Road King. Si les lignes particulièrement bien proportionnées de cette dernière en font, année après année, l'une des Harley-Davidson les plus en demande, la pauvre Road Glide, malgré son équipement supérieur, peine énormément à trouver preneur en raison du style tout simplement raté de son protubérant carénage. Le constructeur américain avait d'ailleurs retiré le modèle de sa gamme il y a quelques années, pour inexplicablement le ramener. Ceci dit, du point de vue de la conduite, toutes deux offrent essentiellement la même expérience. Sous le capot, on retrouve l'exquis V-Twin de 1 450 cc aussi connu sous le nom de Twin Cam 88 ; installé de manière souple dans le châssis, ses accélérations sont honnêtes et sa livrée de couple aux régimes inférieurs est très bonne. Sa véritable force ne se mesure cependant pas en chiffres, mais plutôt en sensations. La manière avec laquelle il vibre doucement ainsi que la

sonorité émise par ses échappements demeurent, encore aujourd'hui, ce qui doit être considéré comme la référence pour un V-Twin custom. La concurrence propose des sensations semblables et pas désagréables du tout, mais ça demeure seulement semblable. Le niveau de fonctionnalité s'est beaucoup amélioré ces dernières années puisque la transmission fonctionne maintenant bien, qu'un excellent système d'injection est livrable en option et que le châssis évoluait encore en 2002.

Bien qu'elles ne soient pas d'une agilité extraordinaire à basse vitesse, les Road King et Road Glide se débrouillent fort bien une fois lancées, alors qu'elles s'avèrent légères à inscrire en virage, relativement solides lorsqu'inclinées et toujours stables. Du moins tant qu'on s'en tient à un rythme de balade. Les freinages demandent comme toujours une bonne poigne, mais restent satisfaisants. Si le terme « tourisme léger » peut légitimement être utilisé dans les deux cas en raison d'une position de conduite naturelle et dégagée, et de suspensions agréablement souples, la douceur extrême de la mécanique est également digne de mention, comme l'est d'ailleurs la bonne protection au vent des deux modèles. Des turbulences au niveau du casque sont toutefois ressenties sur la Road King comme sur la Road Glide.

| | |
|---|---|
| Catégorie : | Tourisme léger |

## MOTEUR

| | |
|---|---|
| Type/refroidissement : | bicylindre en V/air |
| Cylindrée : | 1 450 cc |
| Alésage et course : | 95,2 mm x 101,6 mm |
| Puissance : | 62 ch @ 5 500 tr/min (à la roue) |
| Couple : | 86 lb/pi @ 3 500 tr/min |
| Boîte de vitesses : | 5 rapports |
| Transmission finale : | par courroie |

## PARTIE CYCLE

| | |
|---|---|
| Type de cadre : | double berceau en acier |
| Suspension avant : | fourche conventionnelle de 41 mm réglable pour la pression d'air |
| Suspension arrière : | 2 amortisseurs réglables pour la pression d'air |
| Freinage avant : | 2 disques de 292 mm de ø avec étriers à 4 pistons |
| Freinage arrière : | disque simple de 292 mm de ø |
| Pneus avant/arrière : | MT90B 16 & MT90B 16 |
| Empattement : | 1 612 mm |
| Hauteur du siège : | 693 (RG : 683) mm |
| Poids à vide : | 325 (RG : 332) kg |
| Réservoir de carburant : | 19 litres |

## PERFORMANCES

| | |
|---|---|
| Révolution à 100 km/h : | environ 2 700 tr/min |
| Consommation moyenne : | 5,9 l/100 km |

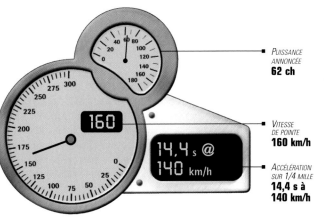

PUISSANCE ANNONCÉE
**62 ch**

VITESSE DE POINTE
**160 km/h**

ACCÉLÉRATION SUR 1/4 MILLE
**14,4 s à 140 km/h**

| | |
|---|---|
| Prix : | 26 199 $ à 28 099 $ (Road King) 28 199 $ (Road Glide) |
| Garantie : | 1 an/kilométrage illimité |
| Couleur : | argent Sterling et noir, noir, perle, bleu, rouge, blanc |

## Technique

Chez Harley-Davidson, la plateforme de tourisme se distingue de celle des autres familles (Softail, Dyna, Sportster, VRSC) par l'isolement le plus poussé des vibrations. Bien que la mécanique tremble de manière notable au ralenti, assez pour qu'on la voit carrément bouger, son système de support en caoutchouc la fait paraître extrêmement douce une fois en route. Ces supports ont d'ailleurs été renouvelés l'an dernier, tout comme le bras oscillant et l'axe de la roue arrière, un ensemble de modifications ayant comme but d'améliorer la rigidité de l'ensemble de la partie cycle. Les suspensions ont également été revues puisque la fourche a perdu son ajustement pneumatique et est devenue du type à cartouche, tandis que la paire d'amortisseurs arrière a été, elle aussi, renouvelée : dans son cas, le réglage par pression d'air de la précharge a été conservé.

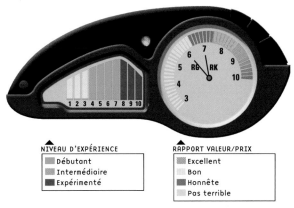

NIVEAU D'EXPÉRIENCE
- Débutant
- Intermédiaire
- Expérimenté

RAPPORT VALEUR/PRIX
- Excellent
- Bon
- Honnête
- Pas terrible

« *Pas de classe, cette Road Glide...* »

## Conclusion

Ces Road King et Road Glide, les deux modèles les plus allégés de la plateforme de tourisme, chez Harley-Davidson, offrent une expérience de pilotage qui ne peut qu'être qualifiée d'exquise. Aujourd'hui mieux maniérées que jamais, propulsées par l'une des mécaniques les plus agréables aux sens qui soient, elles sont toutes deux des façons on ne peut plus plaisantes d'accumuler des kilomètres. La ligne vulgaire de la Road Glide reste toutefois incompréhensible, surtout vu les talents stylistiques du géant américain... et le prix demandé.

QUOI DE NEUF EN 2003 ?

- **Identifications « 100e anniversaire »**
- **Lecteur de cassettes remplacé par un lecteur de CD sur la Road Glide**
- **Coûtent entre 1 150 $ et 1 230 $ de plus qu'en 2002**

PAS MAL                    BOF

- **Un style superbe qui se veut le standard de l'industrie, pour ce genre de moto, dans le cas de la Road King**
- **Un V-Twin splendide, moins timide que celui des Softail et moins extravagant que celui des Dyna**
- **Un niveau de confort élevé : il s'agit en fait de variantes allégées des Electra Glide**

- **Un style exécrable qui se veut possiblement le moins élégant de l'univers custom, dans le cas de la Road Glide**
- **Des factures extrêmement salées, d'autant plus que la Road Glide n'a visuellement rien pour aider à faire passer la pilule**
- **Un gabarit important dans les deux cas : les manœuvres serrées et les déplacements à l'arrêt sont difficiles**

## Harley-Davidson
# Heritage Softail Classic et Springer

HERITAGE SOFTAIL CLASSIC

HERITAGE SPRINGER

| KG▸ 316-325 | CH▸ 62 | $▸ 27 299 À 29 699 |
|---|---|---|

**On n'achète pas de Softail plus attriquée ou plus chère que ces Heritage. Alors que la Springer, avec sa fourche aussi extravagante qu'antique, reste totalement inimitable, la Classic peut se vanter d'avoir inspiré nombre de modèles asiatiques, desquels la Yamaha Road Star Silverado est probablement la reproduction la plus fidèle. Du moins, à une douzaine de milliers de dollars près. Si la Classic semble faire partie de la gamme depuis une éternité, la Springer ne s'y est joint qu'en 1997. Toutes deux furent largement revues, il y a trois ans, en même temps que le reste de la famille Softail, d'ailleurs, et toutes deux sont livrables avec l'injection d'essence.**

# Divas Américaines...

L es Heritage Classic et Springer font habituellement parti des Harley-Davidson les plus convoitées. Anticipant une demande massive en raison du centième anniversaire de la compagnie, le constructeur a d'ailleurs ouvert en grand les vannes de ses usines en 2003, prévoyant même étirer la production de deux mois afin de rencontrer la demande. Telle est la popularité des produits américains, chers ou pas. Heureusement, depuis le grand ménage de 2000, ces deux Softail Heritage ont dépassé le stade de simples jolies gueules. La nouvelle mécanique, dont elles sont équipées depuis, et qui est plus puissante et beaucoup plus douce que le moteur Evolution de 1 340 cc utilisé jusque-là, les a transformées. Il s'agit, à notre avis, du V-Twin custom le plus réussi de l'industrie, rien de moins. Ses performances sont bonnes, son couple à bas régime est excellent et la musique jouée par ses échappements est envoûtante, pour autant que les timides silencieux de série soient remplacés par des unités plus bavardes. En dépit d'efforts non négligeables venant de manufacturiers concurrents pour dupliquer les sensations offertes par ce V-Twin, il offre toujours un caractère unique.

Le confort a beaucoup bénéficié de l'arrivée de cette mécanique, les vibrations de cette dernière étant maintenant parfaitement contrôlées, ce qui était loin d'être le cas sur l'Evolution. Les Softail comptent même aujourd'hui parmi les customs les plus douces du marché, du point de vue mécanique. Des positions de conduite naturelles et dégagées, des selles bien formées et honnêtement rembourrées ainsi que des suspensions maintenant mieux calibrées qu'avant (sans oublier le pare-brise de la Classic) en font des montures tout à fait envisageables pour cumuler du sérieux kilométrage.

Le comportement routier des deux modèles est pratiquement le même, et ce même s'ils utilisent chacun une fourche complètement différente. Lourdes à très basse vitesse, leur poids disparaît néanmoins une fois en mouvement. Leur tenue de route a considérablement progressé depuis la révision de 2000 puisqu'elles affichent maintenant une stabilité sans faute en ligne droite et dans les courbes rapides, et sont plutôt légères à inscrire en virage, où elles restent posées et solides. Notons que la garde au sol n'est pas très généreuse et qu'il est préférable de se familiariser avec ses limites, puis de les respecter. Alors que la Classic offre un freinage adéquat, la Springer est pénalisée par une fourche qui plonge drastiquement et un système de freins en retard d'une génération.

| | |
|---|---|
| Catégorie : | Tourisme léger |

## MOTEUR

| | |
|---|---|
| Type/refroidissement : | bicylindre en V/air |
| Cylindrée : | 1 450 cc |
| Alésage et course : | 95,2 mm x 101,6 mm |
| Puissance : | 62 ch @ 5 500 tr/min (à la roue) |
| Couple : | 86 lb/pi @ 3 500 tr/min |
| Boîte de vitesses : | 5 rapports |
| Transmission finale : | par courroie |

## PARTIE CYCLE

| | |
|---|---|
| Type de cadre : | double berceau, en acier |
| Suspension avant : | fourche conventionnelle de 41 mm non-ajustable (Springer : fourche Springer) |
| Suspension arrière : | 2 amortisseurs réglables en précharge |
| Freinage avant : | 1 disque de 292 mm de ø avec étrier à 4 (Springer : 1) pistons |
| Freinage arrière : | disque simple de 292 mm de ø |
| Pneus avant/arrière : | MT90B 16 & MT90B 16 |
| Empattement : | 1 637 (Springer : 1 629) mm |
| Hauteur du siège : | 644 (Springer : 657) mm |
| Poids à vide : | 316 (Springer : 325) kg |
| Réservoir de carburant : | 19 litres |

## PERFORMANCES

| | |
|---|---|
| Révolution à 100 km/h : | environ 2 800 tr/min |
| Consommation moyenne : | 5,5 l/100 km |

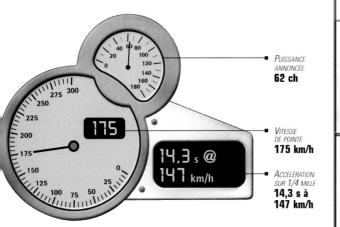

PUISSANCE ANNONCÉE
**62 ch**

VITESSE DE POINTE
**175 km/h**

ACCÉLÉRATION SUR 1/4 MILLE
**14,3 s à 147 km/h**

| | |
|---|---|
| Prix : | 27 299 $ (Classic), 28 699 $ (Springer) |
| Garantie : | 1 an/kilométrage illimité |
| Couleur : | argent Sterling et noir, noir, perle, bleu, rouge, blanc |

## Technique

D'un point de vue technique, et non esthétique, la fourche de type Springer dont est munie l'Heritage du même nom est essentiellement la seule différence entre ces deux modèles construits autour de la même plateforme Softail. Entièrement revue en 2000, cette dernière bénéficie depuis d'un tout nouveau carde qui, selon Harley-Davidson, serait 34% plus rigide que l'ancien. La motorisation est confiée à une version B du Twin Cam 88 de 1 450 cc lancée en 1999, le remplaçant du grisonnant moteur Evolution de 1 340 cc. Il fut nommé B parce qu'il s'agit de la seconde version de ce moteur à être produite, mais aussi parce qu'il possède une paire de contre-balanciers réduisant très efficacement les vibrations du V-Twin. Il s'agit là du trait le plus différent entre les Softail pré et post-2000.

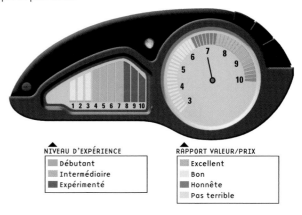

NIVEAU D'EXPÉRIENCE
- Débutant
- Intermédiaire
- Expérimenté

RAPPORT VALEUR/PRIX
- Excellent
- Bon
- Honnête
- Pas terrible

## « Tu n'envieras point... »

## Conclusion

En dépit de ses airs plus rétro que rétro, cette paire de Heritage n'a rien à envier, du point de vue de la performance, de la douceur de roulement, de la fonctionnalité en général et certainement de l'agrément de pilotage, à une quelconque concurrence. S'il faut tout de même se faire aux caprices de la fourche de la Springer, qui n'a pas non plus de pare-brise, ainsi qu'aux imposants gabarits, pour ce qui est du reste, elles sont tout ce qu'il y a d'adorable à piloter dans le genre.

QUOI DE NEUF EN 2003 ?

- **Identifications « 100e anniversaire »**
- **Pneu arrière plus large, désormais à 150 mm pour la Classic, 140 mm pour la Springer**
- **Coûtent entre 1 180 $ et 1 325 $ de plus qu'en 2002**

PAS MAL

BOF

- **Des styles purs et authentiquement nostalgiques appuyés par un niveau de finition superbe**
- **Une mécanique étonnamment douce dans ses mouvements, mais dont la voix et le caractère sont on ne peut plus distincts**
- **Un châssis agréablement stable facile démontant des manières difficilement critiquables, pour le genre**

- **Des prix qui les mettent essentiellement hors de portée du commun des mortels**
- **Une mécanique qu'on pourrait trouver trop timide dans sa livrée de série ; des échappements moins étouffés changent tout**
- **Une fourche Springer qui talonne beaucoup trop facilement au freinage**

| KG▸ 293 | CH▸ 60 | $▸ 27 299 À 28 299 |
|---|---|---|

La Softail Deuce aurait pu être lancée l'été 1999, en même temps que le reste de la nouvelle plateforme Softail. Mais non, son concepteur, nul autre que Willie G. Davidson, chef styliste chez Harley-Davidson, préféra patiemment attendre quelques mois, question de permettre à tous les feux de la rampe d'être bien dirigés sur elle, le temps venu. Ce traitement de faveur, Willie G. l'expliqua par le fait que la Deuce était plus, pour lui, qu'une simple addition à la famille Softail. En fait, elle se voulait sa propre vision d'une Harley personnalisée avec goût. Sa recette : des lignes simples et pures, aucunement extravagantes, agrémentées de pièces chromées judicieusement choisies, mais, surtout, sans excès.

# Traitement de faveur...

La personnalisation d'une moto, comme le terme l'indique d'ailleurs, est une entreprise hautement individuelle. Or, peu importe le domaine, il n'est pas donné à tout le monde d'être créatif, et encore moins de l'être avec goût et talent. La Deuce est une sorte d'idée directrice proposée par Harley-Davidson, un genre de démonstration de bon goût exécutée par des pros. Ainsi, plutôt qu'appliquer du chrome jusqu'à s'en aveugler, plutôt que chercher l'originalité par les typiques illustrations de crânes, d'éclairs ou d'écureuils, la Deuce se démarque par des proportions soigneusement équilibrées et des pièces judicieusement agencées, le tout étant accompli dans une stupéfiante simplicité.

Au-delà du débat de style, la Deuce est également une routière dont les qualités du comportement routier arrivent même à surprendre. Du côté de la motorisation, par exemple, les performances du Twin Cam 88B de 1 450 cc se comparent très bien avec ce qu'offre la concurrence, alors que ses plus grandes qualités s'avèrent être une grande douceur de fonctionnement, une excellente souplesse à bas et moyen régimes, ainsi qu'une sonorité fort agréable et toujours unique à l'industrie. Notons que des échappements plus libres sont nécessaires pour jouir de cette sonorité puisque d'origine, la Deuce, comme toutes les Harley-Davidson, d'ailleurs, est particulièrement réservée.

La refonte de la plateforme Softail, en 2000, a nettement amélioré la tenue de route des modèles de la famille. Dans le cas de la Deuce, on note une certaine maladresse à basse vitesse due à la direction relâchée de style « chopper » et la grande roue avant de 21 pouces, mais le tout rentre dans l'ordre une fois en mouvement. La stabilité est toujours excellente, l'effort requis en entrée de courbe est modéré et le comportement en virage demeure neutre, solide et précis. La générosité de la garde au sol étonne, car elle permet même de s'amuser sur une route sinueuse.

La Deuce surprend un peu en s'avérant plus confortable que ne le laisse prévoir sa position de conduite « pieds devant, mains devant ». Du moins à court terme, puisqu'il en est tout autrement sur de longues randonnées. Les suspensions se débrouillent correctement tant que la chaussée n'est pas trop abîmée, mais l'arrière devient sec autrement ; sans être exceptionnel d'aucune manière, le freinage reste satisfaisant.

| | |
|---|---|
| Catégorie : | Custom |

## MOTEUR

| | |
|---|---|
| Type/refroidissement : | bicylindre en V/air |
| Cylindrée : | 1 450 cc |
| Alésage et course : | 92,5 mm x 101,6 mm |
| Puissance : | 60 ch @ 5 500 tr/min (à la roue) |
| Couple : | 85 lb/pi @ 3 500 tr/min |
| Boîte de vitesses : | 5 rapports |
| Transmission finale : | par courroie |

## PARTIE CYCLE

| | |
|---|---|
| Type de cadre : | double berceau, en acier |
| Suspension avant : | fourche conventionnelle de 41 mm non-ajustable |
| Suspension arrière : | 2 amortisseurs réglables en précharge |
| Freinage avant : | 1 disque de 292 mm de ø avec étriers à 4 pistons |
| Freinage arrière : | disque simple de 292 mm de ø |
| Pneus avant/arrière : | MH90-21 & 160/70 VB16 |
| Empattement : | 1 690 mm |
| Hauteur du siège : | 659 mm |
| Poids à vide : | 293 kg |
| Réservoir de carburant : | 19 litres |

## PERFORMANCES

| | |
|---|---|
| Révolution à 100 km/h : | environ 2 800 tr/min |
| Consommation moyenne : | 5,5 l/100 km |

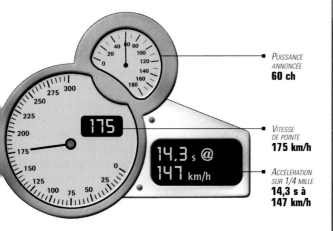

PUISSANCE ANNONCÉE **60 ch**

VITESSE DE POINTE **175 km/h**

ACCÉLÉRATION SUR 1/4 MILLE **14,3 s à 147 km/h**

| | |
|---|---|
| Prix : | 27 299 $ (EFI : 28 299 $) |
| Garantie : | 1 an/kilométrage illimité |
| Couleur : | argent Sterling et noir, noir, perle, bleu, rouge, blanc |

## Technique

La plateforme Softail utilisée par tous les modèles de la famille a servi de base à la Deuce. Profondément remaniée en 2000, elle a principalement bénéficié d'un châssis 34 % plus rigide, selon Harley, ainsi que de l'installation de la version B du Twin Cam 88 de 1 450 cc, nouvellement introduit cette année. Sur le plan esthétique, la Deuce se distingue des autres membres de sa famille par sa longue fourche chromée, son réservoir d'essence allongé plutôt que court et rond comme c'est habituellement le cas, sa nacelle d'instruments chromée s'étendant sur toute la longueur du réservoir, sa roue arrière pleine présentant un motif cranté sur sa circonférence et, enfin, des garde-boue simples d'une allure presque discrète, mais qui respectent de belle manière l'équilibre du reste de la ligne.

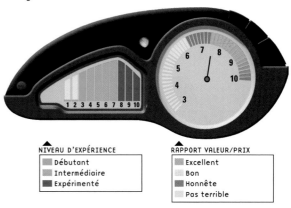

| NIVEAU D'EXPÉRIENCE | RAPPORT VALEUR/PRIX |
|---|---|
| Débutant | Excellent |
| Intermédiaire | Bon |
| Expérimenté | Honnête |
| | Pas terrible |

## « D'une élégance rare... »

## Conclusion

Avant tout, la Deuce se veut une démonstration de bon goût, une affirmation stylistique venant de la maison mère, et une preuve irréfutable que l'excès n'est pas nécessairement la voie de la réussite en matière de personnalisation. Grâce au charme purement américain de son V-Twin, à sa position de conduite à la fois cool et tolérable, ainsi qu'à son châssis solide et bien maniéré, la Deuce est également l'une des variantes de la famille Softail les plus agréables à piloter.

QUOI DE NEUF EN 2003 ?

- Identifications « 100e anniversaire »
- Coûte 1 170 $ de plus qu'en 2002

PAS MAL

BOF

- L'une des lignes les plus élégantes de l'univers custom et des proportions exceptionnellement bien choisies
- Une mécanique à la fois douce, charismatique, souple et agréablement performante
- Un comportement routier qui surprend par sa qualité; même la garde au sol est correcte !

- La moindre des Softail est affreusement chère, et la Deuce est l'une des plus dispendieuse
- Une direction élancée qui se montre affligée d'un effet de pendule à basse vitesse
- Un niveau de confort tolérable à court terme, mais qui se dégrade rapidement sur long trajet

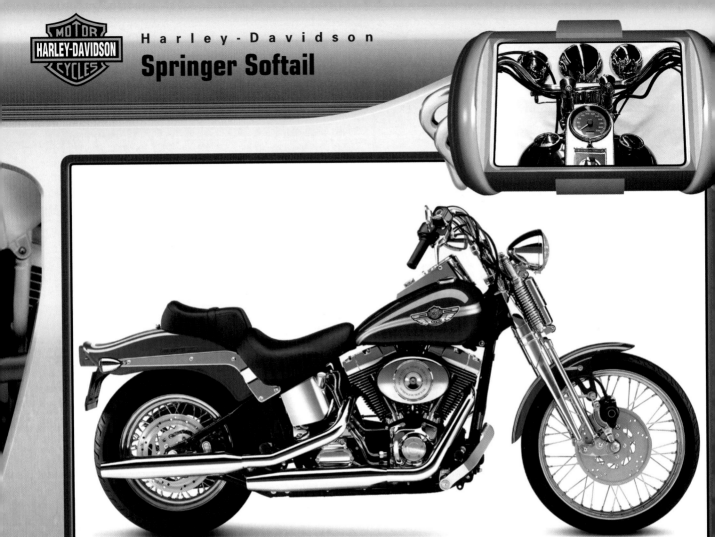

# Harley-Davidson
## Springer Softail

| KG▸ 296 | CH▸ 60 | $▸ 26 399 |
|---------|--------|-----------|

Beaucoup de motocyclistes, même avertis, s'y retrouvent difficilement lorsqu'il s'agit de différencier une Harley-Davidson d'une autre. Apparemment éblouis par tout ce chrome, sans la moindre idée de ce qui distingue une Dyna d'une Softail, leur cause paraît sans espoir. Et pourtant, dans le cas de certains modèles, grâce à des détails bien particuliers, le problème semble disparaître. La Fat Boy, par exemple, c'est celle avec les roues pleines, tandis que l'Heritage Classic, c'est plutôt celle avec les sacoches et le pare-brise ; celle que les autres imitent… La Springer Softail devient ainsi celle avec la fourche bizarre… Outre le fait qu'il s'agisse d'une édition « 100e anniversaire », le modèle 2003 reste inchangé.

# Drôlement fourchue...

L'idée d'apprêter une base commune suivant différents thèmes pour créer une variété de modèles est techniquement simple à réaliser et économiquement avantageuse. Toutefois, aussi simple qu'elle puisse paraître, cette idée ne devient concevable qu'avec une imagination très fertile. Surtout lorsqu'on l'applique à une gamme de produits vendus à prix forts, comme celle de Harley-Davidson. À ce jeu, le constructeur américain est passé maître. À titre de preuve, partant d'un châssis Softail et d'un moteur Twin Cam 88B, qui sont les ingrédients de base de la plateforme Softail, sont nés pas moins de sept modèles, tous non seulement facilement identifiables, mais également très populaires. La Springer en est un bon exemple puisqu'elle se distingue surtout du reste de la famille Softail au moyen d'une fourche antique, dont le nom a d'ailleurs servi à baptiser le modèle. Comme pratiquement tout le reste des composantes est commun à la plateforme, le comportement de la Springer reste proche de celui des autres Softail.
La partie cycle, qui a été profondément remaniée en 2000, s'est considérablement améliorée puisqu'elle affiche depuis une stabilité sans

reproche dans des circonstances allant de la ligne droite au virage pris à haute vitesse. À basse vitesse, toutefois, la direction s'avère lourde et maladroite, un fait largement dû à la forme bizarre du guidon en « cornes de bouc » et à la roue avant de grand diamètre. Quant à la nostalgique fourche Springer, elle est un cas où la forme vient avant la fonction puisqu'elle talonne beaucoup trop facilement lors de ralentissements intenses, tandis que le frein avant pauvrement efficace ne peut qu'être qualifié de médiocre. La Springer est d'ailleurs la seule Softail à ne pas avoir bénéficié du nouveau système de freinage introduit par Harley en 2000, sur pratiquement toute la gamme.
Dans le contexte d'une balade relativement courte, le confort est acceptable puisque la selle n'est pas mauvaise et qu'à l'exception de l'occasionnelle sécheresse à l'arrière, les suspensions se débrouillent correctement.
Mais le côté le plus agréable du pilotage d'une Springer provient sans aucun doute des sensations subtiles, mais exquises, des bonnes accélérations et surtout de la bonne souplesse, ainsi que de la sonorité unique du V-Twin de 1 450 cc qui l'anime. Doux à souhait grâce à son système de contre-balanciers, il s'agit de la mécanique la plus réussie dans le genre, et de celle que bien d'autres constructeurs aimeraient arriver à imiter.

| | |
|---|---|
| Catégorie : | Custom |

## MOTEUR

| | |
|---|---|
| Type/refroidissement : | bicylindre en V/air |
| Cylindrée : | 1 450 cc |
| Alésage et course : | 95,2 mm x 101,6 mm |
| Puissance : | 60 ch @ 5 500 tr/min (à la roue) |
| Couple : | 82 lb/pi @ 3 500 tr/min |
| Boîte de vitesses : | 5 rapports |
| Transmission finale : | par courroie |

## PARTIE CYCLE

| | |
|---|---|
| Type de cadre : | double berceau en acier |
| Suspension avant : | fourche de type « Springer » non-ajustable |
| Suspension arrière : | 2 amortisseurs réglables en précharge |
| Freinage avant : | 1 disque de 292 mm de ø avec étrier à 1 piston |
| Freinage arrière : | disque simple de 292 mm de ø |
| Pneus avant/arrière : | MH-90 21 & MT90B 16 |
| Empattement : | 1 659 mm |
| Hauteur du siège : | 654 mm |
| Poids à vide : | 296 kg |
| Réservoir de carburant : | 19 litres |

## PERFORMANCES

| | |
|---|---|
| Révolution à 100 km/h : | environ 2 800 tr/min |
| Consommation moyenne : | 5,5 l/100 km |

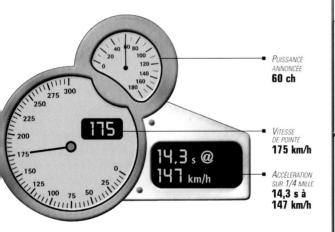

*PUISSANCE ANNONCÉE* **60 ch**

*VITESSE DE POINTE* **175 km/h**

*ACCÉLÉRATION SUR 1/4 MILLE* **14,3 s à 147 km/h**

| | |
|---|---|
| Prix : | 26 399 $ |
| Garantie : | 1 an/kilométrage illimité |
| Couleur : | noir, perle, bleu, rouge, blanc |

## Technique

Quand la plateforme Softail fut entièrement revue, en 2000, Harley-Davidson décida de moderniser la presque totalité des composantes, sans toutefois toucher à la ligne des modèles. Ainsi, si la Springer pré-2000 et cette 2003 de nouvelle génération se ressemblent à s'y méprendre, elles ne partagent essentiellement aucune pièce. À commencer par la mécanique, un V-Twin de 1 450 cc introduit, lui aussi, lors de la grande révision de 2000. Nommé Twin Cam 88B, il s'agit en fait d'une version munie de contrebalanciers du Twin Cam 88 inauguré l'année précédente, en 1999. Le Twin Cam 88B a non seulement permis d'en finir avec le problème de vibrations excessives de l'ancien V-Twin Evolution de 1 340 cc, mais il a aussi permis de conserver un élément critique de la ligne Softail, un cadre serré autour du moteur, en allouant un montage solide plutôt que souple de la mécanique.

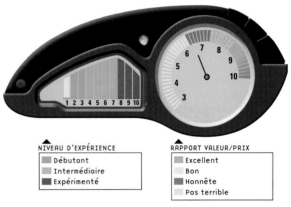

NIVEAU D'EXPÉRIENCE
- Débutant
- Intermédiaire
- ■ Expérimenté

RAPPORT VALEUR/PRIX
- Excellent
- Bon
- ■ Honnête
- Pas terrible

## « Flasher roulant… »

## Conclusion

Certaines customs sont faites pour rouler, d'autres pour flasher. En raison de ses lacunes au niveau pratique, dont l'une des plus flagrantes vient d'une fourche au comportement aussi antique que ses origines, la Springer fait partie de ces dernières. Si elle n'est pas désagréable pour autant, grâce à une mécanique merveilleuse logée dans un châssis solide, elle ne peut être envisagée que pour une utilisation occasionnelle. Un peu comme la vieille MGB qu'on sort du garage pour une promenade, puis qu'on range vite après.

QUOI DE NEUF EN 2003 ?

- **Identifications « 100e anniversaire »**
- **Pneu arrière plus large, désormais à 150 mm**
- **Coûte 1 140 $ de plus qu'en 2002**

PAS MAL

- Une ligne incomparable, comme seul Harley-Davidson sait en faire
- Une mécanique décemment puissante et très souple, qui vrombit comme seules les Harley le font
- Un châssis solide et stable qui se prête bien au genre de vie tranquille que la Springer devrait mener

BOF

- Une bien jolie fourche, qui talonne toutefois bien trop facilement en freinage intense
- Une mécanique presque timide dans sa livrée d'origine, qui ne se délie les cordes qu'avec des silencieux plus bavards
- Un système de freinage d'ancienne génération désuet et retrouvé seulement sur les modèles à fourche Springer

**KG ▸ 302          CH ▸ 60          $ ▸ 26 099 À 27 099**

L'univers custom défie parfois toute logique, particulièrement lorsqu'une Harley est en cause. Prenons cette Fat Boy, par exemple. Comment expliquer la popularité sans cesse croissante dont elle jouit depuis 1990, année de sa mise en marché, compte tenu du fait qu'elle est demeurée visuellement intacte depuis maintenant 13 ans ? Même lors de la refonte de la plateforme Softail, en 2000, alors que cela aurait été le temps ou jamais de la rafraîchir, Harley-Davidson a insisté pour qu'on ne touche pas à ses traits. La seule explication rationnelle est qu'il s'agit d'un classique indémodable, d'une moto qui ne vieillit tout simplement pas.

# Un classique du motocyclisme…

Ceux qui suivent de près l'actualité américaine sur deux roues savent fort bien que la Fat Boy 2003 a quelque chose de très particulier puisqu'il s'agit d'une édition 100e anniversaire, Harley-Davidson fêtant son siècle d'existence en 2003. Si, techniquement, ce fait ne change absolument rien à la personnalité ou au comportement de la Fat Boy, bien des fanatiques de la marque voient en cette édition quelque chose de hautement désirable. Ils sont d'ailleurs beaucoup à avoir patiemment attendu la cuvée 2003 de la gamme américaine, juste pour avoir la chance de mettre la main sur une édition centenaire. On comprendra donc que, pour une telle clientèle, le prix d'admission d'un peu plus de 26 000 $ relève de la simple formalité, et qu'il en va de même pour la peinture anniversaire deux tons, offerte en option pour la bagatelle de 1 450 $. Sachez également qu'on vous allégera de 1 000 $ supplémentaires si les bénéfices de l'injection électronique de carburant vous intéressent. Et puis quoi encore ? 800 $ pour l'air des pneus ? On se croirait dans le monde des Porsche et leur embout de silencieux chromé optionnel à 1 000 $. Enfin…

Bien qu'ils soient très dispendieux, les produits américains livrent indéniablement une marchandise aussi intéressante qu'impeccablement finie. Dans le cas de cette Fat Boy, on rajoutera également un très haut degré de désirabilité, gage d'une dépréciation exceptionnellement faible. Comme sur toutes les Softail, l'un des côtés les plus agréables de la conduite d'une Fat Boy vient de la présence et du charisme de sa mécanique, des qualités dont on jouit tout spécialement lorsque des échappements un peu moins timides que ceux de série sont installés. Bien que le châssis soit, lui aussi, partagé par toutes les autres Softail, une position de conduite particulière à la Fat Boy lui confère un caractère propre sur la route. Selle dure, mais large et très basse, pieds confortablement posés sur des plateformes, jambes pliées à 90 degrés, bras tendus sur un guidon bas et très large, on s'y sent définitivement cool. La largeur du guidon allège la direction à l'extrême, ce qui facilite essentiellement toutes les manœuvres, mais qui peut également se traduire par une certaine instabilité lors de journées venteuses. Le comportement en courbe est solide, neutre et relativement précis, mais l'angle en virage est considérablement limité par les plateformes qui frottent sans grande provocation.

| Catégorie : | Custom |
|---|---|

## MOTEUR

| Type/refroidissement : | bicylindre en V/air |
|---|---|
| Cylindrée : | 1 450 cc |
| Alésage et course : | 95,2 mm x 101,6 mm |
| Puissance : | 60 ch @ 5 500 tr/min (à la roue) |
| Couple : | 82 lb/pi @ 3 500 tr/min |
| Boîte de vitesses : | 5 rapports |
| Transmission finale : | par courroie |

## PARTIE CYCLE

| Type de cadre : | double berceau en acier |
|---|---|
| Suspension avant : | fourche conventionnelle de 41 mm non-ajustable |
| Suspension arrière : | 2 amortisseurs réglables en précharge |
| Freinage avant : | 1 disque de 292 mm de ø avec étrier à 4 pistons |
| Freinage arrière : | disque simple de 292 mm de ø |
| Pneus avant/arrière : | MT90B 16 & MT90B 16 |
| Empattement : | 1 637 mm |
| Hauteur du siège : | 647 mm |
| Poids à vide : | 302 kg |
| Réservoir de carburant : | 19 litres |

## PERFORMANCES

| Révolution à 100 km/h : | environ 2 800 tr/min |
|---|---|
| Consommation moyenne : | 5,5 l/100 km |

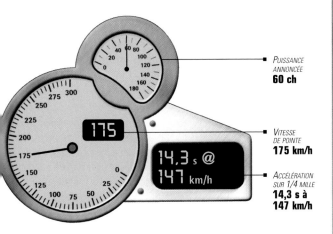

PUISSANCE ANNONCÉE
**60 ch**

VITESSE DE POINTE
**175 km/h**

ACCÉLÉRATION SUR 1/4 MILLE
**14,3 s à 147 km/h**

| Prix : | 26 099 $ (EFI : 27 099 $) |
|---|---|
| Garantie : | 1 an/kilométrage illimité |
| Couleur : | argent Sterling et noir, noir, perle, bleu, rouge, blanc |

## Technique

L'une des caractéristiques les plus souvent critiquées par les propriétaires de Softail pré-2000, dont la Fat Boy, était les vibrations excessives provenant du V-Twin Evolution. Comme Harley-Davidson tenait à garder une mécanique montée solidement pour la nouvelle plateforme qu'il devait introduire en 2000, la décision fut prise de concevoir une version B (pour balancée) du Twin Cam 88 propulsant déjà les montures de tourisme et Dyna depuis 1999. À partir des cylindres et vers le haut, les deux versions du TC88 sont virtuellement identiques; en dessous, cependant, le B diffère par l'ajout d'une paire de balanciers cylindriques, l'un placé à l'avant et l'autre à l'arrière du vilebrequin, ainsi que par leur système d'entraînement. Harley-Davidson affirme que le système entier de contre-balanciers ne devrait demander aucun entretien durant la vie de la mécanique.

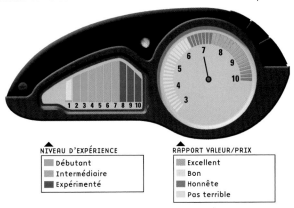

NIVEAU D'EXPÉRIENCE
- ☐ Débutant
- ☐ Intermédiaire
- ☑ Expérimenté

RAPPORT VALEUR/PRIX
- ☑ Excellent
- ☐ Bon
- ☐ Honnête
- ☐ Pas terrible

## « La Harley jalousée des autres Harley... »

## Conclusion

On a beau grincer des dents face aux prix gonflés des Harley-Davidson, le fait que le géant américain soit capable d'en écouler des quantités astronomiques en dit très long sur le degré de désirabilité qui émane de ses produits. Et avec raison; rendons tout de même à César ce qui lui revient. Quant à cette Fat Boy, en plus d'une mécanique docile et extrêmement plaisante, d'un comportement général sain et d'une finition sans reproche, elle offre l'une des lignes les plus pures de l'univers custom. Désirable ? Mets-en.

QUOI DE NEUF EN 2003 ?

- **Identifications « 100ᵉ anniversaire »**
- **Pneu arrière plus large, désormais à 150 mm**
- **Coûte 1 130 $ de plus qu'en 2002**

PAS MAL — BOF

- **Une ligne pure, exceptionnellement bien proportionnée et instantanément reconnaissable**
- **Une mécanique aux performances plaisantes, qui chatouille les sens comme seul Harley peut le faire**
- **Un comportement routier facile à apprivoiser et exempt de vice majeur**

- **Un budget d'achat et d'assurance qui la réserve aux bien nantis, surtout s'il faut la personnaliser en plus**
- **Une faible garde au sol qui limite rapidement l'angle en virage**
- **Un degré de confort limité par une suspension arrière passablement ferme et une exposition totale au vent**

# Harley-Davidson
# Night Train
# et Softail Standard

SOFTAIL STANDARD

NIGHT TRAIN

| KG▸ 286 | CH▸ 60 | $▸ 21 999 À 25 899 |
|---|---|---|

**La famille Softail a toujours été favorisée par les acheteurs en raison de ses modèles aux lignes bien évidemment rétro, mais également franches et propres. Si la réussite est donc familière à ces modèles, il a toutefois fallu attendre l'an 2000 et le renouvellement entier de la plateforme pour que ces jolies gueules acquièrent quelques bonnes manières. Depuis, leur popularité ne s'en porte que mieux. Les variantes Night Train et Standard sont techniquement quasi identiques, mais se distinguent nettement au chapitre de la finition, le modèle Standard se voulant la Softail la moins dispendieuse. Comme toutes les Harley 2003, elles portent des identifications en faisant des versions « 100e anniversaire ».**

## Belles et polies...

La seule véritable différence, au chapitre de la conduite, entre une Night Train et une Softail Standard, se situe au niveau de la direction et de la position de conduite, résultat d'un guidon étroit de style « drag » sur la première, mais large sur la seconde. L'effort au guidon est donc plus élevé sur la Night Train que sur la Standard, tandis que cette dernière est plus facilement affectée par les mouvements involontaires du pilote, par journée très venteuse, par exemple.

Si l'expérience de pilotage se ressemble, la finition, elle, change complètement l'aspect des motos. D'ailleurs, presque 3 000 $ les séparent. Malgré sa finition plus poussée, la Night Train reste l'une des rares Harley-Davidson les plus sobres d'un point de vue visuel, sa mécanique exploitant un fini texturé noir mat là où la majorité des autres américaines sont abondamment chromées.

La profonde révision dont a bénéficié la plateforme Softail lui a beaucoup apporté en terme de facilité et de confort d'utilisation. Le châssis, par exemple a considérablement été rigidifié, ce qui a amélioré de façon

notable la qualité de la tenue de route. Tant la Night Train que la Softail Standard démontrent une stabilité exemplaire dans toutes les situations où elles pourraient logiquement se retrouver. Hormis les différences déjà décrites au niveau des directions, elles se comportent bien en virage où elles affichent un solide aplomb et s'avèrent neutres, mais préfèrent rester loin des courbes bosselées. Tant que la chaussée n'est pas trop amochée, les suspensions accomplissent un travail correct. Mais on ne fait pas de miracle avec de telles positions de conduite : tout le poids du pilote repose sur son fessier et tôt ou tard un dur coup sera transmis à sa colonne, tandis que le reste du temps il préférera se tenir loin des balades qui s'éternisent. Depuis la révision de 2000, les freins travaillent suffisamment bien pour ne plus avoir besoin d'user ses bottes pour ralentir.

L'aspect le plus intéressant de cette paire de Softail est le splendide V-Twin qui les propulse, un moteur appelé Twin Cam 88B introduit, lui aussi, en 2000. Il fera le bonheur de ceux qui aiment le rythme et la sonorité d'une Harley, mais sans vibrations excessives. En fait, on pourrait presque dire sans vibrations du tout puisqu'il s'agit d'un exemple de douceur. Ses performances sont satisfaisantes et sa souplesse est agréablement généreuse.

Catégorie : Custom

## MOTEUR

| | |
|---|---|
| Type/refroidissement : | bicylindre en V/air |
| Cylindrée : | 1 450 cc |
| Alésage et course : | 95,2 mm x 101,6 mm |
| Puissance : | 60 ch @ 5 500 tr/min (à la roue) |
| Couple : | 82 lb/pi @ 3 500 tr/min |
| Boîte de vitesses : | 5 rapports |
| Transmission finale : | par courroie |

## PARTIE CYCLE

| | |
|---|---|
| Type de cadre : | double berceau, en acier |
| Suspension avant : | fourche conventionnelle de 41 mm non-ajustable |
| Suspension arrière : | 2 amortisseurs réglables en précharge |
| Freinage avant : | 1 disque de 292 mm de ø avec étriers à 4 pistons |
| Freinage arrière : | disque simple de 292 mm de ø |
| Pneus avant/arrière : | MH90-21 & MT90B 16 |
| Empattement : | 1 698 mm |
| Hauteur du siège : | 638 (Standard : 662) mm |
| Poids à vide : | 286 kg |
| Réservoir de carburant : | 19 litres |

## PERFORMANCES

| | |
|---|---|
| Révolution à 100 km/h : | environ 2 800 tr/min |
| Consommation moyenne : | 5,5 l/100 km |

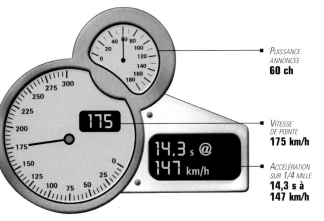

*PUISSANCE ANNONCÉE*
**60 ch**

*VITESSE DE POINTE*
**175 km/h**

*ACCÉLÉRATION SUR 1/4 MILLE*
**14,3 s à 147 km/h**

| | |
|---|---|
| Prix : | 21 999 $ (Standard, EFI : 22 999 $) 24 899 $ (Night Train, EFI : 25 899 $) |
| Garantie : | 1 an/kilométrage illimité |
| Couleur : | noir, perle, bleu, rouge, blanc |

## Technique

Bien que l'apparence des Night Train et Softail Standard soit restée inchangée lors de leur révision majeure de 2000, pratiquement toutes les composantes de châssis et de mécanique furent remplacées. À l'intérieur d'un tout nouveau cadre, annoncé 34 % plus rigide que le précédent par le manufacturier, se trouve un V-Twin de 1 450 cc aussi connu sous le nom de Twin Cam 88 B. Il s'agit d'une mécanique identique à celle qui fut installée sur les modèles de tourisme et Dyna en 1999, mais à laquelle un système de contre-balanciers a été ajouté. C'est ce qui lui permet, sur toutes les Softail, d'être fixée solidement au cadre sans créer de vibrations indésirables. Bien que le TC88B ressemble à l'Evolution de 1 340 cc qui l'a précédé du point de vue de l'architecture générale, il est fondamentalement différent.

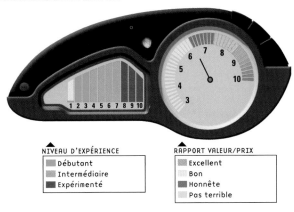

NIVEAU D'EXPÉRIENCE
- ☐ Débutant
- ☐ Intermédiaire
- ☐ Expérimenté

RAPPORT VALEUR/PRIX
- ☐ Excellent
- ☐ Bon
- ☐ Honnête
- ☐ Pas terrible

## « *Des manières presque japonaises...* »

## Conclusion

Les durs de durs que sont les proprios de Harley aiment bien raconter que ça prend de la poigne et du caractère pour piloter de tels engins, mais la vérité est que depuis leur révision de 2000, les Softail ont presque rejoint leurs équivalents japonais aux niveaux de la fonctionnalité et de la facilité de prise en main. En fait, il s'agit probablement des Harley-Davidson les plus faciles à apprivoiser, et aussi les plus faciles à vivre. Qu'on décide ou non d'opter pour ce duo n'est qu'une question de style.

QUOI DE NEUF EN 2003 ?

- **Identifications « 100e anniversaire »**
- **Pneu arrière plus large, désormais à 150 mm**
- **Standard coûte 1 400 $ de plus qu'en 2002**
- **Night Train coûte 1 290 $ de plus qu'en 2002**

PAS MAL — BOF

- **Une mécanique qui, même si elle est peinte en noir, brille par sa souplesse et son caractère charmeur**
- **Un châssis qui se comporte maintenant (depuis 2000) comme un châssis doit se comporter, donc solidement**
- **Une ligne rafraîchissante par sa sobriété pour la Night Train au fini mat aux lignes propres et élancées**

- **À 22 000 $, soit 1 400 $ de plus qu'en 2002 sans qu'une vis n'ai changé, la Standard a le front de s'appeler Standard**
- **Des positions de conduite davantage étudiées pour paraître « cool » que pour faire Montréal -Toronto, ou même Montréal - St-Sauveur**
- **Une mécanique un peu aseptisée avec les silencieux d'origine ; il faut les libérer pour vraiment en profiter**

**KG ‣ 271**          **CH ‣ 115**                    **$ ‣ 29 538**

La V-Rod, c'est la Harley-Davidson du renouveau, celle qui devait concrétiser la transition entre passé et futur. Introduite l'an dernier sous le regard à la fois émerveillé et consterné du motocyclisme tout entier, et ce, même si la rumeur de son existence courait déjà allégrement, elle est déjà passée à l'histoire : de mémoire d'homme, jamais une Harley n'a tant suscité d'intérêt et de controverse, deux sentiments ayant pourtant marqué à maintes reprises la longue aventure qu'est la vie de cette célèbre compagnie américaine. En passant, Harley-Davidson a 100 ans, le saviez-vous ? Seule l'option d'un coloris deux tons, offert sur des modèles sélectionnés, distingue la livrée 2003.

## La controverse du siècle...

Rien ne peut préparer le traditionnel disciple de la secte des adorateurs de Harley à ce que réserve la V-Rod. Bien qu'il sache instinctivement ou placer ses pieds, qu'il se sente tout à fait chez lui sur la selle ultra-basse et que la sensation particulière des commandes concrétise davantage le sentiment de famille qu'il croit ressentir, le choc de sa vie l'attend dès l'instant où la mécanique s'anime. Pas un soupçon du lourd tremblement saccadé qui fait d'une Harley, une Harley, mais plutôt le doux murmure étouffé d'un V-Twin sportif moderne, pour ne pas dire, oh sacrilège, japonais. Et notre disciple n'a encore rien vu puisqu'un univers de performance, dont il ignorait simplement l'existence jusque-là, l'attend. En fait, les 115 chevaux annoncés de la V-Rod représentent grosso modo le double du niveau de puissance auquel notre traditionaliste est habitué. Malgré le poids non négligeable de Miss Rod, le genre d'accélération que ce genre de puissance génère tient essentiellement de l'inconnu pour la catégorie custom (à moteur V-Twin) et commande même le respect chez les sportives. Ce dont on ne

devrait trop s'étonner, en réalité, puisque la mécanique qui anime la V-Rod est née sur la Superbike VR1000 du manufacturier. L'expérience d'une V-Rod en pleine accélération demeure unique puisqu'elle marie une position de pilotage et un comportement routier purement cruiser à des performances et un caractère moteur purement sportifs.

La partie cycle étreignant ce V-Twin refroidi au liquide d'un peu plus de 1 100 cc est heureusement à la hauteur des performances de ce dernier puisque la stabilité n'est jamais prise en faute, que ce soit en ligne droite à facilement plus de 200 km/h, dans une longue courbe rapide, ou encore au beau milieu d'une section de route sinueuse, où la garde au sol supérieure à la moyenne permet d'ailleurs un certain amusement. Si la direction demande étonnamment peu d'efforts pour initier un virage, elle s'avère toutefois affligée d'un genre d'imprécision qui demande de corriger la trajectoire initialement souhaitée.

Au chapitre du confort, la V-Rod est plus traditionnelle : la selle est bien formée, mais dure ; la position « mains devant, pieds devant » typique de certaines Harley n'est tolérable que sur de courtes distances et la suspension arrière peut se montrer rude si la chaussée est dégradée.

| | |
|---|---|
| Catégorie : | Custom |

## MOTEUR

| | |
|---|---|
| Type/refroidissement : | bicylindre en V/liquide |
| Cylindrée : | 1 130 cc |
| Alésage et course : | 100 mm x 72 mm |
| Puissance : | 115 ch @ 8 500 tr/min |
| Couple : | 74 lb/pi @ 7 000 tr/min |
| Boîte de vitesses : | 5 rapports |
| Transmission finale : | par courroie |

## PARTIE CYCLE

| | |
|---|---|
| Type de cadre : | double berceau en acier |
| Suspension avant : | fourche conventionnelle de 49 mm non-ajustable |
| Suspension arrière : | 2 amortisseurs réglables en précharge |
| Freinage avant : | 2 disques de 292 mm de ø avec étrier à 4 pistons |
| Freinage arrière : | disque simple de 292 mm de ø |
| Pneus avant/arrière : | 120/70-19 & 180/55-18 |
| Empattement : | 1 713,2 mm |
| Hauteur du siège : | 660 mm |
| Poids à vide : | 271 kg |
| Réservoir de carburant : | 15 litres |

## PERFORMANCES

| | |
|---|---|
| Révolution à 100 km/h : | environ 4 000 tr/min |
| Consommation moyenne : | 5,5 l/100 km |

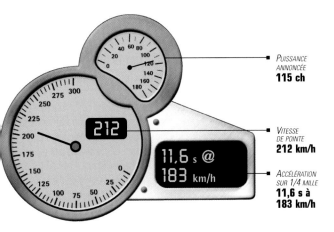

PUISSANCE ANNONCÉE
**115 ch**

VITESSE DE POINTE
**212 km/h**

ACCÉLÉRATION SUR 1/4 MILLE
**11,6 s à 183 km/h**

| | |
|---|---|
| Prix : | 29 538 $ |
| Garantie : | 1 an/kilométrage illimité |
| Couleur : | argent Sterling et noir, aluminium |

## Technique

Preuve qu'elle rompt avec la tradition, la V-Rod ne partage que quelques rares pièces avec le reste de la gamme Harley-Davidson, comme les étriers de freins ou les commandes aux mains. Il s'agit de la première Harley construite en mesure métrique (millimètre) plutôt qu'anglaise (pouce), un fait qui témoigne de ses ambitions mondiales et non américaines seulement. La mécanique utilisée est une version routière du V-Twin qui propulsait la VR1000 Superbike : 1 130 cc, V à 60 degrés, double arbre à cames en tête, 4 soupapes par cylindre, balancier, injection électronique de carburant, etc. Sa grosse boîte à air loge sous le faux réservoir alors que l'essence se trouve dans une nacelle en matière plastique sous la selle. Le radiateur, quant à lui, est brillamment caché sous un carénage.

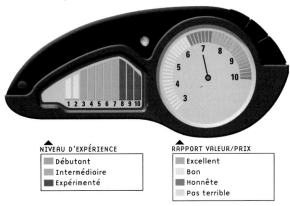

NIVEAU D'EXPÉRIENCE
- Débutant
- Intermédiaire
- Expérimenté

RAPPORT VALEUR/PRIX
- Excellent
- Bon
- Honnête
- Pas terrible

## « Oser et réussir... »

## Conclusion

Bien qu'elle ait pu semer le doute et la consternation dans l'esprit d'un ou deux puristes, la V-Rod n'est rien de moins qu'un succès retentissant pour Harley-Davidson. Non seulement a-t-elle su, par son design extraordinairement élégant et osé, capter l'attention du monde entier, elle a également réussi à ouvrir un éventail démographique d'acheteurs infiniment plus varié que le professionnel aisé dans la cinquantaine qui se voulait jusque-là l'acheteur typique d'une Harley. Tous ensemble : bravo à Harley-Davidson pour avoir osé, et réussi.

QUOI DE NEUF EN 2003 ?

- **Identifications « 100e anniversaire »**
- **Arrivée d'une option de couleur (peinture deux tons « 100e anniversaire »)**
- **Système de sécurité désormais livrée de série**
- **Coûte 2 539 $ de plus qu'en 2002**

PAS MAL

BOF

- **Une ligne absolument unique, qualifiée d'éblouissante par tous, y compris les « anti-customs »**
- **Des performances de sportives permises par un moteur de sportive, et même une excellente souplesse**
- **Un châssis long et bas extrêmement solide qui favorise les départs explosifs et élimine le terme « instabilité »**

- **C'était déjà cher en 2002, à 2 500 $ de plus en 2003, c'est maintenant ben cher. Et ils les vendent toutes quand même…**
- **Un caractère moteur presque inexistant par rapport à la profonde et traditionnelle cadence d'un Twin Cam 88**
- **Une selle moyenne (horrible pour le passager), une suspension arrière dure et une direction un peu étrange**

# Harley-Davidson
## Dyna Super Glide, Sport et T-Sport

SUPER GLIDE SPORT

SUPER GLIDE T-SPORT

| KG▸ 277-281 | CH▸ 60 | $▸ 19 799 À 24 799 |
| --- | --- | --- |

L'une se vante d'être la grosse Harley-Davidson la moins chère, l'autre n'annonce rien de moins que des compétences sportives, et la dernière raconte qu'elle aime bien voyager léger. Elles sont respectivement les Super Glide, Super Glide Sport et Super Glide T-Sport, trois américaines apparemment bien distinctes ; et pourtant, dans les faits, il s'agit plutôt du même plat différemment assaisonné. Exception faite des diverses altérations cosmétiques, dont différentes identifications attestant qu'il s'agit bien d'éditions « 100e anniversaire », très peu de choses bougent en 2003. Notons que la jolie mais dispendieuse option (environ 1 500 $) de la peinture spéciale deux tons n'est disponible sur aucun de ces modèles.

# Vocations diverses...

**B**ien qu'elle puisse être uniquement perçue comme une manière facile de produire des modèles différents, cette façon d'utiliser une base commune pour créer une famille entière de customs a également ses mérites. Comme dans le cas de ce trio de Super Glide, puisqu'on a quand même affaire à des motos qui s'adressent à différents types d'acheteurs. La Super Glide de base, par exemple, se distingue par un prix qui est aisément le plus bas chez les Harley à moteur 1450. D'accord, à près de 20 000 $, ça reste cher, surtout pour une machine n'offrant pas le standard élevé de finition habituellement retrouvé chez les grosses américaines. Mais il n'en reste pas moins que la barre des 20 000 $ est aujourd'hui presque atteinte par plusieurs customs japonaises de haut de gamme. La Harley-Davidson étant perçue comme l'achat ultime par énormément d'amateurs, la raison pour laquelle ces japonaises ne trouvent pas facilement preneur devient évidente : on se dit que tant qu'à être rendu à ce niveau de prix, pourquoi pas, alors, carrément envisager une Dyna. Et le raisonnement n'a rien de fourchu, au

contraire, car une Harley, c'est pas pareil! Bien que nous nous plaisions bien à répéter l'expression avec un sourire en coin, il est vrai que certaines des expériences offertes par le célèbre constructeur n'ont rien de commun. Il y a d'abord le facteur social, puisque, et c'est un fait, on ne se fait pas regarder de la même façon lorsqu'on possède une Harley-Davidson. Et puis il y a le concret, le palpable, donc tout ce que la mécanique très particulière de ces engins apporte comme expérience de pilotage, et ce, surtout dans le cas des Dyna. Les textes des Wide Glide et Low Rider expliquent le phénomène plus en détail.

Quant aux variantes Sport et T-Sport de la Super Glide, elles se distinguent non seulement par leur finition considérablement plus élevée, mais aussi par leur vocation : alors que la Sport se veut davantage une custom typique, n'ayant rien de très particulier en dehors de son look et de ses suspensions ajustables, la T-Sport ajoute au même ensemble une selle et une position de conduite plus confortable, une certaine protection au vent et même des valises latérales pratiques, bref de quoi la rendre apte à de longues randonnées, ce que les deux autres ne sont pas réellement.

| | |
|---|---|
| Catégorie : | Custom |

## MOTEUR

| | |
|---|---|
| Type/refroidissement : | bicylindre en V/air |
| Cylindrée : | 1 450 cc |
| Alésage et course : | 95,2 mm x 101,6 mm |
| Puissance : | 60 ch @ 5 500 tr/min (à la roue) |
| Couple : | 82 lb/pi @ 3 500 tr/min |
| Boîte de vitesses : | 5 rapports |
| Transmission finale : | par courroie |

## PARTIE CYCLE

| | |
|---|---|
| Type de cadre : | double berceau, en acier |
| Suspension avant : | fourche conventionnelle de 39 mm ajustable en précharge, compression et détente (non-ajustable) |
| Suspension arrière : | 2 amortisseurs réglables en (précharge), compression et détente |
| Freinage avant : | 2 (1) disques de 292 mm de ø avec étriers à 4 pistons |
| Freinage arrière : | disque simple de 292 mm de ø |
| Pneus avant/arrière : | 100/90-19 & 150/90 HB16 |
| Empattement : | 1 604 (1 587) mm |
| Hauteur du siège : | 692 (673) mm |
| Poids à vide : | 281 (277) kg |
| Réservoir de carburant : | 18,5 litres |

## PERFORMANCES

| | |
|---|---|
| Révolution à 100 km/h : | environ 2 800 tr/min |
| Consommation moyenne : | 5,5 l/100 km |

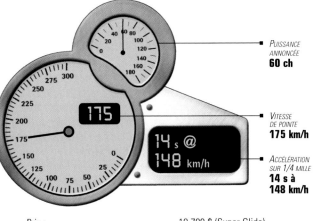

PUISSANCE ANNONCÉE
**60 ch**

VITESSE DE POINTE
**175 km/h**

ACCÉLÉRATION SUR 1/4 MILLE
**14 s à 148 km/h**

| | |
|---|---|
| Prix : | 19 799 $ (Super Glide)<br>22 999 $ (Super Glide Sport)<br>24 799 $ (Super Glide T-Sport) |
| Garantie : | 1 an/kilométrage illimité |
| Couleur : | noir, perle, bleu, rouge, blanc |

## Technique

L'une des intéressantes particularités des Dyna Super Glide Sport et T-Sport est qu'elles disposent de suspensions entièrement ajustables aux deux extrémités, ce qu'on ne retrouve que chez très peu de customs. En plus, la Sport bénéficie de pneus plus tendres et sportifs, ce qui lui permet de se montrer au moins décente en virage. La Super Glide de base est essentiellement une Sport qu'on n'a pas équipée de suspensions réglables, à laquelle on a enlevé un disque de frein à l'avant et dont la finition est considérablement moins poussée. Entre autres, son moteur n'est pas peint du tout. Tous les trois modèles partagent la même mécanique de 1 450 cc refroidie par air dans sa version non balancée, et le même cadre à supports souples qui fait la particularité des Dyna.

| NIVEAU D'EXPÉRIENCE | RAPPORT VALEUR/PRIX |
|---|---|
| ■ Débutant | ■ Excellent |
| ■ Intermédiaire | ■ Bon |
| ■ Expérimenté | ■ Honnête |
| | ■ Pas terrible |

### « Cœurs de rockers... »

## Conclusion

Qu'on opte pour la version « économique » ou pour l'une des deux autres, le plus grand attrait de ces Super Glide reste hors de tout doute la charmante et charismatique mécanique qui les animent, ce qui peut d'ailleurs être dit pour chacune des autres Dyna. Les autres aspects du comportement sont plutôt ordinaires, sans toutefois que cela doive être perçu de façon négative. Les récentes Harley ont fait des progrès considérables au niveau de la fonctionnalité et de l'agrément de conduite, et celles-ci en sont un bon exemple.

QUOI DE NEUF EN 2003 ?

- **Nouveaux miroirs**
- **Identifications « 100e anniversaire »**
- **Silencieux désormais chromé sur la Sport**
- **Finition chrome et noir plus traditionnelle sur la T-Sport**
- **Coûtent 940 $ (de base), 1 030$ (Sport) et 1 210 $ (T-Sport) de plus qu'en 2002**

PAS MAL     BOF

- **Un prix relativement intéressant dans le cas de la Super Glide : une grosse Harley pas bien plus chère qu'une custom japonaise**
- **Une mécanique absolument charmante, qui bouge et qui parle comme si elle était vivante**
- **Un rare mais authentique côté pratique dans le cas de la T-Sport, qui n'est pas totalement dépaysée sur long trajet**

- **Des prix toujours prohibitifs pour le commun des mortels, malgré l'effort fait pour la Super Glide**
- **Un confort très relatif sur la Sport en raison d'une position de conduite peu naturelle et d'une selle qui devient vite douloureuse**
- **Une ligne qui est loin de faire l'unanimité dans le cas de la T-Sport**

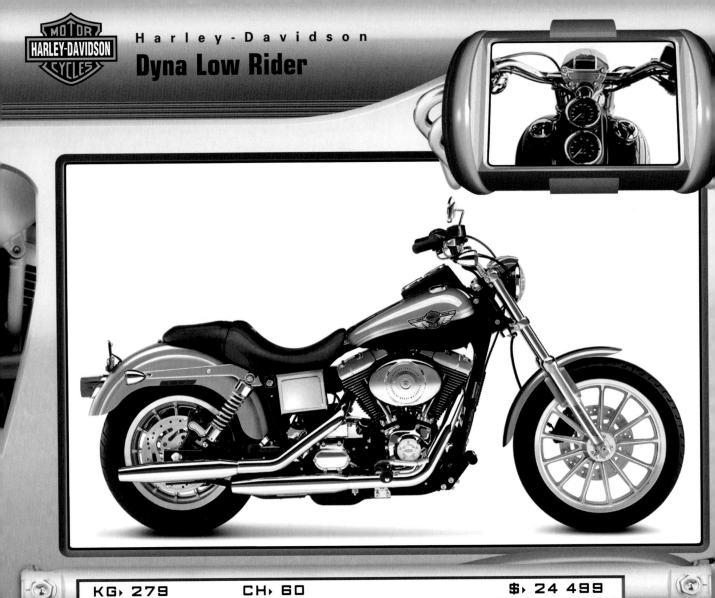

# Harley-Davidson
## Dyna Low Rider

| KG▸ 279 | CH▸ 60 | $▸ 24 499 |
| --- | --- | --- |

L'une des cinq variantes élaborées autour du châssis Dyna, la Low Rider représente d'une certaine manière l'enfant moyen de la famille, celui dont les traits rappellent un peu tous les autres membres. Certainement moins extravagante que la Wide Glide, plus modérée que l'agressive Super Glide Sport et moins polyvalente que la T-Sport, elle incarne la Dyna « Low Profile ». Littéralement, d'ailleurs, puisqu'il s'agit du modèle offrant la selle la plus basse de sa famille. Bien que peu nombreuses, ses récentes évolutions restent passablement significatives puisqu'elles incluent l'adoption d'une toute nouvelle mécanique en 1999, et une révision complète du système de freinage en 2000.

## Profil bas...

Comme toutes les Harley 2003, diverses identifications indiquant le centenaire d'existence du manufacturier ornent la Dyna Low Rider. Ceux qui désireraient pousser les festivités encore plus loin n'ont qu'à sortir leur chéquier : pour un maigre 1 500 $ de plus que les 24 499 $ de départ, on vous la livrera en version deux tons « anniversaire ». Si le résultat est effectivement fort attrayant (il s'agit d'une peinture que Harley-Davidson a apparemment mis trois ans à développer), ça fait quand même cher pour de la couleur... De retour sur terre, toutefois, la Low Rider 2003 reste essentiellement un « remake » de la version 2002. Ce que nous serons les derniers à regretter puisque, à l'exception d'un niveau de confort limité par une suspension arrière assez sèche sur route abîmée, par une position de conduite pas très naturelle à long terme et par une grande exposition au vent, la Low Rider n'est pas une expérience déplaisante du tout.

En fait, s'il en est ainsi, c'est surtout parce que le traditionnel V-Twin qui l'anime est absolument exquis. Nous nous plaisons à le décrire comme étant le plus franc et le plus agréable de l'univers custom. Des mots forts, tous pesés. Au-delà de ses performances honnêtes, de son excellente souplesse et de sa carburation sans faille, c'est la façon avec laquelle ce moteur communique au pilote les allées et venues de ses divers organes internes qui reste incomparable, même chez Harley. Les Dyna utilisent en effet un système de supports moteurs souples qui ne laissent passer qu'une quantité bien déterminée de vibrations. Il en résulte un tremblement puissant et totalement irrésistible à bas régimes, qui se calme toutefois à mesure que les tours grimpent, pour éventuellement ne devenir qu'un profond vrombissement aux vitesses d'autoroute. Ajoutez à cela une musique purement américaine, elle aussi exclusive à Harley (surtout avec un système d'échappement légèrement plus bavard que celui d'origine), et les larmes vous viennent presque aux yeux...

Sans qu'elle soit affligée de défauts flagrants, La Dyna Low Rider ne brille cependant pas autant au chapitre du comportement routier. En gros, il s'agit d'une custom stable et sans surprise, dont le poids élevé se fait sentir surtout à l'arrêt, mais que la selle basse aide à camoufler. Sa direction est relativement légère, mais réagit lentement, et ses freins sont honnêtes, sans plus.

Catégorie : Custom

## MOTEUR

| | |
|---|---|
| Type/refroidissement : | bicylindre en V/air |
| Cylindrée : | 1 450 cc |
| Alésage et course : | 95,2 mm x 101,6 mm |
| Puissance : | 60 ch @ 5 500 tr/min (à la roue) |
| Couple : | 82 lb/pi @ 3 500 tr/min |
| Boîte de vitesses : | 5 rapports |
| Transmission finale : | par courroie |

## PARTIE CYCLE

| | |
|---|---|
| Type de cadre : | double berceau en acier |
| Suspension avant : | fourche conventionnelle de 39 mm non-ajustable |
| Suspension arrière : | 2 amortisseurs réglables en précharge |
| Freinage avant : | 1 disque de 292 mm de ø avec étrier à 4 pistons |
| Freinage arrière : | disque simple de 292 mm de ø |
| Pneus avant/arrière : | 100/90-19 & 130/90 HB16 |
| Empattement : | 1 663 mm |
| Hauteur du siège : | 665 mm |
| Poids à vide : | 279 kg |
| Réservoir de carburant : | 18,5 litres |

## PERFORMANCES

| | |
|---|---|
| Révolution à 100 km/h : | environ 2 800 tr/min |
| Consommation moyenne : | 5,5 l/100 km |

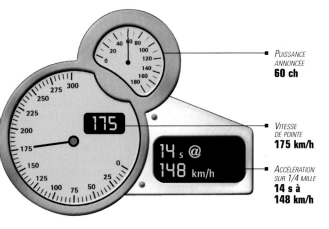

PUISSANCE ANNONCÉE
**60 ch**

VITESSE DE POINTE
**175 km/h**

ACCÉLÉRATION SUR 1/4 MILLE
**14 s à 148 km/h**

| | |
|---|---|
| Prix : | 24 499 $ |
| Garantie : | 1 an/kilométrage illimité |
| Couleur : | argent Sterling et noir, noir, perle, bleu, rouge, blanc |

## Technique

D'un point de vue technique, à l'exception des quelques composantes créant son style particulier, la Low Rider est très proche des autres modèles de la famille Dyna. Son cadre, toutefois, n'est partagé qu'avec la Wide Glide puisqu'il possède un angle de colonne de direction de 32 degrés, alors que dans le cas des trois Super Glide, cet angle est de 28 degrés. La mécanique est exactement la même sur tous les modèles de la famille. Parmi les ingrédients clés qui donnent à ce gros V-Twin refroidi par air de 1 450 cc son rythme « Harley-Davidson », on note un angle ouvert à 45 degrés, un mécanisme d'ouverture de ses deux soupapes par cylindre par « push rods », et un vilebrequin du type à simple maneton qui fait monter et descendre les deux pistons simultanément.

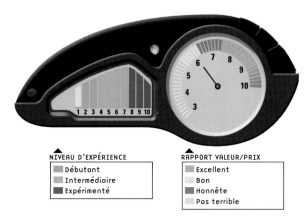

| NIVEAU D'EXPÉRIENCE | RAPPORT VALEUR/PRIX |
|---|---|
| Débutant | Excellent |
| Intermédiaire | Bon |
| Expérimenté | Honnête |
| | Pas terrible |

## « Le TC88 semble presque vivant... »

## Conclusion

Lorsqu'il est installé dans un châssis Dyna, le gros V-Twin américain dégage une telle présence mécanique qu'on se demande presque s'il pompe du sang plutôt que de l'huile. Ce moteur et son caractère sont sans l'ombre d'un doute de l'attraction principale de la Low Rider qui, pour ce qui est du reste de la conduite, s'avère relativement bien maniérée, mais sans impressionner outre mesure. Elle est chère, et même très chère, mais elle livre indéniablement quelque chose de spécial.

QUOI DE NEUF EN 2003 ?

- **Nouveaux miroirs**
- **Identifications « 100e anniversaire »**
- **Coûte 1 060 $ de plus qu'en 2002**

PAS MAL · BOF

- **Un V-Twin qui livre l'expérience la plus prenante de l'univers custom, bonnes performances en prime**
- **Une ligne agréablement subtile tout en demeurant indéniablement américaine, et une finition exemplaire**
- **Un comportement routier sans qualités extraordinaires, mais quand même solide et relativement facile d'accès**

- **Un prix illogique qui n'a pour but que de positionner les produits américains au-dessus du lot**
- **Une suspension arrière plutôt ferme dont le faible débattement se traduit par une conduite rude sur pavé abîmé**
- **Une position de conduite modérée, mais pas très naturelle, et des freins adéquats, sans plus**

# HARLEY-DAVIDSON

## Dyna Wide Glide

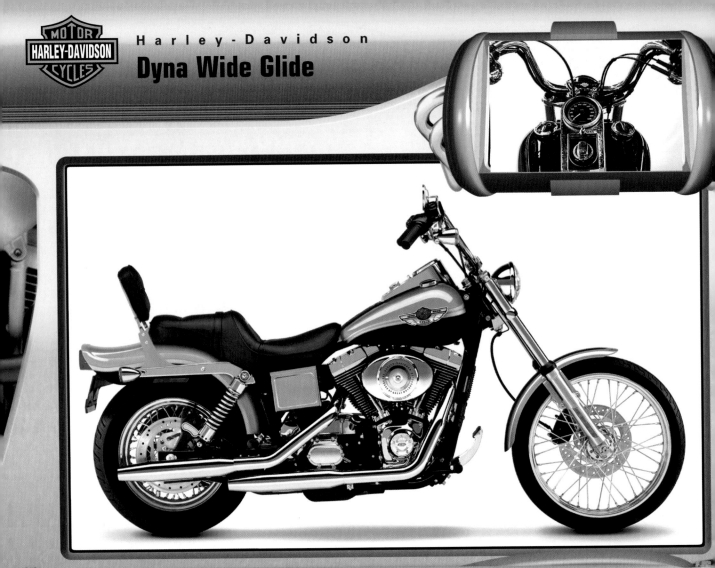

| KG ▸ 277 | CH ▸ 60 | $ ▸ 26 299 |

Chaque famille de la gamme Harley-Davidson est élaborée autour d'une plateforme commune que le constructeur apprête à diverses saveurs afin de créer les différents modèles des familles. C'est d'ailleurs ce qui cause autant de confusion chez les non-initiés qui ont la juste impression de regarder un tas de motos qui se ressemblent. Pour créer la Wide Glide, l'une des cinq variantes de la plateforme Dyna, Harley a utilisé un thème tournant autour de la délinquance, de la rébellion et même de l'arrogance. Pour 2003, le « Chopper » de service de la gamme américaine est offert en version 100e anniversaire, comme toutes les autres Harley-Davidson.

# Wild Glide...

Compte tenu de l'image déjà rebelle projetée essentiellement par tout ce que produit le géant américain, on comprend que la création d'une Harley plus rebelle que toutes ait demandé des mesures extrêmes. Pour se démarquer du reste de la gamme, la Wide Glide exhibe par exemple un train avant qui défie presque les lois de la physique, particulièrement au niveau du grand mais très mince pneu avant de 21 pouces ; un pneu de vélo de montagne est probablement plus large... L'image extrême de la Wide Glide est également créée par son guidon très haut qui place les mains presque à la hauteur du visage. La pose explique pourquoi, dans le milieu, ce genre de guidon est appelé « Ape Hanger », ou support à singe... Et enfin, des repose-pieds très avancés dictent une position de conduite définitivement extrême.

Sous ce thème tout à fait réussi de rébellion et de non-conformisme se trouve toutefois l'un des ensembles châssis-moteur les plus exquis chez Harley-Davidson, une combinaison plus communément appelé « Dyna ». La partie cycle n'est pas la plus raffinée qui soit puisqu'elle se montre bien

plus à l'aise en ligne droite, où sa stabilité n'est jamais dérangée, que dans une série de virages où on la sent clairement nous raconter que la modération a bien meilleur goût. Les freins disposent d'une puissance adéquate, sans plus, mais le contact réduit du pneu avant réclame une certaine attention lors des ralentissements sévères, ou sur chaussée mouillée. Ne tenez pas compte de ce dernier point, nous oubliions que personne ne roule une Harley sous la pluie...

Le caractère charmeur de la plateforme Dyna ne vient pas non plus de son niveau de confort. Les mains en l'air, à la manière d'un Dalton devant Lucky Lucke, les pieds loin devant, on n'a pas exactement la posture idéale pour parcourir des bonnes distances, pas plus que pour absorber ce que la suspension arrière plutôt sèche a laissé passé.

En fait, le charme de la Wide Glide provient surtout de l'irrésistible façon avec laquelle son V-Twin vous chante la pomme. Vibrant abondamment, mais jamais trop, vrombissant tout juste avec la bonne note, on ne se lasse jamais de l'écouter. En bonus, ses performances sont agréables puisqu'il tire comme un tracteur à très bas régimes et qu'il procure des accélérations satisfaisantes.

| | |
|---|---|
| Catégorie : | Custom |

## MOTEUR

| | |
|---|---|
| Type/refroidissement : | bicylindre en V/air |
| Cylindrée : | 1 450 cc |
| Alésage et course : | 95,2 mm x 101,6 mm |
| Puissance : | 60 ch @ 5 500 tr/min (à la roue) |
| Couple : | 82 lb/pi @ 3 500 tr/min |
| Boîte de vitesses : | 5 rapports |
| Transmission finale : | par courroie |

## PARTIE CYCLE

| | |
|---|---|
| Type de cadre : | double berceau, en acier |
| Suspension avant : | fourche conventionnelle de 41 mm non-ajustable |
| Suspension arrière : | 2 amortisseurs réglables en précharge |
| Freinage avant : | 1 disque de 292 mm de ø avec étrier à 4 pistons |
| Freinage arrière : | disque simple de 292 mm de ø |
| Pneus avant/arrière : | MH90-21 & 130/90 HB16 |
| Empattement : | 1 679 mm |
| Hauteur du siège : | 680 mm |
| Poids à vide : | 277 kg |
| Réservoir de carburant : | 19,8 litres |

## PERFORMANCES

| | |
|---|---|
| Révolution à 100 km/h : | environ 2 800 tr/min |
| Consommation moyenne : | 5,5 l/100 km |

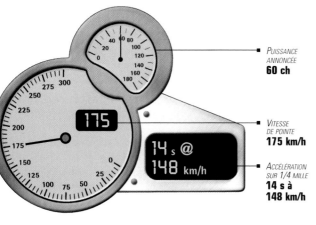

PUISSANCE ANNONCÉE
**60 ch**

VITESSE DE POINTE
**175 km/h**

ACCÉLÉRATION SUR 1/4 MILLE
**14 s à 148 km/h**

| | |
|---|---|
| Prix : | 26 299 $ |
| Garantie : | 1 an/kilométrage illimité |
| Couleur : | argent Sterling et noir, noir, perle, bleu, rouge, blanc |

## Technique

La particularité du châssis Dyna par rapport à ceux des familles de tourisme, des Softail ou encore des Sportster, est la façon avec laquelle il étreint son gros V-Twin de 1 450 cc; plutôt que de le fixer directement, on a choisi un système de supports souples en caoutchouc dont le rôle est d'amortir les vibrations avant qu'elles ne parviennent au pilote, en plus d'en contrôler la quantité et l'amplitude. Ainsi, lorsqu'on laisse une Dyna tourner au ralenti, on voit clairement sa mécanique bouger librement à l'intérieur du châssis au rythme des 2 gros pistons. À ce faible régime moteur, les pulsations sont si puissantes et distantes que tout le reste de la moto suit la cadence, bougeant presque autant que le V-Twin lui-même. Et croyez-le ou non, tout ça reste réellement très plaisant. Only in America !

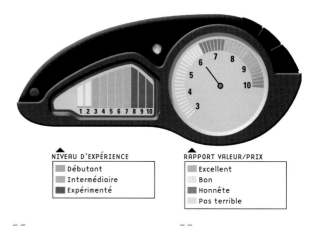

NIVEAU D'EXPÉRIENCE
- Débutant
- Intermédiaire
- Expérimenté

RAPPORT VALEUR/PRIX
- Excellent
- Bon
- Honnête
- Pas terrible

« *Pour les masochistes…* »

## Conclusion

On a beau être friand de l'expérience apportée par le superbe moteur Twin Cam 88 installé dans un châssis Dyna, une expérience que la Wide Glide livre de manière intégrale, il y a définitivement des façons moins drastiques d'en profiter. Reste que pour une certaine race d'individu, ce genre d'extrémisme représente l'essence de l'aventure de la moto. Au diable le confort et le pratique, clament-ils, à mort la moyenne, renchérissent-ils, et vive l'extravagance, concluent-ils. Ils sont ici chez eux.

QUOI DE NEUF EN 2003 ?

- **Nouveaux miroirs**
- **Identifications « 100e anniversaire »**
- **Pédale de frein et repose-pieds repositionnés**
- **Coûte 1 040 $ de plus qu'en 2002**

PAS MAL

- **Une mécanique au charme absolument irrésistible, qui tremble et qui gronde comme pas une**
- **Des performances décentes et une excellente souplesse dans les tours inférieurs**
- **Un style sans pareil, même chez Harley-Davidson, ce qui n'est pas peu dire**

BOF

- **Un prix non seulement très élevé, pour faire changement, mais aussi plus élevé que celui de toutes les autres Dyna, et ce, sans justification**
- **Un niveau de confort limité par une position de conduite volontairement exagérée et une suspension arrière occasionnellement sèche**
- **Un comportement routier sans qualité particulière dès que la route n'est plus droite**

# Harley-Davidson
# Sportster 1200, Custom et Sport

1200 CUSTOM

1200 SPORT

**KG▸ 228-234     CH▸ 68          $▸ 13 699 À 15 299**

Au sein du catalogue Harley-Davidson, les Sportster 1200 représentent le haut de gamme de cette famille bas de gamme que sont les Sportster, famille dont font aussi partie les différentes variantes du modèle 883. Exception faite des diverses identifications cosmétiques faisant des versions 2003 des éditions « 100ᵉ anniversaire », les trois différentes livrées de la 1200 reviennent inchangées encore cette année. Il s'agit des uniques modèles n'ayant toujours pas été revus de la gamme américaine. Cette révision ne saurait toutefois pas être éternellement remise puisque les Sportster sont aujourd'hui parmi les modèles les plus archaïques de l'industrie, ayant été introduits en 1957.

# Figées dans le temps...

Trois variantes de la Sportster 1200 sont offertes par Harley-Davidson : une version de base, une version Sport et une Custom, en ordre croissant de prix. Alors que la première, la plus dénudée, se distingue par une ligne et une position de conduite qui s'apparentent à celles d'une standard, la seconde se veut la plus agressive du trio grâce à son allure plus sérieuse, à sa mécanique légèrement plus performante et à ses suspensions entièrement ajustables. Quant à la troisième, elle cherche à se rapprocher plus que les autres du thème « custom » contemporain en avançant ses repose-pieds, et en utilisant une plus grande roue avant.

Malgré l'âge avancé de leur concept, l'un des points forts des Sportster 1200 demeure leurs performances facilement plus élevées que la moyenne chez les customs poids lourd. Grâce à quelques modifications, le V-Twin de la Sport lui permet d'être un peu plus rapide dans toutes les situations. Malgré son évidente rusticité, la mécanique des Sportster se révèle tout de même souple et coopérante dans les tours inférieurs, tandis que la partie supérieure de la plage de régimes réserve même des performances

étonnantes. Mais les hauts régimes amènent malheureusement avec eux des vibrations suffisamment intenses qu'on préfère autant que possible s'en tenir loin.

Les différentes versions offrent une tenue de route plutôt saine, caractérisée par une stabilité en ligne droite sans reproche et un comportement relativement sûr en virage, du moins tant que la route n'est pas trop endommagée. L'effort requis pour les mettre en angle est toutefois élevé. Grâce à ses suspensions ajustables et ses pneus sportifs, la Sport se démarque clairement à ce chapitre, permettant même un rythme surprenant sur une route sinueuse. Le contraire est vrai pour la Custom, en raison de la nature de sa position de conduite et de sa garde au sol réduite. Les freins travaillent correctement, surtout sur la Sport, mais ils requièrent une bonne poigne.

Le côté le moins plaisant des Sportster 1200 est leur faible niveau de confort. On note surtout les suspensions sèches, particulièrement à l'arrière et même sur la Sport, et, encore une fois, le niveau vraiment agaçant de vibrations provenant de la mécanique. À l'exception de la Custom, dont la position de conduite concentre le poids du pilote sur son postérieur, les autres versions sont raisonnables à ce chapitre, bien que pas très naturelles.

| | |
|---|---|
| Catégorie : | Custom |

## MOTEUR

| | |
|---|---|
| Type/refroidissement : | bicylindre en V/air |
| Cylindrée : | 1 200 cc |
| Alésage et course : | 88,8 mm x 96,8 mm |
| Puissance : | 68 ch @ 6 000 tr/min |
| Couple : | 71 (Sport : 78) lb/pi @ 4 000 tr/min |
| Boîte de vitesses : | 5 rapports |
| Transmission finale : | par courroie |

## PARTIE CYCLE

| | |
|---|---|
| Type de cadre : | double berceau, en acier |
| Suspension avant : | fourche conventionnelle de 41 mm non-ajustable (Sport : réglable en précharge, compression et détente) |
| Suspension arrière : | 2 amortisseurs réglables en précharge (Sport: compression et détente) |
| Freinage avant : | 1 (Sport : 2) disque de 292 mm de ø avec étrier à 4 pistons |
| Freinage arrière : | disque simple de 292 mm de ø |
| Pneus avant/arrière : | 100/90-19 (Custom : MH90-21) / 130/90 HB16 |
| Empattement : | 1 524 mm (Sport:1529) |
| Hauteur du siège : | 733 (Sport : 710, Custom: 700) mm |
| Poids à vide : | 228 (Custom : 234) kg |
| Réservoir de carburant : | 12,5 (Custom : 16,7) litres |

## PERFORMANCES

| | |
|---|---|
| Révolution à 100 km/h : | environ 3 000 tr/min |
| Consommation moyenne : | 5,2 l/100 km |

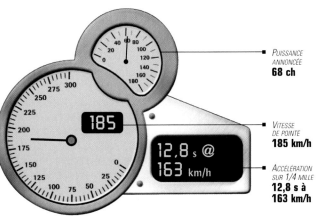

PUISSANCE ANNONCÉE
**68 ch**

VITESSE DE POINTE
**185 km/h**

ACCÉLÉRATION SUR 1/4 MILLE
**12,8 s à 163 km/h**

| | |
|---|---|
| Prix : | 13 699 $ (1200), 14 449 $ (Sport) 15 299 $ (Custom) |
| Garantie : | 1 an/kilométrage illimité |
| Couleur : | argent Sterling et noir, noir, perle, bleu, rouge, blanc |

## Technique

C'est en raison de l'absence complète de technologie récente et d'un amortissement d'outillage littéralement étalé sur des décennies que les prix des grosses Sportster peuvent demeurer compétitifs face à ceux des customs japonaises de cylindrée semblable. La plateforme est pratiquement la même pour les trois modèles et consiste en une version 1200 cc du moteur Evolution qu'on a installé de manière rigide dans un cadre en acier relativement simple de type à double berceau. La Sport est la moins primitive des trois grâce à ses suspensions ajustables. Sa mécanique est légèrement plus puissante grâce à un taux de compression plus élevé et à l'utilisation de 2 bougies par cylindre. À l'exception de différences esthétiques et d'une cylindrée supérieure, les Sportster 1200 sont de très proches parentes des 883.

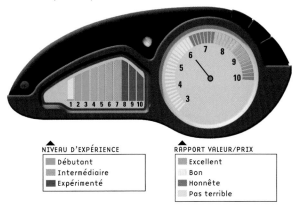

NIVEAU D'EXPÉRIENCE
- Débutant
- Intermédiaire
- Expérimenté

RAPPORT VALEUR/PRIX
- Excellent
- Bon
- Honnête
- Pas terrible

## « Les moins indésirables des indésirables... »

## Conclusion

À peine plus désirables que les 883 en raison de leurs meilleures performances, les Sportster 1200 n'en sont pas moins dépassées sur le marché actuel, et restent donc aussi peu recommandables. Il en sera ainsi jusqu'à ce que Harley-Davidson se décide enfin à les moderniser, ne serait-ce qu'en réglant les problèmes des vibrations excessives, du style inexistant et des positions de conduite curieuses. Si les prix pouvaient rester où ils sont aujourd'hui, on parlerait alors d'aubaines en bonne et due forme.

QUOI DE NEUF EN 2003 ?

- **Identifications « 100e anniversaire »**
- **Nouveaux miroirs**
- **Système d'échappement chromé sur la Sport**
- **Coûtent entre 680 $ et 760 $ de plus qu'en 2002**

PAS MAL

BOF

- **Une custom poids lourd aux performances étonnantes et aisément supérieures à la moyenne**
- **Un V-Twin techniquement rudimentaire, mais bourré d'un charme simple et primitif**
- **Une version Sport aux équipements intéressants et au comportement moins banal**

- **Un V-Twin qui vibre tellement qu'on préfère ne pas profiter de ses bonnes performances**
- **Des prix relativement peu élevés, mais derrière lesquels se cachent des montures archaïques**
- **Un confort précaire amené par des vibrations élevées, des suspensions dures et des positions étranges**

# Harley-Davidson
# Sportser 883, 883R, Hugger et Custom

883R

SPORTSER 883

KG▸ 220-245    CH▸ 52    $▸ 9 999 À 11 499

Déçus de ne pas voir une nouvelle Sportster en 2003 ? Nous aussi. Et pourtant, quand on y pense, il y a une certaine logique à ce que Harley-Davidson n'en présente pas tout de suite une version modernisée, et ce, même si tout indique que cette dernière existe. En effet, sous prétexte qu'il s'agit cette année de divines éditions centenaires, chaque variante de l'archaïque Sportster actuelle trouvera preneur sans la moindre difficulté. Même qu'on battra tous les records de production pour l'occasion. Donc, pourquoi, inaugurer un nouveau modèle si l'ancien peut encore rapporter gros ? Allez, qu'on presse le citron jusqu'à la dernière goutte, et qu'on passe à autre chose.

## Citron pressé...

Le fait qu'on puisse se permettre ce genre de manège, soit retenir la sortie d'un nouveau modèle le temps de faire un dernier bon coup avec une version en fin de carrière, est une autre démonstration que Harley-Davidson se trouve essentiellement dans un univers parallèle à celui du reste de l'industrie de la moto, un univers où le géant américain fait sa propre loi. Car dans le cas de n'importe quelle autre marque, une telle décision se serait tout simplement soldée par des ventes données sur un plateau d'argent à la concurrence. Qui plus est, la Sportster 883 ou ses variantes Custom (les pieds devant, plus de chrome, grande roue avant), Hugger (plus basse) et « R » (hommage aux XR750 de course sur terre battue), n'est pas tout à fait, disons, au sommet de son art. D'ailleurs, s'il ne s'agissait pas d'une Harley, il y a au moins 20 ans que le modèle aurait disparu.

Ceci dit, les Sportster 883 ne sont pas entièrement sans agrément. D'abord, elles semblent immanquablement emplir leur propriétaire d'une intense fierté, celle de faire désormais partie de la légende pour relativement peu de frais.

Mais le principal agrément apporté par les petites Sportster a surtout trait à leur mécanique, un V-Twin rustique, il est vrai, mais aussi plein de caractère. Peu puissant, mais raisonnablement coopératif dans les tours inférieurs, il se démarque par sa cadence lourde et ses pulsations bien distinctes. Ironiquement, l'un des pires défauts des Sportster est la quantité de vibrations que génère cette mécanique. À la rigueur tolérables si le temps passé en selle est court et que les régimes sont gardés bas, ces vibrations viennent mettre fin au plaisir d'une randonnée avant tout autre facteur, que ce soit l'exposition au vent ou la rudesse des suspensions.

La partie cycle des Sportster étant relativement solide, toutes les versions offrent un comportement routier décent, démontrant des manières correctes et sans surprise en virage, ainsi qu'une bonne stabilité en ligne droite, et un freinage adéquat, mais l'effort nécessaire à la direction pour initier un virage est élevé. À l'exception de la Custom qui concentre le poids du pilote sur son fessier, les autres positions de conduite sont du genre assises et ne causent pas trop d'inconfort. On les sent toutefois bizarres et pas au goût du jour.

| | |
|---|---|
| Catégorie : | Custom |

## MOTEUR

| | |
|---|---|
| Type/refroidissement : | bicylindre en V/air |
| Cylindrée : | 883 cc |
| Alésage et course : | 76,2 mm x 96,8 mm |
| Puissance : | 52 ch |
| Couple : | 50 lb/pi @ 4 500 tr/min |
| Boîte de vitesses : | 5 rapports |
| Transmission finale : | par courroie |

## PARTIE CYCLE

| | |
|---|---|
| Type de cadre : | double berceau, en acier |
| Suspension avant : | fourche conventionnelle de 39 mm non-ajustable |
| Suspension arrière : | 2 amortisseurs réglables en précharge |
| Freinage avant : | 1 (R : 2) disque de 292 mm de ø avec étrier à 4 pistons |
| Freinage arrière : | disque simple de 292 mm de ø |
| Pneus avant/arrière : | 100/90-19 (Custom : 21) & 130/90 HB16 |
| Empattement : | 1 524 (Hugger : 1 498) mm |
| Hauteur du siège : | 711 (Hugger : 689, Custom: 700) mm |
| Poids à vide : | 222 (Hugger : 220, R : 245) kg |
| Réservoir de carburant : | 12,5 (Custom : 16,7) litres |

## PERFORMANCES

| | |
|---|---|
| Révolution à 100 km/h : | environ 3 100 tr/min |
| Consommation moyenne : | 5,0 l/100 km |

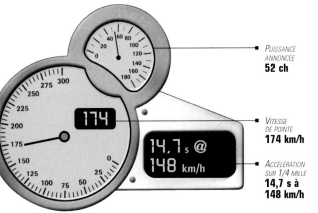

*Puissance annoncée*
**52 ch**

*Vitesse de pointe*
**174 km/h**

*Accélération sur 1/4 mille*
**14,7 s à 148 km/h**

| | |
|---|---|
| Prix : | 9 999 $ (883), 10 499 $ (Hugger) 11 099 $ (883R), 11 499 $ (Custom) |
| Garantie : | 1 an/kilométrage illimité |
| Couleur : | argent Sterling et noir (Custom) noir, perle, bleu, rouge, blanc, orange (883R) |

## Technique

À l'exception d'améliorations légères et de l'adoption de la mécanique Evolution vers le milieu des années 80, les Sportster 2003 sont essentiellement construites selon un design inauguré en 1957, et sont donc parmi les modèles les plus primitifs, d'un point de vue technique, qu'on puisse trouver sur le marché de la moto neuve. Elles sont propulsées par un V-Twin à 45 degrés de 883 cc, refroidi par air et utilisant toujours un système de « pushrods » pour ouvrir ses deux soupapes par cylindre. Comme sur toutes les Harley, la transmission n'est pas intégrée aux carters moteurs, mais réside plutôt dans une unité séparée, derrière le moteur, un peu à la manière automobile. Elle dispose de 5 rapports et a la particularité de placer son pignon de sortie du côté droit de la moto.

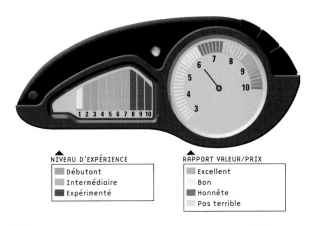

NIVEAU D'EXPÉRIENCE
- Débutant
- Intermédiaire
- Expérimenté

RAPPORT VALEUR/PRIX
- Excellent
- Bon
- Honnête
- Pas terrible

« *Encore au moyen-âge mécanique...* »

## Conclusion

Les Sportster 883 sont les montures de ceux qui ne peuvent se payer autre chose chez Harley, mais qui n'entendent rouler rien d'autre qu'une Harley. Outre le nom magique inscrit sur leur réservoir, elles n'ont de bon à offrir qu'un caractère moteur authentique, vibrations en prime. En raison de leur appartenance à la marque convoitée et de leurs prix relativement peu élevés, il s'agit de modèles dont l'immense potentiel n'attend, pour être réalisé, que le géant américain les sorte enfin du moyen-âge mécanique.

QUOI DE NEUF EN 2003 ?

- **Nouveaux miroirs**
- **Coûtent 404 $ et 680 $ de plus qu'en 2002**

PAS MAL

BOF

- Un V-Twin purement américain autant dans sa prose que dans son rythme
- Une authentique Harley-Davidson neuve (c'est inscrit sur le réservoir!) pour moins de 10 000 $
- Un comportement routier stable et prévisible dans l'ensemble

- Un V-Twin qui vibre suffisamment pour vous engourdir de la tête au pied
- Une Harley-Davidson offrant une expérience qui n'a presque rien en commun avec les plus grosses Harley
- Des suspensions simplistes et durement calibrées qui vous martèlent le dos sur mauvais revêtement

## Honda
# Gold Wing

**KG› 363**      **CH› 118**                    **$› 26 799**

Personne ne pousse le concept du tourisme à moto plus loin que Honda. Essentiellement devenu le pionnier de ce genre d'activité avec ses premières générations de Gold Wing, le manufacturier est éventuellement arrivé à totalement dominer la catégorie lorsqu'il lança sa Wing à six cylindres, en 1988. S'il a fallu attendre treize ans pour le voir à nouveau hausser la mise, le résultat n'a pas déçu. Avec ses 1 800 cc passés et son châssis de machine de piste, la Gold Wing 2001 s'imposait non seulement comme la plus importante cylindrée de l'industrie, mais aussi comme un tour de force d'ingénierie. La version courante reste inchangée.

# Acura extrême...

Les motocyclistes peu familiers avec la conduite de ce genre de monstre sourient toujours de façon sceptique à l'idée qu'une telle masse puisse véritablement offrir un niveau intéressant de performance, et se mettent carrément à rire lorsqu'on leur parle de tenue de route. La vérité est qu'on ne peut les blâmer, puisque, à moins d'avoir fait l'expérience d'une Gold Wing de dernière génération, on ne peut tout simplement pas concevoir qu'un tel engin puisse être aussi bien manié. Mais il l'est. Évidemment, le confort est presque irréprochable : la position de conduite est idéale, la selle est superbe, la protection au vent est excellente, la mécanique est incroyablement douce etc. Même les suspensions, pourtant fermes, avalent tout sur leur passage. Quant au passager, il a probablement affaire à la monture la plus confortable sur le marché.

Par rapport au niveau de performances quand même honnête de la génération précédente, la 1500, la Gold Wing 1800 est simplement méconnaissable. En bref, ça pousse fort, très fort. Dès le ralenti, un torrent de puissance est à la portée du poignet droit. C'est assez pour faire patiner l'arrière sans provocation si la chaussée est le moindrement poussiéreuse, humide ou froide et, croyez-le ou non, assez pour éclipser une Valkyrie dans toutes les situations, ce qui n'est pas peu dire ! Le couple disponible à bas régimes est énorme, permettant des reprises superbes sans besoin de rétrograder. Mais garder les régimes bas serait se priver du meilleur, puisque la mécanique réserve un sérieux coup de pied au derrière vers 4 000 tr/min, et que la sonorité générée en pleine accélération est enivrante, rappelant beaucoup celle d'une Valkyrie.

La Gold Wing 1800 est aussi impressionnante au chapitre de la tenue de route qu'elle l'est au niveau des performances. La solidité de l'ensemble dans toutes les situations, même lorsqu'on exagère franchement, est stupéfiante, tout comme la facilité avec laquelle le mastodonte se pilote, d'ailleurs ; les manœuvres lentes et serrées sont la seule exception puisqu'elles demandent une bonne attention. En virage, la Gold Wing offre des niveaux de précision et d'assurance qui sont facilement à la hauteur de la BMW K1200LT, et donc excellents. Quant aux freinages, ils sont toujours puissants et sûrs, merci au système combiné avant-arrière sans cesse amélioré au fil des ans par Honda, ainsi qu'à un excellent système ABS.

| | |
|---|---|
| Catégorie : | Tourisme de luxe |

## MOTEUR

| | |
|---|---|
| Type/refroidissement : | 6-cylindres boxer/liquide |
| Cylindrée : | 1 832 cc |
| Alésage et course : | 74 mm x 71 mm |
| Puissance : | 118 ch @ 5 500 tr/min |
| Couple : | 125 lb/pi @ 4 000 tr/min |
| Boîte de vitesses : | 5 rapports (marche arrière électrique) |
| Transmission finale : | par arbre |

## PARTIE CYCLE

| | |
|---|---|
| Type de cadre : | périmétique en aluminium |
| Suspension avant : | fourche inversée de 45 mm non-ajustable |
| Suspension arrière : | monoamortisseur réglable en précharge |
| Freinage avant : | 2 disques de 296 mm de ø avec étriers à 3 pistons (ABS) |
| Freinage arrière : | disque simple de 316 mm de ø (ABS) |
| Pneus avant/arrière : | 130/70R-18 & 180/80R-16 |
| Empattement : | 1 692 mm |
| Hauteur du siège : | 740 mm |
| Poids à vide : | 363 kg |
| Réservoir de carburant : | 26,4 litres |

## PERFORMANCES

| | |
|---|---|
| Révolution à 100 km/h : | environ 3 100 tr/min |
| Consommation moyenne : | 7,6 l/100 km |

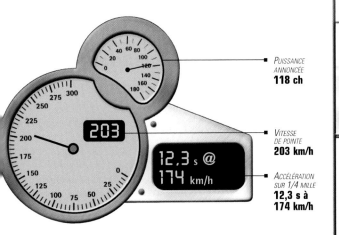

*PUISSANCE ANNONCÉE* **118 ch**

*VITESSE DE POINTE* **203 km/h**

*ACCÉLÉRATION SUR 1/4 MILLE* **12,3 s à 174 km/h**

| | |
|---|---|
| Prix : | 26 799 $ |
| Garantie : | 3 ans/kilométrage illimité |
| Couleur : | noir, rouge, argent, orange |

## Technique

Lorsqu'on se fixe comme but de donner de telles performances et une telle tenue de route à un engin aussi massif que la Gold Wing, des mesures extrêmes deviennent nécessaires. Pour les performances, Honda a essentiellement gonflé son ancien 6-cylindres Boxer de 1 520 cc à 1 832 cc, ce qui représente la plus grosse cylindrée au monde pour une moto de grande production. De plus, les carburateurs ont été remplacés par un système d'injection. Au chapitre de la tenue de route, une toute nouvelle partie cycle a été créée, constituée d'un énorme cadre périmétrique en aluminium, d'une fourche inversée à poteaux de 45 mm et d'un massif bras oscillant monobranche. Le tout semble davantage appartenir à une Superbike qu'à une monture de tourisme. Enfin, d'après Honda, on s'est particulièrement attardé à conserver l'ancienne position de conduite malgré tous ces changements.

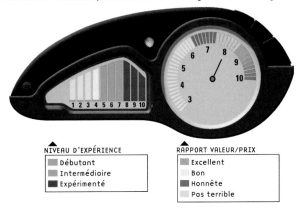

NIVEAU D'EXPÉRIENCE
- Débutant
- Intermédiaire
- Expérimenté

RAPPORT VALEUR/PRIX
- Excellent
- Bon
- Honnête
- Pas terrible

« *Madame l'ambassadrice...* »

## Conclusion

Devenue, avec les années, l'ambassadrice du tourisme à moto, la Gold Wing actuelle est tout simplement la façon la plus opulente de voyager sur deux roues. Certains vous diront que la BMW K1200LT la surpasse, et tant qu'on parle d'efficacité aérodynamique ou d'équipement, c'est tout à fait possible. Mais le coup de pied au derrière que réserve sa merveilleuse mécanique à chaque rotation du poignet droit reste à ce jour complètement inimitable.

QUOI DE NEUF EN 2003 ?

- **Aucun changement**
- **Aucune augmentation de prix**

PAS MAL

BOF

- **Une mécanique puissante et admirablement souple proposant des sensations absolument uniques à l'industrie**
- **Un niveau de confort essentiellement insurpassé sur deux roues : le mythique sofa roulant**
- **Une tenue de route presque inconcevable pour une bête d'une telle dimension**

- **Un gabarit très imposant qui demande une certaine expérience à manœuvrer particulièrement à très basse vitesse**
- **Une mécanique qui pourrait tourner plus bas sur l'autoroute : à quand un sixième rapport surmultiplié ?**
- **Un pare-brise qui s'ajuste peu et qui crée une légère turbulence ; une selle chauffante inexistante ; des valises pas toujours commodes à opérer**

# Honda
## ST1300

**NOUVEAUTÉ 2003**

| KG▸ 276 | CH▸ 125 | $▸ 17 599 À 18 999 |
|---------|---------|---------------------|

La ST1300, la remplaçante impatiemment attendue de la vénérable ST1100, une moto adulée des adeptes du tourisme sportif malgré son introduction remontant à 1990, a été dévoilée à la fin de 2001 et devait arriver au courant de 2002, tôt pour 2003. Quand on dit impatiemment… Pourtant, la mise en marché de la nouveauté, avec son moteur gonflé à 1 300 cc, son châssis tout aluminium, son empattement réduit, son poids diminué et son pare-brise à réglage électrique, a été repoussée. Puis encore repoussée. Pour enfin aboutir en concession à la toute fin de 2002. Pourquoi, Honda ne le dit pas vraiment.

# Retardataire...

Les circonstances qui entourent l'arrivée tant attendue de la nouvelle ST1300 sont hautement inhabituelles pour Honda, un constructeur réputé pour commercialiser des montures tellement au point qu'elles se sont même vues, dans certains cas, qualifiées d'ennuyante de perfection. La rumeur voudrait que la production mondiale de la ST1300 ait été retardée afin de régler un problème de dégagement excessif de chaleur, mais aussi d'instabilité. Ces rumeurs, dont nous n'avons pris connaissance qu'après notre test, n'ont fait que confirmer des notes d'essai qui, encore une fois, sont hautement inhabituelles pour une Honda. C'est qu'en effet, notre ST1300A d'essai s'est montrée incompréhensiblement instable à haute vitesse, ce qui veut dire à des vélocités normales pour tout amateur de sport-tourisme qui se respecte. Des vitesses de l'ordre de, disons, 140 km/h et plus. Des ajustements à la suspension arrière nous ont été suggérés par le constructeur et ont effectivement diminué l'effet, sans toutefois l'éliminer. En fait, notre moto d'essai s'agitait également de façon notable à des vitesses d'autoroute, à proximité de camions, et se dandinait allégrement dans les courbes prises à haute vitesse. Dans les mêmes conditions, une ST1100 affiche

une stabilité de train. Au-dessous de ces vitesses, toutefois, ces problèmes diminuent presque au point d'être négligeables, et la vraie nature des améliorations portées à la ST1300 arrive à mieux être appréciée.

En dépit de la réduction de poids annoncée, la ST1300 reste une moto massive. Sa grosse mécanique, qui est essentiellement une version vitaminée et injectée de l'ancienne, est absolument délicieuse. Caractérisée par la sonorité unique de son V4, elle est suffisamment puissante pour que la ST1300 se dresse sur sa roue arrière avec rien de plus qu'une ouverture soudaine des gaz, sur le premier rapport. Bien qu'elle ne soit pas parfaitement douce, sa souplesse est exemplaire et ses performances, qui sont sensiblement supérieures à celles de la 1100, sont aussi élevées qu'on pourrait le souhaiter sur une monture de ce type.

La ST1300 positionne le pilote presque exactement comme la ST1100, c'est-à-dire de façon quasi idéale. Son excellente selle et la souplesse de ses suspensions en font une excellente partenaire de longue route. Si la protection supplémentaire apportée par le pare-brise est appréciable, dans sa position haute, ce dernier crée toujours une certaine turbulence au niveau du casque, en plus de provoquer un agaçant retour d'air qui pousse le pilote vers l'avant, à haute vitesse. Le niveau d'équipement est satisfaisant, mais un régulateur de

| | |
|---|---|
| Catégorie : | Sport-Tourisme |

## MOTEUR

| | |
|---|---|
| Type/refroidissement : | 4-cylindres en V/liquide |
| Cylindrée : | 1 261 cc |
| Alésage et course : | 78 mm x 66 mm |
| Puissance : | 125 ch @ 8 000 tr/min |
| Couple : | 85 lb/pi @ 6 000 tr/min |
| Boîte de vitesses : | 5 rapports |
| Transmission finale : | par arbre |

## PARTIE CYCLE

| | |
|---|---|
| Type de cadre : | périmétrique, en aluminium |
| Suspension avant : | fourche conventionnelle de 45 mm non-ajustable |
| Suspension arrière : | monoamortisseur réglable en précharge |
| Freinage avant : | 2 disques de 310 mm de ø avec étriers à 3 pistons |
| Freinage arrière : | disque simple de 316 mm de ø |
| Pneus avant/arrière : | 120/70ZR 18 & 170/60ZR 17 |
| Empattement : | 1 500 mm |
| Hauteur du siège : | 775/790/805 mm |
| Poids à vide : | 276 kg |
| Réservoir de carburant : | 29 litres |

## PERFORMANCES

| | |
|---|---|
| Révolution à 100 km/h : | environ 3 100 tr/min |
| Consommation moyenne : | 6,5 l/100 km |

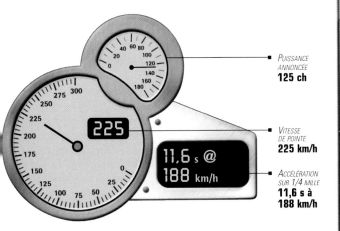

PUISSANCE
ANNONCÉE
**125 ch**

VITESSE
DE POINTE
**225 km/h**

ACCÉLÉRATION
SUR 1/4 MILLE
**11,6 s à
188 km/h**

| | |
|---|---|
| Prix : | 17 599 $ (ST1300A : 18 999 $) |
| Garantie : | 3 ans/kilométrage illimité |
| Couleur : | argent |

vitesse manque vraiment sur les longs trajets. Quant au problème de chaleur excessive, s'il est évidemment moins perceptible les journées fraîches, il devient réellement notable par temps chaud, à tel point que les modifications faites à la ST1300 à ce niveau, les soi-disant responsables du retard de commercialisation, selon Honda, sont totalement justifiées.

Allégée et raccourcie, la ST1300 est effectivement plus vive que sa devancière au chapitre du comportement routier. En gros, on a affaire à une moto qui, malgré sa masse appréciable, se manie avec une impressionnante aisance et un niveau de précision non moins intéressant sur une route sinueuse. Évidemment, passé un certain rythme, les problèmes d'instabilité décrits plus haut deviennent de plus en plus présents et la qualité de la tenue de route régresse. Le système de freinage ABS de la version A est en fait l'un des plus efficaces sur le marché puisqu'il combine une grande puissance à un couplage fort efficace des freins avant et arrière.

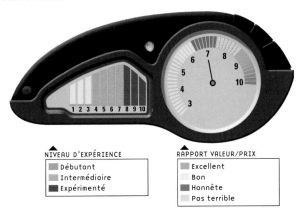

NIVEAU D'EXPÉRIENCE
- Débutant
- Intermédiaire
- Expérimenté

RAPPORT VALEUR/PRIX
- Excellent
- Bon
- Honnête
- Pas terrible

« **Une naissance prématurée ?** »

## Conclusion

Il fait peu de doutes que la ST1300 a le potentiel d'être une fantastique moto de tourisme sportif, et il fait tout aussi peu de doutes qu'un constructeur de la trempe de Honda a les moyens de l'amener à son plein potentiel. En attendant, s'il est clair que la version de préproduction testée n'était pas au point, il est également possible que les effets des « préparatifs de dernière minute » responsables du retard de l'entrée en marché du modèle aient corrigé les problèmes ; ou pas.

QUOI DE NEUF EN 2003 ?

• **Nouveau modèle**

PAS MAL

BOF

- **Une mécanique performante à souhait, mais surtout joliment souple**
- **Une étonnante agilité pour une moto de ce poids, du moins une fois en route**
- **Un niveau de confort élevé amené par des suspensions très souples et une position dégagée**

- **Un problème d'instabilité amené par la haute vitesse, la conduite agressive ou le flot de vent des véhicules lourds**
- **Un dégagement de chaleur anormal au niveau des pieds, par temps chauds**
- **Une mécanique dont les vibrations semblent rugueuses à hauts régimes**

# Honda
## CBR1100XX

| KG› 223 | CH› 162 | $› 14 599 |
|---|---|---|

Inaugurée en 1997, la CBR1100XX fit d'abord sa marque en raflant à la Kawasaki Ninja ZX-11, alors toujours produite, le record de vitesse pure qu'elle détenait essentiellement depuis sa mise en production, en 1990. Elle fut battue de peu, mais elle le fut. La gloire de la CBR1100XX n'allait toutefois être que de courte durée, puisqu'à peine deux ans plus tard, Suzuki et sa furieuse GSX1300R Hayabusa devait fracasser le record de la Honda. Depuis, si la XX a bel et bien évolué, c'est davantage par souci de perfectionnisme que pour reconquérir son titre. Qui, d'ailleurs, n'existe plus vraiment depuis que ces monstres sont « limités » à 299 km/h.

# Perfectionniste
# à l'exxtrême...

L e monde du motocyclisme en est un où l'ego prend souvent beaucoup de place. C'est pour cela qu'on veut la dernière 600, la plus grosse custom ou la machine la plus rapide sur Terre. Et pourtant, sur la route, il n'est pas dit que ces titres apportent quoi que ce soit au plaisir de conduite. Depuis le tout début, et malgré le fait qu'elle ait cherché à se faire remarquer en roulant vite, la XX a été conçue pour briller dans les situations quotidiennement appréciables. Et ce, plus que jamais depuis son évolution de 1999 qui lui apporta, entre autres, l'une des meilleurs injections du marché. Ainsi, les avancées faites sur la grosse CBR ont surtout cherché à fortifier les accélérations, à améliorer la souplesse et à augmenter la douceur de fonctionnement. Le résultat est admirable. En plus d'offrir des accélérations de très haut calibre, la mécanique de la XX est aussi l'une des plus douces, précises et sophistiquées chez les sportives. La souplesse est également digne de

mention, puisqu'on n'a généralement qu'à enrouler la poignée droite pour sérieusement bouger, même si le régime est bas et si le rapport utilisé est élevé. Bien qu'à 223 kg, la XX soit loin de ce qu'on pourrait appeler un poids plume, son niveau de maniabilité est suffisant pour pouvoir se prêter sans trop de problèmes à une journée sur circuit, du moins tant qu'on n'entende pas battre le record de piste. Sur la route, le poids est étonnamment bien camouflé et permet un bon rythme dans une enfilade de virages. L'effort nécessaire à la jeter dans une courbe est légèrement élevé, mais elle reste solide et suit précisément sa ligne une fois inclinée. À très haute vitesse, que ce soit en ligne droite ou non, la stabilité est sans faute.

Pour une machine sportive capable de telles performances, le niveau de confort de la XX attire très peu de critiques. Bien que sa position de conduite demeure sportive, elle ne place que peu de poids sur les poignets et ne crampe pas les jambes. La selle est excellente et le pare-brise offre une excellente protection au vent, sans turbulence. Grâce, en plus, aux suspensions qui travaillent très bien presque tout le temps, ainsi qu'à la grande douceur de la mécanique, les longs trajets font aisément partie de ses capacités.

| Catégorie : | Sportive |
|---|---|

## MOTEUR

| Type/refroidissement : | 4-cylindres en ligne/liquide |
|---|---|
| Cylindrée : | 1 137 cc |
| Alésage et course : | 79 mm x 58 mm |
| Puissance : | 162 ch @ 10 000 tr/min |
| Couple : | 91,9 lb/pi @ 7 250 tr/min |
| Boîte de vitesses : | 6 rapports |
| Transmission finale : | par chaîne |

## PARTIE CYCLE

| Type de cadre : | périmétrique en aluminium |
|---|---|
| Suspension avant : | fourche conventionnelle de 43 mm non-ajustable |
| Suspension arrière : | monoamortisseur réglable en précharge et détente |
| Freinage avant : | 2 disques de 310 mm de ø avec étriers à 3 pistons (LBS) |
| Freinage arrière : | disque simple de 256 mm de ø (LBS) |
| Pneus avant/arrière : | 120/70 ZR17 & 180/55 ZR17 |
| Empattement : | 1 490 mm |
| Hauteur du siège : | 810 mm |
| Poids à vide : | 223 kg |
| Réservoir de carburant : | 24 litres |

## PERFORMANCES

| Révolution à 100 km/h : | environ 3 800 tr/min |
|---|---|
| Consommation moyenne : | 6,0 l/100 km |

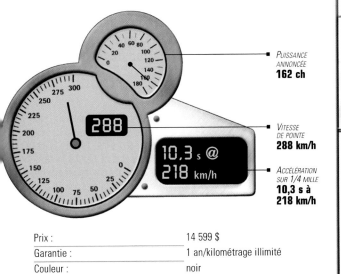

PUISSANCE
ANNONCÉE
**162 ch**

VITESSE
DE POINTE
**288 km/h**

ACCÉLÉRATION
SUR 1/4 MILLE
**10,3 s à
218 km/h**

| Prix : | 14 599 $ |
|---|---|
| Garantie : | 1 an/kilométrage illimité |
| Couleur : | noir |

## Technique

Les dernières améliorations apportées à la XX sont arrivées en 2001 : on parle d'un pare-brise plus grand et d'une nouvelle instrumentation. Toutefois, le modèle reçut des modifications bien plus importantes en 99. Pour commencer, Honda remplaça la rampe de carburateurs par un excellent système d'injection électronique. Puis, on maximisa l'admission en remplaçant la boîte à air conventionnelle des modèles 97 et 98 par une unité pressurisée, en d'autres termes, en ajoutant un système Ram Air. Relativement peu de changements furent apportés à la partie cycle, mais le système de freins combinés LBS, qui lie les disques avant et arrière, fut recalibré puisqu'il ne reflétait pas assez le caractère sportif du modèle. On le modifia donc en s'inspirant de celui de la VFR800FI qui offrait un meilleur compromis.

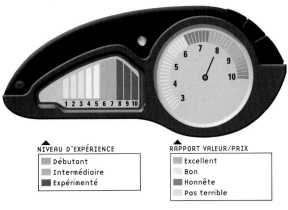

NIVEAU D'EXPÉRIENCE
- Débutant
- Intermédiaire
- Expérimenté

RAPPORT VALEUR/PRIX
- Excellent
- Bon
- Honnête
- Pas terrible

## « Aboutie... »

## Conclusion

Lorsqu'on dit qu'une moto est aboutie, commentaire que mérite pleinement cette CBR1100XX, c'est d'abord parce que le concept annoncé à la base s'est effectivement matérialisé, mais aussi que jusque dans ses réactions les plus fines, cette moto satisfait. Tout simplement. On aime sa position, on aime sa sonorité, on aime ses accélérations et sa souplesse, on aime son confort, on aime ses façons sur la route. On aime la finesse avec laquelle le concept est réalisé. Et curieusement, on a oublié les chiffres.

QUOI DE NEUF EN 2003 ?

- **Aucun changement**
- **Aucune augmentation de prix**

PAS MAL

BOF

- **Une mécanique hautement performante, mais tout aussi souple, douce et sophistiquée**
- **Un comportement très sain caractérisé par une stabilité omniprésente et une agilité plus qu'honnête**
- **Un niveau de confort appréciable pour une sportive au potentiel aussi élevé**

- **Des performances excellentes, mais pas tout à fait du même ordre que celles des GSX1300R et ZX-12R**
- **Une agilité tout de même limitée en pilotage très agressif, sur piste, par exemple**
- **Une ligne un peu terne, presque anonyme, et somme toute trop modeste**

Honda
# RC51

KG▸ 194          CH▸ 136                    $▸ 16 399

**Dans sa version d'usine, la RC51 est une arme formidable. Il s'agit non seulement du seul modèle ayant réussi à briser l'outrageuse domination des Ducati en Superbike Mondial, mais aussi d'une moto qui a réussi à s'imposer sur essentiellement tous les autres circuits. En version route, toutefois, la RC51 est telle une playmate lourdement vêtue qui, bien que toujours hautement désirable, ne laisse paraître qu'une idée de son véritable potentiel. Elle a bien évolué l'an dernier, deux ans après avoir été lancée, mais, sans que Honda ait daigné expliquer pourquoi, le modèle 2002 ne s'est jamais matérialisé au Canada.**

## La playmate toute habillée...

**S**ans que Honda n'ait voulu le confirmer ou le nier, il est fort possible que la version révisée de la RC51 ne soit pas arrivée en raison des stocks trop élevés de modèles non vendus. À moins d'une surprise, compte tenu des changements relativement limités effectués sur cette première évolution, le comportement du modèle devrait s'apparenter de près à la version 2000-2001.

Bien que le plein potentiel de la RC51 ne puisse être expérimenté qu'avec l'équivalent d'une fortune investie en modifications, la version routière renvoie quand même une impressionnante sensation de solidité émanant du châssis de course, et ce, autant en pilotage extrême qu'à un rythme modéré. Bien que l'évolution de 2002 lui ait permis de perdre quelques kilos, à 194 kg,  la RC51 demeure lourde par rapport aux nombreuses sportives de moins de 170 kilos aujourd'hui courantes. En pilotage sportif, malgré le potentiel élevé de la partie cycle, cette masse handicape considérablement l'agilité. Ceci dit, pour autant qu'on ne roule pas à fond sur une piste, ce poids relativement élevé ne gêne

pas vraiment, et aide même occasionnellement la conduite en faisant paraître la RC51 rivée au sol. Le freinage n'a jamais attiré de critiques, bien au contraire, mais Honda affirme l'avoir encore amélioré depuis 2002.

Le cœur de la RC51 est son puissant moteur V-Twin de 999 cc. Ses 133 chevaux annoncés sont particulièrement impressionnants pour ce type de motorisation. En ligne droite, la version pré-2002 se débrouillait fort honorablement par une agréable souplesse à mi-régimes, de vives montées en régimes et une force d'accélération très divertissante, surtout une fois la barre des 7 000 tr/min passée, alors qu'elle tirait férocement jusqu'à sa zone rouge de 10 000 tr/min. Certaines des modifications apportées depuis 2002 concernent l'injection, et Honda prétend que toutes les réactions de la mécanique, de la réponse aux performances, s'en trouvent améliorées. La réaction abrupte de l'injection d'essence qu'on reprochait à l'ancienne version, lors de la remise des gaz, aura donc peut-être disparu.

On s'en doute un peu : avec de telles préoccupations pour la compétition, la RC51 fait bien peu de concessions au confort sur route. Ainsi, on se trouve positionné d'une façon qui place beaucoup de poids sur les mains et qui crampe considérablement les jambes. Bref, une position qui demande au pilote d'être vraiment dédié à ce genre de machine.

| | |
|---|---|
| Catégorie : | Sportive |

## MOTEUR

| | |
|---|---|
| Type/refroidissement : | bicylindre en V/liquide |
| Cylindrée : | 999 cc |
| Alésage et course : | 100 mm x 63,6 mm |
| Puissance : | 136 ch @ 9 500 tr/min |
| Couple : | 77 lb/pi @ 8 000 tr/min |
| Boîte de vitesses : | 6 rapports |
| Transmission finale : | par chaîne |

## PARTIE CYCLE

| | |
|---|---|
| Type de cadre : | périmétrique en aluminium |
| Suspension avant : | fourche inversée de 43 mm réglable en précharge, compression et détente |
| Suspension arrière : | monoamortisseur réglable en précharge, compression et détente |
| Freinage avant : | 2 disques de 320 mm de ø avec étriers à 4 pistons |
| Freinage arrière : | disque simple de 220 mm de ø |
| Pneus avant/arrière : | 120/70 ZR17 & 190/50 ZR17 |
| Empattement : | 1 420 mm |
| Hauteur du siège : | 820 mm |
| Poids à vide : | 194 kg |
| Réservoir de carburant : | 18 litres |

## PERFORMANCES

| | |
|---|---|
| Révolution à 100 km/h : | 3 300 tr/min |
| Consommation moyenne : | 7,3 l/100 km |

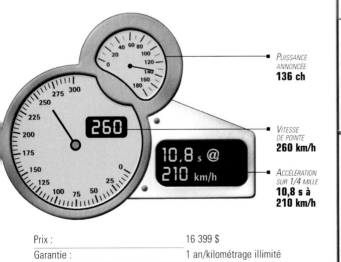

**PUISSANCE ANNONCÉE**
**136 ch**

**VITESSE DE POINTE**
**260 km/h**

**ACCÉLÉRATION SUR 1/4 MILLE**
**10,8 s à 210 km/h**

| | |
|---|---|
| Prix : | 16 399 $ |
| Garantie : | 1 an/kilométrage illimité |
| Couleur : | rouge et argent |

## Technique

Les modifications apportées à la version 2002 de la RC51, qui n'est jamais arrivée au Canada, proviennent de leçons apprises en compétition. Premièrement, Honda annonce une baisse de poids au niveau du cadre, des roues, des suspensions et du bras oscillant totalisant 3,6 kg. En ce qui concerne ce dernier, il sauve à lui seul près de 1 kg tout en étant plus rigide, et est désormais 16 mm plus long afin de maximiser la transmission de la puissance au sol. Du côté de la mécanique, les changements les plus importants sont effectués au système d'injection : de gigantesques papillons de 62 mm sont maintenant utilisés ; de nouveaux injecteurs à 12 micro-ports vaporisent le mélange de manière encore plus fine ; et une nouvelle cartographie d'allumage gère le tout. On note également un pare-brise 30 mm plus haut inspiré des machines de Suberbike Mondial.

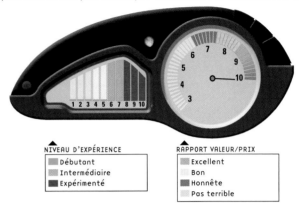

**NIVEAU D'EXPÉRIENCE**
- Débutant
- Intermédiaire
- Expérimenté

**RAPPORT VALEUR/PRIX**
- Excellent
- Bon
- Honnête
- Pas terrible

« *Exotisme signé Honda...* »

## Conclusion

Pour le motocycliste moyen avec un budget moyen, le marché offre très peu d'opportunités semblables à la RC51. Il s'agit d'un pur-sang propulsé par une mécanique hautement sophistiquée et totalement exotique. Si l'intérêt de l'expérience n'est pas trouvé du côté des performances brutes, puisque bien d'autres choix bien moins coûteux lui seraient dans ce cas très supérieurs, il existe plutôt dans des termes comme « prestige », « symphonie mécanique » et « sensations uniques ».

QUOI DE NEUF EN 2003 ?

- Aucun changement entre 2002 et 2003
- Aucune augmentation de prix

PAS MAL

BOF

- Un des V-Twin les plus puissants du marché, dont les sensations et la sonorité sont une expérience en soit
- Un excellent comportement qui impressionne surtout par la sensation de solidité renvoyée par le châssis
- Un prix qui, s'il est élevé pour une sportive japonaise, est très intéressant pour une monture de ce type

- Un niveau d'agilité considérablement limité par le poids important de l'ensemble
- Une injection réagissant de façon abrupte à la réouverture des gaz, sur la version pré-2002
- Un niveau de confort essentiellement à oublier en raison des suspensions fermes et de la position très agressive

## Honda
# CBR954RR

| KG▸ 168 | CH▸ 154 | $▸ 14 399 |

Le marché des hypersportives d'un litre est devenu presque aussi volatil que l'univers en constante évolution des 600. Ainsi, à peine deux ans après avoir remplacé l'évolution finale de la CBR900RR par un concept tout neuf, celui de la CBR929RR, Honda revenait à la charge l'an dernier avec une version profondément revue de la 929, la CBR954RR. Alors que la 929 s'était méritée une réputation de machine relativement accessible au sein d'une catégorie ou l'expression « folie contrôlée » décrit bien le niveau de performances atteint, la 954 s'est avérée, à l'image de son nouveau carénage, résolument plus agressive.

# Fini les gentillesses...

**M**algré les faibles différences qui existent, sur papier, entre l'ancienne 929 et la 954 lancée l'an dernier, soit 2 chevaux en plus et 2 kg en moins pour la nouveauté, dans le concret, on a affaire à une bête considérablement plus violente. Au niveau de la puissance, d'abord, et comme toutes les autres montures de cette catégorie ont également tendance à le faire, la 954 se transforme en catapulte à la moindre tentative d'ouverture des gaz sur le premier rapport en se dressant sèchement sur sa roue arrière dès les 6 000 tr/min. Si cette tendance est diminuée, mais pas éliminée, sur le second rapport, c'est dans ce cas la nervosité de la direction en pleine accélération qui garde le pilote bien éveillé. Au point où, encore une fois, comme toutes les autres machines semblables, l'installation d'un bon amortisseur de direction est hautement suggérée. Ceci dit, l'intensité des accélérations est très impressionnante. S'il ne s'agit pas de performances tout à fait du niveau de celles offertes par la Suzuki GSX-R1000, qui règne toujours sur la catégorie à ce chapitre, elles

sont suffisamment élevées pour permettre de traiter de menteurs ceux qui prétendront les trouver insuffisantes. Ou alors de débile certifié... La plage de régimes est agréablement bien remplie au milieu, ce qui facilite tant la conduite quotidienne qu'agressive. L'excellente injection de carburant ainsi qu'un ensemble transmission-embrayage particulièrement précis et léger d'utilisation sont tous deux également dignes de mention.

Le niveau de confort offert par la CBR954RR n'est pas ce qu'on pourrait qualifier d'accueillant. Les suspensions calibrées pour le pilotage très agressif sont fermes et même rudes sur chaussée dégradée ; les poignées sont très basses afin de placer autant que possible le poids du pilote sur l'avant de la moto, ce qui met donc beaucoup de poids sur les poignets ; la selle dure de forme angulaire devient rapidement inconfortable ; et, enfin, les vibrations de la mécanique, bien que pas excessives, sont suffisantes pour engourdir les mains sur l'autoroute. Ceci dit, ce que la 954 perd au chapitre du confort, elle le reprend en qualité de tenue de route en affichant une grande légèreté de direction, une impressionnante précision en pleine inclinaison ainsi qu'un freinage particulièrement intense. Elle demeure l'une des grosses sportives demandant le moins d'efforts à manier sur un circuit.

| | |
|---|---|
| Catégorie : | Sportive |

## MOTEUR

| | |
|---|---|
| Type/refroidissement : | 4-cylindres en ligne/liquide |
| Cylindrée : | 954 cc |
| Alésage et course : | 75 mm x 64 mm |
| Puissance : | 154 ch @ 11 250 tr/min |
| Couple : | 74,6 lb/pi @ 9 000 tr/min |
| Boîte de vitesses : | 6 rapports |
| Transmission finale : | par chaîne |

## PARTIE CYCLE

| | |
|---|---|
| Type de cadre : | périmétrique, en aluminium |
| Suspension avant : | fourche inversée de 43 mm réglable en précharge, compression et détente |
| Suspension arrière : | monoamortisseur réglable en précharge, compression et détente |
| Freinage avant : | 2 disques de 330 mm de ø avec étriers à 4 pistons |
| Freinage arrière : | disque simple de 220 mm de ø |
| Pneus avant/arrière : | 120/70 ZR17 & 190/50 ZR17 |
| Empattement : | 1 400 mm |
| Hauteur du siège : | 815 mm |
| Poids à vide : | 168 kg |
| Réservoir de carburant : | 18 litres |

## PERFORMANCES

| | |
|---|---|
| Révolution à 100 km/h : | environ 4 100 tr/min |
| Consommation moyenne : | 7 l/100 km |

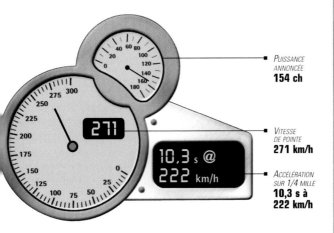

*PUISSANCE ANNONCÉE*
**154 ch**

*VITESSE DE POINTE*
**271 km/h**

*ACCÉLÉRATION SUR 1/4 MILLE*
**10,3 s à 222 km/h**

| | |
|---|---|
| Prix : | 14 399 $ |
| Garantie : | 3 ans/kilométrage illimité |
| Couleur : | noir et rouge, titane |

## Technique

D'un point de vue technique, la CBR954RR n'a absolument rien à envier à ses rivales. Le châssis périmétrique en aluminium, par exemple, est d'un type unique à Honda puisqu'il ne possède pas de pivot de bras oscillant, ce dernier étant plutôt fixé directement aux carters moteurs. L'idée est d'isoler les forces induites par la suspension arrière et les empêcher d'atteindre le cadre, un concept d'ailleurs poussé à l'extrême sur la nouvelle CBR600RR. Le châssis de la CBR954RR est également conçu suivant la théorie du flex contrôlé de Honda qui vise à volontairement laisser une certaine flexion à la partie cycle, ce qui transformerait cette dernière en une forme secondaire de suspension, utile uniquement lorsque la moto est en pleine inclinaison et que les suspensions conventionnelles ne sont plus efficaces.

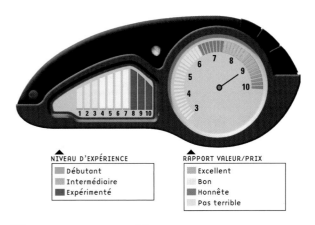

NIVEAU D'EXPÉRIENCE
- ■ Débutant
- ■ Intermédiaire
- ■ Expérimenté

RAPPORT VALEUR/PRIX
- ■ Excellent
- ■ Bon
- ■ Honnête
- ■ Pas terrible

## « *Section adulte...* »

## Conclusion

Dans certaines circonstances, qui n'ont d'ailleurs rien à voir avec la conduite « normale » sur la route, la catégorie des hypersportives ressemble de plus en plus à une série de manèges les uns plus terrifiants que les autres. La CBR954RR n'y fait pas exception, car si elle est effectivement étonnamment maniable pour une monture de cette cylindrée, elle affiche aussi un caractère particulièrement intense aussitôt qu'on tente d'en chatouiller le plein potentiel. Plus que jamais, réservée aux adultes.

QUOI DE NEUF EN 2003 ?

- **Aucun changement**
- **Aucune augmentation de prix**

PAS MAL

BOF.

- **Des performances de très haut niveau qui la dirigent exclusivement vers une clientèle experte**
- **Une maniabilité hors de l'ordinaire pour une machine sportive d'une telle cylindrée**
- **Une injection au point et une transmission particulièrement douce et précise**

- **Une facilité d'exploitation en recul en raison du comportement potentiellement violent**
- **Un niveau de confort précaire amené par une selle et des suspensions dures, ainsi qu'une position sévère**
- **Des accommodations très précaires pour le passager**

**KG› 192**     **CH› 109**     **$› 10 999**

Étrange, comme les manufacturiers semblent s'épier et réagir entre eux. Par exemple, alors qu'elle s'est vue retirée de la gamme l'an dernier, en même temps que disparaissait pour de bon sa principale rivale, la TL1000S, voilà que la VTR1000F réapparaît en 2003. Or, curieusement, Suzuki introduit cette année une SV1000S. Coïncidence ou refus de laisser une catégorie libre à un concurrent ? Quoi qu'il en soit, personne ne se plaindra du retour de la VTR1000F puisqu'il s'agit d'une des rares sportives à moteur V-Twin du marché que le motocycliste moyen peut se payer. Rappelons qu'elle avait été légèrement retouchée en 2000.

# Retour opportun...

L'orientation routière de la VTR1000F devient évidente dès les premiers tours de roue, lorsqu'on découvre la façon avec laquelle la puissance est répartie sur la bande de régimes. On n'a pas affaire à une mécanique pointue livrant tout en haut, mais plutôt à un V-Twin bourré de couple dès les premiers tours et très vivant dans les mi-régimes ; ensuite, cependant, la puissance plafonne. Bien qu'il arrive qu'on s'ennuie d'un punch à l'approche de la zone rouge, le fait de pouvoir rouler agréablement sans jamais passer le cap des 5 ou 6 000 tr/min tout en gardant les changements de rapports à un minimum représente un avantage considérable en utilisation quotidienne. Bien que les accélérations n'aient rien de très extraordinaire, les 110 chevaux disponibles demeurent quand même parfaitement suffisants pour se faire plaisir. Et comme tout V-Twin qui se respecte, celui de la VTR1000F a une sonorité pas déplaisante du tout. En pilotage sportif, la VTR1000F est extrêmement amicale. S'il ne s'agit pas de la monture la plus légère ou agile du marché, sa tenue de route a de quoi surprendre, même lorsqu'on pousse fort : la direction est relativement vive, alors que le comportement en virage est stable, neutre et précis. En fait, elle se pilote presque comme une sportive pure. Le seul reproche qu'on puisse lui faire est au niveau de la sensibilité de la direction, à l'accélération en sortie virage, si le revêtement est abîmé. D'un autre côté, les freins font un travail très correct et l'agilité en ville n'est pas mauvaise du tout.

Si le niveau de confort de la VTR1000F n'est pas mauvais, et certainement supérieur à celui auquel nous ont habitué les sportives plus pointues, il n'a quand même rien de bien impressionnant. La position de conduite, malgré son évidente saveur sportive, ne cause pas vraiment de problème en gardant tolérable le poids supporté par les poignets. La selle, toutefois, plutôt mince et dure, finit par devenir inconfortable sur des trajets moyennement longs. Dans certaines circonstances, la même chose peut être dite de la quantité de vibrations qui provient de la mécanique. Quant aux suspensions, elles sont fermes, mais se débrouillent assez bien en général, alors que du côté de la protection au vent, là aussi, c'est satisfaisant.

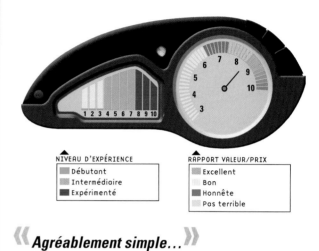

## FICHE TECHNIQUE

| | |
|---|---|
| Catégorie : | Sportive |

### MOTEUR

| | |
|---|---|
| Type/refroidissement : | bicylindre en V/liquide |
| Cylindrée : | 996 cc |
| Alésage et course : | 98 mm x 66 mm |
| Puissance : | 109 ch @ 9 000 tr/min |
| Couple : | 70,8 lb/pi @ 7 000 tr/min |
| Boîte de vitesses : | 6 rapports |
| Transmission finale : | par chaîne |

### PARTIE CYCLE

| | |
|---|---|
| Type de cadre : | périmétrique, en aluminium |
| Suspension avant : | fourche conventionnelle de 41 mm réglable en précharge et détente |
| Suspension arrière : | monoamortisseur réglable en précharge et détente |
| Freinage avant : | 2 disques de 296 mm de ø avec étriers à 4 pistons |
| Freinage arrière : | disque simple de 220 mm de ø |
| Pneus avant/arrière : | 120/70 ZR17 & 180/55 ZR17 |
| Empattement : | 1 430 mm |
| Hauteur du siège : | 810 mm |
| Poids à vide : | 192 kg |
| Réservoir de carburant : | 19 litres |

### PERFORMANCES

| | |
|---|---|
| Révolution à 100 km/h : | 3 200 tr/min |
| Consommation moyenne : | 7,0 l/100 km |

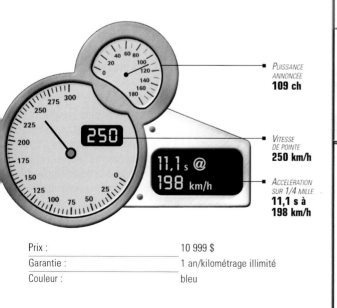

PUISSANCE ANNONCÉE
**109 ch**

VITESSE DE POINTE
**250 km/h**

ACCÉLÉRATION SUR 1/4 MILLE
**11,1 s à 198 km/h**

| | |
|---|---|
| Prix : | 10 999 $ |
| Garantie : | 1 an/kilométrage illimité |
| Couleur : | bleu |

## Technique

La VTR1000F n'a pas été construite pour gagner des courses, qu'elles soient en ligne droite ou sur une piste. Elle et sa version de compétition, la RC51, n'ont d'ailleurs pratiquement aucun point commun, si ce n'est de l'architecture générale de la mécanique. Sur la VTR, le moteur est un bicylindre en V à 90 degrés de 996 cc produisant, selon Honda, 109 chevaux. Elle dispose de culasses à 4 soupapes et de 2 arbres à cames en tête, et a la particularité d'être refroidie par une paire de radiateurs latéraux, ce qui permet à la moto de conserver une silhouette mince. Le châssis périmétrique en aluminium est lui aussi particulier, puisqu'il est du type sans pivot de bras oscillant. Ainsi, tout le train arrière n'est pas retenu par le cadre, mais pivote plutôt à même les carters moteur.

| NIVEAU D'EXPÉRIENCE | RAPPORT VALEUR/PRIX |
|---|---|
| Débutant | Excellent |
| Intermédiaire | Bon |
| Expérimenté | Honnête |
| | Pas terrible |

« *Agréablement simple...* »

## Conclusion

La VTR1000F existe pour les mêmes raisons qu'une Ducati Supersport, ou une BMW R1100S, c'est-à-dire le plaisir de conduite uniquement. Les amateurs de statistiques seront donc déçus puisque ni la tenue de route ni les performances ne sont d'un niveau extraordinaire, sans pour autant être banal. Exactement comme la Ducati et la BMW. Elle est un moyen relativement peu dispendieux, le plus abordable de l'industrie, en fait, de vivre la belle expérience d'un moteur V-Twin coupleux dans un châssis solide et agile.

### QUOI DE NEUF EN 2003 ?

- Aucun changement
- Aucune augmentation de prix

**PAS MAL**

- Une moto tout simplement bien équilibrée, agréable sans être extrême, agile sans être hyperactive
- Une tenue de route d'une étonnante qualité, assez relevée pour une utilisation occasionnelle en piste
- Un gros V-Twin absolument charmant, qui tire fort et proprement, tout en chantant juste et bien

**BOF**

- Une selle mince et dure qui devient inconfortable relativement vite
- Une mécanique qui vibre sans gêne, et qu'on souhaiterait parfois plus douce
- Un châssis stable et solide, mais qui peut quand même s'impatienter en pilotage très agressif

# Honda
# VFR800

| KG▸ 213 | CH▸ 109,5 | $▸ 13 399 À 14 199 |

L'angoisse d'un ingénieur chargé d'élaborer une VFR de nouvelle génération n'a rien de difficile à imaginer puisqu'il s'agit aisément d'une des motos les plus encensées de l'industrie. Qualifiée plus souvent qu'à son tour de parfaite, tant elle s'était améliorée au fil des ans, elle devait prendre un virage résolument sportif lors de sa dernière évolution l'an dernier. Alors que la ligne anodine de l'ancienne génération faisait place à l'un des carénages les plus osés du marché, la réputée mécanique en V devait, quant à elle, bénéficier de la première installation d'un système VTEC sur une motocyclette moderne. Pour la première fois également, une version munie de l'ABS était offerte.

## Le poids du succès...

Tout artiste vous dira que le succès, s'il est sans cesse poursuivi, pèse très lourd une fois atteint. Car le public n'attend jamais moins d'une performance ultérieure. Pour Honda, compte tenu de la réputation désormais quasi parfaite de sa vénérée VFR, la tâche d'en préparer une version améliorée n'était pas mince. Le manufacturier y est-il parvenu? La réponse est un gros oui, accompagné, toutefois, d'un petit non qui prend la forme non-pas de défaut, mais disons de « bibittes » qu'on n'aurait pu reprocher à la version précédente. Ainsi, si tout le monde s'entend sur le fait que l'audacieux style angulaire soit une réussite et que l'arrivée d'un système ABS sur une monture de cette catégorie fasse incontestablement progresser la VFR, certaines particularités de la nouvelle génération sont toutefois discutables. Au niveau mécanique, par exemple, on déplore la disparition du sifflement exotique de l'ancien V4 et l'apport minimal du système VTEC au chapitre des performances brutes, mais surtout l'hésitation que ce dernier crée autour de 7 000 tr/min en conduite tranquille. L'entrée en action du VTEC amène également un changement marqué de sonorité en pleine accélération, changement qu'on peut aimer, ou pas. Sans être fracassantes, les performances restent aussi bonnes qu'elles l'étaient, peut-être légèrement supérieures. Sans qu'elle soit mauvaise, la souplesse à bas régime continue toutefois d'être ordinaire.

Dans la même veine, des suspensions raffermies et une augmentation du poids sur les poignets, quoi que de façon minimale dans les deux cas, ont légèrement affecté le confort. Le niveau de celui-ci reste quand même plus qu'acceptable, et ce, autant en ce qui concerne la position de conduite modérément sportive, la selle bien formée et rembourrée, les suspensions à la fois souples et fermes, et l'honnête protection au vent.

Le fait que ces « bibittes », qui sont de l'ordre de détails qui auraient été considérés comme banals pour tout autre moto, attirent l'attention sur la VFR800, n'a d'explication que l'état quasi parfait d'équilibre qu'avait atteint la version 2001. Un équilibre qui, comprenons-nous bien, demeure presque intégralement présent sur la nouvelle. Bref, la VFR est encore la VRF, mais avec un côté un tout petit peu plus agressif d'ailleurs bien illustré par son évolution visuelle.

Catégorie :     Routière Sportive

## MOTEUR

| | |
|---|---|
| Type/refroidissement : | 4-cylindres en V/liquide |
| Cylindrée : | 782 cc |
| Alésage et course : | 72 mm x 48 mm |
| Puissance : | 109,5 ch @ 10 500 tr/min |
| Couple : | 60 lb/pi @ 8 750 tr/min |
| Boîte de vitesses : | 6 rapports |
| Transmission finale : | par chaîne |

## PARTIE CYCLE

| | |
|---|---|
| Type de cadre : | périmétrique, en aluminium |
| Suspension avant : | fourche conventionnelle de 43 mm ajustable en précharge |
| Suspension arrière : | monoamortisseur réglable en précharge et détente |
| Freinage avant : | 2 disques de 296 mm de ø avec étriers à 3 pistons (LBS) |
| Freinage arrière : | disque simple de 256 mm de ø (LBS) |
| Pneus avant/arrière : | 120/70 ZR17 & 180/55 ZR17 |
| Empattement : | 1 460 mm |
| Hauteur du siège : | 805 mm |
| Poids à vide : | 213 kg |
| Réservoir de carburant : | 22 litres |

## PERFORMANCES

| | |
|---|---|
| Révolution à 100 km/h : | environ 5 500 tr/min |
| Consommation moyenne : | 6 l/100 km |

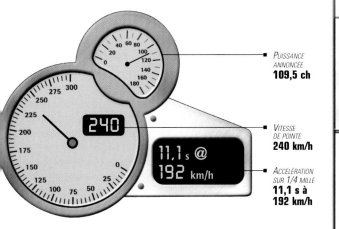

*PUISSANCE ANNONCÉE*
**109,5 ch**

*VITESSE DE POINTE*
**240 km/h**

*ACCÉLÉRATION SUR 1/4 MILLE*
**11,1 s à 192 km/h**

| | |
|---|---|
| Prix : | 13 399 $ (VFR800A : 14 199 $) |
| Garantie : | 1 an/kilométrage illimité |
| Couleur : | argent, rouge (VFR800A : argent) |

## Technique

Malgré ce que son changement drastique d'apparence pourrait laisser croire, d'un point de vue technique, la VFR800 n'amène pas vraiment de différence majeure par rapport à la version précédente. En fait, la mécanique comporte la plus haute concentration de changements, puisqu'à l'exception d'un allongement de 16 mm du bras oscillant, d'un système de couplage revu des freins et de suspensions légèrement raffermies, la partie cycle est pratiquement la même. Le V4 de 791 cc a, quant à lui, surtout attiré l'attention par son système VTEC qui, à partir de 7 000 tr/min, laisse s'ouvrir toutes les soupapes plutôt que juste la moitié. En théorie, le système améliore à la fois la puissance à bas et à haut régimes. L'adoption d'un magnifique système d'échappement avec deux silencieux sous la selle est l'autre plus importante altération à la mécanique.

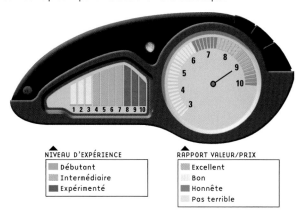

NIVEAU D'EXPÉRIENCE
- Débutant
- Intermédiaire
- Expérimenté

RAPPORT VALEUR/PRIX
- Excellent
- Bon
- Honnête
- Pas terrible

### « *Humaine* », *après tout…*

## Conclusion

En dépit des quelques légers reproches qu'il est désormais possible de formuler à son égard, une chose qu'on s'était essentiellement résigné à oublier sur l'ancienne version, la VFR800 demeure, et ce, de façon incontestable, une routière sophistiquée, magnifiquement équilibrée et hautement gratifiante à piloter. Il s'agit plus que jamais d'authentique sportive dont la tenue de route s'avère assez relevée pour justifier une utilisation sur circuit, sans toutefois que son comportement affiche la moindre nervosité mal placée dans les situations plus courantes.

QUOI DE NEUF EN 2003 ?

- **Aucun changement**
- **Aucune augmentation de prix**

PAS MAL       BOF

- **Un équilibre rarement atteint dans l'industrie entre confort et sport, utile et agréable, bref entre raison et passion**
- **Une tenue de route vraiment sportive extrêmement facile à exploiter, mais jamais nerveuse**
- **Une mécanique avec un caractère bien particulier qui offre un niveau de performance plaisant**

- **Un niveau de confort affecté par des suspensions légèrement raffermies et un peu plus de poids sur les mains**
- **Un système VTEC dont les avantages théoriques ne se concrétisent pas vraiment**
- **Des performances qui restent toujours bonnes, mais qu'on souhaiterait supérieures**

# Honda
# CBR600RR

| KG ▸ 167 | CH ▸ 113 | $ ▸ 11 999 |

**Aucune autre moto ne tente de se rapprocher de façon aussi marquée de la nouvelle classe reine des circuits, la MotoGP, que cette CBR600RR. Si le style a une grosse part de responsabilité dans ce rapprochement, la nouvelle RR propose aussi quelques parallèles très intéressants du côté technique. Tout comme Kawasaki le fait cette année avec sa propre version RR de la ZX-6R, la dernière CBR est présentée comme la 600 sans compromis de Honda, celle que le manufacturier utilisera pour défendre ses couleurs en compétition. Quant à la CBR600F4i, pourtant considérée comme une 600 de pointe jusqu'à l'an dernier, elle se voit désigner le rôle de la 600 polyvalente.**

# Comme en MotoGP...

## Technique

La CBR600RR est fort probablement la première d'une lignée de sportives futures qui tenteront, elles aussi, d'exploiter le plus possible la participation de leur constructeur à la nouvelle catégorie reine en compétition sur circuit routier, la MotoGP. Utilisant de fort belle façon ce rapprochement, la CBR600RR présente une choquante ressemblance au niveau du style et des proportions avec la Honda RC211V ayant largement dominé le championnat du monde de MotoGP en 2002. Évidemment, il reste qu'il s'agit toujours d'une sportive de 600 cc et, sauf exception, le dit rapprochement avec la RC211V de plus de 200 chevaux à moteur V5 se veut essentiellement spirituel.

Honda ne mâche pas ses mots en décrivant la CBR600RR puisqu'il va même jusqu'à prétendre une redéfinition du niveau d'agilité pour la catégorie. Cette supposée révolution serait possible grâce à une centralisation des masses plus poussée que jamais, par exemple en ce qui concerne le réservoir d'essence désormais logé partiellement sous la selle (le réservoir visible en plastique est faux et recouvre plutôt la boîte à air et le véritable réservoir). C'est néanmoins du côté de la suspension arrière que la plus importante innovation est retrouvée. En fait, cette suspension d'un genre nouveau est également le lien le plus direct avec la RC211V. Outre le fait que le bras oscillant de la CBR600RR est particulièrement massif, l'astuce principale se trouve au niveau des points d'ancrage de l'amortisseur arrière qui, dans ce cas, est entièrement fixé au bras oscillant plutôt que, comme la coutume le veut, partiellement sur ce dernier et partiellement sur le cadre. Le bénéfice de cette suspension arrière totalement indépendante (elle est tout de même liée au châssis par des biellettes), selon Honda, serait l'un des secrets derrière l'extraordinaire facilité de pilotage qui a permis à la machine de MotoGP de dominer la discipline, et ce, aux mains d'une variété de pilotes. Le constructeur explique qu'en isolant la suspension arrière du cadre, l'énergie produite par les mouvements de cette dernière ne peut être transmise dans le cadre, ce qui permettrait d'ouvrir les gaz beaucoup plus tôt en sortie de courbe qu'avec un système conventionnel. Cet avantage combiné avec la faible résistance à la rotation amenée par la centralisation des masses seraient les facteurs responsables de ce nouveau niveau de tenue de route annoncé par

| | |
|---|---|
| Catégorie : | Sportive |

## MOTEUR

| | |
|---|---|
| Type/refroidissement : | 4-cylindres en ligne/liquide |
| Cylindrée : | 599 cc |
| Alésage et course : | 67 mm x 42,5 mm |
| Puissance sans Ram Air: | 113 ch @ 15 000 tr/min |
| Couple : | 46,8 lb/pi @ 10 000 tr/min |
| Boîte de vitesses : | 6 rapports |
| Transmission finale : | par chaîne |

## PARTIE CYCLE

| | |
|---|---|
| Type de cadre : | périmétrique, en aluminium |
| Suspension avant : | fourche conventionnelle de 45 mm réglable en précharge, compression et détente |
| Suspension arrière : | monoamortisseur réglable en précharge, compression et détente |
| Freinage avant : | 2 disques de 310 mm de ø avec étriers à 4 pistons |
| Freinage arrière : | disque simple de 220 mm de ø |
| Pneus avant/arrière : | 120/70 ZR17 & 180/55 ZR17 |
| Empattement : | 1 389 mm |
| Hauteur du siège : | 820 mm |
| Poids à vide : | 167 kg |
| Réservoir de carburant : | 18 litres |

## PERFORMANCES

| | |
|---|---|
| Révolution à 100 km/h : | n/d |
| Consommation moyenne : | n/d |

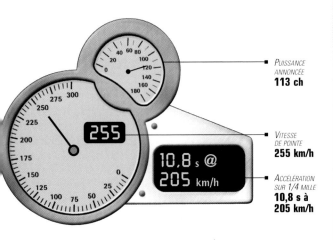

PUISSANCE ANNONCÉE
**113 ch**

VITESSE DE POINTE
**255 km/h**

ACCÉLÉRATION SUR 1/4 MILLE
**10,8 s à 205 km/h**

| | |
|---|---|
| Prix : | 11 999 $ |
| Garantie : | 1 an/kilométrage illimité |
| Couleur : | jaune, noir, rouge |

le constructeur. Bien que tout cela soit possible, il faudra vérifier ces dires sur circuit pour vraiment y croire, car les 600 actuelles, ne l'oublions pas, ont la tenue de route et l'agilité les plus relevées du genre sportif.

La mécanique de la CBR600RR a été entièrement revue par rapport à celle de la CBR600F4i. Le 4-cylindres qui tourne maintenant jusqu'à 15 000 tr/min utilise un système d'injection à double injecteur par cylindre, le second n'entrant en action qu'à partir de 5 500 tr/min. Grâce à des axes de transmission superposés, la longueur du moteur a été réduite de 30 mm, ce qui a, en partie, permis d'avancer la position de pilotage de 70 mm, ce qui est énorme. Par ailleurs, le cadre est entièrement neuf. Plus rigide, il est formé grâce à un procédé d'injection sous pression, plutôt que d'extrusion. La nouvelle fourche utilise des poteaux de 45 mm, reste entièrement ajustable et est de style conventionnel. Le poids passe des 168 kg de la F4i à 167 kg sur la RR.

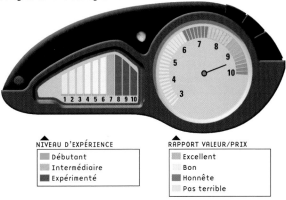

NIVEAU D'EXPÉRIENCE
- ☐ Débutant
- ☐ Intermédiaire
- ☐ Expérimenté

RAPPORT VALEUR/PRIX
- ☐ Excellent
- ☐ Bon
- ☐ Honnête
- ☐ Pas terrible

« *Aux grands mots, les grandes attentes...* »

## Conclusion

Il est extrêmement excitant de voir enfin, ne serait-ce que du point de vue visuel, la matérialisation d'un rapprochement si marqué entre une série prototype du calibre de la MotoGP et une sportive de route. S'il faut garder en tête que c'est aussi le travail du manufacturier de vanter son produit et que ce n'est que lancée à fond sur un circuit la CBR600RR fera la preuve des véritables bénéfices apportés par toutes ces innovations, on se doit quand même d'applaudir l'audace du constructeur d'offrir une 600 aussi osée et spécialisée.

QUOI DE NEUF EN 2003 ?

• **Nouveau modèle**

PAS MAL              BOF

- Une tenue de route qui promet d'être spectaculaire si les prétentions de Honda se matérialisent
- Une mécanique hautement sophistiquée qui semble avoir été très sérieusement remaniée
- Un style absolument sublime, d'autant plus qu'il suit si fidèlement celui de la machine de MotoGP

- Un niveau de spécialisation qui se trouve décuplé, encore au détriment de l'accessibilité pour les moins expérimentés
- Un niveau de confort probablement en recul, et ce, de façon assez évidente pour le passager
- Une mécanique qui tourne très haut et dont la souplesse reste à voir

## Honda
# CBR600F4i

| KG▸ 168 | CH▸ 115,5 | $▸ 11 399 |
|---|---|---|

Jadis, la CBR600 se voulait la 600 qui faisait tout. La route, la piste, tout lui allait. Honda consacrait d'ailleurs des efforts énormes pour continuer de ne produire qu'une 600. Mais les temps changent, et déjà, en 2001, la CBR600F4i devenait sensiblement plus axée sur le sport que la route. Avec l'arrivée, pour 2003, de nouvelles YZF-R6 et ZX-6R plus agressive que jamais, le concept de la CBR600 unique n'est plus. Ainsi, sans autre raison que l'évolution de la classe, la F4i se voit rétrogradée au rang de 600 de second plan, en 2003, laissant à la nouvelle CBR600RR le soin d'aller défendre l'honneur du constructeur.

## Signe des temps...

Il est difficile de concevoir qu'il faudra dorénavant considérer une F4i comme une 600 moins pointue, plus accessible et plus polyvalente que les modèles de pointe. Car s'il est tout à fait possible que la nouvelle RR et ses rivales fassent grimper d'une bonne coche le niveau de performances et d'agilité atteint avec la F4i, cette dernière reste une 600 sportive de fort calibre.

Basée sur la polyvalente CBR600F4 2000, la F4i a amené un niveau d'agressivité jusque là jamais vu sur une CBR600 avec sa position de conduite plus sévère, sa mécanique légèrement plus performante et sa partie cycle encore plus vive. Comme pour confirmer ce changement de personnalité, la ligne a abandonné son éternel air sage pour prendre un visage résolument plus agressif. Bien que le résultat soit légèrement en recul par rapport à ce qu'offrait la F4 au chapitre du confort (en raison d'une selle dure aux formes angulaires, de suspensions fermes et d'un certain poids sur les mains), il est pour le reste brillant. La mécanique injectée, par

exemple, se montre étonnamment souple pour la cylindrée, produisant un bon niveau de puissance dès 6 000 tr/min ; la véritable cavalerie arrive toutefois entre 9 000 et 14 000 tr/min. Si les accélérations n'ont jamais été les plus puissantes de la catégorie, la marge était assez faible. Il s'agit quand même d'une 600 produisant quelque 115 chevaux annoncés (environ une centaine à la roue arrière), ne l'oublions pas. La qualité du travail de l'injection est digne de mention puisqu'elle est exceptionnelle.

La CBR600F4i offre toujours l'une des tenues de route les plus relevées du genre sportif. Sur une piste ou un tracé sinueux, elle impressionne beaucoup par la légèreté avec laquelle elle se met en angle, par son aisance à corriger sa ligne en pleine courbe et par son superbe freinage. Mais c'est surtout la facilité avec laquelle elle peut enchaîner toutes ces opérations est extraordinaire. Évidemment, les dernières venues, dont la nouvelle CBR600RR, promettent de remettre en perspective ce niveau d'agilité et de précision en proposant des capacités encore plus élevées, ce qui donnera inévitablement à la F4i l'image d'une 600 de second rang. Dans les mains du pilote moyen, toutefois, elle continue de représenter un fantastique outil de précision.

FICHE TECHNIQUE

| Catégorie : | Sportive |
|---|---|

## MOTEUR

| Type/refroidissement : | 4-cylindres en ligne/liquide |
|---|---|
| Cylindrée : | 599 cc |
| Alésage et course : | 67 mm x 42,5 mm |
| Puissance : | 115,5 ch @ 12 500 tr/min |
| Couple : | 49 lb/pi @ 10 500 tr/min |
| Boîte de vitesses : | 6 rapports |
| Transmission finale : | par chaîne |

## PARTIE CYCLE

| Type de cadre : | périmétrique, en aluminium |
|---|---|
| Suspension avant : | fourche conventionnelle de 43 mm réglable en précharge, compression et détente |
| Suspension arrière : | monoamortisseur réglable en précharge, compression et détente |
| Freinage avant : | 2 disques de 296 mm de ø avec étriers à 4 pistons |
| Freinage arrière : | disque simple de 220 mm de ø |
| Pneus avant/arrière : | 120/70 ZR17 & 180/55 ZR17 |
| Empattement : | 1 386 mm |
| Hauteur du siège : | 810 mm |
| Poids à vide : | 168 kg |
| Réservoir de carburant : | 18 litres |

## PERFORMANCES

| Révolution à 100 km/h : | environ 5 000 tr/min |
|---|---|
| Consommation moyenne : | 5,1 l/100 km |

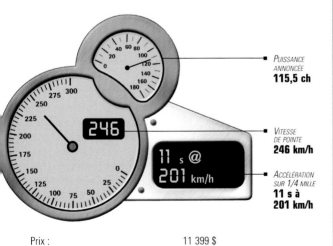

*PUISSANCE ANNONCÉE* **115,5 ch**

*VITESSE DE POINTE* **246 km/h**

*ACCÉLÉRATION SUR 1/4 MILLE* **11 s à 201 km/h**

| Prix : | 11 399 $ |
|---|---|
| Garantie : | 1 an/kilométrage illimité |
| Couleur : | argent et rouge, argent et noir |

## Technique

Parmi les modifications qui ont transformé la CBR600F4 en CBR600F4i, en 2001, on notait avant tout une esthétique entièrement redessinée. Comme le « i » minuscule l'indique, l'alimentation par carburateurs a fait place à un système d'injection électronique inspiré de celui des autres sportives injectées de Honda ; quant au système d'arrivée d'air forcée (Ram Air), il a également été revu. Honda annonçait un gain de 5 % en puissance par rapport à la F4, soit 5,5 chevaux. Du côté partie cycle, le cadre renforcé gagnait 11 % en rigidité torsionnelle et 7,5 % en rigidité latérale ; les suspensions, toujours entièrement réglables, se voyaient calibrées plus fermement ; les disques de frein étaient changés et, enfin, le poids à sec baissait légèrement, passant de 169 kg à 168 kg.

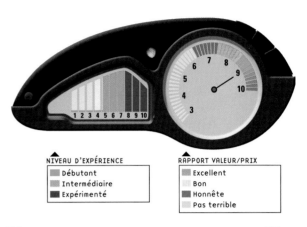

▲ NIVEAU D'EXPÉRIENCE
- Débutant
- Intermédiaire
- Expérimenté

▲ RAPPORT VALEUR/PRIX
- Excellent
- Bon
- Honnête
- Pas terrible

## « *Toujours une 600 pointue, RR ou pas...* »

## Conclusion

L'idée qu'une sportive de ce calibre doive dorénavant être considérée comme une machine moins pointue sous seul prétexte qu'une CBR600RR encore plus radicale est introduite, est insensée. La F4i était, et demeure, une 600 exceptionnelle qui n'a pas plus sa place dans des mains inexpérimentées qu'elle ne l'avait il y a un an. Au fait, maintenant qu'elle n'a plus à défendre les honneurs de la classe, Honda devrait peut-être songer à importer la version plus confortable vendue en Europe. Parce que sinon, quel rôle occupe au juste la F4i ?

QUOI DE NEUF EN 2003 ?

- **Aucun changement**
- **Aucune augmentation de prix**

PAS MAL          BOF

- **Une tenue de route d'un calibre non seulement très impressionnant, mais aussi très facile à exploiter**
- **Un moteur fougueux, plus souple qu'on pourrait le croire pour une 600, et parfaitement injecté**
- **Un ensemble terriblement efficace résultant de nombreuses années d'évolution**

- **Un niveau de confort qui, sans être vraiment mauvais, est nettement en recul sur ce qu'il a déjà été**
- **Des performances très bonnes, mais qui n'ont que peu évolué avec les changements de générations**
- **Des vibrations qui ont toujours été présentes sur le modèle et qui continuent d'ennuyer sur long trajet**

# Honda
# 919

KG ▸ 194          CH ▸ 110                    $ ▸ 10 999

**Basée sur la très populaire Hornet 600 du marché européen, la Hornet 900 était lancée l'an dernier. D'abord appelée CB900F sur notre marché, elle reprend en 2003 l'appellation américaine, devenant la 919, un chiffre qui fait référence à sa cylindrée. Malgré son air relativement sage, surtout en ces temps de Kawasaki Z1000, la 919 est une machine à la fois facile et délicate à piloter qui s'adresse à une clientèle d'expérience. Elle fait partie d'une série de montures de style standard plus ou moins agressive qui est lentement, mais sûrement arrivée sur notre marché au cours des dernières années.**

## Voyou en habit de moine...

L a 919 est probablement la monture de sa catégorie la moins extravagante en terme de style ou de données chiffrées, mais quelques minutes à peine en selle sont suffisantes pour comprendre qu'elle n'est pas pour autant de tout repos. Du moins si on la cherche, puisque c'est une de ces motos qui ont deux personnalités bien distinctes. La première, comme c'est souvent le cas chez ces motos, est celle d'une monture extrêmement facile d'accès qui se montre parfaitement à l'aise dans la besogne quotidienne. Sa position de conduite classique de type assise contribue beaucoup à mettre instantanément le pilote à l'aise, tout comme le font d'ailleurs la hauteur de selle raisonnable et le faible poids de l'ensemble. Par ailleurs, la direction, qui s'avère incroyablement légère, demandant une absence d'effort presque bizarre pour amorcer une quelconque manœuvre, contribue, elle aussi, à bâtir rapidement la confiance. Une mécanique agréablement souple dès les premiers régimes, une alimentation sans faille et un ensemble transmission-embrayage dans la bonne moyenne facilitent encore davantage la conduite.

Ce n'est qu'une fois qu'on se trouve bien à l'aise sur la 919, ce qui se fait très rapidement, qu'on commence à percevoir la seconde nature de la standard. Par exemple, si la mécanique n'offre pas vraiment de punch intéressant à l'approche de la zone rouge, ses mi-régimes sont en revanche gavés de couple. Ce qui a pour conséquence d'envoyer l'avant en l'air avec une facilité déconcertante, que ce soit sur le premier ou le second rapport, lorsque les gaz sont généreusement ouverts. On se rend ensuite assez vite compte que la combinaison de la position relevée, du poids faible, de la direction ultra-légère et de la surprenante solidité de la partie cycle en font une arme redoutable sur un tracé sinueux, voire même un authentique circuit routier. Le revers de la médaille est un comportement quelque peu hyperactif amené par l'extraordinaire légèreté de direction puisque la moindre poussée sur le guidon, volontaire ou pas, se transforme par une réaction immédiate de la moto. Bénéfique pour la maniabilité, cette légèreté devient problématique pour la stabilité dans des situations extrêmes.

Bien qu'elle positionne le pilote de manière fort raisonnable, la 919 n'est pas vraiment le choix idéal pour les très longs trajets, surtout en raison de ses suspensions plutôt fermes et de son absence de protection au vent.

Catégorie :                                  Standard

## MOTEUR

| | |
|---|---|
| Type/refroidissement : | 4-cylindres en ligne/liquide |
| Cylindrée : | 919 cc |
| Alésage et course : | 71 mm x 58 mm |
| Puissance : | 110 ch @ 9 000 tr/min |
| Couple : | 68 lb/pi @ 6 500 tr/min |
| Boîte de vitesses : | 6 rapports |
| Transmission finale : | par chaîne |

## PARTIE CYCLE

| | |
|---|---|
| Type de cadre : | épine dorsale rectangulaire, en acier |
| Suspension avant : | fourche conventionnelle de 43 mm non-ajustable |
| Suspension arrière : | monoamortisseur réglable en précharge |
| Freinage avant : | 2 disques de 296 mm de ø avec étriers à 4 pistons |
| Freinage arrière : | disque simple de 240 mm de ø |
| Pneus avant/arrière : | 120/70 ZR17 & 180/55 ZR17 |
| Empattement : | 1 460 mm |
| Hauteur du siège : | 795 mm |
| Poids à vide : | 194 kg |
| Réservoir de carburant : | 19 litres |

## PERFORMANCES

| | |
|---|---|
| Révolution à 100 km/h : | environ 4 500 tr/min |
| Consommation moyenne : | 6,5 l/100 km |

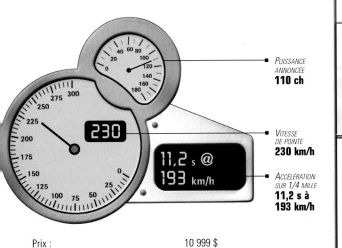

PUISSANCE ANNONCÉE
**110 ch**

230

VITESSE DE POINTE
**230 km/h**

11,2 s @ 193 km/h

ACCÉLÉRATION SUR 1/4 MILLE
**11,2 s à 193 km/h**

| | |
|---|---|
| Prix : | 10 999 $ |
| Garantie : | 1 an/kilométrage illimité |
| Couleur : | noir mat, argent mat |

## Technique

Pour motoriser sa 919, Honda n'avait nullement besoin de réinventer la roue. En effet, vu la vocation de la monture, plusieurs mécaniques actuelles ou passées auraient très bien pu faire le travail, en plus de limiter les coûts de production. Le constructeur s'est arrêté sur le quatre-cylindres en ligne de 919 cc de la CBR900RR 1999, qu'il a choisi de limiter à 110 chevaux, soit une bonne vingtaine en moins que dans sa version sportive. Un système d'injection a remplacé la rampe de carburateurs et le tout a été calibré pour maximiser le couple à mi-régime. Le cadre de type épine dorsale est une sorte de grosse poutre rectangulaire en acier à laquelle sont attachées des suspensions, des roues et des freins sportifs, mais pas à la fine pointe de la technologie.

| NIVEAU D'EXPÉRIENCE | RAPPORT VALEUR/PRIX |
|---|---|
| Débutant | Excellent |
| Intermédiaire | Bon |
| Expérimenté | Honnête |
| | Pas terrible |

**《《 Animal de ville... 》》**

## Conclusion

Il est très difficile de ne pas tomber sous le charme de ce genre de moto, et la 919 n'y fait pas exception. Étonnamment agile, elle offre une tenue de route à saveur décidément sportive tout en demeurant facile à vivre au jour le jour. Il ne s'agit pas d'une moto qui a le caractère mécanique d'une Triumph Speed Triple ou le côté pratique d'une Yamaha FZ-1, mais plutôt d'une machine urbaine joueuse, étonnamment facile à exploiter et excitante à ses moments.

QUOI DE NEUF EN 2003 ?

- **Aucun changement**
- **Aucune augmentation de prix**

PAS MAL

BOF

- **Une agilité hors du commun amenée par une direction ultra-légère et une position relevée**
- **Une mécanique gorgée de couple à mi-régime bien adaptée à la vocation urbaine du modèle**
- **Une tenue de route très surprenante permise par un châssis solide et précis**

- **Une direction légère au point de devenir hypersensible, et qui demande donc un certain respect**
- **Un côté pratique considérablement restreint par l'absence de toute protection au vent**
- **Un niveau de confort correct, mais qui semble insuffisant pour faire du sérieux kilométrage**

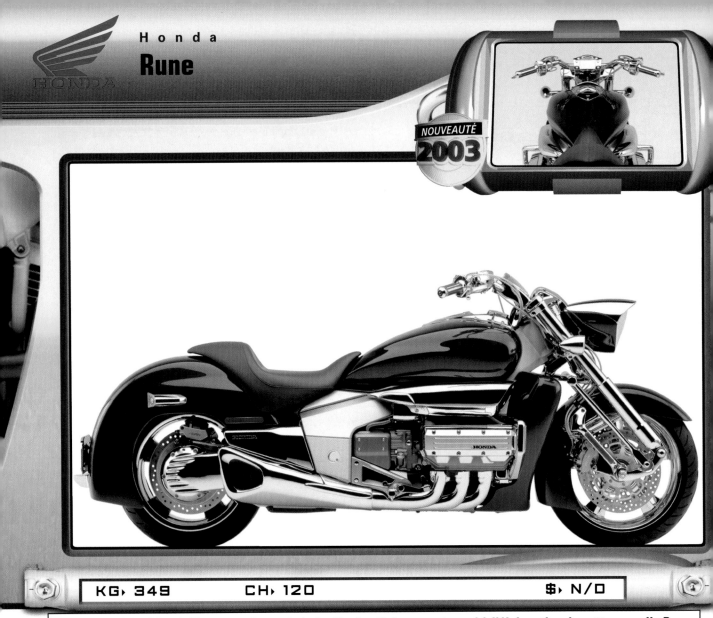

NOUVEAUTÉ
**2003**

| KG › 349 | CH › 120 | $ › N/D |
| --- | --- | --- |

S'il est un critère bien évidemment absent de la feuille des tâches ayant mené à l'élaboration de cette nouvelle Rune, il s'agit de la discrétion. En fait, le constructeur affirme même ne l'avoir construite que pour une, et une seule raison : montrer qu'il le pouvait. Dérivée d'une étude de style réalisée à partir de la Gold Wing 1800, la Rune se veut ainsi une ambassadrice de la démesure, et rien d'autre. Pour Honda, le constructeur réputé pour ses montures avant tout fiables, polyvalentes et fonctionnelles, bref pour son idéologie raisonnable en matière de deux-roues, la Rune est un revirement complet, une anti-Honda.

# M'as-tu vu ?

## Technique

Bien que le constructeur ne l'avoue pas de façon claire, son discours indique que l'image raisonnable et logique, ainsi que la réputation de fiabilité dont jouissent ses produits, ne semblent plus constituer des atouts suffisants dans ce marché devenu hautement « testostéronique » qu'est celui de la moto de route. C'est du moins ce que suggère la demande grandissante pour des montures extrêmes, extravagantes ou prestigieuses.

Le phénomène serait généré, du moins en partie, par la hausse constante de la qualité de fabrication chez les divers manufacturiers. Au point où ce seul facteur ne serait plus suffisant pour arriver à vendre une moto. Bref, désormais, on ne s'attend plus à ce que la qualité soit remise en question, et plus que tout, on cherche une image forte.

Pour des constructeurs comme BMW, Harley-Davidson et Ducati, entre autres, cette tendance se veut une bénédiction puisqu'elle ne les force pas à investir lourdement dans des technologies avec lesquelles ils seraient plus ou moins familiers, mais leur permet plutôt de monnayer l'image de prestige qui leur est

associée depuis des lustres.

Pour un manufacturier comme Honda, la tâche est toutefois plus ardue puisqu'elle consiste à changer la façon avec laquelle le public perçoit la compagnie, et qui découle de nombreuses années de production d'automobiles et de motocyclettes politiquement correctes.

Cette volonté d'ajouter un peu de piquant à son image a dernièrement poussé Honda à lancer des montures inhabituellement extrêmes pour lui, comme les CBR929RR, CBR954RR, CBR600F4i et VTX1800.

Pour 2003, si la CBR600RR vient ajouter encore plus de marginalité au côté sportif de la division Honda deux-roues, la Rune (prononcer Roune) se veut incontestablement la moto la plus choquante de la gamme, et possiblement de l'industrie. Le terme « choquant » pourrait tout aussi bien servir à qualifier l'explicité du langage utilisé par le manufacturier, pourtant jadis très retenu à ce sujet, pour décrire sa nouveauté. En fait, « La mienne est plus grosse que la tienne. » serait probablement le meilleur exemple du genre d'expressions employées par Honda pour vanter sa Rune. Nous assumerons qu'il s'agit de motos, dont on parle. Techniquement, la Rune est une étude de style devenue réalité. À la façon de la Valkyrie originale, il s'agit donc essentiellement d'une custom basée sur la dernière Gold Wing 1800. Les similitudes sont toutefois peu nombreuses, se

Catégorie :                    Custom

## MOTEUR

| | |
|---|---|
| Type/refroidissement : | 6-cylindres boxer/liquide |
| Cylindrée : | 1 832 cc |
| Alésage et course : | 74 mm x 71 mm |
| Puissance estimée : | 120 ch @ 5 500 tr/min |
| Couple estimé : | 130 lb/pi @ 4 000 tr/min |
| Boîte de vitesses : | 5 rapports |
| Transmission finale : | par arbre |

## PARTIE CYCLE

| | |
|---|---|
| Type de cadre : | périmétique en aluminium |
| Suspension avant : | fourche articulée non-ajustable |
| Suspension arrière : | monoamortisseur ajustable en précharge |
| Freinage avant : | 2 disques de 330 mm de ø avec étriers à 3 pistons |
| Freinage arrière : | disque simple de 336 mm de ø |
| Pneus avant/arrière : | 150/60R-18 & 180/55R-17 |
| Empattement : | 1 750 mm |
| Hauteur du siège : | 691 mm |
| Poids à vide : | 349 kg |
| Réservoir de carburant : | 23,5 litres |

## PERFORMANCES ESTIMÉES

| | |
|---|---|
| Révolution à 100 km/h : | environ 3 000 tr/min |
| Consommation moyenne : | 8,0 l/100 km |

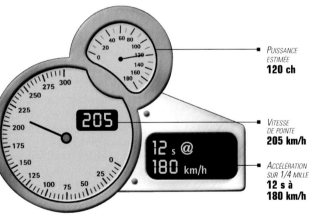

*Puissance estimée* **120 ch**

*Vitesse de pointe* **205 km/h**

*Accélération sur 1/4 mille* **12 s à 180 km/h**

| | |
|---|---|
| Prix : | n/d |
| Garantie : | 1 an/kilométrage illimité |
| Couleur : | bleu illusion |

résumant à utilisation de la mécanique Boxer à 6 cylindres de la machine de tourisme, mais dans une version encore plus puissante et coupleuse grâce au système d'alimentation à 6 injecteurs plutôt que 2, ainsi qu'à un système d'échappement qui promet d'être plus bavard que celui de la touriste. Bref, ça promet d'arracher sérieusement, et ce, même si le poids de l'ensemble n'est que très légèrement inférieur à celui de la Wing. Le cadre massif en aluminium n'a que des traits de ressemblance avec celui de la Gold Wing. Afin de permettre une selle aussi basse que possible, une suspension arrière de type Unit Pro-Link similaire à celle utilisée sur la CBR600RR, elle-même inspirée de celle de la RC211V de MotoGP, est utilisée. À l'avant, l'excentrique fourche articulée est avant tout là pour épater la galerie. Le tout se combine pour constituer ce qui est fort probablement la moto la plus longue de l'industrie. La Rune est un modèle 2004 qui devrait être disponible en quantité extrêmement limitée, c'est à dire moins d'une par concessionnaire. Son prix sera situé entre 35 000 $ et 40 000 $.

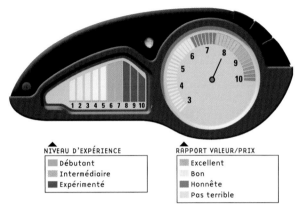

NIVEAU D'EXPÉRIENCE
- ▨ Débutant
- ▨ Intermédiaire
- ▨ Expérimenté

RAPPORT VALEUR/PRIX
- ▨ Excellent
- ▨ Bon
- ▨ Honnête
- ▨ Pas terrible

« *La mienne est plus grosse que la tienne...* »

## Conclusion

La Rune est un choc total qu'on arrive à peine à imaginer, déambulant la Maine. Moitié caricature, moitié concours de machisme, elle accomplira, sans l'ombre d'un doute, la mission pour laquelle elle a été conçue : attirer l'attention sur son constructeur et changer la façon dont on le perçoit. Dans le concret, du moins pour les quelques veinards qui réussiront à mettre le grappin dessus, la Rune devrait être une expérience aussi unique qu'excitante et, jusqu'à un certain point, bien maniérée. Parce qu'après tout, elle reste une Honda.

QUOI DE NEUF EN 2003 ?

• **Nouveau modèle**

PAS MAL          BOF

- •Une ligne et des proportions absolument incroyables ; il faut la voir pour y croire
- •Des performances qui promettent d'être particulièrement intéressantes
- •Une présence mécanique qui devrait s'avérer à peine légale

- •Un prix qui va de pair avec l'absence de retenue aux niveaux de la technologie et de la finition
- •Un poids presque égal à celui d'une Gold Wing donc, un encombrement presque assuré
- •Un niveau de maniabilité qui risque d'être moins qu'idéal, mais dont on se fichera complètement...

# Honda
## VTX1800

VTX1800S

VTX1800C

| KG> 320 | CH> 106 | $> 18 499 À 19 399 |

**S'il est vrai qu'il y a sur le marché, depuis l'an dernier, de légitimes « power cruisers », alors il doit aussi y avoir une « Monster Cruiser ». Telle est la distinction qu'oblige la VTX1800 avec tout autres deux-roues performante à saveur custom actuellement produite. Lancée en 2001, la VTX1800 Custom a été jointe un an plus tard par une version Retro au style beaucoup plus classique, alors que pour un supplément de 300 $, cette dernière est disponible avec des roues à rayons. Exception faite de leurs particularités esthétiques et de leurs positions de conduite différentes, les VTX1800 partagent les mêmes organes mécaniques.**

# Monster Cruiser...

Qu'on opte pour l'une ou l'autre des options stylistiques de la VTX1800, la bête réserve une expérience absolument unique à l'industrie. C'est que, même s'il existe d'autres customs pouvant légitimement être qualifiées de performantes, et que certaines approchent ou surpassent même les chiffres générés par la grosse VTX, cette dernière est incontestablement celle qui s'arrache d'un arrêt avec le plus de brutalité. Et ne laissez pas l'embrayage glisser de vos doigts trop rapidement : vous laisseriez une longue et fumante trace noire sur la route. Pour avoir marqué d'une telle trace essentiellement chaque intersection à laquelle nous nous sommes arrêtés, nous en savons quelque chose...

La mécanique de la VTX est un autre de ces joyaux de Honda. Malgré toute la brutalité dont il est capable, le V-Twin demeure civilisé en tout temps, tremblant profondément, mais jamais de façon déplaisante, bien au contraire, et grondant de manière à la fois lourde et discrète. Ses performances sont simples à décrire : du couple dément, disponible du plus bas au plus haut régime, au point de rendre les changements de rapports

littéralement optionnels. Les accélérations sont simplement dans une autre classe par rapport à la norme chez les grosses customs. Le seul reproche possible à ce fabuleux groupe motopropulseur est dirigé vers l'entraînement par arbre qui, lorsque l'accélérateur est soudainement ouvert ou fermé, soulève ou affaisse l'arrière d'une manière inhabituellement marquée. Autrement, le gros V-Twin de la VTX est un pur délice.

Comme c'est le cas pour les autres grosses machines de Honda (Valkyrie, Gold Wing), la VTX démontre une stabilité de train sur la route, et ce, dans toutes les circonstances. De même, la maniabilité du mastodonte s'avère étonnante : la direction est légère, neutre et précise, et l'agilité à basse vitesse est surprenante. À l'arrêt toutefois, son poids énorme la rend difficile à bouger. Côté freinage, on dispose d'une puissance impressionnante et le système de freinage combiné (la pédale agit aussi sur le frein avant) n'est aucunement gênant.

Même s'il s'agit d'une moto de balade et non de tourisme, la VTX se prête étonnamment bien à de longues randonnées. Exception faite de la fréquente rudesse de la suspension arrière, on note de belles qualités dont une très bonne selle, une position plutôt bien équilibrée dans le genre quel que soit le modèle et une mécanique toujours douce.

| | |
|---|---|
| Catégorie : | Custom |

## MOTEUR

| | |
|---|---|
| Type/refroidissement : | bicylindre en V/liquide |
| Cylindrée : | 1 795 cc |
| Alésage et course : | 101 mm x 112 mm |
| Puissance : | 106 ch @ 5 000 tr/min |
| Couple : | 120 lb/pi @ 3 500 tr/min |
| Boîte de vitesses : | 5 rapports |
| Transmission finale : | par arbre |

## PARTIE CYCLE

| | |
|---|---|
| Type de cadre : | double berceau, en acier |
| Suspension avant : | fourche inversée de 45 mm non-ajustable |
| Suspension arrière : | 2 amortisseurs réglables en précharge |
| Freinage avant : | 2 disques de 296 mm de ø avec étrier à 3 pistons (LBS) |
| Freinage arrière : | disque simple de 316 mm de ø (LBS) |
| Pneus avant/arrière : | 130/70R-18 (R : 150/80R-17) & 180/70R-16 |
| Empattement : | 1 715 mm |
| Hauteur du siège : | 693 mm |
| Poids à vide : | 320 kg (R : 335 kg) |
| Réservoir de carburant : | 17 litres (R : 20 litres) |

## PERFORMANCES

| | |
|---|---|
| Révolution à 100 km/h : | environ 2 600 tr/min |
| Consommation moyenne : | 7,9 l/100 km |

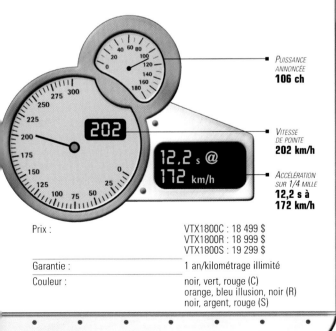

*PUISSANCE ANNONCÉE*
**106 ch**

*VITESSE DE POINTE*
**202 km/h**

*ACCÉLÉRATION SUR 1/4 MILLE*
**12,2 s à 172 km/h**

| | |
|---|---|
| Prix : | VTX1800C : 18 499 $<br>VTX1800R : 18 999 $<br>VTX1800S : 19 299 $ |
| Garantie : | 1 an/kilométrage illimité |
| Couleur : | noir, vert, rouge (C)<br>orange, bleu illusion, noir (R)<br>noir, argent, rouge (S) |

## Technique

La douceur de fonctionnement de l'énorme bicylindre en V de la VTX 1800 est telle qu'elle laisse croire qu'il serait facilement possible à un constructeur de passer la barre des deux litres de cylindrée, sur un V-Twin. Qui l'osera ? Si le passé nous prouve que cylindrée et performance ne vont pas toujours de pair avec ce genre de mécanique, la VTX1800 nous démontre clairement que c'est possible : en plus d'enregistrer tout près de 90 chevaux à sa roue arrière lors de notre test habituel sur le dynamomètre d'AMI Sport, le gros V-Twin a produit un couple surpassant légèrement 100 lb-pi. Des chiffres absolument géants pour la catégorie. En fait, la puissance de la VTX fut telle que, pour empêcher son pneu arrière de continuellement glisser sur le cylindre du dynamomètre, le test a dû être fait avec un passager !

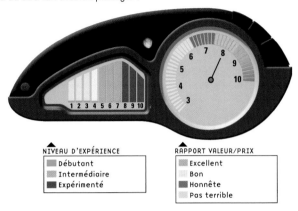

NIVEAU D'EXPÉRIENCE
- Débutant
- Intermédiaire
- Expérimenté

RAPPORT VALEUR/PRIX
- Excellent
- Bon
- Honnête
- Pas terrible

### « *Un privilège, et son prix...* »

## Conclusion

En raison de son prix élevé, qui approche maintenant les 20 000 $, la VTX1800 continue d'éprouver une certaine difficulté à trouver preneur. S'il est vrai que la somme est importante, ce qu'elle achète est absolument unique à l'industrie. La VTX1800 est l'une des très rares customs qui soient plus qu'une simple machine de balade, apprêtée à tel ou tel style. En fait, pour tous ceux qui ont la chance de vivre cette expérience, elle est essentiellement un privilège.

QUOI DE NEUF EN 2003 ?

- **Aucun changement**
- **Aucune augmentation de prix**

PAS MAL

BOF

- **Un moteur absolument fabuleux, rien de moins qu'un privilège à faire rugir**
- **Des performances exceptionnelles pour une custom, mais aussi un couple géant, omniprésent**
- **Un comportement extrêmement solide qui rappelle celui des autres grosses Honda, les Gold Wing et Valkyrie**

- **Un prix élevé, même s'il est jusqu'à un certain point justifié ; Honda pourrait peut-être faire un effort**
- **Une réaction de couple marquée de l'entraînement par arbre à l'ouverture et à la fermeture soudaine des gaz**
- **Une suspension arrière qui se montre trop facilement rude, sur des imperfections trop peu importantes**

KG▸ 309     CH▸ 110     $▸ 17 699

Compte tenu du prix auquel la stupéfiante nouvelle Valkyrie Rune se vendra éventuellement, il ne faut pas trop s'étonner de voir la Valkyrie originale rester présente au catalogue Honda. Lancée en 1996, cette version dénudée de la Gold Wing est incontestablement l'une des créations les plus particulières de l'industrie. Non seulement d'un point de vue visuel et conceptuel, mais aussi et surtout d'un point de vue sensoriel. Car on ne pilote pas une Valkyrie ; on en fait plutôt l'expérience. Alors que les années nous ont amené divers niveaux d'équipement et de finition du modèle, seule une version noire de base est offerte aujourd'hui, faute de popularité.

## Rune « miniature »...

**A**lors que, techniquement, une Valkyrie 1500 n'est pas beaucoup plus qu'une sage Gold Wing 1500 d'ancienne génération à son état le plus primitif, dans la réalité, il s'agit d'une expérience totalement différente. Car s'il est indéniable que les fiches techniques se ressemblent, il est tout aussi évident que la mécanique polie de la Gold Wing a sérieusement été dévergondée avant de se voir installée dans la custom. En fait, le caractère du six-cylindres Boxer de la Valkyrie est si distinct et vivant qu'il compte pour une large partie de l'agrément de conduite. Il suffit de mettre le monstre en marche pour commencer à comprendre : la sonorité qui s'échappe des six silencieux est simplement hallucinante, puisqu'elle n'a pratiquement rien à voir avec celle d'une moto ! On croirait plutôt entendre le croisement d'une Ferrari et d'une voiture d'accélération ! La provenance de la mécanique assure toutefois un éventail de qualités beaucoup plus vaste. Les performances, par exemple, sont franchement surprenantes pour une bête de ce poids. En fait, avec les VTX1800, V-Rod, V-Max et Magna 750, il s'agit d'une des montures de style custom les

plus rapides du marché. La souplesse est tout aussi impressionnante puisqu'il n'y a aucun creux dans la bande de puissance et qu'on a presque l'impression qu'elle tire autant en bas qu'en haut. Bref, un véritable bijou de moteur.

Une facette de la conduite de la Valkyrie qui étonne presque autant que le caractère de la mécanique est son comportement routier, qui est d'une qualité presque inconcevable pour un engin de ces proportions. Même qu'une conduite sportive, sur une route sinueuse, est non seulement possible, mais aussi très plaisante. La direction n'est pas particulièrement rapide, mais est en revanche plutôt légère, et la moto reste absolument rivée à sa ligne en virage ; peu importent les situations, la stabilité est imperturbable. D'un autre côté, le poids étant passablement élevé, les manœuvres lentes ou serrées exigent une certaine habitude. La position de conduite dégagée et naturelle ne crée pas d'inconfort à long terme, et comme la selle est large et bien formée, les longues sorties sont parfaitement envisageables. La seule ombre au tableau est une certaine sécheresse de la suspension arrière. Par ailleurs, comme il n'y a pas de protection au vent, la conduite peut devenir désagréable sur grande route, si on s'entête à rouler vite ou s'il vente.

| | |
|---|---|
| Catégorie : | Custom |

## MOTEUR

| | |
|---|---|
| Type/refroidissement : | 6-cylindres boxer/liquide |
| Cylindrée : | 1 520 cc |
| Alésage et course : | 71 mm x 64 mm |
| Puissance : | 110 ch |
| Couple : | 110 lb/pi |
| Boîte de vitesses : | 5 rapports |
| Transmission finale : | par arbre |

## PARTIE CYCLE

| | |
|---|---|
| Type de cadre : | double berceau, en acier |
| Suspension avant : | fourche inversée de 45 mm non-ajustable |
| Suspension arrière : | 2 amortisseurs réglables en précharge |
| Freinage avant : | 2 disques de 296 mm de ø avec étriers à 2 pistons |
| Freinage arrière : | disque simple de 316 mm de ø |
| Pneus avant/arrière : | 150/80 R17 & 180/70 R16 |
| Empattement : | 1 689 mm |
| Hauteur du siège : | 734 mm |
| Poids à vide : | 309 kg |
| Réservoir de carburant : | 20 litres |

## PERFORMANCES

| | |
|---|---|
| Révolution à 100 km/h : | environ 3 000 tr/min |
| Consommation moyenne : | 6,5 l/100 km |

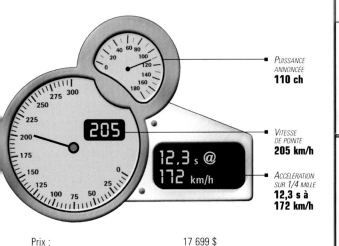

**Puissance annoncée 110 ch**

**Vitesse de pointe 205 km/h**

**Accélération sur 1/4 mille 12,3 s à 172 km/h**

| | |
|---|---|
| Prix : | 17 699 $ |
| Garantie : | 3 ans/kilométrage illimité |
| Couleur : | noir |

# Technique

Afin de donner au mastodonte qu'est la Valkyrie un comportement routier aussi solide et amical, Honda a essentiellement pris les gros moyens, ce qui veut dire que toutes les composantes de la partie cycle sont à l'image du moteur, immenses : les massives roues coulées, la fourche inversée et ses imposants poteaux de 45 mm, les tés de fourche, les tubes du châssis, etc. C'est d'ailleurs l'ensemble de ces pièces énormes qui donne à la moto son aspect si impressionnant. Mais la pièce la plus imposante du tableau est sans contredit le moteur, un peu comme c'est le cas avec la V-Max de Yamaha. Il s'agit d'un 6 cylindres Boxer emprunté à la Gold Wing 1500 puis trafiqué pour cracher encore plus de couple et de chevaux.

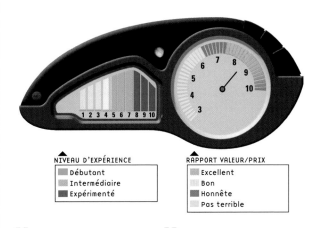

NIVEAU D'EXPÉRIENCE
- Débutant
- Intermédiaire
- Expérimenté

RAPPORT VALEUR/PRIX
- Excellent
- Bon
- Honnête
- Pas terrible

## « Et maintenant quoi ? »

# Conclusion

La place de la Valkyrie 1500 sur le marché actuel n'est plus très claire, car malgré ses belles qualités et l'indéniable agrément de conduite qu'elle procure, on semble en vouloir de moins en moins, probablement, en partie, à cause de son style qui se fait vieux. Vu son prix et sa production limitée, la Rune n'est pas vraiment un remplacement. Honda la laissera-t-il en arriver au point où se trouve la Magna 750 depuis des années, ou décidera-t-il plutôt de la rajeunir ?

QUOI DE NEUF EN 2003 ?

- Aucun changement
- Coûte 200 $ de plus qu'en 2002

PAS MAL

BOF

- Une mécanique d'une puissance et d'une souplesse impressionnantes qui rugit de façon incroyable
- Une tenue de route parfaitement à la hauteur des performances dont est capable le moteur
- Une version absolument unique du « Muscle Bike »

- Des dimensions énormes et un poids très élevé qui compliquent les manœuvres lentes et serrées
- Une suspension arrière généralement correcte, mais qui devient trop rapidement rude sur mauvais revêtement
- Une absence totale de protection au vent qui finit tôt ou tard par affecter le confort

# VTX1300

NOUVEAUTÉ 2003

VTX1300C

VTX1300S

| KG▸ 295 | CH▸ 76 | $▸ 13 999 |

**Annoncée dès 2001, mais lancée au milieu de 2002 comme modèle 2003, la VTX1300 a essentiellement permis à Honda de créer sa propre niche dans le créneau ultra-compétitif des grosses customs en s'éloignant à la fois des poids lourds de 1 500 cc et plus, et des mi-lourds de 1 100 cc. Le résultat, s'il est influencé par le style et le nom de la herculéenne VTX1800, n'a en effet que peu à voir avec cette dernière. Car si le lien de famille est évident de l'extérieur, de l'intérieur, la 1300 réserve une expérience beaucoup plus raffinée que brutale. Une version Custom est ajoutée en 2003.**

## Création d'un besoin...

**Q**ue penser d'une 1300, dans un marché déjà saturé de 1100 et de 1500 ? Un premier indice serait les 1 340 cc du vénérable moteur Harley-Davidson Evolution, soit à peine plus que les 1 312 cc de la VTX1300. Un second serait que les quelques 14 000 $ que commande cette dernière représentent une facture considérablement inférieure à celle de la majorité des customs de 1 500 cc et plus. Un troisième serait la capacité prouvée de Honda à fabriquer des V-Twins customs à sensations, comme celui des défuntes Shadow 1100 A.C.E. et Aero. Et, finalement, la prise de conscience que le constructeur a définitivement démontré savoir extraire des sérieux chevaux de ce genre de moteur avec sa VTX1800. La VTX1300 se veut en quelque sorte un amalgame de tous ces faits.

Fort élégante, impeccablement finie, mieux, même, que la VTX1800C, et de proportions imposantes, la « petite » VTX n'a, visuellement, pas grand-chose à se reprocher. Sur la route, l'impression de train routier renvoyée par sa grande sœur n'est pas présente, remplacée par une sensation de légèreté relative,

mais surtout d'équilibre général et de stabilité sans faute. Pour le genre de conduite qui l'attend, rien ne peut vraiment être critiqué puisque sa direction, bien que lente, est allégée par la largeur presque infinie du guidon (version S), et que le comportement en courbe est sûr et solide. La possibilité de pousser assez loin pour prendre le châssis en faute n'est simplement pas là puisque les grosses plateformes frottent très tôt, trop tôt, en fait. Donc, attention aux vitesses en courbe. Une très bonne selle, une position de conduite on ne peut plus « cool » et des suspensions généralement efficaces, sauf pour la rudesse de l'arrière sur mauvais revêtement, complètent un portrait confort-ergonomie somme toute agréable. Mais le véritable attrait de la VTX1300 se retrouve au niveau de la mécanique. Il s'agit d'un V-Twin absolument charmant qui n'a en fait d'égal, au chapitre de l'agrément sensoriel, qu'une mécanique de Milwaukee, ce qui n'est pas peu dire. Étonnamment puissant, avec ses performances au moins équivalentes à celles d'un V-Twin de 1 500 cc, il tremble avec assurance, mais sans désagrément, et gronde de façon plaisante et étonnamment audible pour une mécanique de série. Bref, un véritable délice mécanique plutôt qu'une brute, et une réussite totale.

| | |
|---|---|
| Catégorie : | Custom |

## MOTEUR

| | |
|---|---|
| Type/refroidissement : | bicylindre en V/liquide |
| Cylindrée : | 1 312 cc |
| Alésage et course : | 89,5 mm x 104,3 mm |
| Puissance annoncée : | 76 ch @ 5 000 tr/min |
| Couple annoncé : | 78 lb/pi @ 3 000 tr/min |
| Boîte de vitesses : | 5 rapports |
| Transmission finale : | par arbre |

## PARTIE CYCLE

| | |
|---|---|
| Type de cadre : | double berceau, en acier |
| Suspension avant : | fourche conventionnelle de 41 mm non-ajustable |
| Suspension arrière : | 2 amortisseurs réglables en précharge |
| Freinage avant : | 1 disque de 336 mm de ø avec étrier à 2 pistons |
| Freinage arrière : | disque simple de 296 mm de ø |
| Pneus avant/arrière : | 140/80-17 (C : 110/90-19) & 170/80-15 |
| Empattement : | 1 669 mm (C : 1 662 mm) |
| Hauteur du siège : | 686 mm |
| Poids à vide : | 295 kg (C : 290 kg) |
| Réservoir de carburant : | 18 litres |

## PERFORMANCES

| | |
|---|---|
| Révolution à 100 km/h : | n/d |
| Consommation moyenne : | 6,5 l/100 km |

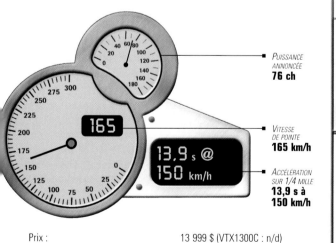

PUISSANCE ANNONCÉE
**76 ch**

VITESSE DE POINTE
**165 km/h**

ACCÉLÉRATION SUR 1/4 MILLE
**13,9 s à 150 km/h**

| | |
|---|---|
| Prix : | 13 999 $ (VTX1300C : n/d) |
| Garantie : | 1 an/kilométrage illimité |
| Couleur : | rouge, bleu illusion, orange, noir (S) |

## Technique

On pourrait chercher bien longtemps les pièces extravagantes et les chiffres hors norme sur la VTX1300 sans jamais les trouver puisque techniquement, rien n'est plus ordinaire. À la seule exception de la mécanique qui ne déplace ni 1100 ni 1500, mais plutôt 1 312 cc, bien plus probablement pour des raisons de marketing que technique. Mais là ne s'arrête pas le côté particulier de cette mécanique puisque Honda avoue s'être longuement attardé aux sensations qu'elle renvoie au pilote. En fait, le constructeur s'est surtout appliqué à amplifier ces dernières, ce qui a partiellement été accompli en déséquilibrant le vilebrequin ainsi qu'en décalant les bielles. Bref, en faisant tout le contraire de ce qui est nécessaire pour réduire les vibrations d'une mécanique. Il s'agit d'un concept similaire à celui du V-Twin à simple maneton de la A.C.E., en plus poussé.

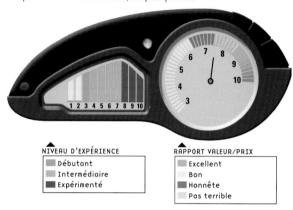

NIVEAU D'EXPÉRIENCE
- Débutant
- Intermédiaire
- Expérimenté

RAPPORT VALEUR/PRIX
- Excellent
- Bon
- Honnête
- Pas terrible

« *De la classe, de la voix et du rythme...* »

## Conclusion

La VTX1300 est un pied de nez aux customs poids lourd et à leur guerre des pouces cubes puisqu'elle cherche à plaire non pas en se gonflant le torse plus gros que sa voisine, mais plutôt comme le fait si bien une Harley-Davidson, c'est-à-dire avec un style propre et une finition sans faille, mais surtout grâce à une mécanique conçue expressément pour chanter juste et bien bouger. À ce chapitre, peu importe leur cylindrée, leur puissance ou leur prix, bien peu de customs offrent un tel charme.

QUOI DE NEUF EN 2003 ?

- Version C basée sur la VTX1300S lancée en 2002

PAS MAL          BOF

- Une puissance et un couple de 1500 avec des sensations et des sons qui rappellent beaucoup une Harley
- Un comportement sain exempt de vices majeurs, et une équilibre général très plaisant
- Une position de conduite (S) absolument charmante qui définit la notion de « position relaxe »

- Une garde au sol exagérément faible qui exige une attention particulière à la vitesse en virage
- Un guidon si large que les vitesses légales peuvent à peine être dépassées sur l'autoroute
- Une suspension arrière ferme, qui devient sèche sur mauvais revêtement

# Honda
## Shadow Sabre

| KG▸ 260 | CH▸ 75 | $▸ 12 099 À 12 499 |

La Sabre est la dernière venue d'une lignée de variantes basées sur la version originale de la Shadow 1100 mise en marché au milieu des années 80. Lancée en 2000, elle faisait à l'époque partie d'un nouveau genre de custom soi-disant axé sur la performance. Les derniers développements en la matière ont toutefois permis de mettre en perspective la véritable valeur du prétendu thème performant, qui, finalement, se limite essentiellement au traitement esthétique. Notons en passant la disparition de la Shadow Aero pour 2003, dont le prix aurait probablement été illogiquement proche de celui de la nouvelle VTX1300C.

# Puissance visuelle...

L'arrivée simultanée sur le marché, l'an dernier, des véritables customs de performances que sont le Harley V-Rod, Honda VTX1800, Yamaha Warrior et même Kawasaki Mean Streak, a permis de mettre au clair les assomptions du groupe de modèles ayant avancé des prétentions similaires en termes de performances. Dans le cas de la Sabre, comme dans celui des autres, d'ailleurs, il est vite devenu évident que le soit-disant thème performant n'était fondé que si l'on s'en tenait à l'esthétique. Ainsi, dans les faits, malgré l'annonce des « meilleures performances du marché pour une custom à moteur V-Twin », la Sabre ne s'est avérée que l'équivalent d'une Spirit ou d'une Aero (modèle 2001 et 2002). Comme ces dernières étaient effectivement plus rapides, ou plutôt moins lentes que la plupart de leurs rivales de l'époque, l'affirmation n'était pas frauduleuse. Donc, bien qu'il n'y ait pas eu de fausses avances faites par le manufacturier, plusieurs acheteurs se sont tout de même avoués déçus d'un niveau de performances essentiellement normal, alors qu'ils croyaient découvrir une custom vraiment rapide. Ceci dit, la mécanique de la Sabre peut quand même être qualifiée de relativement nerveuse, puisqu'elle prend ses tours rapidement et continue de tirer franchement jusqu'en haut. Sa souplesse aux régimes inférieurs est honnête et son niveau de vibrations ne devient jamais gênant, mais sa sonorité est plutôt ordinaire. Comme pour les accélérations, la tenue de route reste dans la bonne moyenne pour une custom, mais sans plus. La Sabre démontre une stabilité presque sans faute en ligne droite ou dans les courbes rapides ; l'effort à la direction est faible en entrée de courbe grâce au large guidon et la moto conserve sa ligne de manière solide et assez précise lorsqu'elle est inclinée. Côté freinage, la puissance est adéquate.

La position de conduite place les pieds très à l'avant, et les mains larges et basses, ce qui n'est pas déplaisant à court ou moyen termes. Cependant, même si la selle est bonne, le fait de concentrer tout le poids sur le fessier et le bas du dos peut devenir inconfortable à la longue. Quant aux suspensions, elles travaillent bien en général, mais l'arrière renverra tout de même un coup si l'on passe sur un bon trou.

| | |
|---|---|
| Catégorie : | Custom |

## MOTEUR

| | |
|---|---|
| Type/refroidissement : | bicylindre en V/liquide |
| Cylindrée : | 1 099 cc |
| Alésage et course : | 87,5 mm x 91,4 mm |
| Puissance : | 75 ch @ 5 200 tr/min |
| Couple : | 65 lb/pi @ 3 000 tr/min |
| Boîte de vitesses : | 5 rapports |
| Transmission finale : | par arbre |

## PARTIE CYCLE

| | |
|---|---|
| Type de cadre : | double berceau, en acier |
| Suspension avant : | fourche conventionnelle de 41 mm non-ajustable |
| Suspension arrière : | 2 amortisseurs réglables en précharge |
| Freinage avant : | 1 disque de 316 mm de ø avec étrier à 2 pistons |
| Freinage arrière : | disque simple de 276 mm de ø |
| Pneus avant/arrière : | 120/90-18 & 170/80-15 |
| Empattement : | 1 640 mm |
| Hauteur du siège : | 690 mm |
| Poids à vide : | 260 kg |
| Réservoir de carburant : | 16,5 litres |

## PERFORMANCES

| | |
|---|---|
| Révolution à 100 km/h : | environ 3 300 tr/min |
| Consommation moyenne : | 5,2 l/100 km |

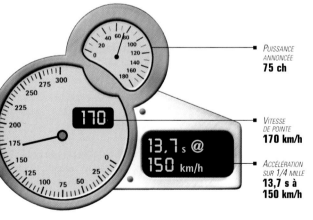

PUISSANCE ANNONCÉE
**75 ch**

VITESSE DE POINTE
**170 km/h**

ACCÉLÉRATION SUR 1/4 MILLE
**13,7 s à 150 km/h**

| | |
|---|---|
| Prix : | 12 099 $ (2 tons : 12 499 $) |
| Garantie : | 1 an/kilométrage illimité |
| Couleur : | rouge flamme, orange flamme, noir |

## Technique

La Sabre est un autre modèle dérivé de la Shadow 1100 de base actuelle, la Spirit. Le châssis est essentiellement le même, mais dans le cas de la mécanique, la finition est plus poussée alors que, selon Honda, les performances ont été maximisées en jouant légèrement avec l'admission et l'échappement, ainsi qu'en réduisant le tirage au niveau de l'entraînement primaire. Le moteur reste toutefois le même que sur la A.C.E. Tourer discontinuée, la Spirit courante et la Aero 2001, soit la version originale à double maneton. Du côté de la partie cycle, le thème performant de la Sabre se poursuit par l'utilisation de roues coulées montées de pneus sportifs, ainsi que par une légère réduction de la longueur de la fourche destinée à minimiser son fléchissement. Le reste de son côté performant se limite surtout au traitement esthétique.

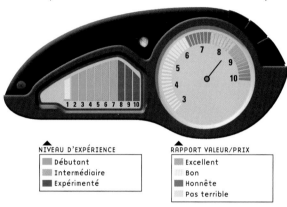

| NIVEAU D'EXPÉRIENCE | RAPPORT VALEUR/PRIX |
|---|---|
| Débutant | Excellent |
| Intermédiaire | Bon |
| Expérimenté | Honnête |
| | Pas terrible |

## « Imposture pardonnée... »

## Conclusion

Après une année 2002 absolument incroyable en fait d'évolution chez les customs, il devient difficile d'associer la Sabre à une quelconque idée de performance. Et pourtant, si l'on ne la prend que pour ce qu'elle est, une custom quand même relativement nerveuse, dynamiquement présentée et fort bien maniérée sur la route, l'expérience n'a rien de rien de méchant, bien au contraire. Si les produits Yamaha semblables représentent des valeurs supérieures, aucun n'affiche l'allure agressive de la Sabre, qui pourrait ainsi s'avérer l'un de ses meilleurs atouts.

QUOI DE NEUF EN 2003 ?

• **Aucun changement**
• **Coûte 100 $ de plus qu'en 2002**

PAS MAL

BOF

• Un niveau de performance qui, sans être d'aucune façon élevé, reste plaisant pour une custom « normale »
• Une tenue de route équilibrée, autant dans la stabilité toujours présente que dans l'aplomb en virage
• Un thème visuel « performance » bien réussi grâce à l'allure épurée, aux roues massives et à la peinture « flammes »

• Des performances qui n'ont essentiellement rien à voir avec celles des véritables customs de performance
• Une position mains devant, pieds loin devant qui finit par devenir inconfortable sur longue route
• Une suspension arrière qui devient rude sur mauvais revêtement

# Honda
## Shadow Spirit

| KG▸ 251 | CH▸ 75 | $▸ 11 399 À 11 599 |
| --- | --- | --- |

La Shadow Spirit est le modèle à partir duquel ont été développées les variantes American Classic Edition (A.C.E.), A.C.E. Tourer, Aero, et Sabre. Rajeunie à la hâte en 1997 par l'ajout de quelques pièces piratées au modèle A.C.E., la Spirit est en réalité une Shadow 1100 1985. Étrangement, bien que tous les modèles qui en ont été dérivés (à l'exception de la Sabre) aient aujourd'hui disparu, l'ancestrale Spirit continue d'être produite. La concurrence faisant moins cher, bien plus joli et infiniment mieux fini, il ne reste plus aux vendeurs que la célèbre fiabilité des produits Honda comme arguments de vente.

## Ancestrale...

Quiconque s'est déjà attardé à la gamme de modèles offerts par Harley-Davidson ne peut que constater combien il est facile de multiplier une base commune pour en faire une série de variantes qui peuvent même avoir des caractères distincts si les positions de conduite sont suffisamment altérées. La même ligne de pensée a été appliquée à la plateforme qu'est devenue Shadow 1100 originale. Par rapport à tous les modèles dérivés de cette custom originale, la Spirit est non seulement la plus proche du point de vue technique, mais aussi celle qui personnifie la « chopper » du groupe, avec son guidon en « cornes de bouc » reculé et ses repose-pieds placés loin devant. La mécanique, qui est depuis l'année dernière exactement la même sur toutes les versions (dont seule la Shadow Sabre survit en 2003), a toujours offert des performances correctes. En dépit du déficit de cylindrée par rapport aux customs poids lourd de 1400, 1500 et 1600 cc, les accélérations restent vives, alors que les tours grimpent rapidement et autoritairement jusqu'à des régimes relativement hauts. Même là, les vibrations sont suffisamment bien

contrôlées pour ne pas gêner. En revanche, le prix à payer pour cette douceur et ces bonnes performances est l'absence du traditionnel caractère nonchalant et saccadé d'un gros V-Twin custom.

La qualité de la tenue de route de la Spirit est satisfaisante, mais sa position de conduite à l'ancienne met le pilote moins à l'aise en virage que celles plus relaxes de la plupart des cruisers courantes. Même si la vitesse est élevée, la stabilité reste toujours bonne en ligne droite ou dans les courbes rapides, alors que le comportement en virage s'avère solide et relativement précis. L'effort nécessaire à l'inscrire en courbe est plutôt bas, mais encore une fois, la position de conduite quelque peu bizarre renvoie une sensation peu naturelle.

Au chapitre du confort, si la position reste acceptable à court ou moyen terme en dépit de sa saveur vieillotte, de longues randonnées taxeront le bas du dos. La selle est en revanche plutôt confortable. L'exposition totale au vent est tolérable jusqu'aux limites légales, mais devient vite fatigante ensuite, tandis que les suspensions effectuent généralement leur travail sans accroc, du moins tant que la chaussée n'est pas dégradée puisque l'arrière devient alors rude.

Catégorie :                     Custom

## MOTEUR

| | |
|---|---|
| Type/refroidissement : | bicylindre en V/liquide |
| Cylindrée : | 1 099 cc |
| Alésage et course : | 87,5 mm x 91,4 mm |
| Puissance : | 75 ch @ 5 200 tr/min |
| Couple : | 65 lb/pi @ 3 000 tr/min |
| Boîte de vitesses : | 5 rapports |
| Transmission finale : | par arbre |

## PARTIE CYCLE

| | |
|---|---|
| Type de cadre : | double berceau, en acier |
| Suspension avant : | fourche conventionnelle de 41 mm non-ajustable |
| Suspension arrière : | 2 amortisseurs réglables en précharge |
| Freinage avant : | 1 disque de 336 mm de ø avec étrier à 2 pistons |
| Freinage arrière : | tambour mécanique |
| Pneus avant/arrière : | 110/90 H19 & 170/80 H15 |
| Empattement : | 1 651 mm |
| Hauteur du siège : | 730 mm |
| Poids à vide : | 251 kg |
| Réservoir de carburant : | 15,8 litres |

## PERFORMANCES

| | |
|---|---|
| Révolution à 100 km/h : | environ 3 300 tr/min |
| Consommation moyenne : | 5,2 l/100 km |

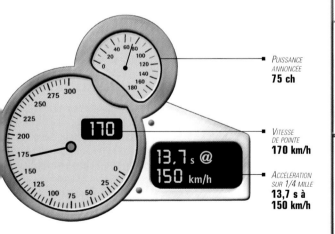

PUISSANCE ANNONCÉE
**75 ch**

VITESSE DE POINTE
**170 km/h**

ACCÉLÉRATION SUR 1/4 MILLE
**13,7 s à 150 km/h**

| | |
|---|---|
| Prix : | 11 399 $ (couleur : 11 599 $) |
| Garantie : | 1 an/kilométrage illimité |
| Couleur : | noir, rouge |

## Technique

Les Shadow Spirit et A.C.E. Tourer (discontinuée depuis 2002), tout comme l'Aero 2002 (discontinuée aussi cette année), d'ailleurs, sont propulsées par un V-Twin de 1 099 cc à 45 degrés, refroidi au liquide et disposant de 3 soupapes et d'un arbre à cames en tête par cylindre. Il s'agit d'une mécanique qui date du milieu des années 80 et qui fut conçue à une époque où les manufacturiers japonais commençaient tout juste à s'intéresser au phénomène custom. Comme les notions de caractère et de rythme sur une mécanique leur étaient alors inconnues, ils s'appliquèrent à construire des V-Twin performants et vibrant le moins possible, d'où la douceur de celui-ci et la bonne puissance qu'il produit. Honda a bien tenté, avec la A.C.E. 1100 1995, de donner plus d'émotions à ce moteur, mais l'idée a finalement été complètement abandonnée à partir de 2001.

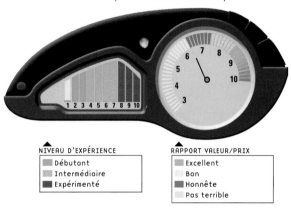

NIVEAU D'EXPÉRIENCE
- Débutant
- Intermédiaire
- Expérimenté

RAPPORT VALEUR/PRIX
- Excellent
- Bon
- Honnête
- Pas terrible

## « Inexplicablement encore là... »

## Conclusion

Le fait que la Shadow Spirit représente une valeur médiocre dans un ensemble visuellement insignifiant n'est même plus discutable. Le fait qu'elle soit encore présente dans la gamme Honda alors que tout le reste des variantes de la Shadow 1100, sauf une, a disparu, est inexplicable. Et le fait que le constructeur ne se décide toujours pas à en présenter une version ajustée au goût du jour, à prix similaire ou inférieur, est essentiellement insensé.

QUOI DE NEUF EN 2003 ?

- **Aucun changement**
- **Coûte 100 $ de plus qu'en 2002**

PAS MAL                BOF

- Une mécanique fiable et plutôt douce qui a toujours offert un niveau de performances honnête
- Un comportement routier sans vice majeur, caractérisé surtout par une bonne stabilité
- La moins chère des grosses customs Honda

- Un concept qui remonte à la genèse de la custom japonaise, qu'on a tenté de rajeunir par un pauvre maquillage
- Une position de conduite vieille, avec son guidon bizarre et ses repose-pieds très éloignés
- Une ligne qui n'a rien pour elle, et un V-Twin aussi soigneusement fini qu'un caillou

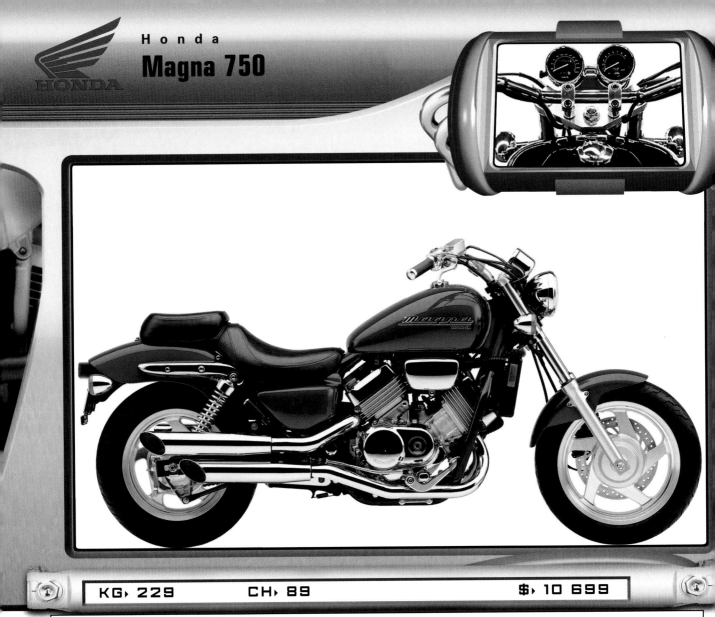

| KG▸ 229 | CH▸ 89 | $▸ 10 699 |
|---|---|---|

Lorsqu'elle fut introduite en 1994, la Magna sortait un peu de nul part. Motorisée par un V4 dérivé de celui de la légendaire RC30, affichant une ligne custom plus ou moins habile avec ses quatre silencieux, elle fut présentée par Honda comme une custom performante. Une quoi ? Dire qu'aujourd'hui ce même concept est à l'avant-garde du genre custom : la bonne idée au mauvais moment, quoi. Étrangement, même si le marché semble aujourd'hui bien plus intéressé par ce genre de moto, Honda continue simplement de ramener le modèle année après année, sans jamais le rajeunir, ce dont il aurait grand besoin.

# Bonne idée, mauvaise époque...

La Magna a beau être un concept plein de potentiel, ses lignes sont tellement en retard sur la mode actuelle que les acheteurs semblent carrément ne pas l'inclure dans leurs possibilités de choix, comme si elle n'existait pas. Tel est le prix à payer pour toute monture qui ne se tient pas à jour dans l'univers custom. Dommage, parce qu'elle en a gros à offrir, en commençant par ses excellentes performances. La mécanique permettant d'atteindre ces dernières est en fait le V4 de 748 cc de la VFR750F produite entre 1990 et 1997. Il s'agit d'ailleurs d'une proche parente du moteur qui propulsait la légendaire RC30. Si elle a évidemment été adoucie et recalibrée avant d'être installée dans la Magna, les 89 chevaux annoncés au vilebrequin demeurent très impressionnants pour une custom. En fait, c'est même supérieur à tout ce qu'il y a de semblable sur le marché, exception faite de certaines customs de performances, comme la VTX1800 et la V-Rod, ou encore de la vénérable V-Max et de la Valkyrie. Les accélérations et la

souplesse sont excellentes, la puissance arrivant agréablement tôt en régime puis continuant de s'intensifier jusqu'en haut. Alors que la sonorité émise par cette mécanique est particulièrement plaisante sur la monture d'origine, la VFR est munie d'un échappement 4 dans 1, alors que la Magna utilise un 4 dans 4. Or, bien que l'exotique grondement du moteur demeure semblable, la pétarade du quatuor de silencieux n'est pas appréciée de tous.

La tenue de route est, elle aussi, au-dessus des normes habituelles de la classe, la Magna se prêtant même volontiers à un rythme plutôt rapide sur une route sinueuse. Elle n'inquiétera aucune sportive, mais sa direction légère et assez précise, sa généreuse garde au sol et son châssis rigide permettent vraiment de s'amuser en virage. En dépit du tambour arrière, les freinages sont satisfaisants.

Le niveau de confort est bon puisque la position de conduite assise ressemble à celle d'une standard, que la selle est large et bien formée, et que les suspensions se débrouillent généralement bien. L'absence de toute protection au vent limite cependant le confort sur l'autoroute, ce qui, compte tenu des capacités de la mécanique, est un peu dommage. Un joli carénage de tête de style « Café Racer » était d'ailleurs offert en option, il y a quelques années.

| Catégorie : | Custom |
|---|---|

## MOTEUR

| Type/refroidissement : | 4-cylindres en V/liquide |
|---|---|
| Cylindrée : | 748 cc |
| Alésage et course : | 70 mm x 48,6 mm |
| Puissance : | 89 ch @ 10 000 tr/min |
| Couple : | 53,9 lb/pi @ 9 500 tr/min |
| Boîte de vitesses : | 5 rapports |
| Transmission finale : | par chaîne |

## PARTIE CYCLE

| Type de cadre : | double berceau, en acier |
|---|---|
| Suspension avant : | fourche conventionnelle de 41 mm non-ajustable |
| Suspension arrière : | 2 amortisseurs réglables en précharge |
| Freinage avant : | 1 disque de 316 mm de ø avec étrier à 2 pistons |
| Freinage arrière : | tambour mécanique |
| Pneus avant/arrière : | 120/80 V17 & 150/80 V15 |
| Empattement : | 1 652 mm |
| Hauteur du siège : | 710 mm |
| Poids à vide : | 229 kg |
| Réservoir de carburant : | 13,5 litres |

## PERFORMANCES

| Révolution à 100 km/h : | environ 3 900 tr/min |
|---|---|
| Consommation moyenne : | 6,0 l/100 km |

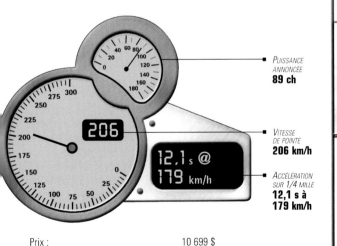

- **PUISSANCE ANNONCÉE** **89 ch**
- **VITESSE DE POINTE** **206 km/h**
- **ACCÉLÉRATION SUR 1/4 MILLE** **12,1 s à 179 km/h**

| Prix : | 10 699 $ |
|---|---|
| Garantie : | 1 an/kilométrage illimité |
| Couleur : | bleu |

## Technique

Les constructeurs ont beau parler de customs de performances, la vérité est que toutes ne livrent pas véritablement la marchandise en ligne droite. Même si elle n'a jamais réellement été commercialisée en tant que l'une de ces dernières, la Magna est l'une des montures du genre les plus rapides. Le responsable est son petit bijou de moteur : un 4-cylindres en V de 748 cc tournant sans problème jusqu'à 10 000 tr/min, régime auquel il produit un solide 89 chevaux. Il dispose de 16 soupapes, de 4 arbres à cames en tête, de 4 carburateurs et de 4 silencieux séparés. La boîte de vitesses utilise 5 rapports, un de moins que sur la VFR750F d'où provient la mécanique. Afin de garder le prix aussi bas que possible, des éléments économiques comme l'entraînement final par chaîne et le frein arrière à tambour sont utilisés.

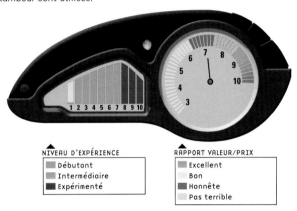

**NIVEAU D'EXPÉRIENCE**
- ▨ Débutant
- ▨ Intermédiaire
- ▨ Expérimenté

**RAPPORT VALEUR/PRIX**
- ▨ Excellent
- ▨ Bon
- ▨ Honnête
- ▨ Pas terrible

« *Plutôt intelligente, mais, malheureusement, pas assez belle...* »

## Conclusion

La Magna 750 est une excellente moto, offerte à bon prix, mais dont l'apparence la prive de tout succès. Imaginez un peu l'intérêt qu'elle susciterait si Honda l'habillait « à la V-Rod » et continuait de la vendre à moins de 11 000 $. En attendant que cette profonde révision arrive, si elle arrive un jour, on ne peut vraiment blâmer les acheteurs de passer tout droit devant elle. Après tout, l'un des plaisirs de l'expérience custom est de pouvoir admirer sa monture, ce que la Magna permet difficilement.

QUOI DE NEUF EN 2003 ?

- **Aucun changement**
- **Coûte 100 $ de plus qu'en 2002**

PAS MAL          BOF

- Une mécanique moderne et sophistiquée qui permet un niveau impressionnant de performances
- Une tenue de route qui, sans être sportive, permet de rigoler un peu en courbe
- Un bon niveau de confort amené par une position raisonnable et des bonnes suspensions

- Une ligne qui n'est simplement pas au goût du jour et qui la prive de tout intérêt
- Un système d'échappement à quatre silencieux qui ne laisse pas le V4 chanter comme il le peut
- Une absence de protection au vent qui, vu le potentiel de la mécanique, finit vite par déranger

# Honda
# Shadow A.C.E. 750
# et Spirit 750

SHADOW A.C.E. 750

SHADOW SPIRIT 750

| KG▸ 225 | CH▸ 45 | $▸ 7 999 À 8 699 |
|---|---|---|

Les Shadow 750 figurent parmi les modèles les plus populaires du marché de la moto de route. Il s'agit de customs de cylindrée moyenne bien construites, bien finies et très faciles à piloter. De plus, elles sont très peu dispendieuses puisqu'en magasinant un peu, on arrive presque à s'en payer une de chaque pour le prix d'un modèle poids lourd du même genre. Élaborée à partir de la A.C.E. 750 inaugurée en 1997, mais affichant une allure appelée dans le milieu plus « custom » que « classique », la Spirit 750 a été mise en marché en 2001. Aucune n'est techniquement altérée pour la nouvelle année.

## Deux pour un...

Les raisons principales pour lesquelles les Shadow 750 sont si faciles d'accès viennent tout simplement du fait qu'il s'agisse de motos compactes, basses, relativement légères et tout à fait amicales d'un point de vue ergonomique. D'ailleurs, elles font partie des rares motos sur lesquelles les femmes se sentent immédiatement en confiance, particulièrement dans le cas de la Spirit.

Identique en tout point sur les deux modèles le V-Twin refroidi par liquide qui les propulse est l'un des plus plaisants de la catégorie des customs de moyenne cylindrée, et constitue définitivement l'un de leurs points forts. En fait, il donne presque l'impression, de par sa sonorité grave, son rythme saccadé et ses vibrations profondes (mais certainement pas par ses accélérations), de déplacer 1 000 cc plutôt que 750. Sur la route, comme avec une grosse mécanique, les tours ne semblent jamais élevés, et un niveau de couple intéressant est disponible sur la majeure partie de la plage de régime. Les performances, cependant, sont loin d'être étincelantes : s'il est agréable aux sens, ce V-Twin est également le moins

puissant de la catégorie. Si le niveau de performances reste parfaitement suffisant pour se balader agréablement, tout pilote pressé sera déçu.

Pour les raisons énumérées plus tôt, le niveau de maniabilité des Shadow 750, est excellent. Elles sont légères à inscrire en virage et se montrent stables autant en ligne droite qu'en pleine inclinaison, alors que leur direction reste neutre et plutôt précise ; à cause de sa grande roue, la direction de la Spirit affiche toutefois une tendance à se braquer plus qu'on le souhaiterait à très basse vitesse, mais redevient normale après. Si la garde au sol limite assez vite les inclinaisons possibles, elles n'en sont pas moins plaisantes sur une route sinueuse. Dans le cas des deux modèles, le freinage est adéquat, sans plus.

Alors que l'A.C.E. est la plus confortable des deux en raison de sa position de conduite plus naturelle, la Spirit n'est pas méchante non plus à ce chapitre. Sa suspension arrière péniblement dure, toutefois, ne tarde pas à s'attirer des jurons. Une caractéristique que nous n'avons étrangement jamais remarquée sur la A.C.E.. Pour ce qui est du reste, les selles sont honnêtes, alors que les vibrations de la mécanique, pourtant présentes, ne dérangent pas.

| | |
|---|---|
| Catégorie : | Custom |

## MOTEUR

| | |
|---|---|
| Type/refroidissement : | bicylindre en V/liquide |
| Cylindrée : | 745 cc |
| Alésage et course : | 79 mm x 76 mm |
| Puissance : | 45 ch @ 5 000 tr/min |
| Couple : | 45 lb/pi @ 3 000 tr/min |
| Boîte de vitesses : | 5 rapports |
| Transmission finale : | par chaîne |

## PARTIE CYCLE

| | |
|---|---|
| Type de cadre : | double berceau, en acier |
| Suspension avant : | fourche conventionnelle de 41 mm non-ajustable |
| Suspension arrière : | 2 amortisseurs réglables en précharge |
| Freinage avant : | 1 disque de 296 mm de ø avec étrier à 2 pistons |
| Freinage arrière : | tambour mécanique |
| Pneus avant/arrière : | 110/80-19 (A.C.E. : 120/90-17) &160/80-15 (A.C.E. : 170/80-15) |
| Empattement : | 1 640 mm (A.C.E. : 1 618 mm) |
| Hauteur du siège : | 676 mm (A.C.E. : 700 mm) |
| Poids à vide : | 225 kg (A.C.E. : 229 kg) |
| Réservoir de carburant : | 14 litres |

## PERFORMANCES

| | |
|---|---|
| Révolution à 100 km/h : | n/d |
| Consommation moyenne : | 6,5 l/100 km |

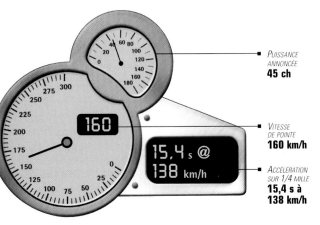

PUISSANCE ANNONCÉE **45 ch**

VITESSE DE POINTE **160 km/h**

ACCÉLÉRATION SUR 1/4 MILLE **15,4 s à 138 km/h**

| | |
|---|---|
| Prix : | 7 999 $ à 8 699 $ (Spirit : 8 599 $) |
| Garantie : | 1 an/kilométrage illimité |
| Couleur : | noir, rouge, rouge et noir, argent et noir, motif orange (A.C.E.) noir, rouge flamme, mauve flamme (Spirit) |

## Technique

Les Shadow 750 peuvent être vendues à des prix raisonnables en partie parce qu'elles ont été développées à partir d'éléments déjà existants. La mécanique, par exemple, est une version considérablement retravaillée du V-Twin à 52 degrés de 583 cc refroidi par liquide qui propulse la petite Shadow VLX 600 depuis 1987. Gonflé à 745 cc, il dispose de 2 bougies d'allumage, de 3 soupapes et d'un arbre à cames en tête par cylindre. La transmission utilise 5 rapports, soit un de plus que sur la VLX. Au niveau des différences entre l'A.C.E. et la Spirit, on retrouve une roue avant de 16 pouces à pneu large plutôt qu'une de 19 pouces à pneu mince, des garde-boue enveloppants plutôt que diminutifs, un guidon large et reculé plutôt qu'étroit et avancé, et, enfin, des repose-pieds positionnés plus loin sur la Spirit.

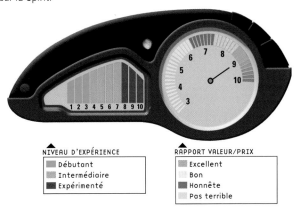

NIVEAU D'EXPÉRIENCE

- Débutant
- Intermédiaire
- Expérimenté

RAPPORT VALEUR/PRIX

- Excellent
- Bon
- Honnête
- Pas terrible

« **La hantise des VLX600 et des V-Star 650...** »

## Conclusion

Les Shadow 750 représentent indéniablement d'excellentes valeurs. L'expérience de pilotage qu'elles offrent est surtout intéressante pour les motocyclistes nouvellement arrivés au sport, y revenant après une période d'absence, ou tout simplement limités dans leur budget. Si elles ne s'adressent pas vraiment à une clientèle avancée en raison de leur faible niveau de performances, en revanche, le parfait novice trouvera en elles des façons d'apprendre considérablement plus captivantes que les cylindrées inférieures, à prix semblables.

QUOI DE NEUF EN 2003 ?

- Aucun changement
- Coûtent 200 $ de plus qu'en 2002

PAS MAL

BOF

- Une mécanique très plaisante par son caractère imitant fort bien celui d'une cylindrée supérieure
- Une grande facilité de pilotage amenée par des poids faibles, des selles basses et des positions compactes
- Des lignes réussies dans les deux cas, des finitions correctes dans l'ensemble et une fiabilité établie

- Une suspension arrière anormalement rude sur notre Spirit d'essai, et pourtant correcte sur l'A.C.E.
- Une direction un peu maladroite à très basse vitesse sur la Spirit, à cause de la grande roue et du pneu mince
- Des dégagements qui pourraient s'avérer justes pour les pilotes de grande taille

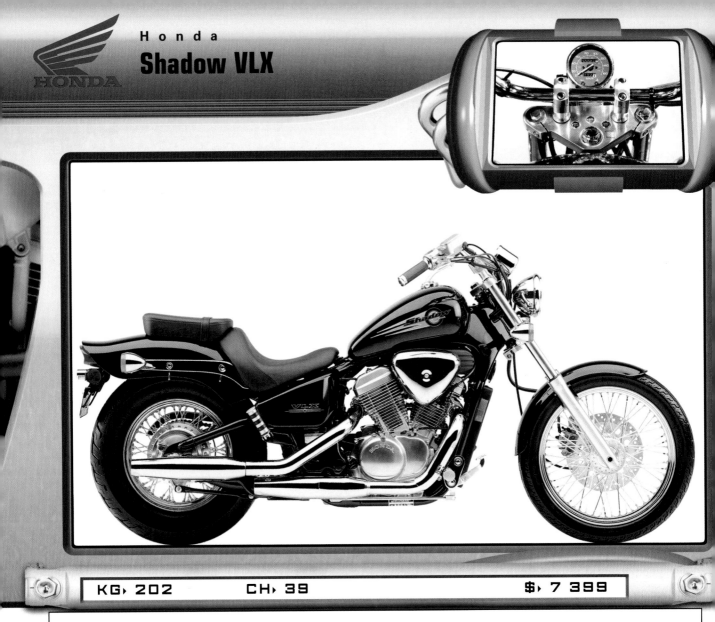

KG▸ 202        CH▸ 39                    $▸ 7 399

**La Shadow VLX 600 n'a pratiquement pas évolué depuis que Honda l'a mise en marché, il y a déjà quinze ans. En fait, à part de petites modifications à sa ligne et à sa carburation en 1999, il s'agit de la même moto. Elle intéresse généralement une clientèle novice ou craintive en raison de sa très faible hauteur de selle, de son poids réduit malgré ses dimensions pleines, et de sa petite cylindrée. On ne la retrouve depuis quelques années que dans sa version noire, la plus économique, afin de lui donner une chance contre les très abordables customs de cylindrée moyenne.**

# Un contexte difficile...

Il est difficile de trouver plus invitant et plus simple, comme manière de s'initier à la moto sous le thème custom, que cette petite VLX. Et pourtant, malgré le fait que ce genre de moto soit plus populaire que jamais, la plus petite des Shadow n'arrive pas facilement à trouver preneur. L'explication se trouve tout simplement dans le fait que les customs de cylindrée moyenne se vendent actuellement à des prix d'aubaine, parfois à peine plus élevés que celui de la pauvre VLX. Ces dernières ayant des mécaniques bien plus agréables tout en demeurant parfaitement recommandables pour un novice, la petite 600 commence à sérieusement manquer d'arguments. Qu'à cela ne tienne, grâce à son gabarit moins important, la VLX représente quand même une option intéressante pour les débutants craintifs face à une cylindrée supérieure puisque ses 39 chevaux ne devraient effrayer personne ; par ailleurs, les pilotes de très petite taille l'aimeront pour sa selle exceptionnellement basse.

Même si la puissance de la mécanique n'est pas très élevée, elle permet des accélérations respectables pour autant qu'on soit prêt à la faire tourner. Elle est aussi amplement suffisante pour se déplacer sans difficulté en ville comme sur l'autoroute. Comme le couple à bas régime est décent et que la transmission ne compte que quatre rapports, les changements de vitesses peuvent être gardés à un minimum. Si tout ça ne semble pas si mal, il faut réaliser qu'il s'agit quand même d'un petit moteur qui renvoie des sensations de petit moteur. En autant qu'on puisse se permettre la différence de prix, l'agrément des A.C.E. et Spirit 750, à ce niveau, est nettement supérieur.

Dès qu'on s'habitue à sa position de conduite du genre « chopper », la petite VLX se pilote très facilement, s'inclinant sans effort en entrée de courbe grâce au guidon large, demeurant solide et rassurante lorsqu'elle est inclinée et se montrant toujours très stable. La garde au sol est relativement généreuse et le freinage est honnête.

Si l'on s'en tient à des sorties de courte ou moyenne durée, la bonne selle et les suspensions correctes gardent le niveau de confort acceptable. Mais ensuite, ça devient plus pénible. La position, par exemple, demande de s'accrocher face au vent sur l'autoroute et concentre tout le poids du pilote sur le bas de son dos, ce qui a vite fait de devenir douloureux, surtout si on circule sur une route abîmée.

| | |
|---|---|
| Catégorie : | Custom |

## MOTEUR

| | |
|---|---|
| Type/refroidissement : | bicylindre en V/liquide |
| Cylindrée : | 583 cc |
| Alésage et course : | 75 mm x 66 mm |
| Puissance : | 39 ch @ 6 500 tr/min |
| Couple : | 35,5 lb/pi @ 3 500 tr/min |
| Boîte de vitesses : | 4 rapports |
| Transmission finale : | par chaîne |

## PARTIE CYCLE

| | |
|---|---|
| Type de cadre : | double berceau, en acier |
| Suspension avant : | fourche conventionnelle de 39 mm non-ajustable |
| Suspension arrière : | monoamortisseur réglable en précharge |
| Freinage avant : | 1 disque de 296 mm de ø avec étrier à 2 pistons |
| Freinage arrière : | tambour mécanique |
| Pneus avant/arrière : | 100/90 H19 & 170/80 H15 |
| Empattement : | 1 605 mm |
| Hauteur du siège : | 650 mm |
| Poids à vide : | 202 kg |
| Réservoir de carburant : | 12 litres |

## PERFORMANCES

| | |
|---|---|
| Révolution à 100 km/h : | environ 4 200 tr/min |
| Consommation moyenne : | 4,2 l/100 km |

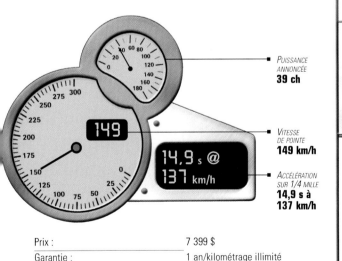

*PUISSANCE ANNONCÉE*
**39 ch**

*VITESSE DE POINTE*
**149 km/h**

*ACCÉLÉRATION SUR 1/4 MILLE*
**14,9 s à 137 km/h**

| | |
|---|---|
| Prix : | 7 399 $ |
| Garantie : | 1 an/kilométrage illimité |
| Couleur : | noir |

## Technique

Pour la première fois de son histoire, la VLX était révisée en 1999. Les modifications furent toutefois relativement mineures. Les changements au moteur V-Twin de 583 cc ont surtout été limités au remplacement de la paire de carburateurs de l'ancien modèle par un carburateur simple de 34 mm, ce qui aurait amélioré le couple à bas régime selon Honda. Autrement, il s'agit de la même mécanique qu'au tout début, avec son refroidissement par liquide, ses 3 soupapes et son simple arbre à cames en tête par cylindre, et son vilebrequin à simple maneton. Du côté esthétique, le style « chopper » a encore été accentué grâce à l'emploi d'un garde-boue arrière du genre « Bob-Tail » et d'une selle plus basse. Sa hauteur est maintenant de 650 mm (25,6 pouces) par rapport à 690 mm en 98.

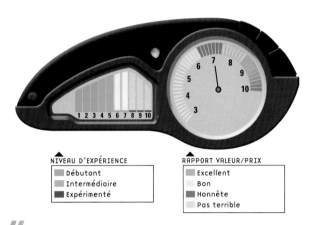

| NIVEAU D'EXPÉRIENCE | RAPPORT VALEUR/PRIX |
|---|---|
| Débutant | Excellent |
| Intermédiaire | Bon |
| Expérimenté | Honnête |
| | Pas terrible |

## « *Difficile d'ignorer les 750 à quelques dollars de plus...* »

## Conclusion

La petite VLX est une manière parfaitement valable de s'initier au pilotage d'une deux-roues. Facile à prendre en main, toujours très docile, même agréable du point de vue de la mécanique, elle est également fiable et soigneusement finie. En fait, le seul problème, c'est la différence minimale de budget qui permet d'envisager les modèles considérablement plus intéressants de l'échelon supérieur, sans pourtant qu'ils moins faciles d'accès. Comme ces derniers resteront intéressants pour l'acheteur bien plus longtemps, il s'agit d'un dilemme qui tourne rarement en faveur de la VLX.

QUOI DE NEUF EN 2003 ?

- **Aucun changement**
- **Aucune augmentation de prix**

PAS MAL — BOF

- **Un poids très faible et une selle exceptionnellement basse qui favorisent la prise de confiance**
- **Des accélérations honnêtes, du moins quand on fait tourner le petit V-Twin sans gêne**
- **Une fiabilité établie et un niveau de finition soigné pour un prix correct**

- **Un prix correct, d'accord, mais comment ignorer une Marauder 800 à 200 $ de plus ou une A.C.E. 750 à 600 $ de plus ?**
- **Une mécanique de faible cylindrée qui n'est pas aussi plaisante que celle des 750 ou des 800**
- **Une position de conduite typique des customs qui demande une certaine accoutumance**

# Honda
# Rebel

| KG▸ 139 | CH▸ 18,5 | $▸ 4 799 |

La Rebel 250 est une toute petite moto d'initiation dont l'introduction remonte à 1986. N'ayant jamais été ce qu'on pourrait qualifier de modèle chaud du marché, il n'a pas été rare de voir la petite Rebel être retirée de la gamme, à un moment ou à un autre de sa longue carrière, pour être ensuite réintégrée, quand les quantités restantes avaient diminué. La version 2003 n'a pratiquement pas évolué par rapport à l'originale.

En raison de sa nature extraordinairement basse et légère, la Rebel 250 est une des montures favorites des écoles de conduites. Avec raison puisque toutes les techniques nécessaires à piloter une « vraie » moto sont les mêmes sur la Rebel, mais sans le facteur d'intimidation apporté par une selle haute, par un poids élevé, ou par un moteur nerveux. À ce chapitre, le petit bicylindre de 243 cc refroidi par air ne risque d'effrayé personne. Bien que sa puissance annoncée soit de seulement 18 chevaux, elle demeure parfaitement capable de suivre le flot de la circulation urbaine, et même de s'aventurer sur l'autoroute où elle peut maintenir sans trop de problèmes une vitesse légale. Dans presque toutes les situations, il faut néanmoins s'attendre à devoir jouer du sélecteur de vitesse et faire tourner la mécanique abondamment pour en extraire le meilleur. L'accessibilité est excellente puisque le poids est très faible et qu'il est porté bas sur la moto, si bien que même les plus craintifs prennent rapidement confiance. La très faible hauteur de selle joue aussi un gros rôle à ce sujet. Sur la route, le comportement est caractérisé par une très bonne stabilité en ligne droite, une direction très légère et une solidité tout à fait acceptable en virage. Bien que la position de conduite soit dictée par l'allure custom, elle est plutôt compacte et rien ne semble exagéré. Comme la selle n'est pas mauvaise et que les suspensions sont assez molles, le niveau de confort reste correct.

## FICHE TECHNIQUE

| | |
|---|---|
| Catégorie : | Custom |

### MOTEUR

| | |
|---|---|
| Type/refroidissement : | bicylindre parallèle/air |
| Cylindrée : | 234 cc |
| Alésage et course : | 53 mm x 53 mm |
| Puissance : | 18,5 ch @ 8 250 tr/min |
| Couple : | 14 lb/pi @ 4 500 tr/min |
| Boîte de vitesses : | 5 rapports |
| Transmission finale : | par chaîne |

### PARTIE CYCLE

| | |
|---|---|
| Type de cadre : | berceau semi-double, en acier |
| Suspension avant : | fourche conventionnelle de 33 mm non-ajustable |
| Suspension arrière : | 2 amortisseurs réglables en précharge |
| Freinage avant : | 1 disque de 240 mm de ø avec étrier à 2 pistons |
| Freinage arrière : | tambour mécanique |
| Pneus avant/arrière : | 3,00-18 & 130/90-15 |
| Empattement : | 1 450 mm |
| Hauteur du siège : | 675 mm |
| Poids à vide : | 139 kg |
| Réservoir de carburant : | 10 litres |
| Prix : | 4 799 $ |
| Garantie : | 1 an/kilométrage illimité |
| Couleur : | bleu, noir |

Honda
# XR650L

KG › 149    CH › 43    $ › 7 449

**La XR650L est demeurée inchangée, au sein de la gamme Honda, depuis qu'elle a été introduite en 1992, pour remplacer la XR600L. Son penchant hors-route, la XR650R, a pourtant été sérieusement révisée il y a trois ans, mais aucune des modifications n'a été transmise à la version légale sur route. Il s'agit d'une des double-usages de cette cylindrée les plus aptes à une utilisation sérieuse en pilotage hors-route.**

Les 43 chevaux annoncés du gros mono 4-temps de 644 cc refroidi par air de la XR650L suffisent généralement à propulser décemment la double-usage en ville comme sur l'autoroute, où ils permettent même de rouler bien au-dessus des limites. Le prix à payer, outre l'occasionnelle contravention, est un niveau de vibrations assez présent pour vite devenir agaçant, surtout si on s'entête à conserver des vitesses élevées. Toutefois, plus les tours sont gardés bas, moins cela devient un problème. Heureusement, le couple à bas régimes est bien plus intéressant que la faible dose de puissance supplémentaire amenée par des tours élevés. La XR650L est incontestablement l'une des motos les plus hautes sur le marché, si bien que les moins de six pieds se retrouvent au mieux sur le bout des orteils, à l'arrêt. La direction est très légère et la tenue de route est surprenante, du moins une fois qu'on s'habitue à la mollesse des suspensions. L'avant est particulièrement mou et plonge beaucoup au freinage. Bien qu'elle ne soit pas assez légère pour une conduite hors-route vraiment agressive, tant qu'on reste près du plancher des vaches, elle passera littéralement partout. Côté confort, la position est dégagée et équilibrée, ce qui est typique pour ce genre de moto, mais la selle étroite et très dure devient vite incommodante.

La XR650L fait tant de sacrifices pour mieux performer en sentier que seuls les pilotes plaçant les capacités hors-route au premier rang y trouveront leur bonheur. Pour ceux qui s'en tiennent surtout aux chemins pavés, on trouve sans difficulté plus confortable, plus accessible et moins cher ailleurs.

**FICHE TECHNIQUE**

| | |
|---|---|
| Catégorie : | Double-Usage |

### MOTEUR

| | |
|---|---|
| Type/refroidissement : | monocylindre/air |
| Cylindrée : | 644 cc |
| Alésage et course : | 100 mm x 82 mm |
| Puissance : | 43 ch @ 6 000 tr/min |
| Couple : | 39 lb/pi @ 5 000 tr/min |
| Boîte de vitesses : | 5 rapports |
| Transmission finale : | par chaîne |

### PARTIE CYCLE

| | |
|---|---|
| Type de cadre : | berceau semi-double, en acier |
| Suspension avant : | fourche conventionnelle de 43 mm ajustable en précharge et compression |
| Suspension arrière : | monoamortisseur réglable en précharge, compression et détente |
| Freinage avant : | 1 disque de 256 mm de ø avec étrier à 2 pistons |
| Freinage arrière : | disque simple de 220 mm de ø |
| Pneus avant/arrière : | 3.00-21 & 4.60-18 |
| Empattement : | 1 455 mm |
| Hauteur du siège : | 940 mm |
| Poids à vide : | 149 kg |
| Réservoir de carburant : | 10,5 litres |
| Prix : | 7 449 $ |
| Garantie : | 1 an/kilométrage illimité |
| Couleur : | rouge |

# Jazz

**KG › 71**        **CH › N/D**            **$ › 2 549**

Lancé l'année dernière, le Jazz est un scooter inhabituellement sophistiqué avec sa mécanique à quatre temps refroidie au liquide et son léger châssis en aluminium. Il représente une tentative du constructeur nippon de remplacer les scooters deux-temps relativement polluants et peu fiables par un produit supérieur d'un point de vue technologique offert à prix semblable. Malgré sa sympathique apparence rétro, le Jazz n'a suscité qu'un intérêt limité sur notre marché, lors de sa première année de commercialisation.

Les petits scooters devant par définition être aussi économiques que possible, le choix d'une mécanique deux-temps plus simple et moins coûteuse à produire qu'une quatre-temps de cylindrée égale s'est toujours fait naturellement. Surtout que traditionnellement, un petit moteur deux-temps est facilement plus performant qu'un équivalent quatre-temps. Et comme chaque fraction de chevaux compte sur un scooter...

Bien que le constructeur ne cache pas que le niveau de puissance de son Jazz puisse être légèrement inférieur à celui des cyclomoteurs traditionnels à moteurs deux-temps, il affirme en revanche que la plus grande production de couple typique d'une mécanique 4-temps, et ce, sur une plus grande plage de régimes, réduirait considérablement l'écart de performance. D'un autre côté, Honda annonce également une durée de vie beaucoup plus longue, pour la mécanique, ainsi qu'une consommation d'essence et un niveau sonore bien inférieurs à ceux des scooters deux-temps, ce qui est facilement envisageable.

Le Jazz innove également à plusieurs autres chapitres. Le freinage, par exemple, fait appel au système CBS (Combined Braking System) généralement retrouvé sur les machines sportives et de tourisme du constructeur. En gros, le levier de frein arrière actionne les tambours des deux roues, alors que le levier avant fonctionne de façon conventionnelle.

Côté sécurité, une manette installée à l'intérieur du compartiment de rangement verrouillable situé sous la selle permet de bloquer la béquille centrale en position déployée, compliquant la tâche des voleurs potentiels. On note, par ailleurs, une généreuse capacité de 22 litres, pour ce compartiment, en partie rendue possible par le positionnement du réservoir d'essence sous le plancher.

## FICHE TECHNIQUE

Catégorie :                              Scooter

### MOTEUR

| | |
|---|---|
| Type/refroidissement : | monocylindre 4 temps/liquide |
| Cylindrée : | 49 cc |
| Alésage et course : | n/d |
| Puissance : | n/d |
| Couple : | n/d |
| Boîte de vitesses : | automatique |
| Transmission finale : | par courroie |

### PARTIE CYCLE

| | |
|---|---|
| Type de cadre : | aluminium |
| Suspension avant : | fourche conventionnelle |
| Suspension arrière : | monoamortisseur non-ajustable |
| Freinage avant : | tambour mécanique |
| Freinage arrière : | tambour mécanique avec CBS |
| Pneus avant/arrière : | 90/90-10 & 90/90-10 |
| Empattement : | 1 191 mm |
| Hauteur du siège : | 711 mm |
| Poids à vide : | 71 kg |
| Réservoir de carburant : | 5 litres |
| Prix : | 2 549 $ |
| Garantie : | 1 an/kilométrage illimité |
| Couleur : | jaune, bleu |

## Honda
# Ruckus

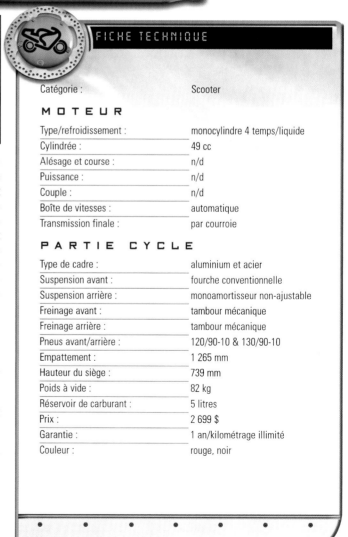

**NOUVEAUTÉ 2003**

**KG ▸ 82      CH ▸ N/D      $ ▸ 2 699**

**Même s'il est impossible de trouver un quelconque lien stylistique entre les deux deniers scooters de Honda, il reste que techniquement, le tout nouveau Ruckus est à plusieurs égards similaire au plus traditionnel Jazz inauguré l'an dernier. Notamment, le Ruckus utilise essentiellement la même minuscule mécanique quatre-temps que le Jazz, en plus d'être construit autour d'un châssis partiellement fait d'aluminium. Le tout est présenté dans un style post-apocalyptique qui risque d'être soit adoré, soit détesté par les ados, mais certainement pas ignoré.**

Le Ruckus représente un geste supplémentaire de la part du constructeur nippon confirmant sa tentative d'introduire sur le marché des petits véhicules pratiques et économiques, mais aussi fiables et peu polluants. Concrètement, ces véhicules prennent la forme de scooters construits avec les technologies modernes et sophistiquées plutôt que traditionnelles et rudimentaires. Une telle approche devrait normalement avoir pour conséquence des prix élevés, du moins jusqu'à ce que les quantités vendues deviennent suffisantes pour faire baisser les coûts de production. Toutefois, Honda a apparemment décidé d'opter pour une approche contraire en apposant dès le départ un prix raisonnable à ses nouveaux produits. L'idée est qu'en agissant de cette manière, le plus grand volume de vente compensera pour le prix moins élevé. C'est ainsi que, malgré leur moteur quatre-temps considérablement plus dispendieux à produire qu'un équivalent deux-temps, ainsi que l'utilisation de l'aluminium pour leur châssis, les Jazz et Ruckus sont offerts à des prix similaires à ceux des scooters 49 cc traditionnels. Dans le cas du Ruckus, ce prix normal pourrait aussi être expliqué par le fait que Honda n'a essentiellement rien dépensé sur la carrosserie, puisqu'il n'y en a pas. En fait, il s'agit probablement du véhicule poussant le plus loin le concept minimaliste de l'industrie. Le cadre utilise une combinaison d'aluminium, retrouvé dans la partie avant et visible sous la plateforme, et d'acier tubulaire employé sur la partie arrière peinte. Plutôt que chausser le Ruckus des petits pneus habituellement retrouvés sur les scooters, Honda a choisi d'utiliser des gros beignes d'aspect double-usage dont les dimensions sont identiques à celles des pneus du Yamaha BW's R. Ce dernier semble d'ailleurs également avoir servi d'inspiration pour le gros optique double.

## FICHE TECHNIQUE

| | |
|---|---|
| Catégorie : | Scooter |

### MOTEUR

| | |
|---|---|
| Type/refroidissement : | monocylindre 4 temps/liquide |
| Cylindrée : | 49 cc |
| Alésage et course : | n/d |
| Puissance : | n/d |
| Couple : | n/d |
| Boîte de vitesses : | automatique |
| Transmission finale : | par courroie |

### PARTIE CYCLE

| | |
|---|---|
| Type de cadre : | aluminium et acier |
| Suspension avant : | fourche conventionnelle |
| Suspension arrière : | monoamortisseur non-ajustable |
| Freinage avant : | tambour mécanique |
| Freinage arrière : | tambour mécanique |
| Pneus avant/arrière : | 120/90-10 & 130/90-10 |
| Empattement : | 1 265 mm |
| Hauteur du siège : | 739 mm |
| Poids à vide : | 82 kg |
| Réservoir de carburant : | 5 litres |
| Prix : | 2 699 $ |
| Garantie : | 1 an/kilométrage illimité |
| Couleur : | rouge, noir |

# INDIAN
# Indian **Chief**

RÉVISION **2003**

**KG‣ 265    CH‣ 75    $‣ 18 495 À 19 995 US**

## Technique

Si Indian a repoussé la présentation de sa Chief, en 2002, c'était afin de mettre la touche finale à une nouvelle mécanique V-Twin injectée de conception maison baptisée Powerplus 100, en raison de sa cylindrée de 100 pouces cubes. Il s'agit du morceau qui manquait à la compagnie américaine pour être désormais considérée en tant qu'authentique manufacturier. Bien que le nouveau V-Twin affiche une architecture essentiellement identique au moteur S&S qu'il remplace, avec son angle ouvert à 45 degrés, son refroidissement par air, sa transmission séparée et ses « pushrods », de l'extérieur, il se distingue très facilement par ses couvercles de têtes et ses cylindres arrondis. Quatre variantes du modèle sont offertes : la Chief de base ; la Chief Deluxe, qui est une version à la finition plus poussée du modèle précédent ; la Chief Roadmaster, qui se veut une variante de tourisme léger équipée d'un gros pare-brise, de sacoches souples et de d'un dossier pour le passager ; et, finalement, la nouvelle Chief Springfield, qui n'est en fait qu'un niveau de finition différent du modèle de base. Comme les quantités d'Indian qui entrent au pays sont très faibles et qu'il n'y a pas d'importateur officiel, aucun prix canadien n'est établi.

## FICHE TECHNIQUE

| | |
|---|---|
| Catégorie : | Custom |

**MOTEUR**

| | |
|---|---|
| Type/refroidissement : | bicylindre en V/air |
| Cylindrée : | 1 638 cc |
| Alésage et course : | 98 mm x 108 mm |
| Puissance estimée : | 75 ch |
| Couple estimé : | 75 lb/pi |
| Boîte de vitesses : | 5 rapports |
| Transmission finale : | par courroie |

**PARTIE CYCLE**

| | |
|---|---|
| Type de cadre : | berceau semi-double, en acier |
| Suspension avant : | fourche conventionnelle de 41 mm non-ajustable |
| Suspension arrière : | 2 amortisseurs réglables en précharge |
| Freinage avant : | 1 disque de 292 mm de ø avec étrier à 4 pistons |
| Freinage arrière : | disque simple de 292 mm de ø |
| Pneus avant/arrière : | 130/90-16 & 130/90-16 |
| Empattement : | 1 702 mm |
| Hauteur du siège : | 673 mm |
| Poids à vide : | 265 kg |
| Réservoir de carburant : | 22 litres |
| Prix : | 18 495 $ à 19 995 $ US |
| Garantie : | 1 an/kilométrage illimité |
| Couleur : | noir, rouge, orangé, blanc, jaune,bleu |

# Indian
## Scout et Spirit

**KG ▸ 265     CH ▸ 75     $ ▸ 16 995 À 19 995 US**

## Technique

Les Scout et Spirit représentent la première génération de modèles construits par Indian depuis la réouverture de la compagnie, en 1998, quelques 45 ans après que la firme originale ait fermé ses portes. Il s'agit de customs construites autour d'une mécanique provenant du fournisseur américain de moteurs S&S. Les V-Twin refroidis par air de ce dernier font partie intégrante du phénomène des « clones » de Harley-Davidson, des motos entièrement fabriquées à partir de pièces du marché de l'accessoire et de la performance, originalement destiné aux Harley-Davidson. Avant d'obtenir les droits d'utilisation du nom « Indian », c'est le genre de motos que la compagnie produisait et vendait. Les Scout et Spirit en sont des descendantes directes, qui ont toutefois été visuellement apprêtées de manière à émuler aussi bien que possible les Indian d'antan. C'est d'ailleurs pour ces raisons que l'authenticité des modèles de la compagnie de Gilroy, en Californie, a si souvent été mise en question. Le fait que Indian manufacture depuis l'an dernier ses propres mécaniques devrait grandement aider la firme à progresser, ne serait-ce que dans l'esprit des motocyclistes et de l'industrie. Comme c'est le cas pour la Chief, qui bénéficie par ailleurs de cette nouvelle mécanique, plusieurs variantes des Scout et Spirit sont proposées.

### FICHE TECHNIQUE

| | |
|---|---|
| Catégorie : | Custom |

**MOTEUR**

| | |
|---|---|
| Type/refroidissement : | bicylindre en V/air |
| Cylindrée : | 1 442 cc |
| Alésage et course : | 92 mm x 108 mm |
| Puissance estimée : | 75 ch |
| Couple estimé : | 75 lb/pi |
| Boîte de vitesses : | 5 rapports |
| Transmission finale : | par courroie |

**PARTIE CYCLE**

| | |
|---|---|
| Type de cadre : | berceau semi-double, en acier |
| Suspension avant : | fourche conventionnelle de 41 mm non-ajustable |
| Suspension arrière : | 2 amortisseurs réglables en précharge |
| Freinage avant : | 1 disque de 292 mm de ø avec étrier à 4 pistons |
| Freinage arrière : | disque simple de 292 mm de ø |
| Pneus avant/arrière : | 130/90-16 & 130/90-16 |
| Empattement : | 1 702 mm |
| Hauteur du siège : | 673 mm |
| Poids à vide : | 265 kg |
| Réservoir de carburant : | 13,25 litres |
| Prix : | 16 995 $ à 19 995 $ US |
| Garantie : | 1 an/kilométrage illimité |
| Couleur : | noir, rouge, orangé, blanc, jaune, bleu |

**RÉVISION 2003**

## KG› 268    CH› 110 OU 140    $› 29 900 À 34 900

La Black Train est le dernier né du constructeur québécois de motos Junior. Il s'agit à la fois d'une évolution des Stallion/Typhoon lancées en 1999 et d'une nouvelle étape pour Junior, ce dernier affirmant avoir beaucoup travaillé sur le comportement de ses modèles haut de gamme au cours de la dernière année. Il en a également profité pour faire le ménage de sa gamme et de ses prix, bref pour s'ajuster à la réalité de la production à petite échelle.

Notre expérience sur les modèles Stallion et Typhoon de première génération nous a permis de découvrir des montures aux lignes dignes de modèles d'exposition, qui se sont avérées étonnamment bien motorisées, surtout dans le cas des versions « Rubber Mount », mais passablement pauvre en termes de comportement routier. Pour 2003, la nouvelle Black Train et les Stallion et Typhoon, desquelles elle est d'ailleurs dérivée affiche un nombre très important de modification, la première venant d'un changement de mécanique. Sans qu'il soit particulièrement intéressé à élaborer sur la provenance de ses nouveaux moteurs (bien qu'il confirme que S&S ne le fournit plus), Junior insiste sur le fait qu'il s'agit de mécaniques bâties expressément pour lui, selon des spécifications précises, et qu'elles lui sont même livrées avec ses propres numéros de série. Les puissances annoncées sont aussi étonnantes que les cylindrées : la version de 1 976 cc produirait 110 chevaux, tandis que celle de 2 150 cc (!!) amènerait la puissance à 140 chevaux. Afin de mâter le tout, le constructeur affirme que ses châssis maison ont été considérablement solidifié par l'ajout de renforts et l'utilisation d'acier tubulaire de 1 1/4 pouce plutôt que de 1 pouce de diamètre. Étrangement, le châssis « Rubber Mount » n'est plus produit. À savoir si le niveau de vibrations de ces monstres ne sera pas trop élevé pour un montage rigide (l'ancien moteur S&S monté rigidement vibrait vraiment beaucoup), Junior répond que la puissance est tellement haute que les tours élevés ne sont plus essentiels, et que de toutes façons, les mécaniques sont naturellement plus douces qu'on pourrait le croire. Il sera intéressant d'en constater en personne.

## FICHE TECHNIQUE

| | |
|---|---|
| Catégorie : | Custom |

### MOTEUR

| | |
|---|---|
| Type/refroidissement : | bicylindre en V/air |
| Cylindrée : | 1 976 cc ou 2 150 cc |
| Alésage et course : | n/d |
| Puissance annoncée : | 110 ch ou 140 ch |
| Couple annoncé : | 135 lb/pi ou 150 lb/pi |
| boîte de vitesses : | 6 rapports |
| Transmission finale : | par courroie |

### PARTIE CYCLE

| | |
|---|---|
| Type de cadre : | double berceau en acier |
| Suspension avant : | fourche inversée de 41mm non-ajustable |
| Suspension arrière : | 2 amortisseurs réglables en précharge |
| Freinage avant : | 2 disques de 292 mm de ø avec étriers à 4 pistons |
| Freinage arrière : | disque simple de 292 mm de ø |
| Pneus avant/arrière : | 150/70VB-18 & 200/50VB-18 |
| Empattement : | 1 752 mm |
| Hauteur du siège : | 635 mm |
| Poids à vide : | 268 kg |
| Réservoir de carburant : | 27 litres |
| Prix : | 29 900 $ (Black Train) 34 900 $ (Luxor Typhoon et Stallion) |
| Garantie : | n/d |
| Couleur : | noir, bleu, orange, mauve, rouge, jaune (Black Train : noir) |

# J-Roadster

KG▸ 193      CH▸ 68          $▸ 19 599

C'est l'an dernier que Junior lançait la J-Roadster, un modèle d'ailleurs plutôt intéressant. Car malgré le fait que l'effigie de la compagnie de Terrebonne soit fièrement apposée sur les carters moteur du V-Twin de 1 200 cc, celui-ci a une provenance toute particulière puisqu'il s'agit d'un authentique moteur de Harley-Davidson Sportster 1200. En fait, les pièces de Sportster abondent sur la J-Roadster : suspensions, instrumentation et freins, entre autres. Le reste est toutefois entièrement fait maison.

L a J-Roadster propose probablement l'une des poses les plus cool de l'univers custom, le pilote se voyant pratiquement installé au ras du sol, les pieds loin devant et les mains presque au-dessus, sur un étroit guidon. Une posture qui n'est d'ailleurs pas sans rappeler certaines Harley. Le parallèle avec le constructeur américain ne fait toutefois que commencer, puisqu'une fois que le V-Twin prend vie, son caractère lourd et langoureux se fait immédiatement reconnaître, tandis que la sensation « clonkeuse » de la transmission et des grosses commandes renforcent encore davantage l'impression. Mais ce parallèle implique également que les vibrations qui font la réputation des modèles Sportster soient intégralement retrouvées sur la J-Roadster. Présentes sans être gênantes en utilisation normale et jusqu'à des vitesses d'autoroute, elles deviennent vite trop importantes si les régimes élevés sont utilisés ou qu'une vitesse supérieure aux limites légales est maintenue.

La J-Roadster est facilement la Junior la mieux maniérée que nous ayons pilotée à ce jour. Si elle ne renvoie tout de même pas l'impression d'équilibre et d'homogénéité procurée par des machines semblables produites à grande échelle, cette fois-ci, la marge demeure acceptable. Du moins sur un beau revêtement, puisque les routes dégradées n'annoncent rien de bon pour le dos du pilote, tandis que le châssis préfère les courbes en bon état. La garde au sol est habituellement suffisante en promenade, mais un bon trou en virage fera frotter la portion arrière du cadre, qui est très bas afin d'obtenir l'effet visuel voulu.

À près de 20 000 $, la J-Roaster n'est pas donnée. Surtout qu'une telle somme permet d'envisager nombre d'excellentes alternatives. Ce qu'elle propose donc surtout, est l'exclusivité d'un modèle peu commun.

## FICHE TECHNIQUE

| | |
|---|---|
| Catégorie : | Custom |

### MOTEUR

| | |
|---|---|
| Type/refroidissement : | bicylindre en V/air |
| Cylindrée : | 1 200 cc |
| Alésage et course : | 88,8 mm x 96,8 mm |
| Puissance : | 68 ch @ 6 000 tr/min |
| Couple : | 71 lb/pi @ 4 000 tr/min |
| boîte de vitesses : | 5 rapports |
| Transmission finale : | par courroie |

### PARTIE CYCLE

| | |
|---|---|
| Type de cadre : | double berceau, en acier |
| Suspension avant : | fourche conventionnelle de 39 mm non-ajustable |
| Suspension arrière : | 2 amortisseurs réglables en précharge |
| Freinage avant : | 1 disque de 292 mm de ø avec étrier à 4 pistons |
| Freinage arrière : | disque simple de 292 mm de ø |
| Pneus avant/arrière : | 150/70-18 & 180/55-18 |
| Empattement : | 1 752 mm |
| Hauteur du siège : | 635 mm |
| Poids à vide : | 193 kg |
| Réservoir de carburant : | 16 litres |
| Prix : | 19 599 $ |
| Garantie : | n/d |
| Couleur : | noir, bleu, orange, mauve, rouge, jaune |

# Kawasaki
# Voyager XII

| KG› 330 | CH› 97 | $› 18 299 |
|---------|--------|-----------|

La catégorie des montures de tourisme de luxe à laquelle la Voyageur XII appartient est entrée dans l'ère moderne en 1988, quand Honda a lancé sa Gold Wing 1500 à six cylindres. Dès ce moment, la Kawasaki, qui avait été lancée deux ans auparavant et qui n'était déjà pas la plus brillante de la classe, s'est retrouvée totalement déclassée. S'il y a aujourd'hui quinze ans de cela, de façon inexplicable, une Voyager XII n'ayant jamais évolué se trouve toujours présente au catalogue du constructeur, en 2003. Franchement, la raison pour laquelle Kawasaki continue d'offrir le modèle nous échappe. Un record Guinness, peut-être ?

## Morte-vivante...

Lorsque certaines circonstances sont respectées, notamment quand cela permet un prix de vente très bas et que la fonctionnalité reste décente, l'idée de continuer de produire un modèle longtemps après que ses concurrents aient évolué n'a rien de mauvais. Même Kawasaki en fait la preuve en offrant toujours des KLR650 et des Concours, quelque seize ans après leur mise en marché. Toutefois, le cas de la Voyager XII diffère du fait qu'à plus de 18 000 $ pièce, on ne peut certainement pas parler d'économies capables de compenser pour un comportement et des caractéristiques d'une ère depuis longtemps révolue. Ce qui se traduit concrètement par exemple par une mécanique qui, bien qu'elle soit capable de performances intéressantes, a besoin de régimes élevés pour les atteindre ; un non-sens chez les montures de ce type. Sans parler de sa sonorité antique.

Par rapport au comportement de ses rivales, la partie cycle semble dépassée. Tout fonctionne, mais jamais de façon impressionnante. Pour autant qu'on roule tranquillement, la stabilité reste bonne autant en ligne droite qu'en virage. Mais tentez le moindrement de profiter d'un tracé sinueux et vous la sentirez se tordre et louvoyer. La direction est plutôt légère, mais la sensation de solidité communiquée par ses rivales, en courbe, n'est définitivement pas au rendez-vous. Les suspensions réussissent à absorber les défauts sans renvoyer de coups, mais sans jamais vraiment arriver à offrir un roulement doux. Les freins offrent un rendement similaire, leurs composantes complètement désuètes permettant de ralentir de façon sécuritaire, mais pas plus. Pas besoin de rêver à l'ABS... Au moins, la maniabilité à basse vitesse est aidée par une hauteur de selle raisonnablement faible permettant une prise assez ferme au sol. À court et moyen termes, le confort est correct puisqu'on est assis de manière dégagée et qu'on dispose d'un équipement complet et d'une très bonne protection au vent. Mais plusieurs irritants se manifestent à plus long terme. La selle, par exemple, semble moins bien supporter ; la pauvre qualité de la radio et ses minuscules commandes commencent à agacer ; l'extrémité supérieure du pare-brise non réglable arrive juste dans le champ de vision, et ses qualités optiques laissent à désirer ; même les valises, pourtant spacieuses, ne semblent pas se verrouiller fermement. Enfin, même les nostalgiques n'arrivent plus à accepter la ligne, pas plus que le faible degré de finition.

| | |
|---|---|
| Catégorie : | Tourisme de luxe |

## MOTEUR

| | |
|---|---|
| Type/refroidissement : | 4-cylindres en ligne/liquide |
| Cylindrée : | 1 196 cc |
| Alésage et course : | 78 mm x 62,6 mm |
| Puissance : | 97 ch @ 7 000 tr/min |
| Couple : | 79,6 lb/pi @ 5 000 tr/min |
| Boîte de vitesses : | 5 rapports |
| Transmission finale : | par arbre |

## PARTIE CYCLE

| | |
|---|---|
| Type de cadre : | double berceau, en acier |
| Suspension avant : | fourche conventionnelle de 41 mm réglable pour la pression d'air |
| Suspension arrière : | 2 amortisseurs réglables en détente et pour la pression d'air |
| Freinage avant : | 2 disques de 246 mm de ø |
| Freinage arrière : | disque simple de 256 mm de ø |
| Pneus avant/arrière : | 130/90-16 & 150/90-15 |
| Empattement : | 1 620 mm |
| Hauteur du siège : | 754 mm |
| Poids à vide : | 330 kg |
| Réservoir de carburant : | 23,2 litres |

## PERFORMANCES

| | |
|---|---|
| Révolution à 100 km/h : | environ 2 800 tr/min |
| Consommation moyenne : | 5,8 l/100 km |

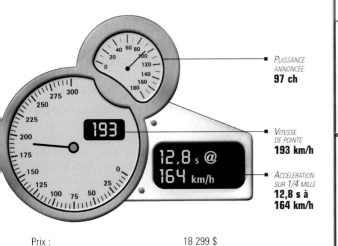

*PUISSANCE ANNONCÉE*
**97 ch**

*VITESSE DE POINTE*
**193 km/h**

*ACCÉLÉRATION SUR 1/4 MILLE*
**12,8 s à 164 km/h**

| | |
|---|---|
| Prix : | 18 299 $ |
| Garantie : | 3 ans/kilométrage illimité |
| Couleur : | argent |

## Technique

Tout est vieux sur la Voyager XII. La mécanique, par exemple, est un 4-cylindres en ligne de 1 196 cc dont les dimensions sont énormes et dont l'aspect est très rude. Il dispose tout de même de 16 soupapes et 2 arbres à cames en tête, d'un refroidissement au liquide et de 4 carburateurs, mais il produit sa puissance en tournant haut. Le cadre est typique du milieu des années 80, c'est-à-dire du genre à double berceau en acier. La suspension avant est une fourche conventionnelle à poteaux de 41 mm ajustable en pression d'air, alors qu'à l'arrière, on retrouve une paire d'amortisseurs sans tringlerie progressive ; leur pression d'air interne et leur détente sont ajustables. À 246 mm de diamètre, les disques de freins avant sont minuscules, tandis que l'ABS n'est pas offert.

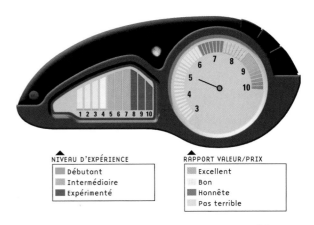

NIVEAU D'EXPÉRIENCE
- Débutant
- Intermédiaire
- Expérimenté

RAPPORT VALEUR/PRIX
- Excellent
- Bon
- Honnête
- Pas terrible

## « *Rien, mais vraiment rien pour elle...* »

## Conclusion

Les progrès accomplis, dans cette catégorie, depuis 1986, sont simplement indescriptibles. En fait, les montures du genre produites à cette période n'ont tellement rien à voir avec leurs équivalents contemporains, qu'une autre catégorie devrait être créée pour éviter toute confusion. Pour ces raisons, nous ne pouvons que recommander d'éviter la Voyager XII. Des modèles usagés, comme les Yamaha Royal Star Venture, Valkyrie Interstate ou Gold Wing 1500, sont de bien meilleurs alternatives, à prix semblable.

QUOI DE NEUF EN 2003 ?

- **Aucun changement**

PAS MAL — BOF

- **État capable de tourisme en 1986, donc, en principe, reste toujours capable de tourisme**
- **Une mécanique relativement douce dont les performances absolues sont bonnes**
- **Une liste d'équipement bien remplie incluant le système de son, le régulateur de vitesse, les valises, etc.**

- **Un prix dépassant la valeur réelle d'au moins 50 pour cent, en restant généreux**
- **Un comportement routier qui met clairement en évidence les pas-de-géants faits par la catégorie**
- **Une mécanique qui manque de souplesse et qui demande des tours élevés pour livrer son potentiel**

# Kawasaki
# Vulcan 1500 Nomad
## et Classic

| KG▸ 331 | CH▸ 64 | $▸ 11 999 À 16 999 |
|---|---|---|

Ça se bouscule, en 2003, dans la petite famille formée des diverses Vulcan 1500. La principale raison : l'arrivée d'une toute nouvelle 1600 Classic. Si la Nomad de tourisme léger, peu menacée, peut se permettre de revenir inchangée, il en est tout autrement pour la 1500 Classic qui doit même se compter chanceuse de faire encore partie de la gamme. Elle n'est toutefois pas à court d'argument, ses services étant dorénavant vendus à gros rabais. En effet, une 1500 Classic se détaille 2 000 $ de moins en 2003 qu'en 2002 ! Enfin, notons que la Drifter 1500 disparaît de la gamme Kawasaki pour le nouveau millésime.

# Chicane de famille...

Les grosses Vulcan forment probablement le groupe de montures qui s'inspire le plus des méthodes utilisées par Harley-Davidson pour concevoir des modèles différents. Ainsi, il serait tout aussi juste de parler d'une plateforme Vulcan 1500 que d'une plateforme Softail, par exemple, puisque ce ne sont maintenant pas moins de quatre modèles qui en ont été dérivés : la Classic, la Nomad, la Drifter et la Mean Streak.

À quelques exceptions près, les Classic et Nomad partagent essentiellement la même partie cycle, et exactement la même mécanique. En fait, la Nomad peut être considérée comme une Classic à laquelle on a fixé un gros pare-brise, mais surtout à laquelle de très jolies valises latérales rigides ont été ajoutées. S'il existe d'autres différences, comme des roues coulées et un frein avant à disque double sur la Nomad, plutôt qu'un disque simple et des roues à rayons plus classiques sur la Classic, elles ne font varier la conduite que marginalement. En gros, les deux offrent un freinage satisfaisant, mais sans plus, la Nomad, plus lourde, ne se montrant que légèrement plus efficace que la Classic.

Évidemment, le fait de bénéficier ou pas d'un gros pare-brise affecte l'équation du confort avec des résultats avantageant de façon prévisible la Nomad, mais, encore une fois, l'expérience de pilotage est tout compte fait la même. Il s'agit d'une paire de customs particulièrement invitante au chapitre de la facilité de pilotage et de la maniabilité, pour peu qu'on soit à l'aise avec des engins d'un tel poids. Ainsi, si elles se montrent lourdes à bouger à l'arrêt et encombrantes à très basse vitesse, toutes deux semblent faire disparaître leur poids sitôt en route. Une direction lente, mais légère et décemment précise, une stabilité sans faute et un aplomb rassurant en virage résument leurs belles manières une fois lancées.

Si leur gros V-Twin n'a pas la voix ou le rythme d'un équivalent américain, l'imitation reste suffisamment réussie pour immerger le pilote dans une expérience custom aussi traditionnelle qu'agréable. D'autant plus que la mécanique injectée se montre très souple, honnêtement performante et qu'elle produit un niveau de vibrations qui reste toujours de bon goût. Le confort est assuré par une position dégagée et relaxe, des suspensions souples et des selles aussi bien formées que rembourrées. Seule la turbulence provoquée par le pare-brise et le guidon un peu haut attirent la critique.

| | |
|---|---|
| Catégorie : | Tourisme léger |

## MOTEUR

| | |
|---|---|
| Type/refroidissement : | bicylindre en V/liquide |
| Cylindrée : | 1 470 cc |
| Alésage et course : | 102 mm x 90 mm |
| Puissance : | 64 ch @ 4 500 tr/min |
| Couple : | 84,6 lb/pi @ 2 500 tr/min |
| Boîte de vitesses : | 5 rapports |
| Transmission finale : | par arbre |

## PARTIE CYCLE

| | |
|---|---|
| Type de cadre : | double berceau, en acier |
| Suspension avant : | fourche conventionnelle de 41 mm non-ajustable |
| Suspension arrière : | 2 amortisseurs réglables en détente et en pression d'air |
| Freinage avant : | 2 disques de 280 mm de ø (Classic : disque simple de 300 mm de ø) avec étriers à 2 pistons |
| Freinage arrière : | disque simple de 320 mm de ø (Classic : 270 mm de ø) |
| Pneus avant/arrière : | 150/80-16 & 150/80-16 |
| Empattement : | 1 665 mm (Classic : 1 655 mm) |
| Hauteur du siège : | 720 mm (Classic : 700 mm) |
| Poids à vide : | 331 kg (Classic : 299 kg) |
| Réservoir de carburant : | 19 litres |

## PERFORMANCES

| | |
|---|---|
| Révolution à 100 km/h : | environ 2 700 tr/min |
| Consommation moyenne : | 7,2 l/100 km |

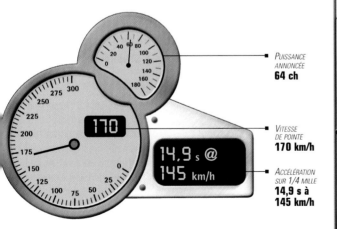

PUISSANCE ANNONCÉE
**64 ch**

VITESSE DE POINTE
**170 km/h**

ACCÉLÉRATION SUR 1/4 MILLE
**14,9 s à 145 km/h**

| | |
|---|---|
| Prix : | 16 999 $ (Nomad), 11 999 $ (Classic) |
| Garantie : | 1 an/kilométrage illimité |
| Couleur : | rouge, noir |

## Technique

La plateforme Vulcan 1500 actuelle a comme origine le modèle Vulcan 1500 Classic 1996, introduit pour remplacer la vieille Vulcan 88. En y ajoutant des valises rigides, un pare-brise ainsi qu'en solidifiant ici et là la partie cycle, Kawasaki créa en 1998 la Nomad. Un an plus tard, c'était au tour d'une variante esthétiquement modifiée « à la Indian », et utilisant une version injectée du gros V-Twin d'être présentée : la Drifter 1500. La mécanique injectée de la Drifter fut d'ailleurs installée dès 2001 sur les Nomad et Classic. La même année, cette dernière reprit également le châssis plus rigide de la Nomad. La Mean Streak fut la quatrième et dernière variante de la plateforme à être présentée, en 2002. Une Vulcan 1600 Classic ayant été introduite en 2003, la logique voudrait que des Nomad, Mean Streak et possiblement Drifter 1600 soient présentées dès 2004.

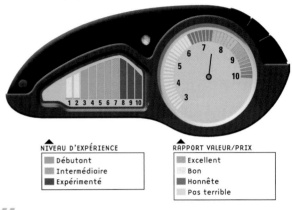

NIVEAU D'EXPÉRIENCE
- ■ Débutant
- ■ Intermédiaire
- ■ Expérimenté

RAPPORT VALEUR/PRIX
- ■ Excellent
- ■ Bon
- ■ Honnête
- ■ Pas terrible

**« Vulcan 1500 Classic : vente de fin de série... »**

## Conclusion

Malgré son âge et l'arrivée d'une jeune recrue de 1 600 cc à la gamme, la vieillissante Vulcan 1500 Classic risque fort de voir revivre sa popularité des beaux jours, en 2003. Car à 12 000 $ pièce, 2 000 $ de moins qu'en 2002, la Classic représente maintenant une excellente valeur. Quant à la Nomad, d'ici à ce qu'une version 1600 soit présentée, elle reste l'amicale, la plaisante et la fonctionnelle monture de tourisme léger que nous affectionnons depuis ses tout débuts.

QUOI DE NEUF EN 2003 ?

- • Version Drifter 1500 disparaît de la gamme
- • Classic coûte 2000$ de moins qu'en 2002
- • Aucune augmentation de prix pour la Nomad

PAS MAL

- • Une excellente valeur pour la Classic, qui demeure un exemple tout à fait plaisant de « la grosse custom japonaise »
- • Une mécanique à la fois douce et présente, agréablement souple et honnêtement performante
- • Un comportement routier sans surprise et facile d'accès, une excellente stabilité et une direction légère

BOF

- • Un poids élevé, surtout sur la Nomad, qui complique les manœuvres très lentes
- • Un guidon qui place les mains un peu haut, suffisamment pour affecter les épaules sur de longues distances
- • Un pare-brise pratique et très bien intégré à la ligne, mais qui cause de la turbulence autour du casque

# Kawasaki
## Concours

| KG▸ 265 | CH▸ 91 | $▸ 12 199 |
|---|---|---|

Elle n'est pas jeune la Concours. En fait, pour mettre le tout en perspective, lorsque Kawasaki a inauguré sa Concours, Michael Jackson et Cindy Lopper étaient au sommet de leur art. Le bon côté, c' est que depuis l'ère « pop », les coûts de production ont largement eu le temps d'être amortis, ce dont le « rouleux » peut aujourd'hui instantanément bénéficier lors de l'achat. Et, bien qu'il doive se contenter d'un peu moins dans chaque sphère, le propriétaire de Concours n'est pas à plaindre pour autant. Des rumeurs persistantes veulent qu'une nouvelle Concours soit bientôt présentée. Profitez des bas prix… Ils risquent de prendre fin avec la discontinuation de cette version.

# Depuis Michael Jackson…

La technique est relativement simple et plusieurs manufacturiers l'emploient : utiliser des composantes existantes pour créer un nouveau modèle en maintenant les coûts au minimum. La Concours est un de ses Frankenstein puisque sa mécanique, entre autre, provient de la cuvée 1986 de la Ninja 1000R. Bien que le moteur ait été recalibré pour offrir des prestations plus routières que sportives, il n'en demeure pas moins que son comportement rappelle grandement le donneur : un son grave typique des vieilles Ninja et une bonne puissance surtout disponible à hauts régimes. On ne conduit pas une Concours comme une ST1300, la Kawasaki commandant plus d'action du sélecteur de vitesses et plus de régimes élevés, mais elle vous récompensera par des performances qui peuvent encore être qualifiées d'actuelles pour un modèle de cette classe. On s'y habitue, surtout à plus ou moins 7 000$ de moins que la nouvelle Honda. Les routes sinueuses sont recherchées alors qu'on se surprend à y jouer à la Ninja à qui mieux mieux. Les vibrations de la mécanique dans les tours élevés enlèvent cependant un peu d'agrément à l'expérience et sont intrusives.

En autant que vous tentiez d'oublier ces vibrations, vous pourrez rouler loin et longtemps, en partie grâce au généreux réservoir d'essence, mais surtout au confort surprenant. La position à saveur sportive se montre bonne envers vos articulations, la selle s'avère courtoise envers votre fessier, les suspensions calibrées entre sport et confort ne vous maltraitent pas et la protection décente du carénage vous protège des éléments. Le pare-brise n'est cependant pas idéalement formé dans sa générosité et crée une turbulence ennuyante au niveau du casque ; de plus, lorsqu'elle est placée dans le flot d'air des autres véhicules, surtout les camions, la Concours semble se transformer en drapeau, louvoyant au gré des mouvements d'air. Mis à part ce défaut, la tenue de route est tout à fait acceptable puisque exempte de véritables mauvaises manières. La direction ne requiert qu'un effort minime pour initier un virage. Enfin, il ne faut pas négliger l'aspect pratique qu'offre la béquille centrale et le bon volume des valises rigides, détachables en un tour de main, tandis que le niveau de finition reste pardonnable pour une moto de l'âge de votre ado.

| | |
|---|---|
| Catégorie : | Sport-Tourisme |

## MOTEUR

| | |
|---|---|
| Type/refroidissement : | 4-cylindres en ligne/liquide |
| Cylindrée : | 997 cc |
| Alésage et course : | 74,4 mm x 58 mm |
| Puissance : | 91 ch @ 9 700 tr/min |
| Couple : | 72,3 lb/pi @ 6 500 tr/min |
| Boîte de vitesses : | 6 rapports |
| Transmission finale : | par arbre |

## PARTIE CYCLE

| | |
|---|---|
| Type de cadre : | en acier |
| Suspension avant : | fourche conventionnelle de 41 mm réglable en précharge |
| Suspension arrière : | monoamortisseur réglable en précharge, détente et en pression d'air |
| Freinage avant : | 2 disques de 300 mm de ø avec étriers à 4 pistons |
| Freinage arrière : | disque simple de 270 mm de ø |
| Pneus avant/arrière : | 120/70 VR18 & 150/80 VR16 |
| Empattement : | 1 555 mm |
| Hauteur du siège : | 815 mm |
| Poids à vide : | 265 kg |
| Réservoir de carburant : | 28,5 litres |

## PERFORMANCES

| | |
|---|---|
| Révolution à 100 km/h : | environ 3 500 tr/min |
| Consommation moyenne : | 5,7 l/100 km |

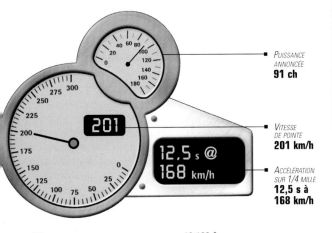

*Puissance annoncée*
**91 ch**

*Vitesse de pointe*
**201 km/h**

*Accélération sur 1/4 mille*
**12,5 s à 168 km/h**

| | |
|---|---|
| Prix : | 12 199 $ |
| Garantie : | 3 ans/kilométrage illimité |
| Couleur : | rouge |

## Technique

Le cadre en acier et le 4-cylindres en ligne de la Ninja 1000R de 1986 sont à quelques détails près les mêmes que ceux de la Concours 2003. Le moteur de 998cc refroidi au liquide et disposant de 16 soupapes et 2 arbres à cames en tête a été recalibré de manière à offrir des performances plus réalistes pour son usage. Il perd ainsi quelques 35 chevaux sur les 125 de la Ninja au profit, selon Kawasaki, d'une amélioration du couple aux régimes inférieurs. La Concours a conservé la boîte de vitesses à 6 vitesses de la sportive, mais a adopté pour un entraînement final par arbre qui réduit l'entretien au minimum. Le modèle fut légèrement revu en 1994 au niveau des disques et des étriers de frein, de la fourche et des roues.

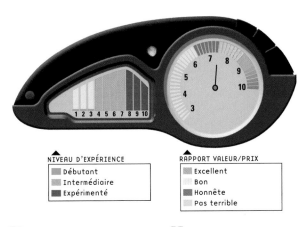

NIVEAU D'EXPÉRIENCE
- Débutant
- Intermédiaire
- Expérimenté

RAPPORT VALEUR/PRIX
- Excellent
- Bon
- Honnête
- Pas terrible

« *Increvable, la vieille...* »

## Conclusion

Certes, la Concours est moins sophistiquée que la concurrence, mais cela ne l'empêchera absolument pas de vous amener voir les mêmes bouts de pays, à bien moins de frais. Si elle a définitivement rempli son mandat et mérite pleinement son éventuelle retraite, elle reste encore aujourd'hui, à sa 17e année de production, une option tout à fait valable pour le propriétaire cherchant une dévoreuse de millage neuve et économique. Surtout que la somme économisée suffirait à payer une seconde moto pour la copine.

QUOI DE NEUF EN 2003 ?

- **Aucun changement**
- **Aucune augmentation de prix**

PAS MAL — BOF

- **Un prix intéressant qui permet à un concept assez fonctionnel, mais vieillissant de garder de l'intérêt**
- **Des performances pointues, mais bonnes, apportées par une mécanique aux origines sportives**
- **Un niveau de confort qui a toujours été, et qui demeure tout à fait satisfaisant**

- **Un manque de souplesse dans les tours inférieurs découlant des origines sportives du moteur**
- **Une mécanique âgée qui transmet ses vibrations au pilote de façon agaçante**
- **Un pare-brise généreux dans ses proportions, mais qui cause de la turbulence au niveau du casque**

# Kawasaki
## ZZ-R1200

KG▸ 236　　　　CH▸ 142,6　　　　　　　$▸ 14 399

L'arrivée de la ZZ-R1200 sur le marché, l'an dernier a ranimé l'espoir des amateurs d'un genre de moto aujourd'hui presque éteint, celui des GT sportives. À ne pas confondre avec les sportives ouvertes que sont les Suzuki GSX-1300R et Kawasaki ZX-12R, par exemple, des montures dédiées corps et âme aux performances et à la vitesse pure. Si elle se doit d'offrir un niveau de performance relevé, la GT sportive a aussi le devoir de procurer un minimum de confort à son pilote. Mais pas au point de compromettre son comportement, faute de quoi elle serait catégorisée de sport-tourisme. L'équilibre est fin, les exigences des acheteurs sont très élevées.

## ZX-11 vitaminée...

L'équation gagnante d'une GT sportive est si facile à fausser qu'on préfère rester sceptique jusqu'à l'analyse méticuleuse du niveau de performances, de la qualité de la tenue de route et du degré de confort. Au chapitre des performances, la ZZ-R1200 n'a pas qu'impressionné, elle a carrément épaté. Si la puissance disponible sous les 4 000 tr/min est honnête pour une telle cylindrée, ce qui signifie très bonne, au-dessus de ce régime, et surtout à partir des 6 000 tr/min, la ZZ-R1200 se transforme en furieux projectile. Même que pour obtenir des performances supérieures en ligne droite, il faut aller voir les marchandes de vitesses de la catégorie de sportives ouvertes, ou alors quelque chose dans le genre d'une GSX-R1000. Ce qui distingue la ZZ-R, toutefois, est la facilité d'exploitation de ses accélérations : plutôt que de se lever sur sa roue arrière au moindre coup d'accélérateur et de se mettre à guidonner violemment dès le premier contact du pneu avant avec le sol, la ZZ-R reste collée au bitume, aidée par sa longueur et son poids. On n'a qu'à serrer les fesses et tordre la poignée droite pour avaler les distances à un rythme acharné.

Au chapitre de la tenue de route, la ZZ-R1200 impressionne bien moins qu'elle ne le fait pour les performances. En fait, elle n'impressionne pas, son comportement ayant même quelque chose de vieillot dans sa manière de rester parfaitement stable en ligne droite, mais sans vraiment coopérer en virage, comme le font presque toutes les machines modernes. La direction reste assez précise, mais elle n'est pas très neutre et les suspensions renvoient des informations un peu floues, si bien qu'on se retrouve rarement à prendre des angles très prononcés ou à pousser fort sur une route sinueuse. Ces mêmes suspensions offrent un niveau de confort moyen, sans plus, puisqu'une route dégradée sera fermement transmise au mains et à la colonne. Si la protection au vent est excellente, une agaçante turbulence apparaît autour du casque quand la vitesse grimpe, c'est-à-dire souvent. La position de conduite est sportive, mais tout à fait tolérable, bien que des poignées un peu plus hautes amélioreraient le confort de façon notable. Enfin, la selle n'est pas mauvaise, mais elle devient douloureuse sur des trajets de plusieurs heures.

| | |
|---|---|
| Catégorie : | Routière Sportive |

## MOTEUR

| | |
|---|---|
| Type/refroidissement : | 4-cylindres en ligne/liquide |
| Cylindrée : | 1 164 cc |
| Alésage et course : | 79 mm x 59,4 mm |
| Puissance mesurée : | 142,6 ch @ 9 800 tr/min |
| Couple mesuré : | 85 lb/pi @ 8 300 tr/min |
| Boîte de vitesses : | 6 rapports |
| Transmission finale : | par chaîne |

## PARTIE CYCLE

| | |
|---|---|
| Type de cadre : | périmétrique, en aluminium |
| Suspension avant : | fourche conventionnelle de 43 mm réglable en précharge et détente |
| Suspension arrière : | monoamortisseur réglable en précharge et détente |
| Freinage avant : | 2 disques de 320 mm de ø avec étriers à 4 pistons |
| Freinage arrière : | disque simple de 250 mm de ø |
| Pneus avant/arrière : | 120/70 ZR17 & 180/55 ZR17 |
| Empattement : | 1 505 mm |
| Hauteur du siège : | 800 mm |
| Poids à vide : | 236 kg |
| Réservoir de carburant : | 23 litres |

## PERFORMANCES

| | |
|---|---|
| Révolution à 100 km/h : | environ 3 500 tr/min |
| Consommation moyenne : | 7.0 l/100 km |

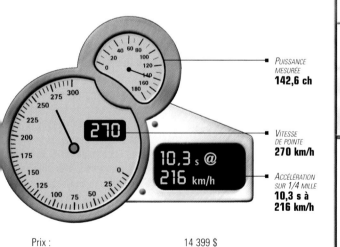

PUISSANCE
MESURÉE
**142,6 ch**

VITESSE
DE POINTE
**270 km/h**

ACCÉLÉRATION
SUR 1/4 MILLE
**10,3 s à
216 km/h**

| | |
|---|---|
| Prix : | 14 399 $ |
| Garantie : | 1 an/kilométrage illimité |
| Couleur : | bleu, argent |

## Technique

Si le comportement de la ZZ-R1200 n'a rien de révolutionnaire, c'est un peu parce que sa conception n'a rien d'extraordinaire non plus. En fait, l'architecture et les dimensions générales font penser à sa devancière, la Ninja ZX-11, qu'on aurait mise à jour sans trop d'extravagance. La partie cycle a par exemple été réalisée avec des composantes modernes, mais pas nécessairement très légères, solide ou sophistiquée. Du côté de la mécanique, Kawasaki a essentiellement repris le quatre-cylindres en ligne de la ZRX1200R auquel ont été greffés des carburateurs de 40 mm au lieu de 36 mm, ainsi qu'un système d'admission d'air forcé. Ce moteur est le principal point d'intérêt du modèle pour la simple et bonne raison qu'il produit une puissance mesurée à la roue arrière de plus de 142 chevaux, soit à peine moins qu'une Suzuki GSX-R1000.

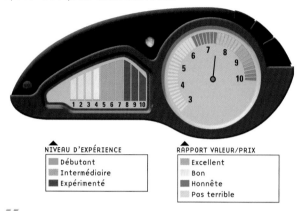

NIVEAU D'EXPÉRIENCE
- Débutant
- Intermédiaire
- Expérimenté

RAPPORT VALEUR/PRIX
- Excellent
- Bon
- Honnête
- Pas terrible

*« Une GT sportive très rapide, mais moyenne ailleurs »*

## Conclusion

S'il est dommage que la ZZ-R1200 n'ait pas une tenue de route hautement précise, dans le train-train quotidien, on s'en soucie peu. Surtout que l'usine à chevaux-vapeurs qui fait office de mécanique livre des performances formidables qui, elles, peuvent être goûtées à la moindre ligne droite, à chaque lumière verte. Il s'agit d'une monture qui remplace dignement la défunte ZX-11 grâce à son extraordinaire rapidité, mais qui ne risque pas de marquer l'univers des GT sportives comme l'ont fait, par exemple, les grosses Yamaha FJ.

QUOI DE NEUF EN 2003 ?

- **Aucun changement**
- **Coûte 100 $ de plus qu'en 2002**

PAS MAL · BOF

- **Une mécanique offrant des accélérations prodigieuses et faciles à vivre grâce au long châssis**
- **Un comportement extrêmement stable, même aux vitesses folles dont elle est facilement capable**
- **Une ligne jolie et distincte qui traduit bien l'esprit de la moto, ainsi qu'une belle finition**

- **Une tenue de route un peu vieillotte ; la ZZ-R est relativement peu invitante sur une route sinueuse**
- **Un niveau de confort correct mais qui bénéficierait d'une meilleure selle, de suspensions plus sophistiquées**
- **Une protection au vent généreuse, mais un pare-brise qui cause de la turbulence**

NOUVEAUTÉ 2003

**KG › 186     CH › 144     $ › 10 999**

D'un point de vue stylistique, la Z1000 est sans aucun doute l'une des nouveautés les plus outrageuses de 2003, c'est indéniable. Mais aussi du point de vue du tempérament, car Kawasaki n'y a pas été de main morte avec la motorisation, puisqu'elle a été fournie par nulle autre que la sportive ZX-9R. Toutefois, vu qu'il est vrai que cette dernière soit en fin de carrière, juste pour être sûr de ne pas manquer de jus à la fin des wheelies monstres qui s'annoncent nombreux, le constructeur a non seulement cru sage de gonfler le quatre-cylindres de la 9R à plus de 950 cc, mais en plus, de l'injecter. Bon, « sage » est peut-être un mot mal choisi.

# Roadster diabolique...

## Technique

Jamais depuis l'arrivée des Buell X1 a-t-on vu pareil air de délinquance chez une deux-roues, que sur cette inattendue Z1000. En comparaison, même la Triumph Speed Triple semble timide. Quant à Honda, s'il croyait donner un grand coup chez les standards, l'an dernier, avec sa CB900F (dites 919 en 2003) à mécanique de CBR900RR, apparemment, Kawasaki vient de lui jouer un tour.

Tout de cette Z1000 semble appeler à l'irrespect des règles de bonne conduite. Le tête-de-fourche arrogant, l'arrière fuyant vraisemblablement emprunté à la nouvelle ZX-6R, le gros quatre-cylindres bien en vue, la fourche inversée ajustable, les roues polies et, bien entendu, l'immanquable échappement quadruple en inox: de par l'industrie, peu de motos ont une telle présence.

Pour être certain de lui donner les moyens de ses ambitions, Kawasaki choisit d'installer une version considérablement trafiquée du moteur de la

Ninja ZX-9R sur sa nouvelle Z1000. La procédure n'est pas sans rappeler d'ailleurs, celle que Yamaha utilisa il y a deux ans pour pondre la FZ-1. En effet, comme la Yamaha, la Kawasaki reprend une mécanique de sportive moderne alimentée, jusque-là, par carburateurs. Et comme sur la Yamaha, la culasse de la ZX-9R a dû être révisée au niveau des tubulures d'admission afin d'accepter une rampe d'injecteurs située derrière le moteur plutôt qu'au-dessus. Tant qu'à avoir la culasse en main, comme la mécanique devait être exposée, Kawasaki en a profité pour transformer l'apparence extérieure de la culasse, en lui moulant entre autres des fausses ailettes de refroidissement. Le système d'injection ressemble beaucoup à celui de la nouvelle ZX-6R, avec ses corps de 38 mm et son processeur à 32 bit. Contrairement à la FZ-1 qui a conservé la cylindrée exacte de la R1, celle de la Z1000 est supérieure à celle de la ZX-9R grâce à un alésage de 77,2 mm vs 75 mm sur la sportive, résultant en une cylindrée de 953 cc vs 899 cc. La puissance de la Z1000 est annoncée à 144 chevaux à 11 000 tr/min, soit tout juste moins que ce que produit la ZX-9R, mais le manufacturier affirme avoir mis l'accent sur la souplesse à mi-régimes. Avec un poids à sec étonnamment bas de 186 kg et une

| | |
|---|---|
| Catégorie : | Standard |

## MOTEUR

| | |
|---|---|
| Type/refroidissement : | 4-cylindres en ligne/liquide |
| Cylindrée : | 953 cc |
| Alésage et course : | 77,2 mm x 50,9 mm |
| Puissance : | 144 ch @ 11 000 tr/min |
| Couple : | 75 lb/pi @ 9 200 tr/min |
| Boîte de vitesses : | 6 rapports |
| Transmission finale : | par chaîne |

## PARTIE CYCLE

| | |
|---|---|
| Type de cadre : | diamant, en acier |
| Suspension avant : | fourche inversée de 41 mm réglable en précharge et détente |
| Suspension arrière : | monoamortisseur réglable en précharge, compression et détente |
| Freinage avant : | 2 disques de 300 mm de ø avec étriers à 4 pistons |
| Freinage arrière : | disque simple de 220 mm de ø |
| Pneus avant/arrière : | 120/70 ZR17 & 190/50 ZR17 |
| Empattement : | 1 420 mm |
| Hauteur du siège : | 815 mm |
| Poids à vide : | 186 kg |
| Réservoir de carburant : | 18 litres |

## PERFORMANCES ESTIMÉES

| | |
|---|---|
| Révolution à 100 km/h : | environ 4 500 tr/min |
| Consommation moyenne : | 7l/100 km |

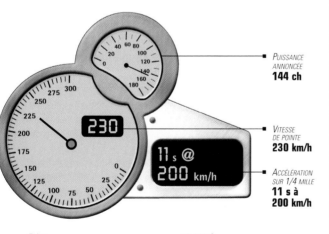

PUISSANCE
ANNONCÉE
**144 ch**

VITESSE
DE POINTE
**230 km/h**

ACCÉLÉRATION
SUR 1/4 MILLE
**11 s à
200 km/h**

| | |
|---|---|
| Prix : | 10 999 $ |
| Garantie : | 1 an/kilométrage illimité |
| Couleur : | noir, lime, orange |

position de conduite qui semble aussi relevée que celle de la FZ-1, la Z1000 devrait faire la chandelle sans trop de provocation… Heureusement, la partie cycle semble conçue pour encaisser un abus soutenu. En fait, plusieurs pièces sont simplement empruntées à la ZX-9R : toute la suspension arrière, les roues, les étriers avant. Avec en plus une fourche inversée de 41 mm, des disques de 300 mm et une nouvelle plomberie hydraulique de freins, l'authenticité du comportement sportif de la Z1000 est presque assurée. S'il ne peut être spectaculaire du fait qu'il est partiellement caché, le cadre de la Z1000 apparaît amplement robuste. D'un type que Kawasaki appelle « diamant », il peut également tout simplement être qualifié d'épine dorsale puisqu'il lie la colonne de direction au pivot du bras oscillant en contournant le moteur par le haut, un peu comme sur la Honda 919.

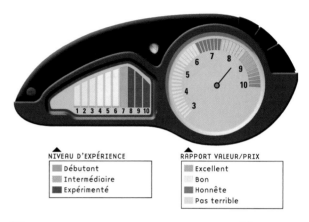

NIVEAU D'EXPÉRIENCE
- Débutant
- Intermédiaire
- Expérimenté

RAPPORT VALEUR/PRIX
- Excellent
- Bon
- Honnête
- Pas terrible

« *L'équivalent motorisé d'un punk…* »

## Conclusion

Il aurait été difficile, voilà seulement quelques années, d'imaginer quel genre de comportement une telle machine pourrait bien afficher. Toutefois, après avoir pu vivre et adorer l'expérience des Kawasaki ZRX1200R, Yamaha FZ-1 et Honda 919, nous serons les derniers à avoir besoin d'être convaincus du potentiel d'amusement que promet la Z1000. En gros, nous nous attendons à une machine très facile à piloter malgré la certitude d'un côté violent, mais surtout à une moto joueuse et précise.

QUOI DE NEUF EN 2003 ?

• **Nouveau modèle**

PAS MAL

BOF

- **Un style impossible à confondre, aussi distinct et original qu'arrogant**
- **Une mécanique performante et éprouvée qui devrait s'avérer tout à fait à l'aise dans son nouvel habitat**
- **Une facilité de prise en main traditionnellement inhérente à ce genre de monture**

- **Un comportement assurément joueur, mais possiblement délicat à contrôler**
- **Une protection minimale au vent qui pourrait la rendre peu confortable sur long trajet**
- **Des suspensions aussi dures que celles de la ZX-9R, ou plutôt calibrées logiquement, pour la route ?**

# Kawasaki
## ZRX1200R

| KG▸ 222 | CH▸ 120 | $▸ 11 599 |

La décision, en 1999, d'offrir chez nous la ZRX, un modèle conçu expressément pour le marché européen, mérite une certaine reconnaissance à l'endroit de Kawasaki. Car si les standards semblent aujourd'hui revenir à la mode, il n'en a pas toujours été ainsi, surtout sur notre marché. Sans qu'on puisse parler de succès retentissant, la ZRX est toutefois joliment arrivée à se faire accepter. Gonflé de 1100 à 1200 depuis 2001, le roadster inspiré des vieilles KZ édition ELR, pour Eddie Lawson Replica, doit même être en partie crédité pour l'arrivée en sol canadien de machines comme les Yamaha FZ-1 et autres Honda 919.

# Roadster instigateur...

Le temps venu d'annoncer les nouvelles gammes, rares sont les constructeurs qui ne tentent pas de mousser l'intérêt d'un quelconque modèle en prétendant l'avoir amélioré à gauche ou à droite. S'ils arrivent parfois à faire réellement progresser les comportements, bien souvent, une fois en selle, on cherche les différences sans jamais les trouver. On retrouva un peu des deux lorsqu'en 2001, la Kawasaki ZRX passa de 1 100 à 1 200 cc. Alors que la partie cycle, soit-disant plus sportive, ressemblait étrangement à celle du modèle précédent, les quelques 13 pour cent de puissance supplémentaires supposément amenés par la centaine de centimètres cubes additionnels, eux, se sont définitivement concrétisés. En fait, l'augmentation de puissance a été telle qu'elle a carrément transformé le caractère du modèle. La 1100 était déjà passablement généreuse dans les bas et moyens régimes, mais la 1200 est simplement sublime. Dès les premiers tours, on a droit à une impressionnante poussée ; aux moyens régimes, on constate également une fougue étonnante, alors qu'en haut, si

on ne dispose toujours pas d'un punch réel, au moins la puissance se maintient. Franchement agréable comme moteur, d'autant que la douceur est bonne, que la carburation est sans faille et que l'ensemble transmission-embrayage fonctionne sans accroc.

Le fait que la tenue de route de la ZRX1200R ne soit pas très différente de celle de la 1100 n'est pas bien grave puisqu'il s'agissait déjà d'une monture saine et équilibrée, munie d'excellents freins. Ainsi, malgré un poids considérable, la direction s'avère légère, neutre et précise ; l'agilité est même suffisante pour qu'une journée en piste puisse aisément être envisagée. Ceci dit, un pilotage extrême amènera relativement vite la partie cycle et les suspensions à leurs limites, ce qui se traduira par un comportement flou et une précision en recul.

Côté confort, dommage que la selle n'ait pas été revue lors de cette évolution : elle reste correcte à court terme, mais devient inconfortable aussitôt qu'on étire les sorties. Assez fermes, les suspensions remplissent plutôt bien leur rôle, ne se montrant que rarement sèches. La position reste inchangée ; elle est pratiquement parfaite. Enfin, s'il ne réalise pas de miracles, le petit carénage de fourche est quand même bien apprécié.

| | |
|---|---|
| Catégorie : | Standard |

**MOTEUR**

| | |
|---|---|
| Type/refroidissement : | 4-cylindres en ligne/liquide |
| Cylindrée : | 1 164 cc |
| Alésage et course : | 79 mm x 59,4 mm |
| Puissance : | 120 ch |
| Couple : | 80 lb/pi(est.) |
| Boîte de vitesses : | 5 rapports |
| Transmission finale : | par chaîne |

**PARTIE CYCLE**

| | |
|---|---|
| Type de cadre : | double berceau, en acier |
| Suspension avant : | fourche conventionnelle de 43 mm réglable en compression et détente |
| Suspension arrière : | 2 amortisseurs réglables en précharge, compression et détente |
| Freinage avant : | 2 disques de 310 mm de ø avec étriers à 6 pistons |
| Freinage arrière : | disque simple de 250 mm de ø |
| Pneus avant/arrière : | 120/70 ZR17 & 170/60 ZR17 |
| Empattement : | 1 463 mm |
| Hauteur du siège : | 790 mm |
| Poids à vide : | 222 kg |
| Réservoir de carburant : | 19 litres |

**PERFORMANCES**

| | |
|---|---|
| Révolution à 100 km/h : | environ 3 900 tr/min |
| Consommation moyenne : | 6,8 l/100 km |

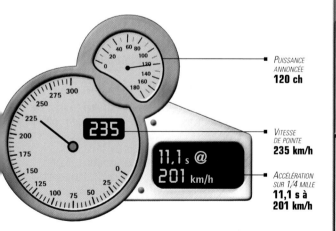

PUISSANCE ANNONCÉE
**120 ch**

VITESSE DE POINTE
**235 km/h**

ACCÉLÉRATION SUR 1/4 MILLE
**11,1 s à 201 km/h**

| | |
|---|---|
| Prix : | 11 599 $ |
| Garantie : | 1 an/kilométrage illimité |
| Couleur : | vert, argent |

## Technique

La ZRX1200R a beau avoir une gueule rétro, elle utilise une technologie tout à fait moderne. En fait, lorsqu'on regarde attentivement « sous le capot », on a pratiquement affaire à une sportive courante. Bon, d'accord, il n'y a pas d'injection (les carbus font parfaitement leur travail, merci) ni de cadre en alu, mais les suspensions sont quand même entièrement réglables, ce qui est extrêmement rare dans le cas d'amortisseurs arrières doubles ; le type du bras oscillant est unique : c'est un tubulaire cranté, renforcé, en aluminium ; les freins sont du dernier cri ; quant à la mécanique, s'il s'agissait essentiellement, au départ, du quatre cylindres de 1 052 cc de la vénérable Ninja ZX-11, elle a été profondément revue et modernisée lorsque la cylindrée fut portée à 1 164 cc.

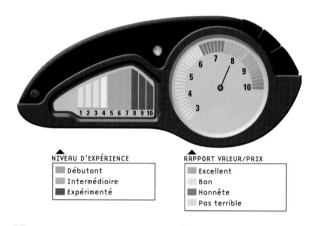

| NIVEAU D'EXPÉRIENCE | RAPPORT VALEUR/PRIX |
|---|---|
| Débutant | Excellent |
| Intermédiaire | Bon |
| Expérimenté | Honnête |
| | Pas terrible |

« *Quel moteur, mes amis !* »

## Conclusion

La ZRX1200R est une monture absolument charmante sur tous les plans. Sa gueule rétro est si sympathique qu'elle ravivera même des souvenirs à ceux qui n'ont jamais connu son époque, et son comportement routier est presque assez relevé pour dignement mériter le qualificatif « sportif », mais sa mécanique joueuse et débordante de couple est sans contredit son plus bel atout. En fait, à part une selle trop peu confortable, la ZRX1200R peut être considérée comme l'une des motos les plus réussies et abouties du marché.

QUOI DE NEUF EN 2003 ?

- **Aucun changement**
- **Coûte 100 $ de plus qu'en 2002**

PAS MAL — BOF

- Une mécanique absolument charmante, puissante à souhait, mais surtout bourrée de couple
- Une position de conduite presque parfaite pour la simple utilisation quotidienne
- Une tenue de route suffisamment relevée pour permettre une occasionnelle journée en piste

- Une selle qui, malgré son apparence invitante, devient vite désagréable tant pour le pilote que le passager
- Une capacité tout de même limitée en pilotage sportif : elle devient floue après un certain point
- Une suspension arrière assez ferme qui peut devenir sèche sur chaussée dégradée

# Kawasaki
## Ninja ZX-12R

| KG‣ 216 | CH‣ 185 | $‣ 15 499 |
|---|---|---|

Déjà passée à l'histoire du fait qu'il s'agisse d'une des deux motos de production les plus rapides sur Terre, avec sa pointe volontairement limitée tout juste sous les 300 km/h, la ZX-12R a été lancée en 2000, puis s'est vue légèrement remaniée en 2002. Bien que les GSX-R1000, Yamaha R1 et compagnie attirent bien plus l'attention des médias et des amateurs de sportives, la ZX-12R demeure aujourd'hui l'incarnation même de la notion de puissance pure, presque infinie, sur deux roues. Elle s'adresse exclusivement au pilote averti, qui la choisit d'ailleurs bien plus souvent pour son potentiel ahurissant, que pour vraiment tenter de se frotter à ce dernier...

## Fruit défendu...

Si la raison d'être de la Ninja absolue qu'est la ZX-12R se découvre en principe à tout près de trois fois la vitesse légale autorisée sur nos autoroutes, dans les faits, ce sont surtout ses incroyables accélérations qui en font une des machines les plus palpitantes à rouler du globe. En fait, à ce niveau, la Suzuki GSX-1300R Hayabusa est la seule comparaison possible. Les secondes qui suivent l'ouverture complète des gaz d'une ZX-12R sont une expérience d'euphorie qu'il ne devrait être donné de vivre qu'au pilote averti : si le gros quatre cylindres bénéficie d'une plage de régime joliment remplie en bas, la puissance disponible entre les mi-régimes et la zone rouge de 11 500 tr/min est tout bonnement démentielle, enivrante. Comme la grosse Ninja n'est pas particulièrement courte ou légère, sa tendance à se dresser sur sa roue arrière en pleine accélération est limitée au premier rapport, le pneu avant restant ensuite bien au sol. Comme, en plus, la stabilité est impériale, le potentiel de performance reste facilement accessible. Quant à cette faramineuse vitesse de pointe « limitée » électroniquement à 299 km/h, elle se révèle davantage un sujet de discussion qu'une caractéristique véritablement appréciable. Car non seulement est-il très difficile de trouver un endroit permettant raisonnablement d'atteindre une telle vélocité, mais, comme vous le diront d'ailleurs les rares motocyclistes ayant vraiment passé par là, il s'agit d'une expérience extrêmement violente et pas nécessairement agréable.

Sur la route, la ZX-12R est une sportive sérieuse dont le comportement est davantage axé sur la stabilité dans toutes les circonstances que sur l'agilité ou la précision. Ainsi, bien que sa direction soit relativement rapide et précise, et qu'elle affiche un comportement neutre et solide une fois en angle, on garde l'impression d'être à bord d'une sportive honnêtement performante sur une route sinueuse, mais qu'on sent nettement plus à l'aise dans des situations plus dégagées que serrées.

Si ce n'était de quelques détails agaçants, la ZX-12R pourrait facilement jouer le rôle de GT en plus de celui de catapulte. Par exemple, sans raison apparente, puisqu'il ne s'agit pas d'une sportive pure, les suspensions sont calibrées durement, les poignées sont basses et la selle plutôt dure, ce qui se traduit par un niveau de confort faible. Même le passager, perché haut et au-dessus du pilote, n'est pas reçu de façon très polie.

| Catégorie : | Sportive |
| --- | --- |

## M O T E U R

| Type/refroidissement : | 4-cylindres en ligne/liquide |
| --- | --- |
| Cylindrée : | 1 199 cc |
| Alésage et course : | 83 mm x 55,4 mm |
| Puissance estimée: | 185 ch |
| Couple estimé : | 95 lb/pi |
| Boîte de vitesses : | 6 rapports |
| Transmission finale : | par chaîne |

## P A R T I E   C Y C L E

| Type de cadre : | monocoque, en aluminium |
| --- | --- |
| Suspension avant : | fourche inversée de 43 mm réglable en précharge, compression et détente |
| Suspension arrière : | monoamortisseur réglable en précharge, compression, détente et pour l'assiette |
| Freinage avant : | 2 disques de 320 mm de ø avec étriers à 6 pistons |
| Freinage arrière : | disque simple de 230 mm de ø |
| Pneus avant/arrière : | 120/70 ZR17 & 200/50 ZR17 |
| Empattement : | 1 440 mm |
| Hauteur du siège : | 810 mm |
| Poids à vide : | 216 kg |
| Réservoir de carburant : | 20 litres |

## P E R F O R M A N C E S

| Révolution à 100 km/h : | environ 3 500 tr/min |
| --- | --- |
| Consommation moyenne : | 7,8 l/100 km |

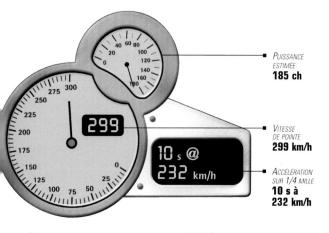

PUISSANCE ESTIMÉE
**185 ch**

VITESSE DE POINTE
**299 km/h**

ACCÉLÉRATION SUR 1/4 MILLE
**10 s à 232 km/h**

| Prix : | 15 499 $ |
| --- | --- |
| Garantie : | 1 an/kilométrage illimité |
| Couleur : | noir, lime, argent |

## Technique

L'une des particularités les plus intéressantes de la ZX-12R est son châssis monocoque. En lieu et place du traditionnel cadre à double longeron, la reine Ninja utilise une structure moulée liant la portion du pivot du bras oscillant à la colonne de direction en passant uniquement au-dessus du moteur. Sans les longerons de chaque côté de la mécanique, la moto reste aussi étroite que possible. Cela permet de réduire la surface frontale, donc le coefficient de traînée dans l'air, et d'augmenter le potentiel de vitesse maximale. La révision du carénage, en 2002, avait aussi pour but d'améliorer les qualités aérodynamiques de la ZX-12R. Ironiquement, on ne saura vraisemblablement jamais quel genre de vitesse la ZX-12R peut réellement atteindre en raison de la limite volontaire de 299 km/h (mesurés, et non indiqués) que se sont imposés les grands manufacturiers de motos, en 1999.

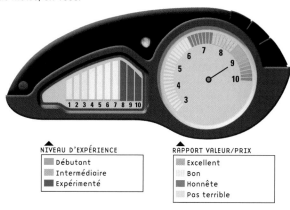

NIVEAU D'EXPÉRIENCE
- Débutant
- Intermédiaire
- Expérimenté

RAPPORT VALEUR/PRIX
- Excellent
- Bon
- Honnête
- Pas terrible

### « Vitesse lumière, confort précaire... »

## Conclusion

Telle la navette spatiale s'arrachant à la gravité terrestre, la ZX-12R est une fantastique démonstration de puissance contrôlée. Si le calibre de son comportement routier, sans être exceptionnel, reste tout à fait acceptable pour une monture de ce genre, en revanche, son niveau de confort mériterait une sérieuse attention. Car il n'y a aucune raison valable, sur une routière qui ne verra essentiellement jamais un circuit, d'avoir à subir une telle position de conduite et des suspensions aussi fermes.

QUOI DE NEUF EN 2003 ?

- Aucun changement
- Aucune augmentation de prix

PAS MAL

- Une mécanique démentiellement puissante, admirablement souple et dotée d'une injection maintenant au point
- Une partie cycle extrêmement solide, capable d'encaisser sans broncher les incroyables accélérations
- Le statut hautement enviable d'être l'une des deux seules routières de série sur Terre capable de tripler 100 km/h

BOF

- Agilité considérablement inférieure à celle des sportives pures comme la GSX-R1000
- Des poignées trop basses et des suspensions trop sèches pour rien ; il s'agit d'une moto de route avant tout
- Un accueil peu chaleureux du passager qui se trouve perché trop haut, sans rien pour se tenir

| KG▸ 183 | CH▸ 145 | $▸ 14 099 |
|---|---|---|

En dépit du fait que la ZX-9R est l'une des machines les plus rapides et radicales du marché, la dure réalité est qu'il s'agit aussi, actuellement, de celle qui traîne le plus de la patte, dans sa catégorie. Probablement dans l'unique but de faire patienter les acheteurs en attendant l'arrivée d'une remplaçante, la ZX-9R a été très légèrement revue l'an dernier. Mais l'heure de la retraite a bel et bien sonné pour le modèle qui devrait laisser sa place à une ZX-10R passablement plus légère, puissante et agile qu'il ne faudrait pas du tout s'étonner de voir calquée sur la ZX-RR de MotoGP.

## En attendant la ZX-10R ?

Rien n'est plus relatif qu'un classement chez les sportives pures d'un litre. Car si la ZX-9R y fait effectivement moins belle figure que ses rivales, il serait sage de rappeler qu'on parle d'un modèle qui participait vivement à la révolution du marché sportif il y a à peine 5 ans. Et qui, de plus, s'est vu amélioré à deux reprises depuis, en 2000 et 2002. Bien que ces évolutions n'en aient pas fait une nouvelle machine, il peut être affirmé que la version 2002-2003 du modèle est la plus au point, tant au niveau de la livrée de la puissance que de l'efficacité de la partie cycle en pilotage sportif.

Seule machine de sa classe toujours alimentée par carburateurs, et même si elle accuse entre 10 et 15 chevaux de recul par rapport à ses rivales directes, la ZX-9R reste une sportive extrêmement rapide. Généreuse et plutôt souple à bas et surtout moyens régimes, sa mécanique s'éveille en grand entre 8 000 tr/min et sa zone rouge de 12 000 tr/min. L'accélération est suffisamment intense pour rendre difficile l'ouverture totale des gaz sur le premier rapport sans un monstrueux cabrage, et pour envoyer l'avant en l'air sur le second rapport sans trop insister. Inutile d'insister sur le fait que ce genre de comportement s'adresse uniquement au motocycliste averti.

La tenue de route est une des facettes du pilotage où la ZX-9R souffre le plus de la comparaison avec ses rivales. Toutefois, si on s'en tient à une utilisation routière, même très agressive, les différences diminuent drastiquement puisque les limites sont beaucoup plus restreintes qu'en piste. Dans ces conditions, sans qu'elle soit la plus précise ou incisive qui soit, la ZX-9R peut quand même être qualifiée de légère, précise et généralement stable. Bien que les guidonnages ne soient pas omniprésents, un amortisseur de direction est un ajout presque indispensable sur toutes machines du genre.

Le niveau de confort offert par la ZX-9R est légèrement supérieur à la moyenne de sa catégorie, grâce surtout à sa position moins compacte et sa bonne protection au vent. Toutefois, preuve supplémentaire que tout est relatif dans cette classe, elle reste malgré tout une monture fermement suspendue, dont la position place beaucoup de poids sur les poignets et dont la selle dure aux formes angulaires ne met que peu de temps à devenir douloureuse.

| Catégorie : | Sportive |
|---|---|

## M O T E U R

| Type/refroidissement : | 4-cylindres en ligne/liquide |
|---|---|
| Cylindrée : | 899 cc |
| Alésage et course : | 75 mm x 50,9 mm |
| Puissance : | 145 ch @ 11 000 tr/min |
| Couple : | 73 lb/pi @ 9 000 tr/min |
| Boîte de vitesses : | 6 rapports |
| Transmission finale : | par chaîne |

## P A R T I E   C Y C L E

| Type de cadre : | périmétrique, en aluminium |
|---|---|
| Suspension avant : | fourche conventionnelle de 46 mm réglable en précharge, compression et détente |
| Suspension arrière : | monoamortisseur réglable en précharge, compression, détente et pour l'assiette |
| Freinage avant : | 2 disques de 310 mm de ø avec étriers à 6 pistons |
| Freinage arrière : | disque simple de 220 mm de ø |
| Pneus avant/arrière : | 120/70 ZR17 & 190/50 ZR17 |
| Empattement : | 1 415 mm |
| Hauteur du siège : | 810 mm |
| Poids à vide : | 183 kg |
| Réservoir de carburant : | 19 litres |

## P E R F O R M A N C E S

| Révolution à 100 km/h : | environ 4 000 tr/min |
|---|---|
| Consommation moyenne : | 6,8 l/100 km |

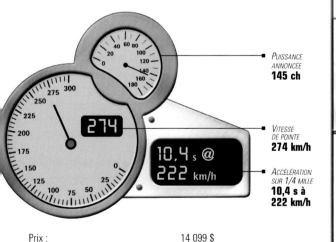

PUISSANCE ANNONCÉE
**145 ch**

VITESSE DE POINTE
**274 km/h**

ACCÉLÉRATION sur 1/4 MILLE
**10,4 s à 222 km/h**

| Prix : | 14 099 $ |
|---|---|
| Garantie : | 1 an/kilométrage illimité |
| Couleur : | bleu, argent, lime |

# Technique

Similairement au travail effectué sur la version 2000 de la ZX-9R, plusieurs améliorations ont été portées à la version 2002 du modèle. Au niveau esthétique, on a redessiné la partie arrière en plus de lui retirer ses poignées de maintien pour atteindre un look plus effilé. Côté châssis, les améliorations alors annoncées par Kawasaki décrivaient un cadre légèrement modifié afin d'améliorer la rapidité de direction, et rigidifié par l'addition d'une paire de supports moteur. Un nouveau bras oscillant avec entretoise 20 pour cent plus rigide que l'ancien était également installé, tandis que les suspensions étaient raffermies. Les disques avant passaient de 310 mm à 320 mm, alors que les étriers, autrefois à 6 pistons, faisaient place à des 4 pistons plus légers. Enfin, de nouveaux carburateurs de 40 mm étaient installés dans le but d'améliorer la réponse à bas et moyen régimes.

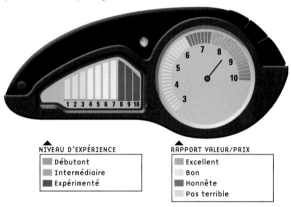

NIVEAU D'EXPÉRIENCE
- Débutant
- Intermédiaire
- Expérimenté

RAPPORT VALEUR/PRIX
- Excellent
- Bon
- Honnête
- Pas terrible

## « *En recul dans une catégorie sans pitié...* »

# Conclusion

La seule façon de trouver quelque chose qui cloche sérieusement avec le comportement de la ZX-9R est de la comparer directement avec ses équivalents provenant des autres grands constructeurs japonais, dans des conditions extrêmes. Si cela peut paraître injuste, compte tenu du fait que 99 pour cent des kilomètres parcourus le seront sur la route, il reste que c'est bêtement la réalité, chez les sportives pures. On ne perd rien pour attendre toutefois, car la prochaine génération, si elle est effectivement inspirée des machines de MotoGP, pourrait vite renverser les rôles.

QUOI DE NEUF EN 2003 ?

- **Aucun changement**
- **Coûte 100 $ de plus qu'en 2002**

PAS MAL

BOF

- **Un niveau de performance qui demeure très élevé malgré les comparaisons défavorables**
- **Une partie cycle relativement légère et facile à exploiter sur la route, où elle est généralement utilisée**
- **Une position de conduite et des dégagements moins extrêmes que certaines rivales**

- **Une tenue de route qui, dans l'absolu, est en recul par rapport au niveau aujourd'hui atteint par la classe**
- **Un niveau de confort qui n'est pas pour autant élevé; la ZX-9R reste une sportive extrême**
- **Une ligne qui commence sérieusement à dater et un prix qui ne reflète pas la hiérarchie de la classe**

# Kawasaki
## Ninja ZX-7R

KG▸ 203          CH▸ 122                    $▸ 12 399

La période actuelle en est une de changements profonds au niveau de la réglementation en compétition de vitesse, comme en témoigne le récent bouleversement total de la catégorie reine, devenue la MotoGP, et celui qui se concrétisera en 2003 pour la Superbike, puisqu'on parle, là aussi, d'une cylindrée d'un litre comme norme. Dans un tel contexte, il serait sage de mettre en veilleuse tout espoir encore vivant de voir une ZX-7R rajeunie, elle dont la dernière révision remonte maintenant à 7 ans. L'intérêt d'une telle entreprise, pour Kawasaki, n'est simplement plus là. La seule place qui lui reste est celle qu'elle occupe actuellement, celle d'une sportive d'une époque révolue, mais qui reste, et pourquoi pas, toujours disponible.

## Des temps différents...

**D**e plus en plus, depuis environ la dernière quinzaine d'années, et plus que jamais aujourd'hui, la présence sur un plancher de montre d'un modèle appartenant à la catégorie des sportives pures est directement liée à la compétitive réalité des circuits routiers. L'équation est simple : les constructeurs ne sont intéressés à concevoir et vendre un produit au public que s'ils peuvent l'inscrire en compétition de haut niveau, et bien y faire. Il en est ainsi, car de son côté, le public n'achète que le produit qui a le potentiel d'être inscrit en compétition de haut niveau, et de bien y faire. C'est ainsi que, en ces temps de 600 ultra-performantes et de règlements de course favorisant les mécaniques d'un litre, la place d'une 750 de pointe devient de moins en moins claire, autant sur route que sur circuit. Une réalité qui suggère que le statu quo imposé à la ZX-7R depuis 1996 se poursuive indéfiniment, vouant le modèle soit à disparaître, soit à demeurer présent au sein de la gamme malgré son âge. D'ailleurs, un parallèle avec une certaine Voyager XII, de Kawasaki, révèle qu'il ne faudrait pas s'étonner si une ZX-7R identique faisait toujours partie de la gamme en 2013...

D'une manière concrète, bien que la ZX-7R accélère de façon suffisamment forte pour en mettre plein les bras à la plupart des pilotes, aucune comparaison n'est possible avec la seule survivante de la catégorie, la Suzuki GSX-R750, qui est largement plus rapide. En revanche, même si les meilleures performances n'arrivent qu'au prix de tours élevés, la mécanique de la ZX-7R s'avère assez bien remplie dans les mi-régimes.

Sur la route, le poids demeure le pire défaut de la ZX-7R, celle-ci accusant un surplus d'une bonne trentaine de kilos par rapport aux dernières venues. Toutes les facettes de la conduite sportive, de la rapidité de direction jusqu'au freinage, s'en trouvent affectées. D'un autre côté, ce poids assure une excellente stabilité en gardant solidement la roue avant collée au sol. Si bien que la ZX-7R pardonne beaucoup de choses que la plupart des dernières sportives feraient payer cher.

Le niveau de confort ne peut qu'être qualifié de pauvre, puisque la selle devient rapidement désagréable et que les suspensions sont calibrées durement, et surtout parce que de la position de conduite extrême plie les jambes au possible et met trop de poids sur les poignets.

| | |
|---|---|
| Catégorie : | Sportive |

## MOTEUR

| | |
|---|---|
| Type/refroidissement : | 4-cylindres en ligne / liquide |
| Cylindrée : | 748 cc |
| Alésage et course : | 73 mm x 44,7 mm |
| Puissance : | 122 ch @ 11 800 tr/min |
| Couple : | 57,5 lb/pi @ 9 300 tr/min |
| Boîte de vitesses : | 6 rapports |
| Transmission finale : | par chaîne |

## PARTIE CYCLE

| | |
|---|---|
| Type de cadre : | périmétrique, en aluminium |
| Suspension avant : | fourche inversée de 43 mm réglable en précharge, compression et détente |
| Suspension arrière : | monoamortisseur réglable en précharge, compression, détente et pour l'assiette |
| Freinage avant : | 2 disques de 320 mm de ø avec étriers à 6 pistons |
| Freinage arrière : | disque simple de 230 mm de ø |
| Pneus avant/arrière : | 120/70 ZR17 & 190/50 ZR17 |
| Empattement : | 1 435 mm |
| Hauteur du siège : | 790 mm |
| Poids à vide : | 203 kg |
| Réservoir de carburant : | 18 litres |

## PERFORMANCES

| | |
|---|---|
| Révolution à 100 km/h : | environ 4 500 tr/min |
| Consommation moyenne : | 5,9 l/100 km |

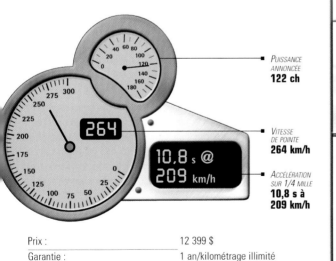

PUISSANCE ANNONCÉE
**122 ch**

VITESSE DE POINTE
**264 km/h**

ACCÉLÉRATION SUR 1/4 MILLE
**10,8 s à 209 km/h**

| | |
|---|---|
| Prix : | 12 399 $ |
| Garantie : | 1 an/kilométrage illimité |
| Couleur : | lime, orange |

## Technique

Le poids supérieur que la ZX-7R a toujours accusé par rapport à la concurrence a d'abord été justifié par son constructeur par le fait que le modèle ait été conçu pour participer à des compétitions de niveau mondial, une fois modifié de façon appropriée. Le stress énorme amené par les pilotes de haut niveau et la puissance massivement accrue des versions course demandent un châssis et des carters moteurs ultra-solides. Une qualité qui, à l'époque à laquelle la ZX-7R a été conçue, se voulait apparemment synonyme de poids. Les règlements obligeant les versions course et route à rester très proches, le poids supplémentaire était transmis à la routière. Si l'explication a pu être vraisemblable en 1996, la horde de sportives à la fois extrêmement puissantes, solides et légères aujourd'hui devenues la norme met encore davantage en perspective l'âge du concept de la 7R.

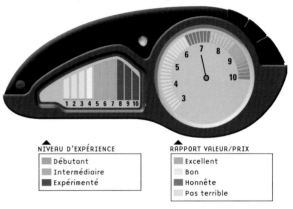

NIVEAU D'EXPÉRIENCE
- Débutant
- Intermédiaire
- **Expérimenté**

RAPPORT VALEUR/PRIX
- Excellent
- Bon
- **Honnête**
- Pas terrible

« *Assez, parfois, c'est assez...* »

## Conclusion

C'est un fait, la ZX-7R est un concept aujourd'hui largement dépassé. Qu'on parle de performances, de tenue de route, de légèreté, ou encore de degré de sophistication, le marché de la sportive actuel offre davantage de tout, et pour pas beaucoup plus cher, quand ce ne l'est pas moins ! Il serait toutefois faux de conclure que, pour cette raison, ZX-7R n'a plus sa place sur un plancher de vente en 2003. Au contraire, car si les dernières sportives sont assurément plus poussées, elles savent aussi se montrer hautement violentes si on les provoque.

QUOI DE NEUF EN 2003 ?

- Aucun changement
- Coûte 50 $ de plus qu'en 2002

PAS MAL / BOF

- Un concept tout de même intéressant : la ZX-7R est plus stable que les dernières 600 et sa mécanique est plus souple

- Un comportement d'une autre époque, puisque exempt de la violence qui caractérise plusieurs sportives modernes

- Une ligne qui, malgré son âge et la constante évolution du style sportif, reste plaisante à l'œil

- Des performances nettement inférieures à celles de sa plus proche rivale, la Suzuki GSX-R750

- Un embonpoint qui limite considérablement la rapidité d'exécution en pilotage sportif

- Un niveau de confort pauvre amené par une selle mal formée, des suspensions dures et une position extrême

**KG▸ 210**     **CH▸ 76**     **$▸ 8 499**

Disponible depuis 2000 sur le marché européen, mais seulement depuis l'an dernier chez nous, la standard ZR-7S n'a pas tardé à se faire des amis. C'est qu'à 1 100 $ de moins qu'une Suzuki Katana 750, que nous qualifions nous-mêmes d'excellente affaire depuis toujours, la ZR-7S attire même l'attention des acheteurs qui n'auraient cru pouvoir un jour se payer du neuf. L'une des explications derrière ce prix alléchant vient de l'origine lointaine, très lointaine, en fait, de la mécanique. Utilisée il y a quelques années sur la défunte Zephyr, puis plus tôt sur les GPZ750, puis encore plus tôt sur les KZ750, elle a définitivement eu le temps d'être amortie.

## De KZ à GPZ à Zephyr à ZR

L'idéologie derrière la ZR-7S est essentiellement opposée à celle de la plupart des montures récentes, puisqu'elles sont souvent construites sans limite sévère de prix ou de matériaux : on fabrique techniquement le meilleur produit possible pour ensuite le vendre aussi cher que le public l'acceptera. Dans le cas de la ZR-7S, le but est plutôt d'offrir un produit d'une qualité honnête au plus bas prix possible. Ce qu'on est par exemple arrivé à faire en sortant de la poussière une mécanique vieillotte mais, déjà existante et éprouvée. Handicapé côté puissance par son âge, le quatre-cylindres refroidi par air reste toutefois suffisamment performant pour circuler très confortablement, voire même s'amuser : une puissance utilisable arrive dès 3 000 tr/min, puis croît de manière constante jusqu'à environ 8 500 tr/min, pour enfin plafonner de là jusqu'à la zone rouge de 10 000 tr/min. Si on ne se fait évidemment pas arracher les bras, ça reste quand même tout à fait honnête comme accélération. Même qu'avec un peu de patience et un vent favorable, on atteindra sans trop de peine les 210 km/h indiqués,

voire 220 km/h en disparaissant sous la peinture… Étonnamment, malgré plus de deux décennies de service, le quatre cylindres reste plutôt doux en conduite normale, ne se mettant à chatouiller les mains qu'à haute vitesse. Un peu lent à monter en température et affichant un jeu léger, mais quand même agaçant au niveau du rouage d'entraînement, ce moteur est en revanche appuyé par une carburation au point, un embrayage léger et une excellente transmission.

Malgré son « vieux » châssis, la ZR-7S offre un comportement relevé, caractérisé par une direction agréablement légère, mais également précise et neutre ; par une très bonne stabilité même dans les virages à haute vitesse ; par une grande facilité de mise en angle et, enfin, par un freinage tout à fait satisfaisant. Nous avons d'ailleurs toujours l'intention d'en torturer une en piste, dès que Kawasaki regardera ailleurs…

À l'image du comportement routier, le confort est parfaitement adapté à une utilisation quotidienne sans tracas : la selle est bien formée et généreusement rembourrée, même pour le passager ; la position de conduite relevée est excellente ; le calibrage des suspensions est bien adapté aux réalités de nos routes ; et la protection au vent est très correcte.

| Catégorie : | Routière Sportive |
|---|---|

## MOTEUR

| Type/refroidissement : | 4-cylindres en ligne / air |
|---|---|
| Cylindrée : | 738 cc |
| Alésage et course : | 66 mm x 54 mm |
| Puissance : | 76 ch @ 9 500 tr/min |
| Couple : | 46 lb/pi @ 7 500 tr/min |
| Boîte de vitesses : | 5 rapports |
| Transmission finale : | par chaîne |

## PARTIE CYCLE

| Type de cadre : | double berceau, en acier |
|---|---|
| Suspension avant : | fourche conventionnelle de 41 mm réglable en amortissement |
| Suspension arrière : | monoamortisseur réglable en précharge |
| Freinage avant : | 2 disques de 300 mm de ø avec étriers à 2 pistons |
| Freinage arrière : | disque simple de 240 mm de ø |
| Pneus avant/arrière : | 120/70 ZR17 & 160/60 ZR17 |
| Empattement : | 1 455 mm |
| Hauteur du siège : | 800 mm |
| Poids à vide : | 210 kg |
| Réservoir de carburant : | 19 litres |

## PERFORMANCES

| Révolution à 100 km/h : | environ 5 000 tr/min |
|---|---|
| Consommation moyenne : | 6,0 l/100 km |

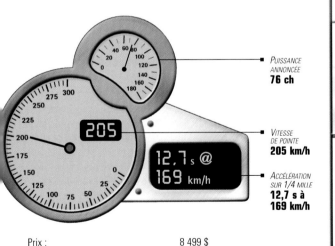

PUISSANCE ANNONCÉE **76 ch**

VITESSE DE POINTE **205 km/h**

ACCÉLÉRATION SUR 1/4 MILLE **12,7 s à 169 km/h**

| Prix : | 8 499 $ |
|---|---|
| Garantie : | 1 an/kilométrage illimité |
| Couleur : | bleu, rouge, jaune |

## Technique

On cherchera longtemps avant de trouver une mécanique plus vieille que le 4-cylindres de 738 cc qui anime la ZR-7S. Refroidi par air et disposant d'un petit radiateur à l'huile, il utilise 2 soupapes par cylindre et une paire d'arbres à cames en tête. Bien que ses 76 chevaux ne soient pas bien plus nombreux qu'à la belle époque, la rampe de carbus de 32 mm avec capteur de positionnement de l'accélérateur est heureusement plus moderne, tout comme l'échappement en inox de type 4 dans 1. Le cadre à double berceau en acier reste relativement simple et la mécanique y est installée de façon souple. Du côté des pièces modernes, on note une partie arrière piratée à la ZX-9R et une instrumentation empruntée à la ZX-7R, mais aussi un frein avant à double disque et des roues relativement larges de 17 pouces chaussées de pneus sportifs.

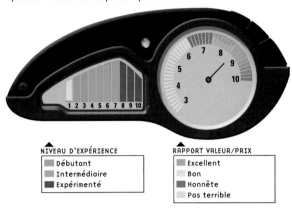

NIVEAU D'EXPÉRIENCE
- Débutant
- Intermédiaire
- Expérimenté

RAPPORT VALEUR/PRIX
- Excellent
- Bon
- Honnête
- Pas terrible

## 《 *Autosatisfaction…* 》

## Conclusion

La ZR-7S est un exercice de raison, un exemple de ce qu'il est possible de réaliser lorsqu'on se limite uniquement à ce qu'on a besoin, et rien de plus. Si le dernier de ses buts est donc d'épater la galerie, ironiquement, elle semble justement permettre à bien des motocyclistes « pauvres » de se payer du neuf, ce qui représente pour plusieurs un exploit en soit. Le côté le plus intéressant de la ZR-7S, toutefois, est qu'elle s'avère bien plus équilibrée et agréable que son concept simpliste ne semblerait le permettre.

QUOI DE NEUF EN 2003 ?

- Aucun changement
- Coûte 100 $ de plus qu'en 2002

PAS MAL — BOF

- Un excellent niveau de confort : belle position, bonne protection, suspensions intelligemment calibrées
- Une tenue de route étonnamment saine et précise compte tenu de l'idéologie du modèle
- Une excellente valeur, davantage rehaussée par une finition soignée et une jolie ligne

- Une mécanique dont l'âge est apparent au niveau des performances faibles et des vibrations
- Un rouage d'entraînement affligé d'un jeu léger, mais quand même agaçant
- Un carénage/pare-brise causant une certaine turbulence au niveau du casque, à haute vitesse

# Kawasaki
## Ninja ZX-6R

NOUVEAUTÉ 2003

| KG▸ 161 | CH▸ 125 | $▸ 11 399 |
| --- | --- | --- |

Il est très probable que l'impact de la compétition en circuit routier sur les sportives pures n'ait jamais été aussi important qu'en 2003. En plus de l'influence marquée de la catégorie MotoGP sur les 1 000 cc, l'incroyable niveau de sophistication et de spécialisation atteint cette année par les machines de 600 cc en témoigne d'ailleurs éloquemment. Chez Kawasaki, on a même choisi de pousser les choses encore plus loin en lançant non pas une nouvelle version de la ZX-6R, mais bien deux. En effet, en plus d'une 6R revue de façon extrêmement agressive, le constructeur inaugure, en 2003, une version ZX-6RR encore plus spécialisée, destinée à la course.

# Née pour le circuit...
## Technique

Jusqu'à l'an dernier, la seule image qu'arrivait à renvoyer la ZX-6R était celle d'une sportive de cylindrée moyenne assez rapide et agile, mais surtout polyvalente et moins extrême que certaines rivales. Un peu comme l'est toujours la ZX-9R au sein de sa catégorie. Or, une telle image ne constitue plus la recette de la réussite avec ce genre de moto. Malgré les côtés peu pratiques des concepts plus pointus, ces derniers semblent grandement favorisés par les acheteurs. Plus les performances sont élevées, plus le comportement est radical, plus la ligne est agressive, plus la position de conduite est impitoyable, bref plus le modèle est extrême, plus il a la faveur d'un public qui semble littéralement s'imbiber de son image.

C'est en partant de ce principe que Kawasaki a choisi la direction donnée à la nouvelle ZX-6R. Le constructeur va même jusqu'à décrire sa nouvelle 600 comme une machine désormais exclusivement réservée à une clientèle chevronnée, et conçue non plus pour tous genres d'utilisations, mais plutôt pour

le pilotage sportif, les journées de piste et la compétition. Que cet « avertissement » soit une tactique commerciale ou un genre de protection légale, le fait est que la nouvelle ZX-6R est véritablement construite de manière très agressive et ne laisse suggérer aucune concession à l'usage routier.

Si la première chose qu'on remarque est une nouvelle ligne plus effilée et combative que jamais, absolument tout le reste de la moto, jusqu'au dernier boulon, a été sévèrement allégé et est devenu plus compact, plus performant. Au niveau moteur, par exemple, rien n'a été laissé tel quel par rapport à l'ancien modèle, si bien qu'il faut vraiment parler d'une nouvelle mécanique. La culasse tout entière (culasse, valves, poussoirs, arbres à cames, ressorts, etc.) a été allégée et réduite de dimension, tandis que la nouvelle transmission utilise des rapports plus rapprochés pour maximiser le potentiel de ce quatre-cylindres axé sur les hauts régimes. Kawasaki annonce même une zone rouge fixée à 16 000 tr/min ! Un système d'injection électronique à corps de 38 mm fait son arrivée, alors qu'une multitude de capteurs nourrissent en informations un processeur à 32 bit. En déplaçant les fixations du cadre sur le moteur vers l'avant, la rigidité du châssis a été améliorée. En plus d'être plus rigide et léger,

| Catégorie : | Sportive |
|---|---|

## MOTEUR

| | |
|---|---|
| Type/refroidissement : | 4-cylindres en ligne/liquide |
| Cylindrée : | 636 cc (RR : 599 cc) |
| Alésage et course : | 66 (RR : 67) mm x 43,8 (RR : 42,5) mm |
| Puissance sans Ram Air : | 118 (113) ch @ 13 000 (13 200) tr/min |
| Puissance avec Ram Air : | 125 (120) ch @ 13 000 (13 200) tr/min |
| Couple : | 49,7 (47,7) lb/pi @ 11 000 (12 000) tr/min |
| Boîte de vitesses : | 6 rapports |
| Transmission finale : | par chaîne |

## PARTIE CYCLE

| | |
|---|---|
| Type de cadre : | périmétrique, en aluminium |
| Suspension avant : | fourche inversée de 41 mm réglable en précharge, compression et détente |
| Suspension arrière : | monoamortisseur réglable en précharge, compression et détente |
| Freinage avant : | 2 disques de 280 mm de ø avec étriers radiaux à 4 pistons |
| Freinage arrière : | disque simple de 220 mm de ø |
| Pneus avant/arrière : | 120/65 ZR17 & 180/55 ZR17 |
| Empattement : | 1 400 mm |
| Hauteur du siège : | 825 mm |
| Poids à vide : | 161 kg |
| Réservoir de carburant : | 18 litres |

## PERFORMANCES ESTIMÉES

| | |
|---|---|
| Révolution à 100 km/h : | environ 5 000 tr/min |
| Consommation moyenne : | 6,0 l/100 km |

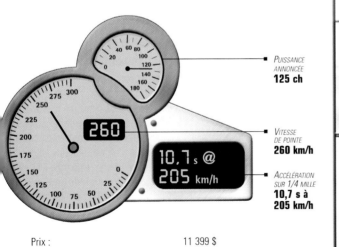

*Puissance annoncée*
**125 ch**

*Vitesse de pointe*
**260 km/h**

*Accélération sur 1/4 mille*
**10,7 s à 205 km/h**

| Prix : | 11 399 $ |
|---|---|
| Garantie : | 1 an/kilométrage illimité |
| Couleur : | lime, noir, rouge, argent RR : lime |

le tout nouveau cadre en aluminium a la particularité d'incorporer un massif passage d'air pour le Ram Air au niveau de la colonne de direction. La ZX-6R utilise la seule fourche inversée de la catégorie. L'unité de 41 mm est entièrement ajustable, comme le nouvel amortisseur arrière, d'ailleurs. Kawasaki a également choisi d'utiliser le tout dernier cri en matière de freinage puisqu'on retrouve à l'avant des étriers à montage radial devenus la norme en compétition. Pinçant des disques de 280 mm, soit 20 mm plus petits, ces étriers comptent chacun 4 pistons plutôt que 6 sur le modèle 2002, et utilisent maintenant 4 petites plaquettes chacun plutôt que 2.

Quant à ce qui distingue la ZX-6RR, on le retrouve essentiellement au niveau d'une cylindrée légèrement inférieure (636 cc sur la R vs 599 cc sur la RR), d'un pivot de bras oscillant ajustable, de rapports de transmission plus rapprochés et d'un ordinateur programmable. En fait, la RR est surtout une base prête à recevoir un kit de compétition préparé par le constructeur même.

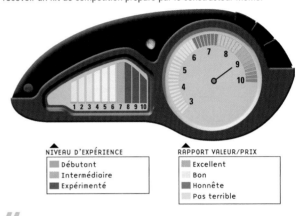

| NIVEAU D'EXPÉRIENCE | RAPPORT VALEUR/PRIX |
|---|---|
| Débutant | Excellent |
| Intermédiaire | Bon |
| Expérimenté | Honnête |
| | Pas terrible |

« *Aucun compromis, un seul objectif : la piste...* »

## Conclusion

L'agressivité dont a fait preuve Kawasaki pour l'élaboration de cette nouvelle 600 et son penchant de compétition est franchement impressionnante. En fait, il pourrait bien s'agir de la routière la plus axée sur la compétition jamais produite par le manufacturier, encore plus que la ZX-7RR qu'il offrait il y a une dizaine d'années, avec un but semblable. La preuve ne pourra en être faite qu'en piste, mais cette nouvelle ZX-6R s'annonce comme la concurrente la plus coriace que Kawasaki ait jamais inscrite dans cette classe.

QUOI DE NEUF EN 2003 ?

• **Nouveau modèle remplaçant la ZX-6R 2002**

PAS MAL — BOF

- **Une agressivité marquée, autant au niveau mécanique que de l'orientation du modèle**
- **Une tenue de route qui promet d'être sublime si elle entend vraiment dominer la catégorie**
- **Une mécanique au penchant avoué pour les très hauts régimes et une transmission à rapports rapprochés**

- **NL'abandon du côté « polyvalent » de la version 2002 indique un niveau de confort sérieusement à la baisse**
- **Une mécanique apparemment tellement spécialisée que la souplesse risque d'en souffrir**
- **Les 600 cognent maintenant à la porte des 12 000 $, et deviennent moins accessibles que jamais**

# Kawasaki
## ZZ-R600

| KG› 195 | CH› 100 | $› 9 599 |
|---|---|---|

**2003 marque la dixième année de commercialisation de la ZX-6 sans autre changement que l'adoption, cette année, de son appellation européenne. Emmerdant, le concept de la ZZ-R600 ? Pas vraiment, si on en juge par la tendance que le marché semble vouloir adopter, celle d'offrir deux alternatives sportives de 600 cc. En effet, la ZZ-R600 a aujourd'hui son équivalent chez chacun des grands constructeurs japonais : les Honda CBR600F4i, Suzuki Katana 600 et Yamaha YZF600R jouent toutes un rôle semblable de 600 sportives (relativement) modérées, laissant respectivement aux CBR600RR, GSX-R600 et YZF-R6 (ZX-6R chez Kawasaki) le travail maintenant ultra-spécialisé de 600 de premier plan.**

# En arrière-plan...

**P**lus lourde, plus longue et sensiblement moins puissante que les dernières 600 sportives, la ZZ-R600 reste quand même un exemple de ce qui se faisait de mieux, dans le genre, il y a dix ans. Aujourd'hui, ses accélérations peuvent être au moins qualifiées d'amusantes puisqu'on dispose tout de même d'une centaine de chevaux pour se distraire. Il s'agit d'un niveau de performances qui ne devrait pas prendre par surprise un pilote ayant accumulé un minimum d'expérience, ce qui ne peut être dit des dernières 600. Il faut toutefois s'attendre à devoir exploiter la partie supérieure de la plage de régimes pour arriver à extraire les meilleures performances de la mécanique, soit entre 10 000 tr/min et la zone rouge de 14 000 tr/min, ce qui implique également des changements de rapports fréquents. Il s'agit heureusement d'une mécanique qui ne demande pas mieux que de tourner haut, où elle reste douce et où sa sonorité n'est que plus agréable.

Faisant osciller la balance tout juste sous la barre des 200 kg, la ZZ-R600

n'offre évidemment pas le comportement incisif des dernières sportives de 600 cc. Mais comme tout le monde n'a pas nécessairement besoin d'une telle rapidité, surtout sur les chemins publics, la tenue de route reste tout à fait acceptable. La direction est relativement légère en entrée de courbe et la moto reste neutre, précise et généralement bien maniérée une fois inclinée. N'oublions pas que la ZZ-R600 a déjà été l'arme de Kawasaki sur circuit, comme la ZX-6R l'est aujourd'hui. Elle a toutefois des limites qu'on atteint lorsque le pilotage devient trop agressif. À ce moment, la mollesse des suspensions calibrées de manière réaliste, et donc souple, lui fait perdre sa précision, tandis que les plus délinquants la feront frotter en courbe. Dans toutes les autres circonstances, sa conduite reste amicale et sans surprise. La ZZ-R600 a souvent été décrite comme une 600 avec des dimensions de 750. Si les résultats en compétition ont quelque peu souffert de ce gabarit, le confort, lui, y a gagné par des dégagements plus généreux que la moyenne. À ce chapitre, la bonne selle, la position semi-relevée douce sur les poignets et les jambes, les suspensions souples ainsi que la bonne protection au vent font de la ZZ-R600 l'une des montures les plus confortables de sa classe.

| | |
|---|---|
| Catégorie : | Routière Sportive |

## MOTEUR

| | |
|---|---|
| Type/refroidissement : | 4-cylindres en ligne/liquide |
| Cylindrée : | 599 cc |
| Alésage et course : | 64 mm x 46,6 mm |
| Puissance : | 100 ch @ 11 500 tr/min |
| Couple : | 48 lb/pi @ 9 500 tr/min |
| Boîte de vitesses : | 6 rapports |
| Transmission finale : | par chaîne |

## PARTIE CYCLE

| | |
|---|---|
| Type de cadre : | périmétrique, en aluminium |
| Suspension avant : | fourche conventionnelle de 41 mm ajustable en précharge et détente |
| Suspension arrière : | monoamortisseur réglable en précharge et détente |
| Freinage avant : | 2 disques de 300 mm de ø avec étriers à 4 pistons |
| Freinage arrière : | disque simple de 240 mm de ø |
| Pneus avant/arrière : | 120/60 ZR17 & 160/70 ZR17 |
| Empattement : | 1 430 mm |
| Hauteur du siège : | 780 mm |
| Poids à vide : | 195 kg |
| Réservoir de carburant : | 18 litres |

## PERFORMANCES

| | |
|---|---|
| Révolution à 100 km/h : | environ 4 800 tr/min |
| Consommation moyenne : | 5,9 l/100 km |

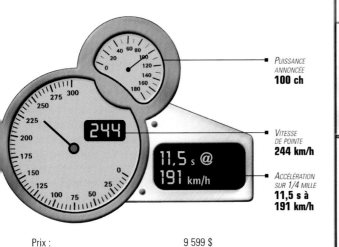

PUISSANCE ANNONCÉE
**100 ch**

VITESSE DE POINTE
**244 km/h**

ACCÉLÉRATION SUR 1/4 MILLE
**11,5 s à 191 km/h**

| | |
|---|---|
| Prix : | 9 599 $ |
| Garantie : | 1 an/kilométrage illimité |
| Couleur : | bleu, argent |

## Technique

La Ninja 600R 1985 est non seulement l'ancêtre de la ZX-6, mais elle est aussi le premier modèle de cette cylindrée à proposer un 4-cylindres en ligne refroidi au liquide, à 16 soupapes et à double arbre à cames en tête, une configuration devenue et demeurant le standard de la catégorie. La véritable origine de la ZX-6 courante est toutefois le modèle 1990. Il s'agissait à l'époque de la plus rapide de sa classe et de la première 600 cc à développer 100 chevaux au vilebrequin. Elle fut revue en 1993, lorsque Kawasaki redessina subtilement la ligne, améliora le châssis et installa le premier système d'admission d'air forcé, ou Ram Air, sur une 600. Bien qu'elle n'ait pas remporté de championnat important, la ZX-6 a déjà été un modèle compétitif sur circuit.

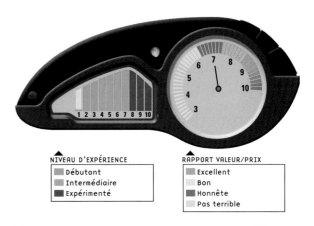

NIVEAU D'EXPÉRIENCE
- Débutant
- Intermédiaire
- Expérimenté

RAPPORT VALEUR/PRIX
- Excellent
- Bon
- Honnête
- Pas terrible

« *La première, mais pas la dernière...* »

## Conclusion

Tels sont les faits : les 750 sportives disparaissent petit à petit, et les 600 de pointe en sont arrivées à un tel stade de développement et de spécialisation qu'elles ne représentent plus les montures d'entrée en matière qu'elles ont jadis été. Où doit donc se diriger le motocycliste croyant cette cylindrée idéale pour lui, mais considérant trop élevé le niveau atteint par les dernières venues à la catégorie ? La réponse pointe de plus en plus vers des montures comme cette ZZ-R600, vers des ex-600 de premier plan.

QUOI DE NEUF EN 2003 ?

- **Aucun changement**
- **Aucune augmentation de prix**

PAS MAL  BOF

- **Des performances tout à fait divertissantes amenées par une mécanique qui aime tourner haut**
- **Une tenue de route saine et facile d'accès, tout de même précise et exempte de mauvaise surprise**
- **Un très bon niveau de confort pour la catégorie, grâce à une bonne selle, une position logique et des suspensions souples**

- **Une image de monture dépassée dans un univers où on veut plus que jamais acheter une image de gagnante**
- **Un prix qui pourrait être plus représentatif de l'âge du modèle**
- **Un comportement qui n'a pas l'incroyable degré de précision et le potentiel quasi illimité des dernières 600**

# Kawasaki
# Ninja 500R

KG▸ 176      CH▸ 60          $▸ 6 799

La Ninja 500R est l'une de ces motos qu'on aimerait tant voir dans les mains de nos débutants, au lieu des fusées de 600 cc qu'ils affectionnent tant pour leur image extrême, quand on ne les voit pas carrément sur des monstres de 1000 cc… Lancée en 1987 sous l'appellation EX500, elle fut promue au rang de Ninja en 1994 à l'occasion de sa seule révision en carrière. Cette évolution de la EX originale devait lui apporter des suspensions plus efficaces, des roues d'un diamètre de 17 pouces plus pratiques ainsi qu'un tout nouveau carénage. La mécanique, toutefois, est exactement la même depuis les premiers tours de roue du modèle.

## Hey, le novice !

Immanquablement, chaque année, la problématique des motos d'initiation, ou plutôt des motos qui ne sont pas des machines d'initiation, refait surface. Car si les CBR600RR, ZX-6R, GSX-R600 et YZF-R6 de ce monde sont bien souvent les seuls modèles faisant grimper la libido du motocycliste novice d'aujourd'hui, aucune de ces montures n'est conçue pour lui. Tel l'enfant roi qu'il est dans notre système sans limite établie pour le motocycliste débutant, notre cher novice n'a que faire de ces recommandations. Alors qu'il serait facile de l'accuser de témérité, voire d'irresponsabilité, on ne peut qu'admettre que la plupart des montures qu'on aimerait leur imposer semblent à peu près aussi excitantes qu'un cours de morale, une belle journée de printemps. Nous considérons toujours que les versions 400 cc des 600 cc de pointe actuelles, des machines qui sont commercialisées sur d'autres marchés et qui n'ont qu'à être importées, pourraient être une solution. Mais d'ici là, la Ninja 500R demeure l'une des manières les plus consciencieuses et amusantes de s'initier au pilotage d'une sportive. Ses 60 chevaux permettent des accélérations amplement suffisantes pour satisfaire un pilote débutant, voire intermédiaire, mais sans jamais menacer de le surprendre. La puissance utilisable arrive étonnamment tôt dans les tours, puis grimpe régulièrement jusqu'à un amusant punch à hauts régimes ; jamais les vibrations, pourtant toujours présentes, ne gênent le confort.

Au chapitre de l'accessibilité du pilotage, la Ninja 500R mérite les plus hautes notes, puisqu'elle est basse, très légère et met instantanément à l'aise, que ce soit en ville ou sur une route sinueuse. Elle demeure toujours stable, se montre extrêmement facile à inscrire en virage et garde un comportement neutre, solide et précis, même lorsque fortement inclinée. Les freinages sont francs et précis.

Le niveau de confort est étonnamment élevé, même sur long trajet. La selle est excellente, la protection au vent est très correcte, les suspensions calibrées de manière réaliste se débrouillent très bien sur toutes les surfaces et, finalement, la position de conduite semi-assise ne met pas de poids superflu sur les mains. Le faible dégagement au niveau des jambes pourrait cependant donner l'impression aux pilotes de grande taille d'être coincés.

| | |
|---|---|
| Catégorie : | Sportive |

## MOTEUR

| | |
|---|---|
| Type/refroidissement : | bicylindre parallèle/liquide |
| Cylindrée : | 498 cc |
| Alésage et course : | 74 mm x 58 mm |
| Puissance : | 60 ch @ 10 000 tr/min |
| Couple : | 34 lb/pi @ 8 500 tr/min |
| Boîte de vitesses : | 6 rapports |
| Transmission finale : | par chaîne |

## PARTIE CYCLE

| | |
|---|---|
| Type de cadre : | périmétrique, en acier |
| Suspension avant : | fourche conventionnelle de 37 mm non-ajustable |
| Suspension arrière : | monoamortisseur réglable en précharge |
| Freinage avant : | 1 disque de 280 mm de ø avec étrier à 2 pistons |
| Freinage arrière : | disque simple de 230 mm de ø |
| Pneus avant/arrière : | 110/70-17 & 130/70-17 |
| Empattement : | 1 435 mm |
| Hauteur du siège : | 775 mm |
| Poids à vide : | 176 kg |
| Réservoir de carburant : | 18 litres |

## PERFORMANCES

| | |
|---|---|
| Révolution à 100 km/h : | environ 6 500 tr/min |
| Consommation moyenne : | 5,0 l/100 km |

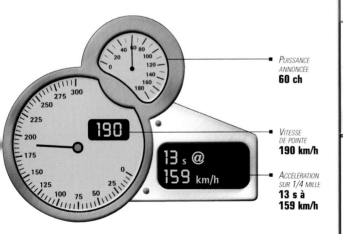

*PUISSANCE ANNONCÉE*
**60 ch**

*VITESSE DE POINTE*
**190 km/h**

*ACCÉLÉRATION SUR 1/4 MILLE*
**13 s à 159 km/h**

| | |
|---|---|
| Prix : | 6 799 $ |
| Garantie : | 1 an/kilométrage illimité |
| Couleur : | argent, bleu |

## Technique

Lorsqu'elle fut introduite, en 1987, les performances de la EX500 étonnèrent puisque peu inférieures à celles d'une Ninja 600R de l'époque, et ce, malgré un désavantage d'une centaine de centimètres cubes et de 2 cylindres. La mécanique responsable de ces performances, un bicylindre de 498 cc disposant de 2 arbres à cames en tête et 4 soupapes par cylindre, était en fait une moitié presque exacte du gros 4-cylindres de la Ninja 1000R 1986. Les 60 chevaux de la Ninja 500R reflètent d'ailleurs ce fait puisque eux aussi sont presque équivalents à la moitié des 125 chevaux de la 1000R. La révision de 1994 lui amena un nouveau carénage et une instrumentation revue, des roues de 17 pouces, des freins plus puissants et des suspensions plus modernes, mais la mécanique et le cadre restèrent inchangés.

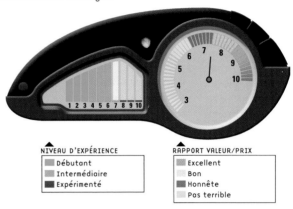

| NIVEAU D'EXPÉRIENCE | RAPPORT VALEUR/PRIX |
|---|---|
| ▢ Débutant | ▢ Excellent |
| ▢ Intermédiaire | ▢ Bon |
| ▢ Expérimenté | ▢ Honnête |
| | ▢ Pas terrible |

« *Elle devrait être obligatoire...* »

## Conclusion

La Ninja 500R devrait être la porte d'entrée obligatoire de l'univers des machines sportives, tellement son comportement est facile d'accès et représentatif de ce genre de conduite. Il s'agit d'une moto légère, basse et extrêmement maniable dont le niveau de puissance, sans qu'il soit évidemment exaltant, demeure certainement amusant et suffisant, surtout pour le novice complet. S'il existe d'autres alternatives semblables, dont les Suzuki GS500E et SV650S, la 500R reste indéniablement l'une des façons les plus logiques, équilibrées et économiques d'accéder au sport.

QUOI DE NEUF EN 2003 ?

- Aucun changement
- Coûte 50 $ de plus qu'en 2002

PAS MAL / BOF

- Un comportement extrêmement amical venant d'un poids faible, d'une selle basse et d'un excellent châssis
- Une mécanique raisonnablement performante et dont la souplesse étonne vu la faible cylindrée
- Un bon niveau de confort amené par une position relevée, une bonne selle et des suspensions souples

- Des performances qui pourraient lasser le pilote détenant déjà un minimum d'expérience sportive
- Une ligne qui n'est pas désagréable, mais qui gagnerait à être plus excitante
- Une distance selle/repose-pieds réduite qui s'avère plutôt juste pour les grands pilotes

# Kawasaki
## ZZ-R250

| KG▸ 148 | CH▸ 38 | $▸ 6 199 |
|---|---|---|

Le plus petit membre de la famille Ninja, la 250R, change officiellement de nom en 2003. En fait, la monture d'initiation, dont l'introduction sur le marché remonte à 1988, reçoit tout simplement l'appellation ZZ-R réservée depuis plusieurs années, en Europe, aux routières sportives de la gamme Kawasaki. L'appellation Ninja est, là-bas, exclusive aux sportives pures. Autrement, la petite ZZ-R reste techniquement inchangée. Rappelons que sa dernière évolution date de 2000, année où sa partie cycle fut considérablement mise à jour et qu'elle reçut un tout nouveau carénage. Sa mécanique, toutefois, qui n'a que peu changé depuis l'inauguration du modèle, ne fut alors pratiquement pas touchée.

## Scooter, version NASA...

L'un des atouts majeurs de la petite ZZ-R250 vient de ses proportions en tout point fidèles à celles d'une « vraie » sportive de 600 cc. En fait, l'œil moins averti pourrait très bien être convaincu d'avoir affaire à une ZZ-R600 (ZX-6). Le carénage intégral qui laisse paraître un sérieux cadre en aluminium, les roues à trois branches, le détail de la finition : tout semble vraiment en place pour maximiser l'illusion. Une illusion dont on réalise d'ailleurs l'ampleur dès l'instant où on enfourche la petite Kawasaki. Sa selle semble si basse et sa masse tellement faible qu'elle fait même paraître obèse une sportive de 600 cc. On pourrait presque la décrire comme un scooter sportif... Bien que son gabarit réduit puisse sembler exagérément faible pour une certaine catégorie de motocyclistes débutants, il en existe une autre, beaucoup plus craintive, pour qui des caractéristiques comme un poids plume et une selle basse sont la clé de la prise de confiance. Pour cette seconde catégorie d'apprentis, la ZZ-R250 est essentiellement seule dans sa propre classe, sur notre marché. L'impression d'une véritable sportive à plus petite échelle se poursuit au

démarrage, la petite mécanique ayant littéralement la sonorité d'un gros scooter. Avec un régime maxi fixé à 14 000 tr/min et près de 40 chevaux sous le capot, toutefois, on est loin d'avoir affaire à un cyclomoteur. Bien que l'obtention des meilleures performances implique d'utiliser tous les régimes disponibles, on peut parfaitement circuler normalement sans avoir recours à des tours trop élevés. Si l'on ne peut réellement parler de souplesse, on se retrouve quand même loin devant les prestations anémiques des Suzuki Marauder 250 et Honda Rebel 250, dont la cylindrée et la vocation sont semblables.

La ZZ-R250 offre un niveau de confort fort honnête amené par une bonne selle, une position de conduite relevée, une protection au vent correcte et une mécanique dont les vibrations sont bien contrôlées, mais aussi par des suspensions très souples, pour ne pas dire molles. Bien que cette mollesse la limite en conduite sportive, la ZZ-R250 reste tout à fait capable de se livrer à un tel pilotage, durant lequel on lui découvre une extraordinaire maniabilité et une grande légèreté de direction ; elle affiche un comportement sûr, solide et précis en courbe, tout comme en ligne droite, d'ailleurs, et offre un très bon freinage.

| | |
|---|---|
| Catégorie : | Sportive |

## MOTEUR

| | |
|---|---|
| Type/refroidissement : | bicylindre parallèle/liquide |
| Cylindrée : | 248 cc |
| Alésage et course : | 62 mm x 41,2 mm |
| Puissance : | 38 ch |
| Couple : | 18 lb/pi |
| Boîte de vitesses : | 6 rapports |
| Transmission finale : | par chaîne |

## PARTIE CYCLE

| | |
|---|---|
| Type de cadre : | périmétrique, en aluminium |
| Suspension avant : | fourche conventionnelle de 37 mm non-ajustable |
| Suspension arrière : | monoamortisseur ajustable en précharge |
| Freinage avant : | 1 disque de 300 mm de ø avec étrier à 2 pistons |
| Freinage arrière : | disque simple de 220 mm de ø |
| Pneus avant/arrière : | 100/80-17 & 140/70-17 |
| Empattement : | 1 405 mm |
| Hauteur du siège : | 760 mm |
| Poids à vide : | 148 kg |
| Réservoir de carburant : | 18 litres |

## PERFORMANCES

| | |
|---|---|
| Révolution à 100 km/h : | environ 7 500 tr/min |
| Consommation moyenne : | 4,5 l/100 km |

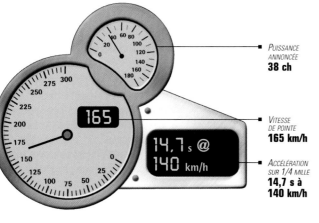

PUISSANCE ANNONCÉE
**38 ch**

VITESSE DE POINTE
**165 km/h**

ACCÉLÉRATION SUR 1/4 MILLE
**14,7 s à 140 km/h**

| | |
|---|---|
| Prix : | 6 199 $ |
| Garantie : | 1 an/kilométrage illimité |
| Couleur : | or, bleu |

# Technique

La conception de la ZZ-R250 s'apparente à bien des égards à celle d'une sportive plus grosse et plus puissante. Elle utilise ainsi un cadre de type périmétrique tout en aluminium aux longerons de bonnes dimensions. Signe de la catégorie, bien que la fourche soit assez solide, elle n'offre aucune possibilité de réglage. On note quand même la présence d'un monoamortisseur à l'arrière, de roues de 17 pouces et de freins à disque aux deux extrémités. Il est par ailleurs difficile de trouver des exemples de réductions de coûts de fabrication. Au contraire, on a apporté beaucoup d'attention aux détails comme la finition entourant l'instrumentation, les crochets de filets intégrés à la partie arrière ou encore les silencieux chromés. Enfin, la mécanique n'a rien de banal, et ce, malgré le fait qu'elle n'ait pratiquement pas évolué depuis la version 1988 du modèle, la première.

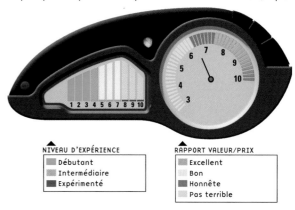

NIVEAU D'EXPÉRIENCE
- Débutant
- Intermédiaire
- Expérimenté

RAPPORT VALEUR/PRIX
- Excellent
- Bon
- Honnête
- Pas terrible

## « *Brigade antiterroriste...* »

# Conclusion

Parce qu'il n'y a qu'une différence de 600 $ entre une ZZ-R250 et la marche supérieure dans l'échelle de l'apprentissage selon Kawasaki, la Ninja 500R, et parce que cette dernière représente un moyen alternatif tout aussi sécuritaire et logique de commencer à rouler, avec, toutefois, un niveau de performance bien moins limité, nous croyons qu'à moins d'être totalement terrifié à l'idée de piloter une moto, ou d'être de stature vraiment frêle, la 500R représente une meilleure option, surtout à plus long terme.

QUOI DE NEUF EN 2003 ?

- **Aucun changement**
- **Aucune augmentation de prix**

PAS MAL

BOF

- **Une accessibilité hors du commun; il s'agit de la sportive la moins intimidante du marché**
- **Un comportement global très sain amené par une tenue de route relevée et une stabilité omniprésente**
- **Un niveau de confort très acceptable, merci à une selle moelleuse et des suspensions ultra souples**

- **Des performances peu stimulantes exigeant des tours très élevés pour être réalisées**
- **Des suspensions « Jell-O » pratiques sur les chemins dégradés, bien moins en pilotage sportif**
- **Un intérêt limité dû à de faibles performances, à son prix pas vraiment bas, et aux autres possibilités qu'offre le marché**

NOUVEAUTÉ
2003

| KG› N/O | CH› 70 | $› 15 299 |

L'inauguration de la Vulcan 1500 Classic, en 1996, marquait l'amorce d'une poussée massive des fabricants de motos japonais sur le créneau des customs poids lourd. Contrairement aux lignes maladroites des grosses customs japonaises produites jusque-là, les nouvelles venues allaient exhiber plus de style et de grâce qu'on l'aurait cru possible de la part des Asiatiques. Les Suzuki Intruder 1500 LC, Yamaha Road Star 1600 et Honda VTX1800 sont des exemples des designs qui suivirent celui de la Vulcan. Élaborée à partir de la 1500, la Vulcan 1600 Classic est la première de ces customs « nouveau genre » à évoluer suffisamment pour mériter d'être qualifiée de seconde génération.

# Événement historique...

## Technique

Réfléchissez bien, et tentez de nommer ne serait-ce qu'une grosse custom ayant réellement évolué depuis sa mise en marché. Non pas par le simple ajout d'un système d'injection ou d'une nouvelle instrumentation, mais par une révision sérieuse, similaire à celle qu'une sportive ou une machine de tourisme subirait lors du passage à une nouvelle génération. Elles sont très rares, les constructeurs préférant souvent raviver une base déjà existante avec un style différent (comme Honda, par exemple, avec ses Shadow 1100), ou alors carrément éliminer un modèle, son nom et son image, pour en créer un concept entièrement neuf (comme Yamaha, par exemple, avec sa V-Star 1100, la remplaçante de la Virago 1100). Quand ils ne les gardent pas tout simplement intactes jusqu'à ce qu'on ne puisse même plus les regarder (comme Suzuki, par exemple, avec ses vieillardes Intruder 800/1400). Le fait que Kawasaki ait mis l'effort nécessaire à totalement remanier sa grosse custom classique n'est donc pas banal, pour ne pas dire qu'il constitue un événement historique, pour le genre...

Très peu de composantes sont partagées entre les Vulcan 1500 et 1600 Classic. En fait, le principal lien se trouve au niveau de la mécanique dont certaines pièces et l'architecture générale sont conservées. Si le passage de la cylindrée de 1 470 cc à 1 552 cc, accompli par l'augmentation de 5 mm de la course du vilebrequin, représente la différence majeure entre les deux mécaniques, presque tous les organes internes, des pistons à la transmission, ont été modifiés. Le but de tous ces changements, comme on peut facilement le deviner, est d'accroître puissance et couple à bas régimes. S'il y a peu de doutes que ce but soit atteint, l'étendue du bénéfice en performance est difficile à quantifier puisque Kawasaki n'a divulgué aucune donnée de puissance et de couple pour son nouveau moteur. On affirme toutefois que les performances devraient être améliorées de façon significative, que l'efficacité de l'injection est supérieure, et que la transmission à 5 rapports a été solidifiée pour encaisser le surplus de puissance. Du côté de la partie cycle, tout a essentiellement été revu. Le cadre est non pas modifié pour gagner en rigidité, mais plutôt pour abaisser et allonger l'allure de la moto, ce qui, d'après le constructeur, améliore la stabilité. Ainsi, la selle est 20 mm plus

| Catégorie : | Custom |
|---|---|

## MOTEUR

| Type/refroidissement : | bicylindre en V/liquide |
|---|---|
| Cylindrée : | 1 552 cc |
| Alésage et course : | 102 mm x 95 mm |
| Puissance estimée : | 70 ch |
| Couple estimé : | 85 lb/pi |
| Boîte de vitesses : | 5 rapports |
| Transmission finale : | par arbre |

## PARTIE CYCLE

| Type de cadre : | double berceau, en acier |
|---|---|
| Suspension avant : | fourche conventionnelle de 43 mm non-ajustable |
| Suspension arrière : | 2 amortisseurs réglables en précharge |
| Freinage avant : | disque simple de 300 mm de ø avec étrier à 2 pistons |
| Freinage arrière : | disque simple de 300 mm de ø |
| Pneus avant/arrière : | 130/90-16 & 170/70-16 |
| Empattement : | 1 680 mm |
| Hauteur du siège : | 680 mm |
| Poids à vide : | n/d |
| Réservoir de carburant : | n/d |

## PERFORMANCES ESTIMÉES

| Révolution à 100 km/h : | 2 700 tr/min |
|---|---|
| Consommation moyenne : | 7,0 l/100 km |

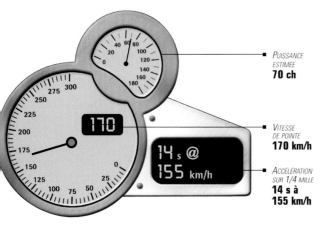

*Puissance estimée* **70 ch**

*Vitesse de pointe* **170 km/h**

*Accélération sur 1/4 mille* **14 s à 155 km/h**

| Prix : | 15 299 $ |
|---|---|
| Garantie : | 1 an/kilométrage illimité |
| Couleur : | noir, rouge, argent |

basse et l'empattement est 20 mm plus long. Le train avant est entièrement neuf : la fourche fait maintenant 43 mm plutôt que 41 mm ; la roue est coulée plutôt qu'à rayons, ce qui lui permet désormais d'accepter un pneu sans chambre ; et le frein avant à disque de 300 mm et étrier à 2 pistons est dorénavant doublé. À l'arrière, la situation est semblable puisque l'angle des amortisseurs est plus vertical ; le bras oscillant est allongé de 30 mm ; le disque de frein passe de 270 mm à 300 mm ; et la nouvelle roue coulée est maintenant chaussée d'un massif pneu de 170 mm de diamètre plutôt que 150 mm sur la 1500. Tout en gardant un air de famille, le style évolue considérablement, tant au niveau de la fluidité des lignes que de l'attention portée aux détails. On note, à ce chapitre, un moteur désormais fini de couleur argentée plutôt que noire ; un réservoir à essence allongé avec une nouvelle instrumentation; des nouveaux garde-boue ; et, enfin, un tout nouveau système d'échappement avec catalyseur intégré aux silencieux.

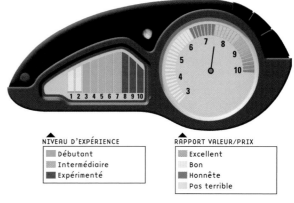

NIVEAU D'EXPÉRIENCE
- Débutant
- Intermédiaire
- Expérimenté

RAPPORT VALEUR/PRIX
- Excellent
- Bon
- Honnête
- Pas terrible

« *Une évolution solide...* »

## Conclusion

Comme évolution, il est difficile de demander mieux de la part d'une custom. Si on peut logiquement s'attendre à des performances en net progrès ainsi qu'à un comportement routier encore plus solide que par le passé, il sera très intéressant de découvrir si Kawasaki s'est autant attardé aux aspects plus émotionnels de l'expérience custom, comme le rythme de la mécanique et la sonorité des échappements, autant qu'il l'a fait au niveau de l'esthétique et de la mécanique.

QUOI DE NEUF EN 2003 ?

- Nouveau modèle basé sur la Vulcan 1500 Classic
- Coûte 1 300 $ de plus qu'une Vulcan 1500 Classic 2002

PAS MAL                    BOF

- **Une mécanique qui promet d'intéressants niveaux de performances et de sensations**
- **Une partie cycle qui devrait s'avérer au moins légèrement en progression par rapport au modèle précédent**
- **Une ligne et un niveau de finition qui évoluent dans la bonne direction tout en conservant un air de famille**

- **Un prix qui fait un bond considérable par rapport à la 1500 Classic**
- **Une augmentation de seulement 82 cc sera-t-elle vraiment suffisante pour améliorer les performances ?**
- **Un nombre important de modifications portées à une mécanique éprouvée ; la fiabilité est-elle conservée ?**

# Kawasaki
## Vulcan 1500 Mean Streak

KG▸ 289   CH▸ 72   $▸ 15 599

On se souviendra de 2002 comme de l'année des customs de performance que sont les Harley V-Rod, Honda VTX1800, Yamaha Road Star Warrior et Kawasaki Mean Streak. Ironiquement, malgré le fait que cette dernière ait été la moins performante du groupe, elle est probablement celle que la clientèle visée a le plus rapidement et facilement acceptée. Essentiellement en raison de son prix moins prohibitif que ceux des autres, mais aussi parce qu'elle est la seule qui n'ait pas essayé de réinventer la roue, la Mean Streak a réussi là où des machines beaucoup plus sophistiquées et extravagantes en ont bavé. Aucun changement en 2003.

## La mieux reçue...

Il est réellement ironique que la Mean Streak ait été la mieux reçue (on s'entend pour ne pas mêler la V-Rod à ça, OK ?) de ces nouvelles customs de performance, car elle est également celle qui a été le plus rapidement, le plus simplement et le plus économiquement conçue. Avec du recul, toutefois, les raisons de sa réussite deviennent presque évidentes. Premièrement, la Mean Streak est, selon plusieurs, la plus belle custom de performance du marché (on a dit pas de V-Rod, hein ?). Et pourtant, il s'agit d'une 1500 Classic modifiée, et rien de plus. Ce qui prouve qu'on a beau mettre la technologie qu'on voudra sur une custom, si elle n'a pas des lignes classiques, une belle finition et du chrome à profusion, on cherche le trouble. Parlez-en à Yamaha. Deuxièmement, la Mean Streak est la seule custom du genre à être offerte au prix d'une custom classique. Ce qui prouve qu'on a beau mettre la technologie qu'on voudra sur une custom, si son prix est plus élevé qu'un certain plafond, qui semble être plus ou moins 17 000 $, on cherche le trouble. Parlez-en à Honda et Yamaha. Le plus intéressant, en ce qui concerne la Mean Streak, c'est que l'absence de la technologie de pointe utilisée sur ses rivales ne semble absolument pas limiter l'agrément de conduite. Par exemple, sans avoir perdu l'agréable cadence de la Classic, la mécanique vitaminée procure des performances très franches et qui, même si elles ne sont pas du calibre d'une VTX ou d'une Warrior, restent certainement amusantes. En bonus, l'injection est au point, aucunes vibrations déplaisantes ne parviennent jusqu'au pilote et l'ensemble embrayage-transmission fonctionne de manière douce et précise.

Le comportement routier de la Mean Streak est étonnamment plus relevé que celui de la Classic, d'où provient pourtant le châssis. Il s'agit d'une moto offrant un équilibre surprenant : la direction est légère, neutre et précise ; les suspensions offrent un excellent compromis entre contrôle et confort ; la stabilité est sans reproche ; même la maniabilité s'avère bonne, et le freinage est excellent, merci au système piraté intégralement à la sportive ZX-9R.

La Mean Streak se tire honorablement d'affaire même au chapitre du confort en positionnant le pilote de façon relaxe, mais sans aucune exagération, et en l'asseyant sur une selle aussi bien formée que rembourrée. Le passager, toutefois, est bien moins choyé.

FICHE TECHNIQUE

| | |
|---|---|
| Catégorie : | Custom |

## MOTEUR

| | |
|---|---|
| Type/refroidissement : | bicylindre en V/liquide |
| Cylindrée : | 1 470 cc |
| Alésage et course : | 102 mm x 90 mm |
| Puissance : | 72 ch @ 5 500 tr/min |
| Couple : | 84 lb/pi @ 3 000 tr/min |
| Boîte de vitesses : | 5 rapports |
| Transmission finale : | par arbre |

## PARTIE CYCLE

| | |
|---|---|
| Type de cadre : | double berceau, en acier |
| Suspension avant : | fourche inversée de 43 mm non-ajustable |
| Suspension arrière : | 2 amortisseurs réglables en précharge et amortissement |
| Freinage avant : | 2 disques de 320 mm de ø avec étrier à 6 pistons |
| Freinage arrière : | disque simple de 300 mm de ø |
| Pneus avant/arrière : | 130/70-17 & 170/60-17 |
| Empattement : | 1 704 mm |
| Hauteur du siège : | 701 mm |
| Poids à vide : | 289 kg |
| Réservoir de carburant : | 17 litres |

## PERFORMANCES

| | |
|---|---|
| Révolution à 100 km/h : | 2 700 tr/min |
| Consommation moyenne : | 7,0 l/100 km |

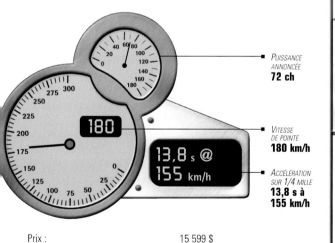

*Puissance annoncée*
**72 ch**

*Vitesse de pointe*
**180 km/h**

*Accélération sur 1/4 mille*
**13,8 s à 155 km/h**

| | |
|---|---|
| Prix : | 15 599 $ |
| Garantie : | 1 an/kilométrage illimité |
| Couleur : | noir, rouge, argent |

## Technique

La formule utilisée par Kawasaki pour arriver à sa custom de performance est relativement simple. On est parti d'une Vulcan 1500 Classic qu'on a commencé par rhabiller avec des garde-boue redessinés, un réservoir allongé et une nouvelle instrumentation qui inclut maintenant un tachymètre. Puis, autour d'un cadre essentiellement inchangé, on a installé une fourche inversée non ajustable de 43 mm, on a monté de larges roues coulées de 17 pouces chaussées de gommes sportives, et on a emprunté le frein avant de la ZX-9R. Côté mécanique, le V-Twin de 1 470 cc voit ses corps d'injection et ses soupapes grandir en diamètre, ses arbres à cames devenir plus agressifs, son unité de contrôle être revue et son cinquième rapport être raccourci. Selon Kawasaki, le tout serait bon pour une douzaine de chevaux supplémentaires.

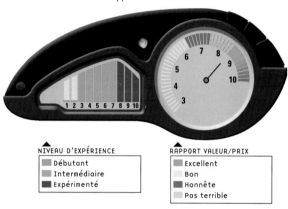

NIVEAU D'EXPÉRIENCE
- Débutant
- Intermédiaire
- ■ Expérimenté

RAPPORT VALEUR/PRIX
- Excellent
- Bon
- ■ Honnête
- Pas terrible

### 《 Une leçon d'humilité pour ses rivales… 》

## Conclusion

La Mean Streak mérite toute l'attention qu'elle reçoit, et plus. Il s'agit d'un ensemble joliment équilibré, et ce, autant au niveau visuel que fonctionnel que budgétaire. Mais il s'agit aussi d'une preuve que les acheteurs de customs japonaises, contrairement aux acheteurs de Harley, ont des moyens limités qu'ils n'entendent pas outrepasser pour un concept de performance qui semble, de toute façon, ne les intéresser que jusqu'à un certain point. Peut-être cela forcera-t-il les constructeurs à tenir les prix de leurs nouveaux engins sous meilleur contrôle.

QUOI DE NEUF EN 2003 ?

- Aucun changement
- Coûte 100 $ de plus qu'en 2002

PAS MAL

BOF

- Un niveau de performance moins élevé que celui de la concurrence, mais quand même amusant
- Un comportement routier étonnamment équilibré : belle tenue de route, stabilité sans reproche
- Une ligne simple mais joliment réussie et un niveau de finition très satisfaisant

- Des performances amusantes seulement si on n'a pas déjà piloté une VTX1800
- Une garde au sol limitée par la position des repose-pieds, et qui empêche d'exploiter le châssis
- Une portion de selle destinée au passager qui paraît bien, et c'est tout

# Kawasaki
# Vulcan 800 Classic
# et Drifter

VULCAN 800 DRIFTER

VULCAN 800 CLASSIC

KG▸ 234-248    CH▸ 56          $▸ 8 499 À 10 499

**La Vulcan 800 est l'un des premiers modèles de la classe des customs poids moyen du marché courant a avoir été présenté, en 1995. Elle fut suivie peu après d'une version Classic qui est aujourd'hui la seule offerte. La version Drifter, quant à elle, est disponible depuis 1999. Elle est d'ailleurs la seule Drifter du catalogue Kawasaki 2003, la 1500 ayant disparu cette année. Alors que la réplique d'Indian ne reçoit qu'un succès limité depuis son introduction, la Classic jouit d'un net regain d'intérêt depuis que son prix a été ramené à un niveau compétitif, il y a maintenant deux ans. Ni l'une ni l'autre ne reçoit cette année de modification.**

# Nouveau souffle...

**D**urant des années, malgré un niveau de performances supérieur à la moyenne et de jolies lignes classiques, la Vulcan 800 a carrément été ignorée d'un public qui achetait pourtant des Honda A.C.E. 750 et des Suzuki Marauder 800 à la pelle. En fait, on a même essayé, à un certain moment, de la vendre comme une alternative moins coûteuse aux customs de 1 100 cc, sans résultat. Il a fallu attendre l'an 2000 et la permission du Japon pour que le prix soit ajusté et que l'acheteur puisse enfin prendre véritablement conscience des avantages du modèle.

L'une des facettes de la conduite où les 800 Classic et Drifter se distinguent le plus de leurs rivales est la performance. Par rapport au reste de la classe, on parle d'un avantage de 7 à 11 chevaux, ce qui, sur des montures produisant plus ou moins 50 chevaux, représente une différence appréciable au niveau des accélérations. En ligne droite, les Vulcan 800 disposent de toutes leurs concurrentes et même de la plupart des customs poids lourd. La souplesse à bas régimes est à peu près la même que pour le reste de la classe, c'est-à-dire

satisfaisante, alors que les tours élevés amènent une constante augmentation de puissance.

Le comportement routier est très honnête. La stabilité est sans faute autant en ligne droite qu'en virage rapide, l'effort requis à la direction en entrée de courbe est très faible, et toutes deux restent solides et bien maniérées une fois qu'elles sont inclinées, même sur mauvais revêtement.

En ville, la faible hauteur de selle, la légèreté de la direction et le poids raisonnable les rendent faciles à manier, même pour des personnes de courte taille ou physiquement moins fortes. Les freins font leur travail correctement, sans plus.

Le confort est bon sur les deux versions. Les positions de conduite relaxes et dégagées plient les jambes à environ 90 degrés, laissent le dos presque droit et placent les mains basses sur un guidon large. La selle de la Classic est bien formée et bien rembourrée, tandis que la selle solo de la Drifter est un peu dure, mais offre tout de même un bon support. Les suspensions sont souples en général, mais un revêtement très abîmé verra l'arrière devenir sec. Enfin, la mécanique est particulièrement douce et ses vibrations ne dérangent jamais.

Catégorie :      Custom

## MOTEUR

| | |
|---|---|
| Type/refroidissement : | bicylindre en V/liquide |
| Cylindrée : | 805 cc |
| Alésage et course : | 88 mm x 66,2 mm |
| Puissance : | 56 ch @ 7 000 tr/min |
| Couple : | 47,7 lb/pi @ 3 500 tr/min |
| Boîte de vitesses : | 5 rapports |
| Transmission finale : | par chaîne |

## PARTIE CYCLE

| | |
|---|---|
| Type de cadre : | double berceau, en acier |
| Suspension avant : | fourche conventionnelle de 41 mm non-ajustable |
| Suspension arrière : | monoamortisseur réglable en précharge |
| Freinage avant : | 1 disque de 300 mm de ø avec étrier à 2 pistons |
| Freinage arrière : | tambour mécanique (Drifter : disque simple de 270 mm de ø) |
| Pneus avant/arrière : | 130/90-16 & 140/90-16 |
| Empattement : | 1 600 (Drifter : 1 615) mm |
| Hauteur du siège : | 705 (Drifter : 760) mm |
| Poids à vide : | 234 (Drifter : 248) kg |
| Réservoir de carburant : | 15 litres |

## PERFORMANCES

| | |
|---|---|
| Révolution à 100 km/h : | environ 4 400 tr/min |
| Consommation moyenne : | 5,7 l/100 km |

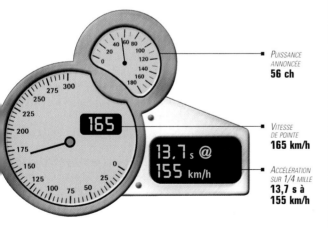

PUISSANCE ANNONCÉE
**56 ch**

VITESSE DE POINTE
**165 km/h**

ACCÉLÉRATION SUR 1/4 MILLE
**13,7 s à 155 km/h**

| | |
|---|---|
| Prix : | 8 499 $ (Classic), 10 499 $ (Drifter) |
| Garantie : | 1 an/kilométrage illimité |
| Couleur : | noir, rouge, argent (Classic) rouge (Drifter) |

# Technique

En faisant exception de leurs différences de style et de quelques détails techniques, les Vulcan 800 Classic et Drifter partagent la même base. Les principales différences de la Drifter se retrouvent aux niveaux de la colonne de direction, légèrement avancée afin de laisser suffisamment d'espace au gros garde-boue pour bouger, de l'échappement de type 2 en 1 au lieu du 2 en 2 de la Classic, du capteur de position des gaz installé sur le carburateur, et du frein arrière à disque au lieu du tambour de la Classic. Les deux variantes sont mues exactement par la même mécanique, un V-Twin de 805 cc de 56 chevaux. Refroidi au liquide, il dispose de 8 soupapes et de 2 arbres à cames en tête, utilise une transmission à 5 rapports et emploie un entraînement final par chaîne.

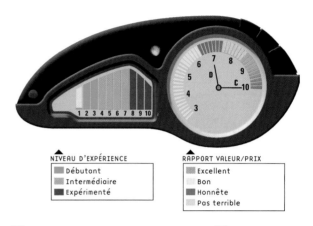

| NIVEAU D'EXPÉRIENCE | RAPPORT VALEUR/PRIX |
|---|---|
| ■ Débutant | ■ Excellent |
| ■ Intermédiaire | ■ Bon |
| ■ Expérimenté | ■ Honnête |
| | ■ Pas terrible |

*« Mieux vaut tard que jamais... »*

# Conclusion

Il a fallu des années et beaucoup de ventes perdues à Kawasaki pour réaliser que malgré les avantages que sa Vulcan 800 ait pu avoir sur la concurrence, le facteur « budget », dans la catégorie des cruisers poids moyen à laquelle elle appartient, est simplement trop important, au yeux des acheteurs, pour qu'on puisse se permettre d'afficher un prix élevé. À 2 000 $ de plus, la Drifter amène un problème semblable que même sa jolie ligne ne semble pas arriver à faire oublier.

QUOI DE NEUF EN 2003 ?

- Aucun changement
- Classic coûte 100$ de plus qu'en 2002
- Aucune augmentation de prix pour la Drifter

PAS MAL      BOF

- La Classic offre des avantages concrets sur la concurrence pour un déboursé semblable
- La Drifter offre une ligne très réussie qui est à pratiquement unique à l'industrie
- Un comportement routier généralement sain et facile d'accès

- Un déboursé supplémentaire difficile à justifier pour la Drifter : ce n'est qu'une ligne, après tout
- Une suspension arrière qui peut devenir sèche sur chaussée abîmée
- Une selle solo durement rembourrée et peu pratique pour la Drifter. Les deux sièges devraient être de série, surtout à ce prix.

# Kawasaki
# Vulcan 500 LTD

KG▸ 199     CH▸ 46     $▸ 6 799

La Vulcan 500 LTD est ce qu'on appelle une entrée de gamme. Une moto pas franchement excellente, pas franchement mauvaise, faite pour attirer le motocycliste vers une marque ou un concept. Pour cela, les arguments sont simples et bien choisis : machine pas trop puissante, mais assez pour se sentir sur une moto, prix raisonnable, esthétique légèrement aguichante, mais pas aguicheuse, facilité de prise en main, sécurisante. Elle existe pour donner le goût… d'aller voir plus loin. Revue pour la dernière fois en 1996, essentiellement au niveau esthétique, cinq ans après que sa cylindrée soit passée de 450 à 500 cc, elle demeure totalement identique pour 2003.

## Oui, mais…

Toute médaille a son revers, et si cette jolie moto bénéficie effectivement d'un prix compétitif face à une V-Star 650 ou une Shadow VLX600, il y a une raison. Et cette raison se trouve être, en première ligne, son moteur. Non pas que ce soit un mauvais moteur, au contraire. Ses origines sportives (Ninja 500R, alias EX500) lui valent une puissance et des performances plus qu'honnêtes pour une 500. Cependant, petite cylindrée oblige, cette puissance était, chez la Ninja, logée dans les hauts régimes ; il en résulte un caractère incompatible avec la philosophie custom où le couple à bas régimes importe bien plus qu'une poignée de chevaux hurlants, disponibles uniquement dans les derniers tours. Kawasaki a donc œuvré à transformer cette base sportive en outil custom, du moins dans la mesure du possible, quitte à perdre une quinzaine de chevaux en haut. Malgré tout, ce moulin conserve une excellente santé, puisque ses performances demeurent supérieures à celles de la concurrence, bien aidé qu'il est par une boîte à six vitesses qui permet de profiter pleinement des chevaux restants, pour peu qu'on ne soit pas fainéant de la cheville gauche.

Malheureusement, Kawasaki a commis une faute de goût : une custom, c'est un V-Twin. Malchanceux japonais qui se sont précipités, au début des années 80, dans un marché qu'ils pressentaient prometteur, mais dont ils ne connaissaient pas encore grand-chose. La 500 LTD est un vestige de ce passé, et dans ce contexte où les performances, fussent-elles supérieures à celles des copines, importent moins que l'esprit, que le caractère. Les qualités dynamiques de cette moto ont du mal à masquer la réalité de ce bicylindre parallèle. Car, des qualités, elle en a : maniable grâce à son faible poids et sa selle basse, stable, aussi bien en ligne droite qu'en courbe, facile à inscrire en virage, au comportement sain, pour autant qu'on évite l'exagération, décente au freinage, le tout jugé, bien sûr, conformément à une utilisation en mode « balade ». Un bon point supplémentaire du côté de l'agrément au quotidien : sa selle très basse facilite la prise en main et le contrôle, la position s'avère relax sans tomber dans l'excès, tandis que l'ensemble est rendu confortable par une selle moelleuse et des suspensions plutôt souples.

Catégorie :  Custom

## MOTEUR

| | |
|---|---|
| Type/refroidissement : | bicylindre parallèle/liquide |
| Cylindrée : | 498 cc |
| Alésage et course : | 74 mm x 58 mm |
| Puissance : | 46 ch @ 7 000 tr/min |
| Couple : | 33 lb/pi @ 6 000 tr/min |
| Boîte de vitesses : | 6 rapports |
| Transmission finale : | par chaîne |

## PARTIE CYCLE

| | |
|---|---|
| Type de cadre : | double berceau, en acier |
| Suspension avant : | fourche conventionnelle de 41 mm non-ajustable |
| Suspension arrière : | 2 amortisseurs réglables en précharge |
| Freinage avant : | 1 disque de 300 mm de ø avec étrier à 1 piston |
| Freinage arrière : | tambour mécanique |
| Pneus avant/arrière : | 100/90-19 & 140/90-15 |
| Empattement : | 1 595 mm |
| Hauteur du siège : | 715 mm |
| Poids à vide : | 199 kg |
| Réservoir de carburant : | 15 litres |

## PERFORMANCES

| | |
|---|---|
| Révolution à 100 km/h : | environ 5 000 tr/min |
| Consommation moyenne : | 5,0 l/100 km |

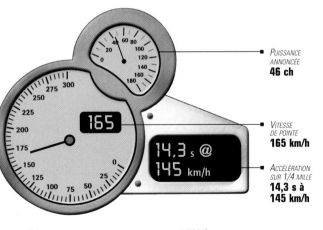

PUISSANCE
ANNONCÉE
**46 ch**

VITESSE
DE POINTE
**165 km/h**

ACCÉLÉRATION
SUR 1/4 MILLE
**14,3 s à
145 km/h**

| | |
|---|---|
| Prix : | 6 799 $ |
| Garantie : | 1 an/kilométrage illimité |
| Couleur : | noir |

# Technique

Deux carburateurs de 32 mm alimentent ce bicylindre parallèle refroidi par eau de 46 chevaux et 33 lb-pi. Ce couple est obtenu plus bas que sur la Ninja 500R dont le bloc moteur est issu, soit à 6 000 tr/mn au lieu de 8 000. Le reste est standard : 498 cc, système DOHC à 4 soupapes par cylindre, double arbre à cames en tête, pour un taux de compression ramené à 10,2 pour 1.

Le châssis demeure un traditionnel double berceau en acier tubulaire, et la suspension est confiée à une fourche télescopique de 41 mm à l'avant, et une paire d'amortisseurs à l'arrière, avec, petit détail pratique, la possibilité d'en régler la précharge. Le réservoir, le guidon, l'instrumentation, entre autres, ont autant de pièces prêtées par sa grande sœur, la Vulcan 800.

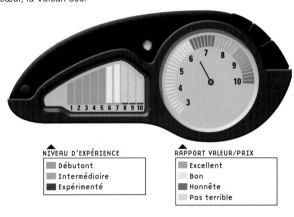

| NIVEAU D'EXPÉRIENCE | RAPPORT VALEUR/PRIX |
|---|---|
| ■ Débutant | ■ Excellent |
| ■ Intermédiaire | ■ Bon |
| ■ Expérimenté | ■ Honnête |
| | ■ Pas terrible |

## « Machine sans âme... »

# Conclusion

Nous avons donc affaire à une jolie moto, bien conçue sous tous ses aspects, mais, malheureusement, loin des qualités essentielles imposées par le créneau qu'elle espère conquérir. Kawasaki a pondu une machine sans âme, sans bonnes vibrations, sans les sensations qui font d'une custom une custom, bien au-delà de sa simple forme. Seuls son prix quand même intéressant, sa grande facilité de prise en main et son esthétique à la mode peuvent faire oublier la maladresse de son choix mécanique.

QUOI DE NEUF EN 2003 ?

- **Aucun changement**
- **Aucune augmentation de prix**

PAS MAL                 BOF

- Une mécanique douce et ultra-fiable aux performances intéressantes pour la catégorie et la cylindrée
- Un comportement routier extrêmement facile d'accès qui demeure sain et rassurant en toutes circonstances
- Un niveau de confort correct apporté surtout par une position relaxe et une bonne selle

- Le Twin parallèle est une faute grave dans l'univers custom; ça prend quelque chose en V
- Une ligne facilement créée avec des composantes piratées aux plus grosses Vulcan, mais sans véritable intérêt
- Un rabais bel et bien existant par rapport à la concurrence, mais pas assez pour la rendre intéressante

# Kawasaki
# KLR650

KG › 153          CH › 45                                    $ › 6 399

En dépit des prétentions d'applications multiples que laisse présager leur appellation, les double-usage sont une éternelle histoire de compromis : les seules qui soient décemment motorisées sont trop lourdes et trop hautes, et les seules qui soient décemment agiles sont sous-motorisées. Vous voyez le genre… Au milieu de cet univers de promesses à moitié remplies, à mi-chemin entre « les grosses » et « les petites », se trouve une certaine KLR650. Bien connue des motocyclistes du fait qu'elle traîne au catalogue Kawasaki depuis 1987, et ce, sans jamais avoir évolué, elle n'est disponible que dans sa version originale pour 2003, la version C introduite en 2000 ayant disparu, cette année.

## Entre deux compromis...

La KLR650 est l'exemple typique d'une machine suffisamment bien conçue pour passer le test du temps sans la nécessité de constantes évolutions techniques. Ainsi, même seize ans après son lancement, du fait que son coût soit toujours resté sous contrôle, la KLR peut encore être considérée comme un achat valable. D'ailleurs, à ces prix, les alternatives de modèles « pour adulte » ne pleuvent pas, le reste des choix étant plutôt dirigé vers une clientèle débutante. Quant à cette dernière, s'il lui traversait l'esprit de considérer la grosse KLR comme porte d'entrée au sport, il lui faudra assumer la haute selle qui, à 35 pouces du sol, exige une stature de 6 pieds pour arriver à confortablement toucher terre. En revanche, comme le poids est faible, du moins pour une moto de route, la maniabilité reste excellente. La direction est très légère et bien qu'on n'ait pas affaire au plus solide des châssis, le comportement en virage est suffisamment bon pour permettre une cadence assez surprenante sur une route sinueuse. La stabilité est honnête en général, mais la direction

devient sensible à haute vitesse, lorsqu'il vente fort; pour ce qui est du freinage, le travail des deux disques est correct, sans plus.

Le côté hors-route de la personnalité de la KLR est décent tant qu'on ne tombe pas dans l'excès. Autrement dit, tant que le rythme reste raisonnable et qu'on ne tente pas de l'utiliser de manière trop agressive en sentier, elle reste relativement facile à piloter et passera littéralement partout. De plus, la bonne autonomie allouée par le gros réservoir d'essence permet d'envisager des destinations passablement reculées, ce qui en fait un choix intéressant pour les expéditions sérieuses. Le monocylindre de la grosse KLR n'est pas le plus poussé du marché, mais la technologie qu'il emploie reste courante et ses performances sont satisfaisantes : en gros, on a surtout droit à une bonne accélération dans les tours inférieurs, ainsi qu'à une douceur de fonctionnement correcte, même à hauts régimes. Pour ce qui est du niveau de confort, la selle étroite, qui devient incommodante à la longue, constitue essentiellement la seule plainte. Autrement, la protection au vent n'est pas mauvaise, la position de conduite relevée ne taxe aucune partie du corps et les suspensions souples avalent sans problème les pires défauts de la route.

| | |
|---|---|
| Catégorie : | Double-Usage |

## MOTEUR

| | |
|---|---|
| Type/refroidissement : | monocylindre/liquide |
| Cylindrée : | 651 cc |
| Alésage et course : | 100 mm x 83 mm |
| Puissance : | 45 ch @ 6 500 tr/min |
| Couple : | 40,5 lb/pi @ 5 500 tr/min |
| Boîte de vitesses : | 5 rapports |
| Transmission finale : | par chaîne |

## PARTIE CYCLE

| | |
|---|---|
| Type de cadre : | berceau semi-double, en acier |
| Suspension avant : | fourche conventionnelle de 38 mm réglable en pression d'air |
| Suspension arrière : | monoamortisseur réglable en précharge et détente |
| Freinage avant : | 1 disque de 230 mm de ø avec étrier à 1 piston |
| Freinage arrière : | disque simple de 230 mm de ø |
| Pneus avant/arrière : | 90/90-21 & 130/80-17 |
| Empattement : | 1 495 mm |
| Hauteur du siège : | 890 mm |
| Poids à vide : | 153 kg |
| Réservoir de carburant : | 23 litres |

## PERFORMANCES

| | |
|---|---|
| Révolution à 100 km/h : | environ 4 200 tr/min |
| Consommation moyenne : | 5,0 l/100 km |

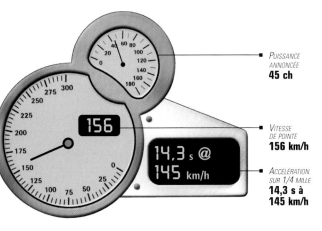

PUISSANCE
ANNONCÉE
**45 ch**

VITESSE
DE POINTE
**156 km/h**

ACCÉLÉRATION
SUR 1/4 MILLE
**14,3 s à 145 km/h**

| | |
|---|---|
| Prix : | 6 399 $ |
| Garantie : | 1 an/kilométrage illimité |
| Couleur : | vert |

## Technique

L'une des raisons pour lesquelles le concept de la KLR650 reste toujours valable 16 ans après sa mise en production est tout simplement que, sauf exception (BMW F650GS), la catégorie des double-usage « poids-moyen » à laquelle elle appartient n'a fait que légèrement évoluer durant tout ce temps, contrairement à celle des sportives ou des customs, par exemple. D'ailleurs, tant qu'on ne tient pas compte du diamètre relativement faible de 38 mm de ses poteaux de fourche, ou encore de sa ligne et de son instrumentation vieillotte, le reste passe quand même bien : le freinage est par disque partout, bien que l'étrier avant et son unique piston n'aient rien de très moderne ; la mécanique, alimentée par un carburateur, dispose de 4 soupapes et 2 arbres à cames en tête ; et le design du châssis reste relativement contemporain.

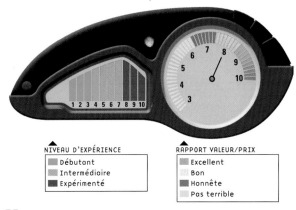

NIVEAU D'EXPÉRIENCE
- Débutant
- Intermédiaire
- Expérimenté

RAPPORT VALEUR/PRIX
- Excellent
- Bon
- Honnête
- Pas terrible

« *Un concept vieillot, mais toujours efficace...* »

## Conclusion

Si elle fête en 2003 ses 16 ans d'existence sans la moindre évolution, la KLR650 reste encore et toujours honnête comme achat. Car elle livre une marchandise dont la qualité est aujourd'hui largement documentée, et qui, compte tenu du prix demandé, n'est pas méchante du tout. Bien qu'il ne s'agisse pas d'une merveille de sophistication, elle demeure une moto aussi économique à l'achat qu'à l'entretien, dont la fiabilité est établie et dont le côté polyvalent est loin d'être négligeable.

QUOI DE NEUF EN 2003 ?

- **Aucun changement**
- **Coûte 100 $ de plus qu'en 2002**

PAS MAL

BOF

- **Une moto « pour adulte » au prix d'une moto de débutant**
- **Une capacité réelle à affronter tout genre de revêtement, du chemin de gravier au vrai sentier**
- **Un comportement routier sans vice, agrémenté d'une très bonne agilité et d'une tenue de route correcte**

- **Une selle dont la hauteur importante gêne les pilotes courts, et dont l'étroitesse affecte rapidement le confort**
- **Des performances honnêtes pour ce genre de moto, mais qui, dans l'absolu, s'avèrent modestes**
- **Une habileté limitée en mode hors-route : il s'agit d'un passe-partout, mais pas d'une vraie sportive de sentier**

# Super Sherpa

KG▸ 113      CH▸ 25          $▸ 5 599

Un sherpa est un porteur en régions accidentées himalayennes, comme Tharley, dans Tintin au Tibet. En vente chez nous depuis maintenant trois ans, la Super Sherpa tient le même rôle que la XT225, chez Yamaha, celui d'une machine à initier. Si elle se veut moins apte à grimper aux arbres que l'ancienne Kawasaki KLR250, le modèle qu'elle remplace, elle affiche néanmoins une facilité d'accès supérieure, une qualité essentielle à la clientèle novice qu'elle cible.

## FICHE TECHNIQUE

Tout le monde sait qu'une bonne moto d'apprentissage doit afficher au minimum trois qualités : une puissance faible, un poids moustique et une selle assez basse pour bien toucher le sol. Pourtant, si elle rencontre aisément les deux premiers critères, la Super Sherpa ne respecte pas le dernier : sa selle affiche une hauteur équivalant à celle d'une grosse V-Strom de 1 000cc... Le moteur de 249 cc refroidi par air est à peu près aussi simple à entretenir et utiliser qu'une tondeuse à gazon. Sa puissance est faible, mais reste quand même suffisante pour se risquer sur la voie de droite d'une autoroute ; de plus, son honnête souplesse dans la partie inférieure de la plage de régimes lui permet de remplir tout à fait correctement la besogne urbaine. Avec ses 113 kg, la Super Sherpa semble à peine plus lourde qu'une bicyclette, ce qui lui octroie une excellente maniabilité à basse vitesse et qui réduit à néant l'effort requis pour initier une courbe. Il faut par contre s'attendre à une sensibilité prononcée au vent, qui augmente avec la vitesse. S'il était exagéré d'envisager de l'utiliser pour traverser le Québec en diagonale, la Super Sherpa permet toutefois un réel amusement en sentier, en plus de s'avérer un outil d'exploration étonnamment capable. Une position de conduite relevée et des suspensions suffisamment souples pour affronter les routes québécoises permettraient un niveau de confort très honnête si ce n'était, comme c'est le cas sur plusieurs double-usages, de la selle étroite qui devient rapidement douloureuse.

Sans être particulièrement économique pour le genre, la Super Sherpa remplit son rôle de façon honorable, pour autant qu'elle soit utilisée dans le bon contexte, celui de l'apprentissage et de l'amusement léger en sentier.

| | |
|---|---|
| Catégorie : | Double-Usage |

### MOTEUR

| | |
|---|---|
| Type/refroidissement : | monocylindre/air |
| Cylindrée : | 249 cc |
| Alésage et course : | 72 mm x 61,2 mm |
| Puissance estimée : | 25 ch |
| Couple : | 15,9 lb/pi @ 6 000 tr/min |
| Boîte de vitesses : | 6 rapports |
| Transmission finale : | par chaîne |

### PARTIE CYCLE

| | |
|---|---|
| Type de cadre : | berceau semi-double, en acier |
| Suspension avant : | fourche conventionnelle de 36 mm non-ajustable |
| Suspension arrière : | monoamortisseur réglable en précharge et détente |
| Freinage avant : | disque simple de 240 mm de ø avec étrier à 2 pistons |
| Freinage arrière : | disque simple de 210 mm de ø |
| Pneus avant/arrière : | 2.75-21 & 4.10-18 |
| Empattement : | 1 375 mm |
| Hauteur du siège : | 830 mm |
| Poids à vide : | 113 kg |
| Réservoir de carburant : | 9 litres |
| Prix : | 5 599 $ |
| Garantie : | 1 an/kilométrage illimité |
| Couleur : | vert |

# Eliminator 125

KG› 128    CH› 12                    $› 3 999

**L'Eliminator 125 est une toute petite moto d'initiation présente sur le marché canadien que depuis l'an dernier. Elle est toutefois produite depuis 1998 pour le marché européen qui permet, dans certains pays, à tout détenteur d'un permis de conduire automobile de piloter une de rue de moins de 125 cc, bref, une législation équivalant à celle qui permet aux automobilistes de conduire un cyclomoteur, chez nous.**

Le principal attrait de ce genre de petites motos, de l'autre côté de l'Atlantique est que quiconque détient un permis de conduire automobile a le droit de les piloter. On ne les achète donc pas pour leur ligne, pour leur comportement ou pour l'apprentissage, mais plutôt pour se déplacer efficacement et à peu de frais, sans problème de stationnement, dans une circulation si dense qu'elle en est impraticable en voiture. On achèterait un scooter pour exactement les mêmes raisons. Chez nous, la situation est très différente puisque le pilotage de l'Eliminator 125 exige l'obtention d'un permis de conduire moto en bonne et due forme. Et comme pour compliquer les choses un peu plus, la loi oblige les détenteurs de permis d'apprentis à être accompagnés d'un autre motocycliste, sur une autre moto, possédant un permis valide. Vu les capacités très limitées du petit monocylindre quatre-temps, on s'imagine facilement le calvaire du motocycliste accompagnateur, sur sa « vraie » moto. En fait, s'il est un endroit où l'Eliminator 125 semble dans son élément, c'est dans les circuits fermés et les opérations accomplies à vitesse modérée des écoles de conduite. Ce n'est que dans cet environnement que ses meilleures qualités, sa grande maniabilité, son extrême légèreté et sa facilité de prise en main, ne sont pas constamment ignorées en raison de l'impression d'absence de puissance renvoyée par sa mécanique chétive. Quant à ceux qui désireraient absolument débuter sur une de ces cylindrées miniatures, Honda et Suzuki offrent tous deux des modèles moins léthargiques, à prix semblables.

## FICHE TECHNIQUE

| | |
|---|---|
| Catégorie : | Custom |

### MOTEUR

| | |
|---|---|
| Type/refroidissement : | monocylindre/air |
| Cylindrée : | 124 cc |
| Alésage et course : | 55 mm x 52,4 mm |
| Puissance : | 12 ch @ 8 500 tr/min |
| Couple : | 7,2 lb/pi @ 8 000 tr/min |
| Boîte de vitesses : | 5 rapports |
| Transmission finale : | par chaîne |

### PARTIE CYCLE

| | |
|---|---|
| Type de cadre : | double berceau, en acier |
| Suspension avant : | fourche conventionnelle de 33 mm non-ajustable |
| Suspension arrière : | 2 amortisseurs réglables en précharge |
| Freinage avant : | disque simple de 230 mm de ø avec étrier à 1 piston |
| Freinage arrière : | tambour mécanique de 130 mm |
| Pneus avant/arrière : | 90/90-17 & 130/90-15 |
| Empattement : | 1 470 mm |
| Hauteur du siège : | 681 mm |
| Poids à vide : | 128 kg |
| Réservoir de carburant : | 13 litres |
| Prix : | 3 999 $ |
| Garantie : | 1 an/kilométrage illimité |
| Couleur : | rouge, noir |

# KTM
## *KTM* 950 Adventure

KG ▸ 198    CH ▸ 98    $ ▸ 16 599

## Technique

La 950 Adventure est le premier modèle de production du fabricant autrichien qui utilise le V-Twin de 942 cc dont le développement s'est essentiellement fait sur le terrain, dans diverses compétitions de style rallye-raid. Le même moteur propulsera non seulement la version de série du prototype Duke 950, présentée en première partie du Guide de la Moto 2003, mais aussi, selon le constructeur, toute une nouvelle famille de modèles à venir, comme c'est d'ailleurs le cas avec la série LC4 à monocylindre de 625 cc. Développé par Rotax, le nouveau V-Twin de l'Avdenture est à la fine pointe de la technologie. Considérablement plus compact et léger que n'importe quel autre moteur de la même configuration présentement produit, il est annoncé à 97 chevaux, ce qui, compte tenu du poids avantageux total de 198 kg de l'Adventure, devrait permettre à la grosse aventurière d'offrir des performances plus que respectables. Contrairement à la tendance actuelle qui voit la plupart de ces nouvelles double-usage grand format favoriser une utilisation davantage routière, KTM affirme que sa 950 Adventure reste une machine réellement capable d'affronter les pires conditions. Remplacera-t-elle la BMW R1150GS comme modèle de prédilection

 FICHE TECHNIQUE

| Catégorie : | Double-Usage |
|---|---|

### MOTEUR

| | |
|---|---|
| Type/refroidissement : | bicylindre en V/liquide |
| Cylindrée : | 942 cc |
| Alésage et course : | 100 mm x 60 mm |
| Puissance : | 98 ch @ 8 000 tr/min |
| Couple : | 70 lb/pi @ 6 000 tr/min |
| boîte de vitesses : | 6 rapports |
| Transmission finale : | par chaîne |

### PARTIE CYCLE

| | |
|---|---|
| Type de cadre : | treillis, en acier |
| Suspension avant : | fourche inversée de 48 mm ajustable en compression et détente |
| Suspension arrière : | monoamortisseur ajustable en précharge |
| Freinage avant : | 2 disques de 300 mm de ø avec étrier à 4 pistons |
| Freinage arrière : | disque simple de 240 mm de ø |
| Pneus avant/arrière : | 90/90-21 & 150/70-18 |
| Empattement : | 1 570 mm |
| Hauteur du siège : | 920 mm |
| Poids à vide : | 198 kg |
| Réservoir de carburant : | 25 litres |
| Prix : | 16 599 $ |
| Garantie : | 1 an/kilométrage illimité |
| Couleur : | orange, gris |

# KTM Série LC4

KG▸ 137      CH▸ 49      $▸ 10 349 À 12 599

## Technique

Les montures de la série LC4 de KTM regroupent quatre modèles construits autour d'une plateforme presque identique composée d'un cadre en acier de type à berceau semi-double qui étreigne un monocylindre de 625 cc couplé à une boîte de vitesses à 5 rapports. La puissance annoncée est de tout près de 49 chevaux, ce qui est fort respectable pour ce genre de mécanique. Avec ses pneus larges montés sur des roues à rayons de 17 pouces, la Supermoto, ci-haut, se veut la variante de style « supermotard » de la série LC4 ; quant à l'Enduro, qui ne diffère de cette dernière pratiquement que par la dimension de ses roues et de ses pneus, elle est ce qui se rapproche le plus de la monture de double-usage habituelle, genre Honda XR650L. Le style rallye-raid de l'Adventure représente très bien, du moins visuellement, le genre de motos avec lesquelles KTM domine ce genre de compétition. Le dernier modèle de cette famille en est un peu l'enfant terrible. Il s'agit de la Duke, ci-bas, qui a la réputation d'être l'un des deux-roues invitant le plus à la délinquance de l'industrie.

Wheelies, stoppies, glisses et autres manœuvres défendues sont sa raison d'être.

## FICHE TECHNIQUE

| | |
|---|---|
| Catégorie : | Double-Usage |

### MOTEUR

| | |
|---|---|
| Type/refroidissement : | monocylindre/liquide |
| Cylindrée : | 625 cc |
| Alésage et course : | 101 mm x 78 mm |
| Puissance : | 49 ch @ 7 500 tr/min |
| Couple : | 38 lb/pi @ 7 500 tr/min |
| boîte de vitesses : | 5 rapports |
| Transmission finale : | par chaîne |

### PARTIE CYCLE

| | |
|---|---|
| Type de cadre : | berceau semi-double, en acier |
| Suspension avant : | fourche inversée de 43 mm ajustable en compression et détente |
| Suspension arrière : | monoamortisseur |
| Freinage avant : | 1 disque de 320 mm de ø avec étrier à 4 pistons |
| Freinage arrière : | disque simple de 220 mm de ø |
| Pneus avant/arrière : | 120/70-17 & 160/60-17 |
| Empattement : | 1 510 mm |
| Hauteur du siège : | 935 mm |
| Poids à vide : | 137 kg |
| Réservoir de carburant : | 12 litres |
| Prix : | 10 699 $ (Supermoto) 10 349 $ (Enduro) 12 599 $ (Adventure) 12 499 $ (Duke) |
| Garantie : | 1 an/kilométrage illimité |
| Couleur : | orange, gris |

**KG▸ 219-226    CH▸ 91              $▸ 16 490 À 21 990**

Cette série de modèles est basée sur la **Moto Guzzi V11**, une standard à saveur sportive propulsée par le traditionnel moteur V-Twin, monté longitudinalement, de la compagnie de Mandello Del Lario. En plus de la V11 originale, le constructeur propose une **V11 Scura**, qui est également une standard et qui se distingue surtout par son traitement esthétique et quelques composantes de meilleure qualité. Quant à la **V11 Le Mans**, il s'agit en gros d'une V11 habillée d'un demi-carénage, qui est disponible dans deux niveaux de finition. Les V11 sont des montures très traditionnelles, voire rustiques, qui sont probablement appelées à évoluer maintenant que Aprilia est propriétaire de Moto Guzzi.

# Rusticité volontaire...

**L**es Moto Guzzi sont des deux-roues italiennes en ce sens qu'elles offrent une expérience surtout plus forte en caractère qu'en performances brutes. Ce qui n'est pas sans rappeler un autre constructeur italien, Ducati. Sur les V11, cette présence mécanique se fait clairement sentir dès l'instant où la mécanique prend vie. Grondant profondément, son effet de couple fait tanguer la moto chaque fois que l'accélérateur est enroulé. Si les 91 chevaux annoncés par le manufacturier ne sont pas énormes, ils sont en revanche bien exploités, arrivant de façon proportionnelle aux tours moteur. En dépit du design âgé du vénérable V-Twin, son injection est sans faute. Comme les six rapports de la boîte sont bien étagés, on n'a qu'à enrouler pour bouger de manière fort satisfaisante et même si les régimes sont bas. En revanche, lorsqu'elle tourne plus haut, la mécanique amène une quantité de vibrations, au travers des poignées, dont l'amplitude est plutôt inhabituelle, surtout en pleine accélération. On jurerait même, par moments, que les poignées sont directement fixées aux cylindres... S'il ne s'agit pas d'une sensation déplaisante à court terme, on s'en trouve vite agacé ensuite. Le manufacturier a travaillé sur l'efficacité de sa boîte de vitesses l'an dernier, ce qui était tout à fait justifié car jusque-là, les rapports se changeaient avec imprécision et grincements de dents.

Malgré l'air sérieux de la partie cycle, la tenue de route de la V11 n'est que moyenne. En fait, le degré de plaisir qu'on peut en retirer, sur un tracé sinueux, est directement proportionnel au rythme qu'on adopte. Allez-y de manière coulée et modérée, et bien que la direction exige un bon effort, la stabilité et la précision seront bonnes. Mais forcez la note et ces belles manières s'effriteront : elle se montrera plus vague, perdra son aplomb et deviendra essentiellement moins plaisante à piloter.

Enfin, au chapitre du confort, la position est plaisante puisque sportive sans tomber dans l'excès, la selle est honnête et les suspensions sont relativement souples. Évidemment, tant qu'il est question de longues distances à vitesses soutenues, la Le Mans et son généreux carénage sont avantagés.

| | |
|---|---|
| Catégorie : | Standard |

## MOTEUR

| | |
|---|---|
| Type/refroidissement : | bicylindre en V/air |
| Cylindrée : | 1 064 cc |
| Alésage et course : | 92 mm x 80 mm |
| Puissance : | 91 ch @ 7 800 tr/min |
| Couple : | 72 lb/pi @ 6 000 tr/min |
| Boîte de vitesses : | 6 rapports |
| Transmission finale : | par arbre |

## PARTIE CYCLE

| | |
|---|---|
| Type de cadre : | poutre centrale, en acier |
| Suspension avant : | fourche inversée de 40 mm ajustable en compression et détente |
| Suspension arrière : | monoamortisseur ajustable en précharge, compression et détente |
| Freinage avant : | 2 disques de 320 mm de Ø avec étriers à 4 pistons |
| Freinage arrière : | disque simple de 282 mm de Ø |
| Pneus avant/arrière : | 120/70 ZR17 & 180/55ZR17 |
| Empattement : | 1 471 mm |
| Hauteur du siège : | 800 mm |
| Poids à vide : | 219 (Le Mans : 226) kg |
| Réservoir de carburant : | 22 litres |

## PERFORMANCES

| | |
|---|---|
| Révolution à 100 km/h : | environ 4 000 tr/min |
| Consommation moyenne : | 6,0 l/100 km |

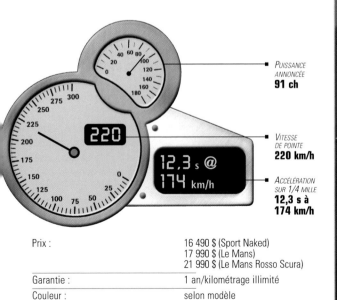

*PUISSANCE ANNONCÉE*
**91 ch**

*VITESSE DE POINTE*
**220 km/h**

*ACCÉLÉRATION SUR 1/4 MILLE*
**12,3 s à 174 km/h**

| | |
|---|---|
| Prix : | 16 490 $ (Sport Naked) 17 990 $ (Le Mans) 21 990 $ (Le Mans Rosso Scura) |
| Garantie : | 1 an/kilométrage illimité |
| Couleur : | selon modèle |

## Technique

Le but à court terme de Moto Guzzi, même s'il bénéficie maintenant d'apports financiers mais surtout technologiques d'Aprilia, est de conserver le caractère traditionnel de ses montures. Ainsi, bien qu'il soit destiné à évoluer régulièrement, comme pour petit à petit le guérir de son recul, le V-Twin transversal à 90 degrés restera présent pour encore bien longtemps. La transmission, l'une des composantes montrant le plus son âge, a d'ailleurs été revue en 2002, alors que le constructeur annonçait un système à « 4 axes » plus doux et précis, ainsi qu'un embrayage revu. Le moteur de 1 064 cc refroidi par air, avec ses deux soupapes par cylindre et son système d'ouverture par « pushrods », est toutefois demeuré intact dans l'ensemble. Notons également que depuis l'an dernier, la partie cycle a été améliorée grâce à de nouveaux éléments de suspensions, entre autres.

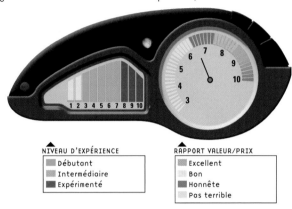

NIVEAU D'EXPÉRIENCE
- Débutant
- Intermédiaire
- Expérimenté

RAPPORT VALEUR/PRIX
- Excellent
- Bon
- Honnête
- Pas terrible

## « En attente d'une bonne restauration... »

## Conclusion

Telles qu'elles sont, les diverses variantes de la V11 offrent une expérience très particulière dont la principale responsable est cette rustique mécanique en V montée « de travers ». Leur comportement est décent, mais pas d'un niveau qu'on pourrait qualifier de moderne. Ce qui n'est pas nécessairement une mauvaise chose, par exemple pour le pilote qui n'a pas l'intention, de toutes façons, d'utiliser le potentiel plus élevé des montures modernes. Elles sont des « originales » qui s'adressent surtout à une clientèle de nostalgiques.

QUOI DE NEUF EN 2003 ?

- **Aucun changement**

PAS MAL        BOF

- Une mécanique V-Twin dotée d'un caractère rustique, mais aussi tellement plaisant qu'il en est franchement agréable
- Un héritage comme il n'y en a qu'une poignée dans l'industrie, mais qui n'est que très peu exploité pour l'instant
- Un niveau de performances qui n'a rien d'extraordinaire, mais qui reste tout de même suffisant pour s'amuser

- Une quantité considérable de vibrations qui semblent être directement transmises du moteur aux poignées
- Une tenue de route aux limites rapidement atteintes et qui renvoie une sensation de « vieux » bien palpable
- Des prix passablement élevés, voire exotiques, qui n'achètent pourtant rien de technologiquement très avancé

# Moto Guzzi
# Breva

MOTO GUZZI

NOUVEAUTÉ 2003

| KG› 182 | CH› 48 | $› N/O |
| --- | --- | --- |

**Après avoir multiplié à l'excès les variations des concepts California et V11, Moto Guzzi décide enfin de nous présenter une vraie nouveauté : la Breva 750, une moto d'entrée de gamme simple, mais néanmoins charmante, qui n'a recueilli que des éloges lors de son dévoilement, au Salon Intermot de Munich, en septembre 2002. Même si la Breva reprend de nombreux éléments à la 750 Nevada, une custom non commercialisée au Canada, elle marque un changement d'attitude de la part du manufacturier de Mandello Del Lario. Au moment d'aller sous presse, Moto Guzzi n'avait pas encore fixé de prix.**

# Vent nouveau...

## Technique

La Breva 750 n'est pas une moto révolutionnaire. Elle n'innove pas vraiment et ne cherche pas à définir un nouveau créneau. Cependant, elle est le symbole du réveil de Moto Guzzi qui, depuis son rachat par Aprilia, semble avoir retrouvé un peu de sa créativité d'antan et les moyens de réaliser ses projets.

Construite autour du légendaire V-Twin longitudinal ouvert à 90 degrés qui a fait la renommée des motos de Mandello, la Breva emprunte de nombreux éléments à d'autres modèles de la gamme Guzzi. Elle offre les charmes simples d'une moto standard d'entrée de gamme, dans un ensemble homogène, au look attrayant. Plutôt que de miser sur la performance ou des technologies novatrices, la Breva favorise l'efficacité et les sensations.

Le moteur issu de la Nevada, est doté de l'injection (la Nevada est à carburateurs). Il développe une puissance conservatrice, pour une moto de cette cylindrée, de 46,2 chevaux et un couple important. Elle conserve un entraînement à cardan, technologie chère à la marque, garant d'une grande facilité d'entretien et d'une fiabilité éprouvée.

La partie cycle, également empruntée à la Nevada, fait appel à un cadre tubulaire à double berceau, annoncé ultra rigide. Elle est moins custom que celle de la Nevada. Avec un empattement de 1 449 mm et des valeurs de chasse/déport conservatrices (28 degrés/109 mm), la Breva ne vient pas jouer sur le terrain des sportives pour autant. Cette partie cycle favorise la stabilité et le confort de roulement. Parfait, car la Breva se destine avant tout à la balade tranquille.

Au niveau des suspensions, Moto Guzzi a choisi une fourche conventionnelle Marzocchi à tubes de 40 mm de diamètre, dépourvue de réglages et deux amortisseurs latéraux, réglables en détente et en précontrainte du ressort.

Le freinage est assuré par un simple disque avant de 320 mm, pincé par un étrier Brembo Or à quatre pistons opposés et un simple disque de 260 mm à l'arrière. Légère, avec ses 182 kg à sec, et basse, avec sa selle de 790 mm, la Breva affiche ses prétentions : rejoindre un public large, à la recherche d'une moto simple et facile à vivre. Bien finie, la Breva est équipée d'un petit saute-vent et d'une selle accueillante, tant pour le pilote que son passager qui bénéficie également de poignées de maintien latérales pratiques.

Catégorie :                        Standard

## MOTEUR

| | |
|---|---|
| Type/refroidissement : | bicylindre en V/air |
| Cylindrée : | 744 cc |
| Alésage et course : | 80 mm x 74 mm |
| Puissance : | 48 ch @ 6 600 tr/min |
| Couple : | 43,5 lb/pi @ 3 000 tr/min |
| Boîte de vitesses : | 5 rapports |
| Transmission finale : | par arbre |

## PARTIE CYCLE

| | |
|---|---|
| Type de cadre : | double berceau, en acier |
| Suspension avant : | fourche conventionnelle de 40 mm non-ajustable |
| Suspension arrière : | 2 amortisseurs ajustables en précharge et détente |
| Freinage avant : | disque simple de 320 mm de Ø avec étrier à 4 pistons |
| Freinage arrière : | disque simple de 260 mm de Ø |
| Pneus avant/arrière : | 110/70-17 & 130/80-17 |
| Empattement : | 1 449 mm |
| Hauteur du siège : | 790 mm |
| Poids à vide : | 182 kg |
| Réservoir de carburant : | 17 litres |

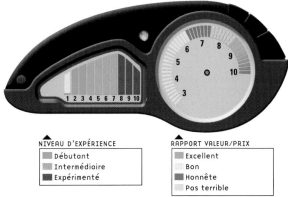

NIVEAU D'EXPÉRIENCE
- Débutant
- Intermédiaire
- Expérimenté

RAPPORT VALEUR/PRIX
- Excellent
- Bon
- Honnête
- Pas terrible

## PERFORMANCES ESTIMÉES

| | |
|---|---|
| Révolution à 100 km/h : | n/d |
| Consommation moyenne : | n/d |

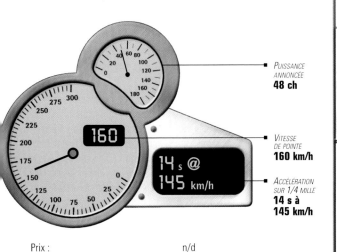

PUISSANCE ANNONCÉE
**48 ch**

VITESSE DE POINTE
**160 km/h**

ACCÉLÉRATION SUR 1/4 MILLE
**14 s à 145 km/h**

| | |
|---|---|
| Prix : | n/d |
| Garantie : | 1 an/kilométrage illimité |
| Couleur : | noir, gris, rouge |

## « *L'avenir de Moto Guzzi ?* »

## Conclusion

Breva, c'est le nom que l'on donne au vent du sud qui souffle sur le lac de Come, dans les Alpes italiennes. C'est là, en Lombardie, que Moto Guzzi est installé. En nommant ainsi sa nouvelle-venue, Guzzi espère sûrement que la Breva fera souffler un vent de renouveau sur la firme de Mandello. «Le futur aujourd'hui !» annonçait la banderole au-dessus du kiosque Moto Guzzi à Intermot. Et la Breva, comme les protos Griso et MGS/01 présentés au salon, pourraient bien préfigurer l'avenir de Moto Guzzi.

QUOI DE NEUF EN 2003 ?

- **Nouveau modèle basé sur la 750 Nevada**

PAS MAL                     BOF

- Une ligne simple et sympathique qui se marie bien avec le traditionnel V-Twin longitudinal de la vieille marque italienne

- Une conception apparemment basée sur l'accessibilité du pilotage, et ce, même pour les motocyclistes moins expérimentés

- Une nouveauté fort appréciée après les années de variantes interminables basées sur les modèles V11 et California

- Une puissance annoncée plutôt faible laisse prévoir un niveau de performances modeste

- Un prix qui, s'il est inconnu au moment d'aller sous presse, sera critique au succès du modèle

- Une nouveauté qu'il fait plaisir de voir arriver, mais qui représente quand même peu d'innovation de la part du manufacturier

# Moto Guzzi
## California

KG› 246-251    CH› 74    $› 13 790 À 19 590

**Décidément, tout le monde veut vendre des customs, ces jours-ci, et Moto Guzzi n'y fait certes pas exception. Les modèles que le vieux constructeur italien propose n'ont toutefois que peu en commun avec la classique custom américaine ou son équivalent asiatique. Originalité esthétique ou design maladroit ? À vous de juger. Ceux qui aiment le concept auront l'embarras d'un choix de variantes qui semblent se multiplier à chaque année. Au-delà des nombreuses variations de couleurs, de finitions et d'équipements, la série des customs Guzzi utilise toutefois une base unique : celle de la California et de son traditionnel bicylindre en V monté « de travers ».**

# Customs hors-normes...

Les deux-roues européens ont souvent la particularité d'être peu orthodoxes à un certain niveau de leur conception : parfois, c'est le cas du style, d'autres, c'est plutôt le châssis. Chez Moto Guzzi, cette particularité peut être retrouvée au niveau de l'installation inhabituelle, en fait unique, du bicylindre en V qui fait office de motorisation de la firme italienne depuis ce qui semble une éternité. Ce qui n'empêche en rien les diverses variantes de la plateforme California d'afficher un degré de fonctionnalité appréciable.

La fameuse mécanique, par exemple, avec ses 74 chevaux annoncés, accélère avec un empressement définitivement inhabituel pour la classe, et ce, sur la plage de régime tout entière. Sa sonorité, un mélange de bruits mécaniques et du grondement grave des silencieux, n'est pas sans rappeler le chant d'une autre mécanique italienne, celle d'une Ducati, et s'avère fort agréable. Bien qu'on sente très bien le V-Twin pulser, ses vibrations n'atteignent jamais un niveau inconfortable.

Le comportement routier offre la même saveur sportive que la mécanique : peu importe les circonstances, la stabilité est sans faute. L'effort à la direction en entrée de courbe est faible, tandis que la stabilité et la précision, une fois la moto inclinée, impressionnent, d'autant plus que la garde au sol est bien plus généreuse que la moyenne de la classe. Comme les suspensions sont calibrées fermement, il devient vraiment possible de retirer un plaisir d'une enfilade de virages. Grâce aux composantes de qualités, le freinage est franc et précis, surtout sur les modèles à double disque avant.

Le niveau de confort des California varie passablement selon la version. Elles sont toutes suspendues de façon plutôt ferme, ce qui ne devient un problème qu'occasionnellement, lorsque la paire d'amortisseurs arrières se montre sèche. La selle attire surtout des critiques lors des longues randonnées. Il va de soi que dans de telles circonstances les variantes équipées d'un quelconque pare-brise offrent un net avantage sur les autres. La position de conduite, qui est pratiquement la même d'un modèle à l'autre, a le défaut de positionner les pieds anormalement haut afin de conserver une bonne garde au sol. On se retrouve ainsi installé peu naturellement, avec les genoux aussi hauts que le bassin.

| | |
|---|---|
| Catégorie : | Custom |

## MOTEUR

| | |
|---|---|
| Type/refroidissement : | bicylindre en V/air |
| Cylindrée : | 1 064 cc |
| Alésage et course : | 92 mm x 80 mm |
| Puissance : | 74 ch @ 6 400 tr/min |
| Couple : | 70 lb/pi @ 5 000 tr/min |
| Boîte de vitesses : | 5 rapports |
| Transmission finale : | par arbre |

## PARTIE CYCLE

| | |
|---|---|
| Type de cadre : | double berceau, en acier |
| Suspension avant : | fourche conventionnelle de 45 mm non-ajustable |
| Suspension arrière : | monoamortisseur ajustable en précharge |
| Freinage avant : | 1 (2) disque de 320 mm de Ø avec étrier à 4 pistons |
| Freinage arrière : | disque simple de 282 mm de Ø |
| Pneus avant/arrière : | 110/90 VB18 & 140/80 VB17 |
| Empattement : | 1 560 mm |
| Hauteur du siège : | 737 mm |
| Poids à vide : | 246 (251) kg |
| Réservoir de carburant : | 19 litres |

## PERFORMANCES

| | |
|---|---|
| Révolution à 100 km/h : | environ 3 900 tr/min |
| Consommation moyenne : | 5,9 l/100 km |

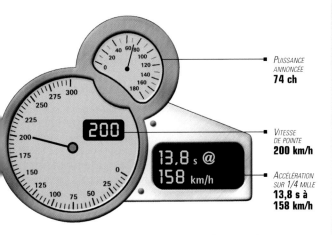

PUISSANCE ANNONCÉE
**74 ch**

VITESSE DE POINTE
**200 km/h**

ACCÉLÉRATION SUR 1/4 MILLE
**13,8 s à 158 km/h**

| | |
|---|---|
| Prix : | 13 790 $ à 19 590 $ |
| Garantie : | 1 an/kilométrage illimité |
| Couleur : | selon modèle |

## Technique

La caractéristique la plus marquante des California, qui se veut également la signature du manufacturier italien Moto Guzzi, est leur mécanique en V installée transversalement (longitudinalement, en fait, si on tient compte du sens du vilebrequin) dans le cadre. Il s'agit d'un V-Twin de 1 064 cc ouvert à 90 degrés, refroidi par air, qui utilise une transmission à 5 rapports et emploie un entraînement final par arbre. La mécanique, qui est la même depuis des lustres, bénéficie depuis l'an dernier d'une transmission plus douce, plus précise et à la course plus courte. Le constructeur en a aussi profité pour changer le calibrage de la suspension arrière, améliorer le rembourrage de la selle, et mettre à jour le guidon et les contrôles. On a également été jusqu'à modifier le cadre et le bras oscillant afin qu'ils puissent accepter un pneu arrière plus large.

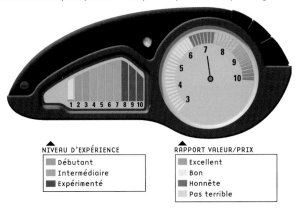

NIVEAU D'EXPÉRIENCE
- Débutant
- Intermédiaire
- Expérimenté

RAPPORT VALEUR/PRIX
- Excellent
- Bon
- Honnête
- Pas terrible

*« À toutes les sauces, et à d'autres encore... »*

## Conclusion

Les diverses variantes élaborées autour de la base California ne se montrent pas méchantes du tout sur le plan fonctionnel puisqu'elles sont mues par une mécanique pleine de charme et agréablement performante, en plus d'afficher un comportement routier étonnamment sain. C'est du côté stylistique que les choses se gâtent, car si certaines des versions ont effectivement un petit quelque chose d'aguicheur, d'autres ont carrément l'air de mauvaises excuses pour créer encore un modèle de plus.

QUOI DE NEUF EN 2003 ?

- **Arrivée de variantes supplémentaires de la même base**

PAS MAL                    BOF

- Une mécanique dont le charisme n'est pas banal et qui offre des performances très honnêtes
- Une tenue de route étonnamment solide et précise pour des customs
- Une signature mécanique unique à l'industrie, comme chez BMW, Ducati ou Harley-Davidson

- Un style qui semble carrément exagéré, ou alors simplement de mauvais goût, dans le cas de certaines variantes
- Une position de conduite peu naturelle en raison de repose-pieds trop élevés
- Des factures qui demandent à l'acheteur d'être vraiment dédié à ce genre de moto, car à ces prix, les alternatives sont aussi nombreuses qu'intéressantes

# Suzuki
# GSX1300R Hayabusa

| KG▸ 217 | CH▸ 175 | $▸ 14 999 |

Dès sa mise en production, il y a déjà quatre ans, la GSX1300R Hayabusa passait à l'histoire en déchirant l'atmosphère à un rythme largement supérieur à celui de n'importe quelle autre machine de série auparavant. La barre mythique des 300 km/h avait été franchie, allégrement. La prouesse n'allait toutefois pas du tout plaire à la politique européenne qui menaça sérieusement de bannir ce genre de moto de son marché si une telle escalade se poursuivait. S'en suivit une limite volontaire de 299 km/h de la part des grands manufacturiers, limite aujourd'hui respectée tant par la Busa que la Ninja ZX-12R, la seule autre moto capable d'une telle vitesse.

## Plus rapide
## que son ombre...

Le seul réel inconvénient découlant de cette limite imposée volontairement par les grands manufacturiers est qu'ils n'ont maintenant plus d'intérêt à produire des engins plus rapides. Non pas qu'on en ait besoin, remarquez, mais il reste que l'univers de la moto ne sera plus le même sans cette course. Enfin, le bon côté de la chose, c'est que cette limite de vitesse électronique n'affecte en rien la puissance. Elle est plutôt réalisée en réduisant l'efficacité de l'injection à partir d'un certain régime moteur, sur le sixième rapport. À part une soudaine faiblesse à l'approche des 300 km/h, la Hayabusa continuera donc d'étirer les bras de ses proprios aussi régulièrement qu'elle l'a toujours fait. Ce qui est une bonne chose, puisque cette foudroyante accélération est précisément ce qui rend les Hayabusa et ZX-12R, dont les performances sont essentiellement identiques, si uniques et attirantes. Dans le cas de la Suzuki, on parle d'environ 160 chevaux à la roue arrière, ce qui représente une puissance démentielle et absolument enivrante. Mais il y a bien plus à la Busa que ces chiffres, puisque

toute cette puissance se traduit également, dans les situations quotidiennes, par une souplesse exceptionnelle dans les tours inférieurs. On pourrait littéralement ne jamais dépasser les 5 000 tr/min, mais quel gaspillage ce serait ! En raison de sa masse et de sa longueur considérables, le comportement de la GSX1300R n'est pas aussi radical que ses performances pourraient le faire croire. En pleine accélération, le nez reste plutôt près du sol sur tous les rapports sauf le premier, et la stabilité est irréprochable quelles que soient les circonstances. La Hayabusa continue d'impressionner même lorsqu'il n'est plus question de performances en ligne droite. Malgré ses bonnes dimensions, elle est relativement légère à inscrire en courbe, où son comportement s'avère étonnamment neutre, précis et solide. Il s'agit d'une sportive en bonne et due forme. Les freinages sont toujours à la hauteur. L'agilité n'est pas extraordinaire dans les situations serrées de la ville, mais au moins, une fois en selle, elle semble bien moins massive qu'elle n'en donne l'impression.

Bien que la position de conduite place un peu de poids sur les mains, elle reste tout à fait tolérable. Comme la protection au vent est très bonne et que la selle est loin d'être désagréable, le niveau de confort s'avère fort honnête, même sur de longs trajets. Dans ces circonstances, seules les poignées, qui vibrent un peu, deviendront gênantes.

| | |
|---|---|
| Catégorie : | Sportive |

## MOTEUR

| | |
|---|---|
| Type/refroidissement : | 4-cylindres en ligne/liquide |
| Cylindrée : | 1 298 cc |
| Alésage et course : | 81 mm x 63 mm |
| Puissance : | 175 ch @ 9 800 tr/min |
| Couple : | 103 lb/pi @ 7 000 tr/min |
| Boîte de vitesses : | 6 rapports |
| Transmission finale : | par chaîne |

## PARTIE CYCLE

| | |
|---|---|
| Type de cadre : | périmétrique, en aluminium |
| Suspension avant : | fourche inversée de 43 mm réglable en précharge, compression et détente |
| Suspension arrière : | monoamortisseur réglable en précharge, compression et détente |
| Freinage avant : | 2 disques de 320 mm de ø avec étriers à 6 pistons |
| Freinage arrière : | disque simple de 240 mm de ø |
| Pneus avant/arrière : | 120/70 ZR17 & 190/50 ZR17 |
| Empattement : | 1 485 mm |
| Hauteur du siège : | 805 mm |
| Poids à vide : | 217 kg |
| Réservoir de carburant : | 19 litres |

## PERFORMANCES

| | |
|---|---|
| Révolution à 100 km/h : | environ 3 800 tr/min |
| Consommation moyenne : | 7,5 l/100 km |

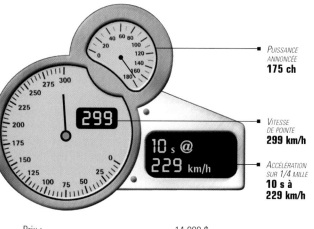

*PUISSANCE ANNONCÉE* **175 ch**

*VITESSE DE POINTE* **299 km/h**

*ACCÉLÉRATION SUR 1/4 MILLE* **10 s à 229 km/h**

| | |
|---|---|
| Prix : | 14 999 $ |
| Garantie : | 1 an/kilométrage illimité |
| Couleur : | noir et gris, argent et gris, noir |

## Technique

La Hayabusa est propulsée par une mécanique 4-cylindres de 1 298 cc. Elle réussit à produire ses 175 chevaux au vilebrequin au moyen d'une technologie moderne et efficace, mais non révolutionnaire. « Révolutionnaire » est toutefois un terme qui s'applique parfaitement au carénage, dont la forme hyperprofilée est la grande responsable des vitesses faramineuses qu'elle peut atteindre. Les quelques kilomètres par heure qu'elle perd en pointe à partir de l'année-modèle 2001 sont le résultat d'une diminution volontaire d'efficacité de l'injecteur numéro 1, à 10 089 tr/min sur le sixième rapport, ce qui correspondrait à une vitesse réelle de 299 km/h, selon Suzuki. Le fait que la vitesse de pointe ait été limitée de cette manière plutôt qu'en réduisant la puissance est une excellente nouvelle, puisque les accélérations ne sont aucunement réduites.

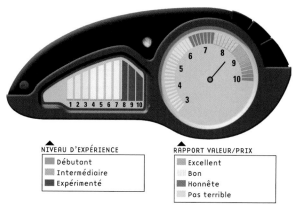

NIVEAU D'EXPÉRIENCE
- ■ Débutant
- ■ Intermédiaire
- ■ Expérimenté

RAPPORT VALEUR/PRIX
- ■ Excellent
- ■ Bon
- ■ Honnête
- ■ Pas terrible

### « *La furie de 175 chevaux...* »

## Conclusion

La GSX1300R Hayabusa fait partie d'une élitiste poignée de montures offrant à leurs façons une expérience vraiment particulière, à un point tel qu'elles représentent un véritable privilège pour leur propriétaire. Dans son cas, ce privilège est celui d'une accélération produite par la furie de 175 chevaux dans une stabilité parfaite. D'une manière plus réaliste, il s'agit également d'une routière relativement facile à vivre, dotée d'une mécanique ultra souple et au comportement extrêmement sûr. De la folie contrôlée à son état le plus pur.

QUOI DE NEUF EN 2003 ?

- **Fourche recouverte d'un fini antifriction**
- **Coûte 200 $ de plus qu'en 2002**

PAS MAL

BOF

- **Une force d'accélération qu'on ne peut simplement pas imaginer sans l'avoir vécue**
- **Une tenue de route qui, compte tenu du gabarit imposant, en surprendrait plusieurs**
- **Un niveau de confort qui, sans extraordinaire, reste tout à fait tolérable pour une telle bête**

- **Des poignées un tout petit peu trop basses sont la seule exception au bon confort**
- **Un certain niveau de vibrations qui devient agaçant sur long trajet, surtout ressenti au travers des poignées**
- **Une limite d'agilité imposée par les dimensions et le poids considérables**

# Suzuki
# Bandit 1200S

| KG▸ 220 | CH▸ 100 | $▸ 10 599 |

**Les Honda 919, Kawasaki ZRX, Z1000, et autres Yamaha FZ-1 sont toutes arrivées bien après que la Bandit 1200S ait ouvert le marché canadien à ce genre de grosse machine à tout faire. Lancée en 1996, le modèle n'allait commencer à recevoir un minimum d'intérêt qu'à partir de 2001, alors qu'il était habilement revu, surtout au niveau esthétique. Toujours le choix le plus économique de ce qui est aujourd'hui devenu une véritable catégorie, la grosse Bandit se décrit également comme l'approche la plus simple de sa classe en matière de technologie, sans que cela n'affecte le moindrement son aspect fonctionnel.**

# Instigatrice...

**E**n dépit de son imposante cylindrée, la grosse Bandit 1200 est un exemple d'accessibilité. Même si elle possède de sérieuses capacités sportives, elle positionne son pilote de manière presque idéale pour la simple promenade. Les jambes sont pliées sous le bassin, mais pas trop, le guidon est juste assez relevé pour garder le dos droit et soulager les poignets de tout poids superflu : bien peu de motos offrent un tel équilibre, image oblige. La selle est excellente, permettant des heures de route sans cruauté pour l'arrière-train, alors que le nouveau carénage offre une généreuse protection au haut du corps, et ce, sans turbulence. Quant au passager, compte tenu du sort qui lui est habituellement réservé sur les montures à vocation sportive, il est choyé, rien de moins, ayant droit lui aussi à une bonne selle ainsi qu'à une pratique poignée de maintien.

Les suspensions sont calibrées de manière assez ferme, mais le niveau de confort reste élevé, même sur chaussée abîmée. On remarque aussi une nette amélioration en pilotage sportif sur la génération précédente, la grosse Bandit se montrant maintenant moins mollasse et plus posée dans une enfilade de virages. Bien qu'elle n'offre pas l'exactitude des pures sportives, elle n'en demeure pas moins précise, solide et neutre en courbe, même si le rythme devient passablement agressif. Une journée de piste est d'ailleurs tout à fait envisageable.

Côté mécanique, l'évolution est moins perceptible, bien que présente. Le gros quatre-cylindres se caractérise toujours par sa bonne réponse en bas, mais surtout par sa grande générosité à mi-régimes permettant de littéralement disparaître en enroulant l'accélérateur. En haut, cependant, il ne reste plus grand-chose. Ce qui ne gêne aucunement la conduite dans la majorité des situations, au contraire. Mais reste qu'on voudrait parfois pouvoir se gâter un peu... Néanmoins, les performances demeurent dans l'ensemble parfaitement satisfaisantes. Même qu'en insistant un peu, l'indicateur de vitesse montrera plus de 260 km/h. Quand même pas mal ! Heureusement, les nouveaux freins sont à la hauteur des performances puisque puissants, faciles à moduler et constants.

Catégorie :                          Routière Sportive

## M O T E U R

| | |
|---|---|
| Type/refroidissement : | 4-cylindres en ligne/liquide |
| Cylindrée : | 1 156,8 cc |
| Alésage et course : | 79 mm x 59 mm |
| Puissance : | 100 ch @ 8 500 tr/min (à la roue) |
| Couple : | 67 lb/pi @ 4 500 tr/min |
| Boîte de vitesses : | 5 rapports |
| Transmission finale : | par chaîne |

## P A R T I E   C Y C L E

| | |
|---|---|
| Type de cadre : | double berceau, en acier |
| Suspension avant : | fourche conventionnelle de 43 mm réglable en précharge |
| Suspension arrière : | monoamortisseur réglable en précharge et détente |
| Freinage avant : | 2 disques de 310 mm de ø avec étriers à 6 pistons |
| Freinage arrière : | disque simple de 240 mm de ø |
| Pneus avant/arrière : | 120/70 ZR17 & 180/55 ZR17 |
| Empattement : | 1 430 mm |
| Hauteur du siège : | 790 mm |
| Poids à vide : | 220 kg |
| Réservoir de carburant : | 20 litres |

## P E R F O R M A N C E S

| | |
|---|---|
| Révolution à 100 km/h : | environ 3 700 tr/min |
| Consommation moyenne : | 7,0 l/100 km |

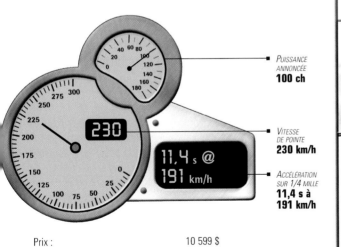

PUISSANCE ANNONCÉE
**100 ch**

VITESSE DE POINTE
**230 km/h**

ACCÉLÉRATION SUR 1/4 MILLE
**11,4 s à 191 km/h**

| | |
|---|---|
| Prix : | 10 599 $ |
| Garantie : | 1 an/kilométrage illimité |
| Couleur : | bleu nuit, argent |

## Technique

Bien qu'elle soit considérablement revue en ce qui a trait à l'apparence, le cœur de la Bandit 1200 2001-2003 demeure largement inchangé. Rappelons qu'il s'agit du vénérable 4-cylindres refroidi par air et huile qui provient des GSX-R1100 89-92 (mais qui fut introduit sur la Katana 1100 en 1988). Suzuki s'est surtout attardé à améliorer la qualité de sa réponse, particulièrement à mi-régimes, d'une part en réajustant les arbres à cames, d'autre part en greffant un dispositif de reconnaissance de position de l'accélérateur sur les nouveaux carburateurs. De nouvelles cartes d'allumage gèrent le tout. Côté comportement routier, on a voulu ajouter un peu de piquant en réduisant légèrement l'empattement et l'angle de direction, ainsi qu'en raffermissant les suspensions, surtout en ce qui concerne la fourche. Enfin, au freinage, on note une paire d'étriers avant à 6 pistons à la place des 4 pistons du modèle précédent.

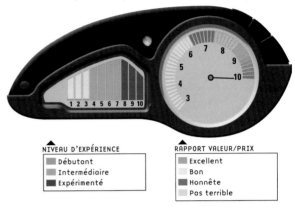

NIVEAU D'EXPÉRIENCE
- Débutant
- Intermédiaire
- Expérimenté

RAPPORT VALEUR/PRIX
- Excellent
- Bon
- Honnête
- Pas terrible

## « Équilibre généralisé... »

## Conclusion

S'il fut un temps où elle ne pouvait être comparée qu'à elle-même, la concurrence aujourd'hui grandissante dans ce créneau permet davantage de mettre en perspective la Bandit suprême. En fait, la réalité est qu'elle n'excelle ni au chapitre des performances, ni à celui de la tenue de route et certainement pas à celui de la sophistication. Par contre, elle reste toujours l'une des plus confortables, possède un dossier de fiabilité sans tache et, en bout de ligne, fait très peu de choses qui pourraient déplaire.

QUOI DE NEUF EN 2003 ?

- **Aucun changement**
- **Coûte 100 $ de plus qu'en 2002**

PAS MAL

BOF

- **Une mécanique absolument increvable et bourrée de couple utilisable**
- **Un comportement routier très sain, facilement capable de supporter un rythme sportif**
- **Un niveau de confort pour lequel elle a toujours été réputée**

- **Un moteur d'un vieux design dont le niveau de vibrations est toujours présent, bien que pas dramatique**
- **Des belles reprises qui semblent surtout dues au tirage court, puisque le moteur pourrait tourner moins haut**
- **Un transmission ordinaire qui reflète, elle aussi, l'âge de la mécanique**

# Suzuki
# DL1000 V-Strom

| KG ▸ 207 | CH ▸ 98 | $ ▸ 11 699 |
|---|---|---|

Pour nous, Nord-Américains, l'intérêt d'une double-usage poids lourd n'a jamais semblé très clair. Bien trop grosse pour rouler en sentier, bizarrement haute et apparemment pas chaussée de façon adéquate pour la route, l'aventurière grand format nous a traditionnellement laissés froid avant même que nous n'ayons daigné la rouler. Un peu surprenant, donc, que Suzuki ait malgré tout décidé d'importer chez nous la DL1000 V-Strom qu'il lançait l'an dernier. Qui aurait pu se douter que ce curieux mariage d'éléments sportifs et de style aventurier se révèlerait agréable au point de nous pousser à le qualifier, et ce, sans aucune hésitation, de surprise de l'année 2002 ?

## La surprise de 2002...

Ce n'est pas pour une raison en particulier que nous proclamons la V-Strom « surprise de 2002 », mais plutôt pour un ensemble de raisons. D'abord, il y a cette adorable motorisation, un V-Twin de 1 000 cc provenant de la défunte TL1000S utilisé ici dans une version non seulement adoucie, mais aussi parfaitement injectée. Annoncé à tout près de 100 chevaux et couplé à une excellente boîte de vitesses à six rapports, il apporte un charme incontestable à l'expérience en grondant et en tremblant comme seule une mécanique de ce type peut le faire. Bien qu'il ne soit pas outrancier, le niveau de performance qu'il génère est amplement suffisant pour distraire un pilote expérimenté. Plus que par la force des accélérations, c'est surtout grâce à l'abondance de couple à tous les régimes que le V-Twin fait sourire. En fait, la poussée est même assez forte pour dresser la V-Strom sur sa roue arrière en première, sans aucune intervention du pilote. Pas mal ! Le seul bémol, au niveau mécanique, est un certain jeu dans le rouage d'entraînement qui, combiné avec le frein-moteur important du bicylindre

d'un litre, provoque occasionnellement une conduite saccadée.

La qualité de la tenue de route de la V-Strom est surprenante puisqu'elle est suffisamment élevée pour permettre une conduite carrément sportive. Ce dont on ne devrait s'étonner, au fond, lorsqu'on prend en considération le sérieux des diverses composantes de la partie cycle. Au-delà des limites pures du châssis, ce qui rend le comportement de la V-Strom aussi agréable est surtout le niveau d'amusement et le sentiment de confiance qu'on ressent à ses commandes. Si la position de conduite joue certainement un rôle de premier plan à ce chapitre, l'aplomb naturel du châssis et la capacité d'absorption apparemment infinie des suspensions, qui ne sont pourtant pas très sophistiquées, font également beaucoup pour mettre le pilote à l'aise. La V-Strom est légère à lancer en courbe, reste neutre et précise une fois inclinée, même fortement, et ne se montre jamais instable, même si on la torture. Quant à cette fameuse position de conduite, elle est également bénéfique au confort puisqu'elle garde le dos droit et qu'elle soulage les poignets de toute pression. En fait, à part une selle pas vraiment conçue pour les longues distances et un pare-brise qui crée une légère turbulence, le confort peu être qualifié d'excellent.

| | |
|---|---|
| Catégorie : | Double-Usage |

## MOTEUR

| | |
|---|---|
| Type/refroidissement : | bicylindre en V/liquide |
| Cylindrée : | 996 cc |
| Alésage et course : | 98 mm x 66 mm |
| Puissance : | 98 ch @ 8 200 tr/min |
| Couple : | 65 lb/pi @ 7 000 tr/min |
| Boîte de vitesses : | 6 rapports |
| Transmission finale : | par chaîne |

## PARTIE CYCLE

| | |
|---|---|
| Type de cadre : | périmétrique, en aluminium |
| Suspension avant : | fourche conventionnelle de 43 mm non-ajustable |
| Suspension arrière : | monoamortisseur réglable en précharge et détente |
| Freinage avant : | 2 disques de 310 mm de ø avec étriers à 2 pistons |
| Freinage arrière : | disque simple de 260 mm de ø |
| Pneus avant/arrière : | 110/80-19 & 150/70-17 |
| Empattement : | 1 550 mm |
| Hauteur du siège : | 830 mm |
| Poids à vide : | 207 kg |
| Réservoir de carburant : | 22 litres |

## PERFORMANCES

| | |
|---|---|
| Révolution à 100 km/h : | environ 3 700 tr/min |
| Consommation moyenne : | 7,0 l/100 km |

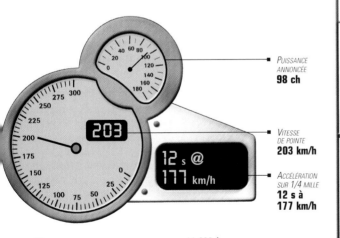

*PUISSANCE ANNONCÉE*
**98 ch**

*VITESSE DE POINTE*
**203 km/h**

*ACCÉLÉRATION SUR 1/4 MILLE*
**12 s à 177 km/h**

| | |
|---|---|
| Prix : | 11 699 $ |
| Garantie : | 1 an/kilométrage illimité |
| Couleur : | jaune, argent |

## Technique

Le cœur de la V-Strom est un V-Twin injecté de 996 cc à 90 degrés ayant été utilisé pour la première fois sur la sportive TL1000S en 1997. Annoncé dans ce cas à près de 100 ch, soit environ 25 de moins que sur la monture donneuse, et couplé à une boîte de vitesses à 6 rapports, il reste techniquement à jour 6 ans plus tard. Le châssis qui l'étreigne est d'un design périmétrique tout en aluminium, un matériau avec lequel est également fabriqué le bras oscillant de la suspension arrière à monoamortisseur. Une fourche non-ajustable de 43 mm se charge de l'amortissement avant. Les roues coulées à trois branches trahissent le penchant routier de la V-Strom, tandis que le freinage est assuré par un trio de disques dont la paire avant fait 310 mm de diamètre.

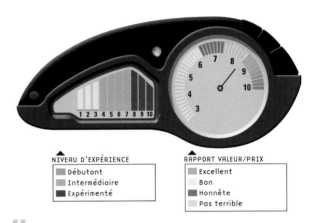

NIVEAU D'EXPÉRIENCE
- Débutant
- Intermédiaire
- Expérimenté

RAPPORT VALEUR/PRIX
- Excellent
- Bon
- Honnête
- Pas terrible

« *L'un des meilleurs achats du marché. Facilement.* »

## Conclusion

La V-Strom est carrément un coup de foudre, une moto dont on tombe amoureux dès les premiers tours de roue et dont on ne veut plus jamais se défaire. Au point de lui pardonner ses lignes peu orthodoxes, c'est dire… S'il s'agit d'un merveilleux ensemble de confort, de tenue de route et de caractère moteur, la V-Strom se veut aussi, et surtout, une expérience de pilotage absolument charmante. Vendue à prix plus que raisonnable, s'il vous plait. Si nous avions un garage de rêve, elle en ferait définitivement partie.

QUOI DE NEUF EN 2003 ?

- **Aucun changement**
- **Coûte 200 $ de plus qu'en 2002**

PAS MAL

BOF

- **Des performances amusantes et un couple omniprésent, mais aussi un adorable caractère moteur**
- **Un châssis non seulement étonnamment solide et précis, mais aussi d'une rare facilité de prise en main**
- **Un très bon niveau de confort amené par une excellente position et des suspensions souples, entre autres**

- **Une selle passablement haute qui ne s'avère pas vraiment confortable sur long trajet**
- **Un pare-brise qui protège bien, mais qui génère une certaine turbulence au niveau du casque**
- **Une suspension avant qu'on sent rudimentaire dans son fonctionnement, autrement bon**

NOUVEAUTÉ
2003

| KG ▸ 189 | CH ▸ 120 | $ ▸ 11 799 |
|---|---|---|

La SV1000S n'est pas l'évolution d'un quelconque modèle, mais plutôt une toute nouvelle conception. Son rôle est triple : d'abord, faire oublier les déboires de la TL1000S, cette sportive à moteur V-Twin controversée et peu populaire, produite par le constructeur entre 1997 et 2001 ; puis, permettre à Suzuki d'offrir une monture moderne dans le créneau grandissant des routières sportives, alias super-standards, du genre FZ-1 ; et enfin, offrir une 1000 vraiment sportive comme on n'en fait plus, c'est à dire accessible. Car s'il est bien beau qu'une GSX-R1000 soit l'arme absolue, pour bien des pilotes, elle rime surtout avec « terreur absolue ».

# TL1000S, revue et corrigée...
## Technique

Étrange, mais le nom « TL1000S » ne peut être trouvé nulle part dans la documentation de presse de la nouvelle SV1000S. Pourtant, le V-Twin est le même, le cadre en treillis d'aluminium est très semblable, les deux gros silencieux semblent être identiques et même le visage a un air de parenté. Chez Suzuki, toutefois, on crie haut et fort : NON ! Car la TL1000S, discontinuée depuis l'an dernier, a surtout été synonyme de problèmes pour le constructeur. N'empêche, l'idée avait du bon.

D'un autre côté, celle qui pouvait être décrite comme une mini-TL1000S, la SV650S, s'attire éloge par-dessus éloge depuis sa mise en marché de 1999. S'il est donc évident que le nom du nouveau produit vient en partie du département de marketing, qui préfère voir un modèle associé à l'applaudie SV qu'à la disputée TL, il est surtout clair que la nouveauté provient du département d'ingénierie de la firme d'Hamamatsu. Ainsi, la SV1000S n'a de commun avec la TL1000S que l'idéologie d'une sportive à moteur V-Twin. Et encore, puisque la

TL, avec sa position de conduite sévère et son réglage moteur pointu, penchait du côté pur du sport, tandis que la SV, avec son ergonomie plus détendue et sa mécanique apparemment réglée de façon moins exclusive, lorgne plutôt du côté routier du sport.

La nouvelle SV1000S n'en reste pas moins sérieusement construite. La mécanique utilisée est une version légèrement mise à jour, mais surtout recalibrée du V-Twin à 90 degrés de 996 cc introduit en 1997 sur la TL1000S. Ayant également servi à la TL1000R, qui est par ailleurs discontinuée cette année, et pouvant toujours être retrouvé sur la DL1000 V-Strom, il s'agit sans aucun doute d'un des moteurs les plus charismatiques à provenir du Japon, et d'une mécanique qui sera de toute évidence une grande responsable de l'agrément de conduite de la SV1000S. Surtout si la V-Strom peut servir d'indication. Aucun chiffre n'est avancé par Suzuki, mais il est logique de croire que la grosse SV produira une puissance située entre la centaine de chevaux de la DL et les quelques 125 chevaux de la TL-S (la version de la TL1000R produisait 135 chevaux). Vu la vocation de la SV, une puissance de plus ou moins 120 chevaux semblerait réaliste. L'alimentation de ce V-Twin est confiée à l'excellent système d'injection à double papillon de Suzuki, le même qui se voit utilisé sur les GSX-R.

| | |
|---|---|
| Catégorie : | Routière Sportive |

## MOTEUR

| | |
|---|---|
| Type/refroidissement : | bicylindre en V/liquide |
| Cylindrée : | 996 cc |
| Alésage et course : | 98 mm x 66 mm |
| Puissance estimée : | 120 ch |
| Couple estimé : | 70 lb/pi |
| Boîte de vitesses : | 6 rapports |
| Transmission finale : | par chaîne |

## PARTIE CYCLE

| | |
|---|---|
| Type de cadre : | treillis, en aluminium |
| Suspension avant : | fourche conventionnelle de 46 mm réglable en précharge, compression et détente |
| Suspension arrière : | monoamortisseur réglable en précharge compression et détente |
| Freinage avant : | 2 disques de 310 mm de ø avec étriers à 4 pistons |
| Freinage arrière : | disque simple de 220 mm de ø |
| Pneus avant/arrière : | 120/70 ZR17 & 180/50 ZR17 |
| Empattement : | 1 435 mm |
| Hauteur du siège : | 810 mm |
| Poids à vide : | 189 kg |
| Réservoir de carburant : | 17 litres |

## PERFORMANCES

| | |
|---|---|
| Révolution à 100 km/h : | environ 3 700 tr/min |
| Consommation moyenne : | 7,0 l/100 km |

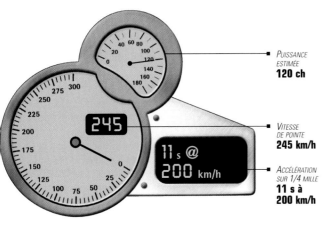

PUISSANCE ESTIMÉE
**120 ch**

VITESSE DE POINTE
**245 km/h**

ACCÉLÉRATION SUR 1/4 MILLE
**11 s à 200 km/h**

| | |
|---|---|
| Prix : | 11 799 $ |
| Garantie : | 1 an/kilométrage illimité |
| Couleur : | bleu, argent |

La partie cycle de la SV1000S est construite autour d'un cadre en treillis d'aluminium qui, avec la TL1000S et la SV650S, est en quelque sorte devenu une signature du constructeur sur ce genre de monture semi-carénée. Si le concept demeure le même, le procédé de fabrication est totalement différent puisque la partie principale du cadre, celle qui constitue le longeron, n'est plus fabriquée de petites pièces soudées, mais plutôt d'une seule pièce coulée sous vide. D'après Suzuki, le procédé permet une constance de fabrication plus grande. Malgré le penchant routier de la SV1000S, Suzuki ne semble pas avoir lésiné sur les composantes utilisées. Les suspensions sont par exemple entièrement ajustables ; la fourche conventionnelle est plutôt massive avec ses poteaux de 46 mm ; les roues coulées à trois branches et les freins ne seraient pas dépaysés sur une GSX-R ; l'instrumentation est toute nouvelle ; et la finition est soignée, offrant même un passage de roue arrière de série. Notons qu'une version non-carénée de la SV1000S, la SV1000, sera offerte en Europe et aux États-Unis, mais pas chez nous.

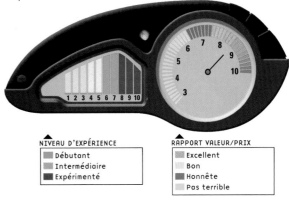

NIVEAU D'EXPÉRIENCE
- Débutant
- Intermédiaire
- Expérimenté

RAPPORT VALEUR/PRIX
- Excellent
- Bon
- Honnête
- Pas terrible

## « Si la DL sert d'indice, ça promet... »

## Conclusion

On attend beaucoup de la SV1000S, puisqu'elle se veut essentiellement la version gonflée de la SV650S que plusieurs réclament depuis des années. Nous, nous n'attendons rien de moins que l'une des routières sportives les plus agréables et les plus utilisables du marché, une machine qui saura, à la façon de la V-Strom, séduire par ses sons, ses sensations, sa facilité d'accès et son plaisir de pilotage. En ces temps de sportives extrêmes difficiles à exploiter, ce serait bougrement rafraîchissant.

QUOI DE NEUF EN 2003 ?

• **Nouveau modèle**

PAS MAL

BOF

- **Un V-Twin basé sur celui de la TL1000S dont on attend performance, souplesse et caractère**
- **Une partie cycle qui semble sérieuse et de laquelle on attend plaisir et facilité de pilotage**
- **Une ergonomie qu'on espère réaliste et des suspensions qu'on souhaite calibrées pour le « vrai monde »**

- **Un niveau de performance incertain dans une catégorie où la FZ-1 ne sera pas facile à battre**
- **Des attentes très élevées qui doivent être rencontrées si le modèle entend réussir**
- **Un souvenir de la TL1000S qui ne laisse pas de marge d'erreur à la nouvelle SV1000S**

# Suzuki
# GSX-R1000

RÉVISION 2003

KG▸ 168     CH▸ 165     $▸ 14 699

À l'aube de sa troisième année de commercialisation, la GSX-R1000 fait toujours la pluie et le beau temps dans cette classe dont le niveau de performances et de sophistication est devenu infernal. Et comme si elle en avait besoin, la voilà qui se pointe en plus avec une première série d'améliorations pour 2003. Dire que la concurrence n'a pas encore eu le temps de prendre son souffle… À l'avant-plan des modifications, comme la tradition le veut dans l'univers sportif, le poids est davantage abaissé et la puissance grimpe. Encore !? Par ailleurs, et il n'était pas trop tôt, la GSX-R suprême aura désormais son visage propre.

# Arrache-membre…

## Technique

À partir de 2003, sur la plupart des circuits de compétition, la limite de cylindrée pour la classe Superbike passera de 750 à 1 000 cc. Si le nouveau règlement a pour but d'améliorer la compétitivité des machines à 4 cylindres de 750 cc, qui souffrent depuis plusieurs années face aux dominantes bicylindres de 1 000 cc, ses conséquences au niveau de l'univers routier seront majeures puisqu'il en changera essentiellement la face en poussant les manufacturiers à produire des montures d'un litre capables de gagner en piste, et pas seulement d'effrayer leurs propriétaires sur la route. En d'autres mots, tout indique que nous n'avons encore rien vu.

Les modifications portées à la GSX-R1000 en 2003 ont pour principal objectif d'amener la monture à un niveau qui servira le mieux possible dans sa version Superbike, une situation en tout point identique à celle que vivaient les sportives de 750 cc il y a quelques années. Évidemment, le but ultime reste de vendre des modèles routiers. La compétition ne sert qu'à créer l'image qui attirera les acheteurs.

La GSX-R1000 se voulant déjà une plateforme outrageusement performante et particulièrement au point, ça explique que la plupart des modifications soit d'ordre mineur.

La plus apparente est bien évidemment ce nouveau carénage dont la partie avant est désormais ornée d'un optique double superposé et de nouvelles entrées d'air. Si l'effet sert à la fois de lien de famille avec la GSX1300R Hayabusa et la GSV-R de MotoGP, il permet également à la grosse GSX-R d'arborer enfin un visage bien à elle, ce qui lui manquait réellement quand son statu est pris en compte. Plus aérodynamique, le nouveau carénage permettrait également une plus grande efficacité du système d'admission par air forcé. Le style de la partie arrière a lui aussi été complètement revu. Il est désormais plus effilé, utilise un feu arrière à diodes lumineuses et bénéficie d'un passage de roue intégré. On note par ailleurs un nouveau garde-boue avant et un réservoir plus étroit entre les genoux afin de facilité les mouvements du pilote sur piste.

À l'exception des nouveaux passages entre les cylindres, qui permettraient de réduire le phénomène de pompage d'air provoqué par le mouvement des pistons, et de quelques passages d'huile maintenant internes, le puissant 4-cylindres de 988 cc reste intact. Il bénéficie toutefois d'un système de gestion

Catégorie :      Sportive

## MOTEUR

| | |
|---|---|
| Type/refroidissement : | 4-cylindres en ligne/liquide |
| Cylindrée : | 988 cc |
| Alésage et course : | 73 mm x 59 mm |
| Puissance estimée : | 165 ch |
| Couple estimé : | 80 lb/pi |
| Boîte de vitesses : | 6 rapports |
| Transmission finale : | par chaîne |

## PARTIE CYCLE

| | |
|---|---|
| Type de cadre : | périmétrique, en aluminium |
| Suspension avant : | fourche inversée de 43 mm réglable en précharge, compression et détente |
| Suspension arrière : | monoamortisseur réglable en précharge, compression et détente |
| Freinage avant : | 2 disques de 300 mm de ø avec étriers radiaux à 4 pistons |
| Freinage arrière : | disque simple de 220 mm de ø |
| Pneus avant/arrière : | 120/70 ZR17 & 190/50 ZR17 |
| Empattement : | 1 410 mm |
| Hauteur du siège : | 830 mm |
| Poids à vide : | 168 kg |
| Réservoir de carburant : | 18 litres |

## PERFORMANCES

| | |
|---|---|
| Révolution à 100 km/h : | environ 4 000 tr/min |
| Consommation moyenne : | 7,0 l/100 km |

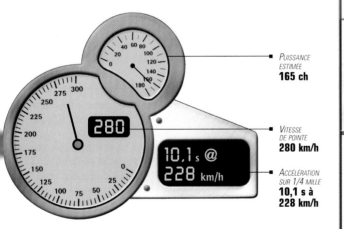

*PUISSANCE ESTIMÉE* **165 ch**

*VITESSE DE POINTE* **280 km/h**

*ACCÉLÉRATION SUR 1/4 MILLE* **10,1 s à 228 km/h**

| | |
|---|---|
| Prix : | 14 699 $ |
| Garantie : | 1 an/kilométrage illimité |
| Couleur : | bleu et blanc, noir et orange, argent |

plus précis utilisant un processeur plus puissant. Le système d'échappement est, quant à lui, désormais réalisé entièrement en titane, sauf pour le silencieux qui reste fait d'aluminium.

L'essentiel des modifications mécaniques se trouve au niveau de la partie cycle. Le cadre, par exemple, est entièrement neuf. S'il conserve exactement la même géométrie que son prédécesseur, il se voit dorénavant fabriqué à partir de pièces coulées pour la colonne de direction et les platines du pivot du bras oscillant (maintenant ajustable), soudées à des longerons faits d'extrusions, plutôt que d'aluminium plié. La fourche reçoit un nouvel enduit antifriction de couleur noire plutôt que dorée comme dans le passé, et le frein avant dispose désormais d'étriers à fixation radiale jusque là surtout vu sur les machines de piste de haut niveau. La performance supérieure de ce type d'étrier aurait permis de réduire la taille des disques de 320 mm à 300 mm sans perte d'efficacité. En tout, la réduction de poids est de l'ordre de 2 kg.

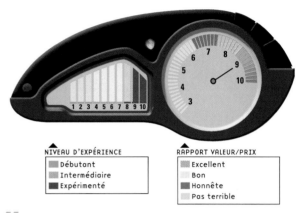

NIVEAU D'EXPÉRIENCE
- ▨ Débutant
- ▨ Intermédiaire
- ■ Expérimenté

RAPPORT VALEUR/PRIX
- ▨ Excellent
- ▨ Bon
- ■ Honnête
- ▨ Pas terrible

« *Nouveau visage, mêmes performances démentes…* »

## Conclusion

La nouvelle GSX-R1000 est en fait une évolution très prudente du modèle 2002 qui devrait avoir un comportement très proche, sinon identique, surtout en utilisation routière ou toutes ces légères améliorations sont parfois difficilement perceptibles. Si on peut se réjouir de la voir gagner une identité bien distincte lui donnant enfin le statu particulier qu'elle mérite, pour le reste, elle demeure donc l'arme incroyablement puissante et précise, mais aussi relativement exploitable, qui domine cette extraordinaire catégorie depuis maintenant deux ans.

QUOI DE NEUF EN 2003 ?

- Évolution de la GSX-R1000 2002
- Coûte 300 $ de plus qu'en 2002

PAS MAL      BOF

- Un niveau de performances absolument ahurissant, réservé exclusivement à l'élite
- Un comportement stable malgré la furie des performances, et une tenue de route solide et très précise
- Une mécanique bourrée de couple et un système d'injection qui ne devrait qu'être encore plus raffiné

- Des performances tellement élevées qu'il devient difficile d'en profiter réellement, sur une base régulière
- Une certaine lourdeur de direction en pilotage sportif : on n'a définitivement pas affaire à une 600
- Un niveau de confort précaire amené par une position radicale et des suspensions fermes

# Suzuki
## GSX-R750

| KG | 166 | CH | 141 | $ | 12 699 |
|---|---|---|---|---|---|

L'adoption d'un règlement allouant des mécaniques de 1 000 cc en Superbike, dès 2003, indique essentiellement la fin de tout développement chez les sportives pures de 750 cc dont la raison d'être était ce niveau de compétition. En fait, seule la GSX-R750 demeure à jour dans cette catégorie. Heureusement, il s'agit d'un porte-étendard pour Suzuki, ce qui le poussera probablement à continuer de la faire évoluer, elle qui devrait normalement arriver sous la forme d'une nouvelle génération en 2004. Si tel est le cas, son rôle en sera désormais un de machine niche, de sportive d'un format passé s'adressant à une clientèle très spécifique.

## Niche en devenir...

Depuis l'arrivée de la dernière génération, en 2000, la GSX-R750 a atteint un niveau de performances absolument stupéfiant pour une telle cylindrée. À un point tel qu'il n'existe actuellement aucune référence permettant de mettre en perspective ses capacités, puisqu'elle ne peut être comparée qu'à des 600 ou des 900/1000. Quant à ZX-7R, il s'agit en comparaison d'un vestige de ce que la classe a un jour été, et d'une monture n'ayant carrément plus rien à voir avec la GSX-R750. En fait, cette dernière offre une formule si différente de tout ce qui est aujourd'hui disponible sur le marché sportif qu'elle doit être considérée comme une expérience unique, un peu comme l'ont jadis été les sportives à moteur V-Twin. Depuis la manière dont la puissance est livrée jusqu'à la sonorité du moteur, tout semble particulier, sur la GSX-R750. Aux régimes bas et moyens, on trouve amplement de puissance pour circuler autoritairement sans jamais avoir à rétrograder, sans toutefois qu'on puisse parler du niveau de souplesse d'une grosse cylindrée. Plus haut, en raison de l'explosion de puissance entre 9 000 tr/min et la ligne rouge de 14 000 tr/min, le caractère de la mécanique rappelle beaucoup celui d'une 600, mais à une tout autre échelle. Dans cette zone, la GSX-

R750 est incroyablement performante, soulevant sa roue avant sans effort sur les deux premiers rapports et accélérant avec une intensité équivalente à celle de bien des sportives disposant d'un avantage important de cylindrée.

La GSX-R750 continue de marquer de très hautes notes au chapitre de la tenue de route. Que ce soit en ligne droite, inclinée à haute vitesse, ou encore en pleine accélération sur chaussée dégradée, la stabilité demeure impeccable, exempte de tout guidonnage. En courbe, la précision est très élevée, le comportement est peu affecté par l'état de la chaussée, et les corrections de trajectoires s'effectuent sans aucune réticence du châssis. Même les freinages (qui sont excellents) intensifs en inclinaison ne la font pas broncher. Les seuls reproches sont une direction un peu lourde lors de changements de cap rapides et fréquents, et une certaine mollesse des suspensions qui la font se dandiner légèrement en pilotage extrême, sur piste par exemple.

En revanche, cette mollesse permet un confort à tout le moins acceptable sur la route puisqu'un coup est rarement acheminé jusqu'au pilote. De plus, la selle est parmi les mieux formées et rembourrées sur ce genre de monture, et le carénage dévie le vent jusqu'à environ la hauteur du menton, ce qui est plus que satisfaisant. La GSX-R 750 reste cependant une sportive à la position de conduite sévère, pliant considérablement les jambes et plaçant beaucoup de poids sur les poignets.

| | |
|---|---|
| Catégorie : | Sportive |

## MOTEUR

| | |
|---|---|
| Type/refroidissement : | 4-cylindres en ligne/liquide |
| Cylindrée : | 749 cc |
| Alésage et course : | 72 mm x 46 mm |
| Puissance : | 141 ch |
| Couple : | 59,4 lb/pi @ 10 000 tr/min |
| Boîte de vitesses : | 6 rapports |
| Transmission finale : | par chaîne |

## PARTIE CYCLE

| | |
|---|---|
| Type de cadre : | périmétrique, en aluminium |
| Suspension avant : | fourche inversée de 43 mm réglable en précharge, compression et détente |
| Suspension arrière : | monoamortisseur réglable en précharge, compression et détente |
| Freinage avant : | 2 disques de 320 mm de ø avec étriers à 4 pistons |
| Freinage arrière : | disque simple de 220 mm de ø |
| Pneus avant/arrière : | 120/70 ZR17 & 180/55 ZR17 |
| Empattement : | 1 410 mm |
| Hauteur du siège : | 830 mm |
| Poids à vide : | 166 kg |
| Réservoir de carburant : | 18 litres |

## PERFORMANCES

| | |
|---|---|
| Révolution à 100 km/h : | environ 4 500 tr/min |
| Consommation moyenne : | 6,8 l/100 km |

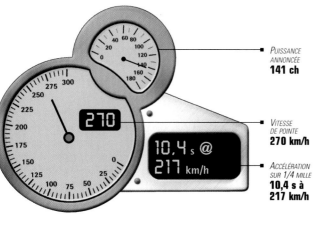

PUISSANCE
ANNONCÉE
**141 ch**

VITESSE
DE POINTE
**270 km/h**

ACCÉLÉRATION
SUR 1/4 MILLE
**10,4 s à
217 km/h**

| | |
|---|---|
| Prix : | 12 699 $ |
| Garantie : | 1 an/kilométrage illimité |
| Couleur : | bleu et blanc, jaune et noir |

# Technique

La GSX-R750 est un exemple de compacité et de légèreté, et pourtant, chacune de ses composantes principales est massive et solide. Son poids à sec de 166 kg est d'autant plus étonnant lorsqu'on considère que la partie cycle a été conçue de manière suffisamment rigide pour supporter les forces d'une mécanique de 1000 cc. En effet, à quelques détails mineurs près, les châssis des GSX-R750 et 1000 sont identiques.

L'une des caractéristiques les plus intéressantes de sa mécanique se trouve au niveau de l'admission. Il s'agit du SDTV (Suzuki Dual Throttle Valve), dont le rôle est d'adoucir et de régulariser les réactions de la mécanique face aux commandes données par la manette des gaz. Elle fonctionne au moyen d'une seconde valve située dans la tubulure d'admission et contrôlée par l'ordinateur de bord.

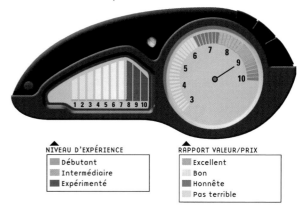

NIVEAU D'EXPÉRIENCE
- Débutant
- Intermédiaire
- Expérimenté

RAPPORT VALEUR/PRIX
- Excellent
- Bon
- Honnête
- Pas terrible

## « *Un classique réservé aux connaisseurs...* »

# Conclusion

Difficile de croire qu'on en est arrivé à parler de la GSX-R750 comme un classique, mais il s'agit d'une réalité. Pourtant, la cylindrée semble tellement logique, offrant un niveau de performances largement supérieur à celui d'une 600, mais sans le côté « impossible à exploiter » des 1000. En fait, nous croyons qu'il est tellement dommage que la formule soit délaissée que nous faisons le pari de la voir éventuellement réapparaître. Car une 600 ne restera toujours qu'une 600, et rien n'indique que des 1000 plus accessibles sont à prévoir.

QUOI DE NEUF EN 2003 ?

- **Aucun changement**
- **Coûte 100$ de plus qu'en 2002**

PAS MAL                    BOF

- **Des performances non seulement impressionnantes, mais aussi bien plus accessibles que celles des 1000**
- **Une tenue de route de très haut calibre ; à part une bonne 600, on trouve difficilement mieux**
- **Un niveau de confort évidemment limité, mais quand même tolérable**

- **Une direction plus lourde en utilisation extrême (piste) que le faible poids pourrait le laisser croire**
- **Des suspensions calibrées de façon un peu molle à l'origine pour une utilisation extrême**
- **Une position de conduite qui place quand même beaucoup de poids sur les poignets**

# Suzuki
# Katana 750

RÉVISION **2003**

| KG▸ 211 | CH▸ 92 | $▸ 9 599 |

**La concurrence de la Katana 750 vient surtout de modèles relativement chers et prestigieux. On pense aux Honda VFR, Ducati ST, ou autres BMW R1100S. Il s'agit dans tous les cas de montures à vocation sportive produisant aux alentours de 100 chevaux, mais offrant quand même un niveau de confort appréciable : des routières sportives. Particulièrement depuis sa révision de 1998, le jeu de la Katana a été d'en offrir autant, mais de le faire à bien meilleur prix, bien qu'avec moins de panache et de sophistication, il est vrai. Comme pour la 600, la partie arrière est joliment redessinée en 2003.**

## L'option économique...

L'une des raisons pour lesquelles Suzuki arrive à offrir sa Katana 750 à un prix aussi inférieur à celui de sa concurrence se trouve au niveau de la mécanique qu'elle utilise : il s'agit essentiellement du moteur qui propulsait la GSX-R750 en 90 et 91, mais recalibré par Suzuki de manière moins pointue. Produit depuis des lustres et conçu simplement, sa sonorité est bien moins sophistiquée que celle d'une VFR, et sa douceur de fonctionnement pourrait être meilleure, mais ses performances demeurent bonnes. Sans être impressionnantes, les accélérations sont suffisamment fortes pour divertir un pilote expérimenté, puisqu'on dispose tout de même de 92 chevaux au vilebrequin. La généreuse livrée de couple dans les tours inférieurs permet de bonnes reprises, puisqu'on peut dépasser franchement sur l'autoroute sans avoir besoin de rétrograder. Mais elle permet aussi de garder les régimes assez bas et les changements de rapports à un minimum, ce qu'on apprécie particulièrement en ville, dans la circulation lente ou même dans une série de virages serrés puisque le pilotage s'en trouve facilité.

L'image timide que projettent les lignes de la Katana 750 ne reflète pas le calibre de sa tenue de route réellement sportive. Le potentiel ultime et l'agilité ne sont évidemment pas les mêmes que pour une sportive pure, mais il est quand même possible d'atteindre une cadence surprenante sur un tracé sinueux. À titre d'exemple, il nous a même été possible de passer une journée entière d'essai en piste, sur une Katana 750, sans qu'elle ne paraisse hors de son élément. La direction demande peu d'efforts en entrée de courbe et le comportement reste neutre et solide une fois la moto inclinée ; la stabilité n'attire aucune critique, peu importe les circonstances. Le poids raisonnable permet une bonne maniabilité en ville, mais une selle légèrement plus basse ferait une grosse différence pour les pilotes courts.

Le niveau de confort est excellent puisqu'on est assis de façon sportive, mais équilibrée, et que les dégagements sont suffisants pour ne faire souffrir aucune partie du corps. De plus, l'équilibre sport-confort des suspensions est presque idéal, la selle est excellente pour le pilote comme pour le passager et finalement, la protection au vent est aussi bonne qu'on puisse l'espérer sur une sportive.

| | |
|---|---|
| Catégorie : | Routière Sportive |

## MOTEUR

| | |
|---|---|
| Type/refroidissement : | 4-cylindres en ligne/air & huile |
| Cylindrée : | 749 cc |
| Alésage et course : | 70 mm x 48.7 mm |
| Puissance : | 92 ch @ 10 500 tr/min |
| Couple : | 52 lb/pi @ 9 500 tr/min |
| Boîte de vitesses : | 6 rapports |
| Transmission finale : | par chaîne |

## PARTIE CYCLE

| | |
|---|---|
| Type de cadre : | périmétrique, en acier |
| Suspension avant : | fourche conventionnelle de 41 mm réglable en détente |
| Suspension arrière : | monoamortisseur réglable en précharge et détente |
| Freinage avant : | 2 disques de 290 mm de ø avec étriers à 4 pistons |
| Freinage arrière : | disque simple de 250 mm de ø |
| Pneus avant/arrière : | 120/70 V17 & 150/70 VB17 |
| Empattement : | 1 465 mm |
| Hauteur du siège : | 790 mm |
| Poids à vide : | 211 kg |
| Réservoir de carburant : | 20 litres |

## PERFORMANCES

| | |
|---|---|
| Révolution à 100 km/h : | environ 4 800 tr/min |
| Consommation moyenne : | 6,2 l/100 km |

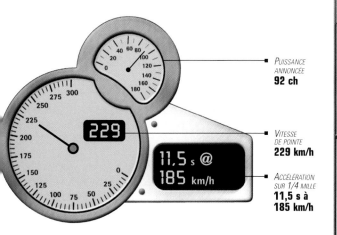

*PUISSANCE ANNONCÉE* **92 ch**

*VITESSE DE POINTE* **229 km/h**

*ACCÉLÉRATION SUR 1/4 MILLE* **11,5 s à 185 km/h**

| | |
|---|---|
| Prix : | 9 599 $ |
| Garantie : | 1 an/kilométrage illimité |
| Couleur : | noir, rouge |

## Technique

Lorsque la Katana 750 fut lancée, en 89, elle utilisait une version adoucie du moteur de la GSX-R750 88-89 ; il produisait 106 chevaux au vilebrequin. Les Katana 750 de 1998 et plus emploient plutôt la mécanique de la GSX-R750 90-91, également dans une version recalibrée. Dans le but de maximiser la souplesse aux régimes inférieurs, la puissance a été ramenée à 92 chevaux au vilebrequin. L'architecture de la mécanique est la même que sur les toutes premières GSX-R : 4-cylindres en ligne, refroidissement par air et huile, 16 soupapes, double arbre à cames en tête et boîte de vitesses à 6 rapports. À l'exception des roues plus larges et des suspensions révisées à partir de 98, la partie cycle de la nouvelle génération de Katana demeure très proche de celles des modèles 87-89.

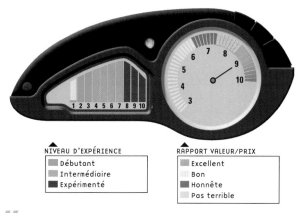

NIVEAU D'EXPÉRIENCE
- ▮ Débutant
- ▮ Intermédiaire
- ▮ Expérimenté

RAPPORT VALEUR/PRIX
- ▮ Excellent
- ▮ Bon
- ▮ Honnête
- ▮ Pas terrible

### « Il n'y a toujours rien de semblable à ce prix... »

## Conclusion

Le manque de prestige dont souffre la Katana 750 face à sa snobe concurrence ne l'empêche en aucune façon de s'avérer l'incarnation même de la machine à la fois polyvalente et abordable. Si son prix continue de s'approcher de la barre des 10 000 $, il reste considérablement inférieur à quoi que ce soit d'autre sur le marché qui arrive à offrir une telle combinaison de confort, d'agrément de conduite, de performance et de tenue de route.

QUOI DE NEUF EN 2003 ?

- **Partie arrière redessinée**
- **Coûte 100 $ de plus qu'en 2002**

PAS MAL

BOF

- Une valeur qui demeure toujours parmi les meilleures sur le marché, toutes catégories confondues
- Un comportement routier étonnamment relevé, même en pilotage sportif
- Un niveau de confort élevé amené surtout par une position logique, une bonne selle et des suspensions souples

- Un prix qui ne cesse de grimper, bien qu'il reste relativement bas pour la classe
- Une mécanique dont le constant chatouillement trahit le design âgé
- Une partie arrière nettement améliorée, mais pourquoi pas l'avant en même temps ?

# Suzuki
## SV650S

| KG▸ 169 | CH▸ 70 | $▸ 8 699 |
|---|---|---|

**En raison de son impressionnante agilité et de son caractère moteur irrésistible, la SV650S est le genre de petite moto qui séduit instantanément. Lancée en 1999, sa popularité se maintient depuis. Pour 2003, elle évolue pour la première fois grâce à une esthétique entièrement redessinée, à un cadre tout neuf et à l'arrivée d'un système d'injection électronique de carburant similaire à celui utilisé par les GSX-R. Il s'agit d'une des rares motos qui réussissent à attirer à la fois une clientèle peu expérimentée, invitée par son degré élevé d'accessibilité, et des pilotes d'expérience, davantage intéressés par son excellent rapport prix/potentiel sportif.**

## Irrésistible...

L a SV650S est non seulement une petite sportive extrêmement appréciée par les motocyclistes peu ou moyennement expérimentés, elle est aussi une sportive que nous aimons voir dans les mains de cette même clientèle. Heureusement, d'ailleurs, qu'elle existe puisque les alternatives sont peu nombreuses, se limitant essentiellement à deux autres Suzuki, les Katana et Bandit 600. Comme ces dernières ne semblent pas dégager l'image avant-gardiste qui attire généralement le type de motocycliste intéressé par une sportive d'entrée, ce dernier se retrouve plus souvent qu'autrement aux commandes d'une puissante 600. Si la SV650S ne propose pas du tout un niveau de performance équivalent à celui de ces dernières, sa mécanique V-Twin déborde en revanche de caractère. Il n'existe d'ailleurs d'autre V-Twin sportif de cette proportion sur le marché que chez Ducati, et à un prix tout autre. Les accélérations de la première génération étaient tout à fait suffisantes pour arriver à divertir un pilote moyennement expérimenté. Même le motocycliste d'expérience, pour autant qu'il sache apprécier le caractère de la petite mécanique, y trouvait son compte. D'après le manufacturier, la

puissance maximale n'aurait pas grimpé, mais la souplesse à moyens régimes serait améliorée par l'injection de carburant. Jusque-là, cette souplesse n'était pas mauvaise du tout, en dépit de la faible cylindrée, puisqu'elle équivalait plus ou moins à celle d'une 600 à quatre cylindres.

La tenue de route affichée par la SV650S est aisément supérieure à ce qu'offrent des montures comme les Katana et Bandit 600, ou même la Kawasaki ZZ-R600. En fait, c'est plutôt avec une bonne 600 qu'elle peut se comparer, ce qui n'est certainement pas peu dire. Comme le nouveau cadre n'est différent que dans son procédé de fabrication et que le reste de la partie cycle est inchangé, un comportement au moins équivalent est à prévoir sur la nouvelle version. Ce qui se traduit par un très faible effort en entrée de courbe, un comportement toujours solide, neutre et précis en pleine inclinaison, une stabilité irréprochable et de très bons freins.

Rien n'indique que la SV650S révisée n'offre un niveau de confort moins bon que celui de sa devancière, puisque la position de conduite, la surface frontale du carénage et le calibrage des suspensions sont tous pratiquement inchangés. La génération précédente était généreuse sur ce chapitre, même sur de bonnes distances.

Catégorie : — Sportive

## MOTEUR

| | |
|---|---|
| Type/refroidissement : | bicylindre en V/liquide |
| Cylindrée : | 645 cc |
| Alésage et course : | 67 mm x 42,5 mm |
| Puissance : | 70 ch @ 9 000 tr/min |
| Couple : | 45 lb/pi @ 7 400 tr/min |
| Boîte de vitesses : | 6 rapports |
| Transmission finale : | par chaîne |

## PARTIE CYCLE

| | |
|---|---|
| Type de cadre : | treillis périmétrique, en aluminium |
| Suspension avant : | fourche conventionnelle de 41 mm non-ajustable |
| Suspension arrière : | monoamortisseur réglable en précharge |
| Freinage avant : | 2 disques de 290 mm de ø avec étriers à 2 pistons |
| Freinage arrière : | disque simple de 240 mm de ø |
| Pneus avant/arrière : | 120/60 ZR17 & 160/60 ZR17 |
| Empattement : | 1 420 mm |
| Hauteur du siège : | 805 mm |
| Poids à vide : | 169 kg |
| Réservoir de carburant : | 16 litres |

## PERFORMANCES

| | |
|---|---|
| Révolution à 100 km/h : | environ 4 300 tr/min |
| Consommation moyenne : | 6,0 l /100 km |

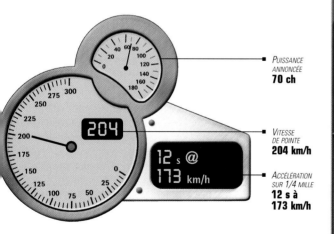

PUISSANCE ANNONCÉE
**70 ch**

VITESSE DE POINTE
**204 km/h**

ACCÉLÉRATION SUR 1/4 MILLE
**12 s à 173 km/h**

| | |
|---|---|
| Prix : | 8 699 $ |
| Garantie : | 1 an/kilométrage illimité |
| Couleur : | argent, orange |

## Technique

Au niveau esthétique, la modification la plus apparente faite à cette nouvelle SV650S est évidemment le nouveau demi-carénage. Mais l'instrumentation est également toute nouvelle, et Suzuki a même été jusqu'à installer un passage de roue sous la partie arrière, qui possède maintenant, en plus, un feu d'arrêt à diodes lumineuses (LED). Le nouveau cadre conserve la même géométrie que l'ancien, mais les longerons sont désormais fabriqués d'une seule pièce coulée plutôt que de plusieurs soudées, ce qui, entre autres, a permis une réduction de 3 kg. Suzuki n'indique aucun changement aux suspensions, aux roues ou aux freins, mais l'alimentation ne se fait plus par carburateurs. Un système d'injection à corps de 39 mm et double papillon semblable à celui utilisé sur les GSX-R et SV1000S est plutôt retenu. D'après le constructeur, ce système améliorerait les mi-régimes, mais pas la puissance.

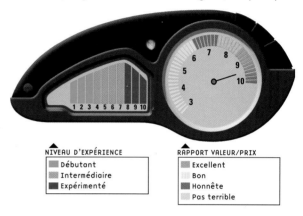

NIVEAU D'EXPÉRIENCE
- ▨ Débutant
- ▨ Intermédiaire
- ▨ Expérimenté

RAPPORT VALEUR/PRIX
- ▨ Excellent
- ▨ Bon
- ▨ Honnête
- ▨ Pas terrible

« *C'est qu'elle a du caractère, la petite…* »

## Conclusion

Aussi simple qu'il puisse en avoir l'air, le concept de la SV650S n'a rien de facile à réaliser. D'ailleurs, quatre ans après l'inauguration du sympathique modèle, non seulement personne n'est arrivé à offrir quoi que ce soit qui marie si joliment caractère, valeur et agilité, mais personne n'a même tenté de le faire. Plus que jamais avec cette habile évolution, la SV650S demeure donc un achat essentiellement unique dans l'industrie, et reste probablement la meilleure façon connue d'aborder l'univers sportif.

QUOI DE NEUF EN 2003 ?

- **Carénage et instrumentation renouvelés**
- **Nouveau cadre**
- **Injection électronique remplace les carburateurs**
- **Coûte 300 $ de plus qu'en 2002**

PAS MAL — BOF

- Une ligne qui évolue bien et des détails surprenants (passage de roue, feu arrière à diode, compteur digital) pour une moto de ce prix
- Un petit moteur au caractère charmeur, raisonnablement souple et performant
- Une tenue de route de haut calibre et un comportement toujours stable et précis

- Un jeu agaçant dans le rouage d'entraînement affectait l'ancien modèle, et aucune modification n'a été faite à ce niveau
- Une selle que les novices et les femmes aimeraient encore plus basse
- Un niveau de puissance correct, mais sans plus, que l'injection n'améliore

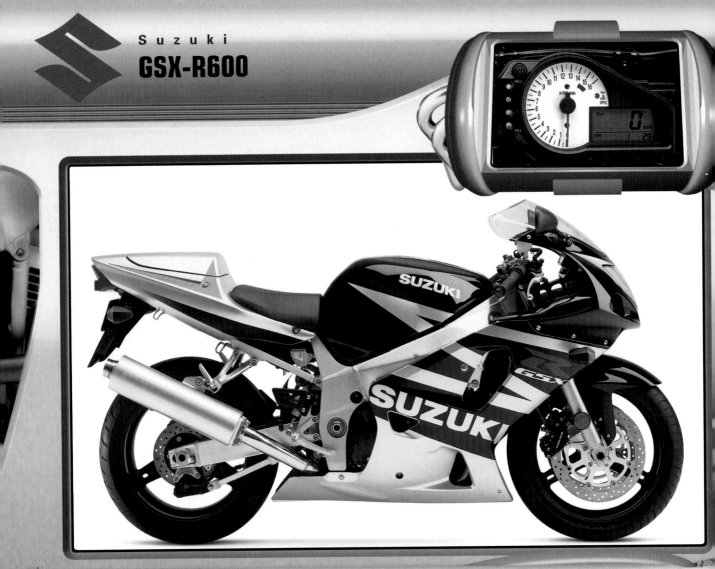

# Suzuki
# GSX-R600

KG▸ 163     CH▸ 115     $▸ 11 399

Ce n'est qu'avec cette GSX-R600 de dernière génération que Suzuki est finalement arrivé à produire une sportive de cylindrée moyenne non seulement capable de rester dans l'aspiration des meneuses de la classe, mais aussi de leur donner du fil à retordre. Étroitement basée sur l'excellente GSX-R750, la GSX-R poids moyen a été développée à partir de très bons gènes. Mais l'ordre des choses change vite, chez les 600, et même si elle a été lancée il y a tout juste deux ans, la Suzuki se veut déjà le plus vieux design de la catégorie en 2003, vu l'arrivée de rivales Honda, Kawasaki et Yamaha entièrement renouvelées.

## Des bons gènes...

On semble le répéter à chaque fois que la mise est de nouveau haussée dans cette catégorie aussi incroyablement talentueuse que farouchement disputée : la gloire y est immanquablement éphémère. Ainsi, bien que la GSXR-600 et ses très impressionnants cent quatre chevaux mesurés à la roue arrière aient représenté un pas de géant par rapport à la version antérieure du modèle, le modèle risque de se faire un peu bousculer en 2003 par une concurrence renouvelée en entier. Qu'à cela ne tienne, la GSX-R600 a au moins l'avantage d'avoir déjà établi le fait qu'il s'agit d'une machine de tête de peloton. De plus, son comportement s'apparente beaucoup à celui de la GSX-R750, une sportive pour laquelle nous n'avons pratiquement que de bons mots. Les performances de la 600 sont évidemment inférieures, mais dans le contexte de la catégorie à laquelle elle appartient, la GSX-R600 se débrouille admirablement bien. À pleins gaz, la poussée de la mécanique injectée est même suffisante pour soulever l'avant sans aucune intervention du pilote sur les deux premiers

rapports, ce qui en dit long sur le niveau de performances qu'elle offre. Toutefois, et bien qu'il soit trop sévère de les qualifier de creux, les mi-régimes n'ont rien de très excitant : le compact quatre-cylindres demande qu'on le fasse tourner au-delà des 9 000 tr/min pour livrer ses meilleures prestations. Autrement efficace, l'injection se montre abrupte à la réouverture des gaz, surtout à basse vitesse.

À l'exception d'un occasionnel début de guidonnage en conduite très agressive sur mauvais revêtement (l'amortisseur de direction installé d'origine garde le tout sous contrôle), la tenue de route est superbe. L'effort nécessaire à l'inscrire en courbe est minimal tandis que la direction se montre neutre et précise en pleine inclinaison. Les freinages sont puissants et faciles à doser.

Quant au niveau de confort, bien qu'il ne soit évidemment pas très élevé, il demeure acceptable puisque les suspensions sont rarement sèches, que la selle est excellente, que la protection au vent est honnête et que la moto semble plus dégagée que la moyenne pour la classe. Les seuls bémols sont le poids important mis sur les poignets et la légère vibration provenant de la mécanique.

| | |
|---|---|
| Catégorie : | Sportive |

## MOTEUR

| | |
|---|---|
| Type/refroidissement : | 4-cylindres en ligne/liquide |
| Cylindrée : | 599 cc |
| Alésage et course : | 67 mm x 42,5 mm |
| Puissance : | 115 ch (est.) |
| Couple : | 50 lb/pi (est.) |
| Boîte de vitesses : | 6 rapports |
| Transmission finale : | par chaîne |

## PARTIE CYCLE

| | |
|---|---|
| Type de cadre : | périmétrique, en aluminium |
| Suspension avant : | fourche conventionnelle de 45 mm réglable en précharge, compression et détente |
| Suspension arrière : | monoamortisseur réglable en précharge, compression et détente |
| Freinage avant : | 2 disques de 320 mm de ø avec étriers à 4 pistons |
| Freinage arrière : | disque simple de 220 mm de ø |
| Pneus avant/arrière : | 120/70 ZR17 & 180/55 ZR17 |
| Empattement : | 1 400 mm |
| Hauteur du siège : | 830 mm |
| Poids à vide : | 163 kg |
| Réservoir de carburant : | 18 litres |

## PERFORMANCES

| | |
|---|---|
| Révolution à 100 km/h : | environ 5 200 tr/min |
| Consommation moyenne : | 5.5 l/100 km |

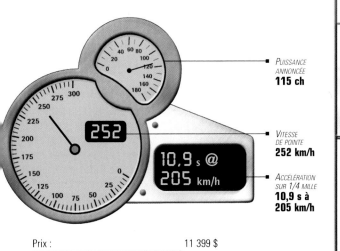

*PUISSANCE ANNONCÉE*
**115 ch**

*VITESSE DE POINTE*
**252 km/h**

*ACCÉLÉRATION SUR 1/4 MILLE*
**10,9 s à 205 km/h**

| | |
|---|---|
| Prix : | 11 399 $ |
| Garantie : | 1 an/kilométrage illimité |
| Couleur : | blanc et bleu, argent et noir |

## Technique

Pour construire sa GSX-R600, Suzuki ne s'est pas servi du modèle précédent comme base, et il n'a pas conçu une moto entièrement neuve non plus. C'est plutôt l'acclamée dernière génération de GSX-R750 qui a servi de point de départ. Comme la 750 avait fait l'objet d'un développement très poussé, utilisant même plusieurs solutions issues de la RGV500 de Grand Prix, selon le manufacturier, il était logique de tenter d'appliquer la même médecine à la 600. Ainsi, une GSX-R600 est essentiellement une 750 avec une tête de moteur particulière et quelques composantes allégées, une fourche conventionnelle plutôt qu'inversée, un bras oscillant plus court et sans renfort, et... c'est tout ! Pratiquement tout le reste, soit le cadre, les roues, les freins, le carénage et même l'instrumentation, demeure presque identique.

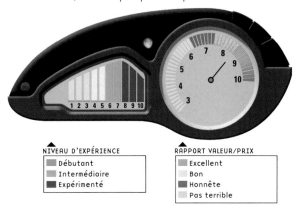

NIVEAU D'EXPÉRIENCE
- Débutant
- Intermédiaire
- Expérimenté

RAPPORT VALEUR/PRIX
- Excellent
- Bon
- Honnête
- Pas terrible

**« La 600 « RR » qui était déjà là... »**

## Conclusion

L'arrivée, pour 2003, d'une Honda et d'une Kawasaki rivales conçues expressément pour la compétition illustre bien le niveau de compétitivité et de spécialisation atteint par la classe. Malgré ce contexte hautement compétitif, la GSX-R600 demeure une arme de choix. Car il pourrait également être dit que la concurrence ne fait cette année que rejoindre (et tenter de dépasser) l'intensité et le sérieux qu'ont amenés à la classe des modèles comme la GSX-R et la Yamaha R6.

QUOI DE NEUF EN 2003 ?

- **Aucun changement**
- **Aucune augmentation de prix**

PAS MAL

- **Un niveau de performance qui ne cesse d'impressionner pour une telle cylindrée**
- **Un châssis merveilleusement équilibré qui semble totalement à l'aise en pilotage extrême**
- **Un niveau de confort qui, s'il n'est évidemment pas extraordinaire, reste tolérable**

BOF

- **Une mécanique qui bourdonne toujours un peu, au point d'engourdir les mains sur un long trajet**
- **Une injection de carburant abrupte à la remise des gaz, surtout à basse vitesse**
- **Une position qui place un poids considérable sur les poignets**

# Suzuki
## Katana 600

RÉVISION 2003

| KG▸ 208 | CH▸ 80 | $▸ 9 099 |

C'est en 1988 que Suzuki présentait pour la première fois sa Katana 600. Succédant à la vénérable GS550, elle devait être l'arme que le manufacturier utiliserait en piste pour faire face aux Honda CBR600F, Kawasaki Ninja 600R et Yamaha FZ600, dans une classe nouvellement née et alors en pleine croissance. Si tout cela semble bien lointain et qu'il est vrai que la petite Katana a été revue dix ans plus tard, en 1998, la version repensée demeure passablement proche de l'originale sur le plan mécanique. Pour 2003, la Katana 600 reçoit ses premières modifications en cinq ans : une partie arrière redessinée.

# Coureuse retraitée...

**L**es origines purement sportives de la Katana 600 sont responsables de bon nombre de qualités du modèle courant, sur le plan de la fiabilité mécanique, par exemple, ou encore de la tenue de route. Reste que dans le contexte actuel, elle doit être catégorisée comme une simple moto à tout faire, économique à l'achat et amicale à piloter. Ce qui est loin d'être un désavantage lorsqu'on tient compte du niveau très élevé de performance et de spécialisation des sportives de 600 cc de pointe.

Si la petite Katana peut continuer d'être offerte à un prix relativement bas, c'est en partie grâce à l'âge de sa mécanique refroidie par air et huile. Avec ses 80 chevaux au vilebrequin poussant une moto de 208 kg à sec, les performances offertes par le quatre-cylindres sont honnêtes et amusantes, mais pas vraiment impressionnantes. Tant que les pilotes sont de niveau novice ou que leurs montures précédentes étaient moins puissantes, ces performances devraient pouvoir amplement satisfaire. Mais quiconque dépasse ce calibre devrait sérieusement considérer la 750 qui n'est pas beaucoup plus chère, et qui n'est ni plus lourde ni plus haute. La puissance de la 600 reste toutefois plus que suffisante dans la plupart des situations, à la seule exception des reprises sur un rapport élevé qui demandent de rétrograder et d'utiliser des hauts régimes, surtout avec un passager à bord.

Le comportement routier est très accessible puisque l'effort nécessaire à la direction est faible en entrée de courbe et que la Katana se comporte de façon neutre et précise une fois qu'elle est inclinée. Même si l'agilité est loin de celle des dernières sportives pures, elle demeure suffisamment bonne pour pouvoir réellement tirer plaisir d'une route sinueuse. La stabilité est sans faute dans toutes les circonstances. Comme la selle n'est pas trop haute et que le poids est raisonnable, la maniabilité en ville est bonne.

L'une des principales raisons pour lesquelles la Katana peut être qualifiée de moto à tout faire est son très bon niveau de confort. La position garde une saveur sportive, mais n'est pas sévère du tout, et la selle est excellente. Les suspensions sont bien calibrées puisque posées en virage, mais quand même assez souples pour bien travailler sur la plupart des surfaces. Enfin, la protection au vent est généreuse pour une monture d'allure sportive.

| | |
|---|---|
| Catégorie : | Routière Sportive |

## MOTEUR

| | |
|---|---|
| Type/refroidissement : | 4-cylindres en ligne/air et huile |
| Cylindrée : | 599 cc |
| Alésage et course : | 62,6 mm x 48,7 mm |
| Puissance : | 80 ch @ 10 500 tr/min |
| Couple : | 41,7 lb/pi @ 9 500 tr/min |
| Boîte de vitesses : | 6 rapports |
| Transmission finale : | par chaîne |

## PARTIE CYCLE

| | |
|---|---|
| Type de cadre : | périmétrique, en acier |
| Suspension avant : | fourche conventionnelle de 41 mm réglable en détente |
| Suspension arrière : | monoamortisseur réglable en précharge et détente |
| Freinage avant : | 2 disques de 290 mm de ø avec étriers à 4 pistons |
| Freinage arrière : | disque simple de 250 mm de ø |
| Pneus avant/arrière : | 120/70 ZR17 & 150/70 ZR17 |
| Empattement : | 1 470 mm |
| Hauteur du siège : | 785 mm |
| Poids à vide : | 208 kg |
| Réservoir de carburant : | 20 litres |

## PERFORMANCES

| | |
|---|---|
| Révolution à 100 km/h : | environ 5 000 tr/min |
| Consommation moyenne : | 5,7 l/100 km |

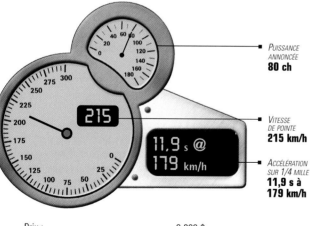

PUISSANCE ANNONCÉE
**80 ch**

VITESSE DE POINTE
**215 km/h**

ACCÉLÉRATION SUR 1/4 MILLE
**11,9 s à 179 km/h**

| | |
|---|---|
| Prix : | 9 099 $ |
| Garantie : | 1 an/kilométrage illimité |
| Couleur : | jaune, bleu |

## Technique

Malgré un bon nombre d'améliorations, la dernière version de la Katana 600 demeure une proche parente du modèle original, particulièrement sur le plan mécanique. Le châssis périmétrique en acier, par exemple, n'a pratiquement pas changé, et la même chose peut être dite des suspensions, qui ont toutefois été recalibrées. Les roues ayant gagné en largeur, elles peuvent désormais accepter une bien plus grande variété de pneus que par le passé. Pour ce qui est du moteur, on a toujours affaire au bon vieux 4-cylindres en ligne refroidi par air et huile. Il s'agit cependant d'une version légèrement améliorée de la mécanique de la Katana originale, qu'on retrouve d'ailleurs sur la Bandit 600. Bien qu'elle produise un peu moins de puissance que la première, sa souplesse et sa douceur de fonctionnement ont été rehaussées.

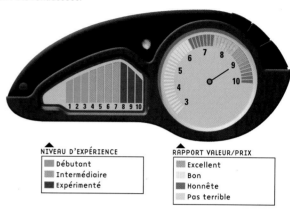

NIVEAU D'EXPÉRIENCE
- Débutant
- Intermédiaire
- Expérimenté

RAPPORT VALEUR/PRIX
- Excellent
- Bon
- Honnête
- Pas terrible

## « Minimum logique... »

## Conclusion

Le rôle de la Katana 600 semble plus évident que jamais en 2003 avec l'arrivée de nouvelles sportives de 600 cc n'essayant plus de se faire passer pour autre chose que les montures de compétition qu'elles sont devenues. En fait, cela ne fait que mieux mettre en perspective l'autre classe de 600 sportives qui existe sur le marché. Une classe suffisamment moins extrême et spécialisée pour qu'elle puisse logiquement être recommandée à une clientèle novice pour qui le chiffre 600 en est venu à rimer avec minimum.

QUOI DE NEUF EN 2003 ?

- Partie arrière redessinée
- Coûte 100 $ de plus qu'en 2002

PAS MAL

BOF

- Encore une très bonne valeur, puisqu'il ne pleut pas des montures semblables, à ce prix
- Un comportement routier agréable, sans surprise et très facile d'accès
- Un niveau de confort très bon, même suffisant pour voyager

- Une mécanique d'un vieux design qui montre surtout son âge par ses constantes vibrations
- Des performances d'un niveau relativement modeste qui pourraient décevoir les plus impatients
- Malgré la belle accessibilité, une selle plus basse et un poids réduit faciliterait la vie des novices

# Bandit 600S

| KG▸ 208 | CH▸ 78 | $▸ 8 699 |

En Europe, les ventes de standards de cylindrée moyenne, des montures parmi lesquelles on compte les Yamaha Fazer 600, Honda Hornet 600 et autres Triumph Speed Four, sont aisément les plus importantes du marché. La Bandit 600, qui fait partie de ce groupe, est l'une des rares motos du genre à être vendue chez nous, où l'engouement qu'on lui réserve est toutefois bien plus modeste. Au point que Suzuki en arriva même à la retirer de la gamme à un certain point. La révision qu'elle subissait en 2000 et qui allait lui faire bénéficier d'un « face-lift » fort réussi lui a valu d'être, depuis, réintégrée au marché canadien.

## Occupations multiples...

Les montures qui peuvent à la fois servir à l'initiation d'un novice et offrir un niveau minimum de divertissement pour le pilote un peu plus expérimenté, sont très rares. La petite Bandit en est une. Au premier contact, la position de conduite paraît instantanément confortable et spacieuse, sans pour autant perdre sa saveur sportive. Jamais les jambes ne souffrent d'être trop pliées, le dos d'être trop penché ou les mains de supporter un excès de poids. Malgré l'absence d'un carénage enveloppant, la protection au vent est généreuse, alors que le flot d'air se rendant jusqu'au pilote est exempt de turbulence. Deux autres points responsables de l'excellent niveau de confort sont la selle, très bien formée et rembourrée, et les suspensions calibrées de manière étonnamment souple. Quant aux passagers, ils la qualifient généralement d'une des sportives les plus confortables du marché. La seule ombre au tableau, au chapitre du confort, est la quantité de vibrations provenant de la mécanique, particulièrement à travers les poignées. Elles sont suffisamment présentes

à tous les régimes pour considérablement gêner et, bien qu'on n'ait d'autre choix que de s'y faire, on ne s'y habitue jamais vraiment.

Bien que satisfaisantes, les performances offertes par la Bandit 600 demeurent modestes et bien éloignées de celles des dernières sportives de même cylindrée. Ceci dit, comme les chevaux sont bien distribués tout au long de la plage de régimes, que la transmission est légère, que l'effort au levier d'embrayage est faible et que la mécanique est parfaitement à l'aise à hauts régimes, extraire tout le potentiel de cette dernière devient un exercice réellement plaisant, peu importe l'expérience du pilote.

Le fait que la petite Bandit ait déjà été utilisée dans des écoles de pilotage démontre bien que, en dépit de son air bien sage, elle possède de véritables capacités sportives. Ses suspensions molles et sa garde au sol non infinie limitent l'agressivité avec laquelle elle peut être pilotée. Tant qu'on ne se retrouve pas à fond sur une piste, ce que nous nous sommes tout de même bien amusés à faire, et qui est donc possible, la tenue de route s'attire bien peu de critiques. En gros, en courbe, c'est toujours solide et stable, c'est précis, c'est léger et amical à pencher et ça freine très bien.

Catégorie :                    Routière Sportive

## MOTEUR

| | |
|---|---|
| Type/refroidissement : | 4-cylindres en ligne/& huile |
| Cylindrée : | 599 cc |
| Alésage et course : | 62,6 mm x 48,7 mm |
| Puissance : | 78 ch @ 10 500 tr/min |
| Couple : | 41,7 lb/pi @ 9 500 tr/min |
| Boîte de vitesses : | 6 rapports |
| Transmission finale : | par chaîne |

## PARTIE CYCLE

| | |
|---|---|
| Type de cadre : | double berceau, en acier |
| Suspension avant : | fourche conventionnelle de 41 mm sans ajustement |
| Suspension arrière : | monoamortisseur réglable en précharge et détente |
| Freinage avant : | 2 disques de 290 mm de ø avec étriers à 2 pistons |
| Freinage arrière : | disque simple de 240 mm de ø |
| Pneus avant/arrière : | 120/70 ZR17 & 150/70 ZR17 |
| Empattement : | 1 440 mm |
| Hauteur du siège : | 790 mm |
| Poids à vide : | 208 kg |
| Réservoir de carburant : | 20 litres |

## PERFORMANCES

| | |
|---|---|
| Révolution à 100 km/h : | environ 5 000 tr/min |
| Consommation moyenne : | 5,7 l/100 km |

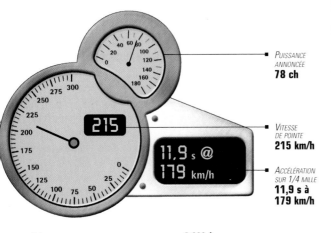

PUISSANCE ANNONCÉE
**78 ch**

VITESSE DE POINTE
**215 km/h**

ACCÉLÉRATION SUR 1/4 MILLE
**11,9 s à 179 km/h**

| | |
|---|---|
| Prix : | 8 699 $ |
| Garantie : | 1 an/kilométrage illimité |
| Couleur : | argent, noir |

## Technique

Malgré sa réputation de moto économique, la Bandit 600 n'est pas avare sur la qualité de ses composantes. La mécanique par exemple, si elle n'a pas la fougue des dernières venues de même cylindrée, est un modèle de fiabilité. Il s'agit essentiellement du moteur de la Katana 600, lui-même une version réduite du 4-cylindres refroidi par air et huile des premières GSX-R750. Côté châssis, si elle n'a pas de cadre d'aluminium massif, elle dispose quand même d'une très solide structure en acier à double berceau agencée aux couleurs de la moto s'il vous plaît ! Quant aux suspensions, si elles n'offrent pas de possibilités d'ajustements infinies, elles sont rigides et presque idéalement calibrées à l'usine. Enfin, les roues sont suffisamment larges pour accepter un intéressant choix de gommes, et les freins sont équivalents à ceux des sportives de pointe d'il y a tout juste quelques années.

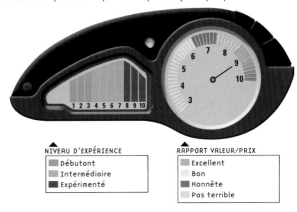

| NIVEAU D'EXPÉRIENCE | RAPPORT VALEUR/PRIX |
|---|---|
| Débutant | Excellent |
| Intermédiaire | Bon |
| Expérimenté | Honnête |
| | Pas terrible |

« *Simple, plaisante et polyvalente…* »

## Conclusion

Parce qu'elle n'est pas taillée au couteau et que sa mécanique ne produit pas une puissance équivalente à celle d'une voiture sport, la Bandit 600 est souvent perçue comme une machine ennuyante. Rien ne pourrait être plus faux ! Il s'agit d'une moto dont la capacité à satisfaire une variété de pilotes ne cesse d'étonner. Agréablement simple, elle n'éprouve aucune difficulté à occuper les rôles d'initiatrice, de partenaire de voyage, ou encore, celui de complice pour l'occasionnelle sortie sportive.

QUOI DE NEUF EN 2003 ?

- **Aucun changement**
- **Aucune augmentation de prix**

PAS MAL                                    BOF

- **TUne excellent niveau de confort amené par une position de conduite idéale et des suspensions souples, entre autres**
- **Une tenue de route qui pourrait en surprendre plusieurs, puisque véritablement sportive**
- **Une excellente valeur, un entretien facile et un dossier de fiabilité impeccable**

- **Une mécanique qui vibre assez pour gêner à la longue, surtout au niveau des mains**
- **Des performances qui pourraient ne pas intéresser les pilotes plus expérimentés ou exigeants**
- **Des suspensions molles qui limitent la conduite sportive, mais seulement à l'extrême**

# Suzuki
# GS500E

| KG▸ 173 | CH▸ 52 | $▸ 5 999 |

**La présence en quantité appréciable de GS500E dans les parcs de véhicules des écoles de conduite illustre bien la vocation du modèle puisqu'elle se veut tout simplement l'une des deux-roues d'initiation par excellence du marché. D'un côté en raison de sa facilité de prise en main, mais aussi pour sa résistance aux chutes légères. Mais tout cela ne l'empêche absolument pas d'exhiber un petit côté sportif lui donnant l'air de jouer les mini-roadsters. Introduite en 1989, elle devait rester absolument intacte jusqu'en 2001, alors qu'elle bénéficia enfin de quelques améliorations, notamment au niveau du réservoir redessiné, de la partie arrière plus effilée, et de la selle revue.**

# Invitation à la moto...

L a mécanique de la GS500E, un bicylindre parallèle de 487 cc, possède des origines remontant aux années 70. Bien plus proche des moteurs des GS450 et GS400 du début des années 80, elle en représente toutefois l'évolution la plus récente. Elle fut choisie pour la GS500E en raison de sa grande simplicité et de sa fiabilité établie, mais aussi pour son niveau de puissance parfaitement adapté à la clientèle visée. Les 52 chevaux produits sont bien répartis sur la plage de régimes, étant disponibles dès les premiers tours, puis grandissant régulièrement en nombre à mesure que les tours grimpent. Pour un pilote novice, les performances sont amusantes sans jamais devenir intimidantes, avec des accélérations franches et la capacité de rouler passablement vite, même avec un passager ou sur de longues distances. Une transmission douce et un faible effort au levier d'embrayage ajoutent à la facilité d'utilisation. Un des aspects les plus appréciés de la GS500E est son niveau de confort élevé. On est positionné de manière sportive, mais les jambes ne sont pas

trop pliées, le dos reste droit et les poignets ne souffrent jamais d'avoir à supporter un surplus de poids. Quant à la nouvelle selle, elle constitue une amélioration notable par rapport à l'ancienne et s'avère excellente. Bien que les vibrations produites par la mécanique sont toujours présentes, elles restent suffisamment bien contrôlées pour ne pas déranger. Les suspensions ont un petit côté rudimentaire, mais fonctionnent tout à fait correctement dans la majorité des situations. D'un autre côté, l'absence totale de protection au vent peut devenir fatigante lors d'une sortie prolongée sur l'autoroute.

Le fait que la GS500E soit dirigée vers une clientèle novice ne l'empêche aucunement d'offrir une tenue de route relevée; le rythme pouvant être atteint sur une route sinueuse peut même surprendre. Dans ces conditions, on note une partie cycle solide pouvant facilement supporter une cadence élevée, une excellente stabilité en ligne droite et dans les courbes rapides, ainsi qu'une direction précise, neutre et très légère. La mollesse des suspensions devient cependant évidente si l'on se montre trop agressif. Côté freinage, les deux disques font un travail franc, à la hauteur des performances.

| | |
|---|---|
| Catégorie : | Standard |

### MOTEUR

| | |
|---|---|
| Type/refroidissement : | bicylindre parallèle/air |
| Cylindrée : | 487 cc |
| Alésage et course : | 74 mm x 56.6 mm |
| Puissance : | 52 ch @ 9 200 tr/min |
| Couple : | 30,4 lb/pi @ 7 500 tr/min |
| Boîte de vitesses : | 6 rapports |
| Transmission finale : | par chaîne |

### PARTIE CYCLE

| | |
|---|---|
| Type de cadre : | périmétrique, en acier |
| Suspension avant : | fourche conventionnelle de 37 mm non-ajustable |
| Suspension arrière : | monoamortisseur réglable en précharge |
| Freinage avant : | 1 disque de 310 mm de ø avec étrier à 2 pistons |
| Freinage arrière : | disque simple de 250 mm de ø |
| Pneus avant/arrière : | 110/70-17 & 130/70-17 |
| Empattement : | 1 405 mm |
| Hauteur du siège : | 790 mm |
| Poids à vide : | 173 kg |
| Réservoir de carburant : | 20 litres |

### PERFORMANCES

| | |
|---|---|
| Révolution à 100 km/h : | environ 6 700 tr/min |
| Consommation moyenne : | 4,5 l/100 km |

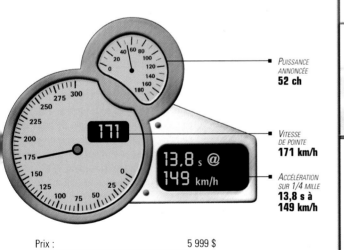

PUISSANCE ANNONCÉE
**52 ch**

VITESSE DE POINTE
**171 km/h**

ACCÉLÉRATION SUR 1/4 MILLE
**13,8 s à 149 km/h**

| | |
|---|---|
| Prix : | 5 999 $ |
| Garantie : | 1 an/kilométrage illimité |
| Couleur : | bleu |

## Technique

Afin de garder le prix de sa petite GS500E abordable, un facteur primordial sur une moto ciblant essentiellement des pilotes novices, Suzuki a choisi d'utiliser autant que possible des composantes déjà existantes, ou d'employer des matériaux économiques pour fabriquer les nouvelles. Par exemple, le bicylindre parallèle refroidi par air et disposant de 4 soupapes par cylindre a propulsé bon nombre d'autres modèles avant d'être gonflé à 487 cc et installé dans la GS500E. Par ailleurs, si le cadre est du type à double longeron qui représente actuellement la norme chez les sportives pures, il est fabriqué d'acier, un matériel bien moins coûteux que d'aluminium. On remarque également des disques de freins et des étriers qui furent, à travers les années, utilisés ici et là sur divers modèles de Katana et de GSX-R.

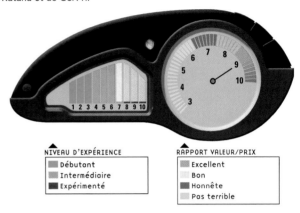

NIVEAU D'EXPÉRIENCE
- Débutant
- Intermédiaire
- Expérimenté

RAPPORT VALEUR/PRIX
- Excellent
- Bon
- Honnête
- Pas terrible

### « *Pour les jeunes de 7 à 77 ans...* »

## Conclusion

Parce qu'on trouve difficilement une deux-roues plus accessible, parce qu'elle utilise une mécanique aussi simple que fiable et peu capricieuse au chapitre de l'entretien, parce que son niveau de performance est bien dosé et que son prix est peu élevé, la GS500E représente non seulement l'une des meilleures façons d'accéder au sport, mais également une option tout à fait valable pour les motocyclistes moins jeunes ayant surtout été en contact avec des faibles cylindrées, et qui souhaitant finalement revenir à leurs premières amours.

QUOI DE NEUF EN 2003 ?

- Aucun changement
- Coûte 100 $ de plus qu'en 2002

PAS MAL

BOF

- **Un prix fort raisonnable puisqu'on n'achète plus grand-chose de potable pour ces sommes**
- **Une facilité d'accès exceptionnelle qu'on doit à son poids faible, sa selle basse et son niveau de puissance bien dosé**
- **Une tenue de route d'un calibre surprenant pour une machine dite d'apprentissage**

- **Des performances relativement faibles qui risquent d'ennuyer le pilote déjà expérimenté**
- **Une exposition totale au vent qui réduit considérablement le confort sur l'autoroute**
- **Des suspensions un peu molles pour un pilotage agressif, quoique confortables autrement**

# Burgman 650

NOUVEAUTÉ **2003**

| KG▸ 238 | CH▸ 55 | $▸ 10 899 |
|---|---|---|

**Les Européens sont tellement fous de scooters que les constructeurs leur proposent maintenant des scooters fous. Dopés au point de s'interroger sur la validité du terme « scooter », ces engins bizarres ont rapidement traversé l'Atlantique et commencent même à débarquer chez nous… contre toute attente, d'ailleurs. Si ce Suzuki Burgman 650 se veut le premier et le seul produit du genre offert sur le marché canadien en 2003, les manufacturiers concurrents préfèrent observer la scène de loin. Car malgré le courage dont fait preuve Suzuki en amenant chez nous ce gros Burgman, la réaction du public motocycliste, elle, reste à voir.**

# Dopage…
## Technique

Oubliez tout ce que vous croyiez savoir sur les scooters, car ce Burgman 650 en est tellement éloigné qu'il devient réellement inapproprié d'en parler ainsi. Le département de marketing de Suzuki aime bien l'idée de le décrire comme une petite machine de tourisme. Et en effet, à près de 11 000 $ pièce, ça passe probablement mieux que le terme « gros cyclomoteur »… Bien que nous nous réservions le droit de changer d'idée ultérieurement, nous nous en tiendrons à « mégascooter », qui nous semble pour l'instant l'appellation la plus appropriée.

Le Burgman est propulsé par un bicylindre parallèle de 638 cc à quatre temps injecté et refroidi par liquide. Il s'agit d'une mécanique qui lui est propre et qui a la particularité d'être construite sur sa longueur, avec les cylindres pointant vers l'avant, et d'être installée sous le plancher. Techniquement, la transmission du Burgman 650 est probablement son élément le plus intéressant puisqu'il s'agit de la première de ce type qui soit installée sur un deux-roues. Désignée CVT (transmission continuellement variable), son fonctionnement fait appel à une courroie spéciale et deux poulies, dont l'une peut continuellement varier de diamètre, d'où le nom du système. Il s'agit d'une transmission automatique, donc sans embrayage, mais qui peut aussi être opérée manuellement grâce à des boutons « up » et « down » situés sur la poignée gauche. Des modes « Normal » et « Power » permettent de choisir le niveau de performance souhaité, et donc à quel point le moteur montera en régime entre chaque changement.

Le châssis ne ressemble à rien de connu, même s'il est fabriqué en tubes d'acier. Les suspensions sont tout à fait sérieuses puisqu'elles sont constituées d'un bras oscillant en aluminium et d'une fourche de 41 mm. Seule la précharge des amortisseurs arrières est ajustable. Les roues ne sont pas aussi grandes que celles d'une moto, mais restent quand même de dimensions appréciables : l'avant, qui fait 15 pouces de diamètre, est chaussé d'un pneu de dimension 120/70, tandis que la roue arrière, qui fait plutôt 14 pouces, porte un 160/60. Trois disques pincés d'étriers à double piston se chargent du freinage.

Le niveau d'équipement du Burgman est presque aussi impressionnant que ses dimensions. En plus d'une instrumentation entièrement digitale, il offre une prise électrique pour accessoires, un espace de rangement généreux sous le siège, un dosseret ajustable pour le pilote, et plus.

Catégorie : | Scooter

## MOTEUR

| | |
|---|---|
| Type/refroidissement : | bicylindre parallèle/liquide |
| Cylindrée : | 638 cc |
| Alésage et course : | 75,5 mm x 71,3 mm |
| Puissance : | 55 ch @ 7 000 tr/min |
| Couple : | 46 lb/pi @ 5 000 tr/min |
| Boîte de vitesses : | continuellement variable / 5 rapports |
| Transmission finale : | par courroie |

## PARTIE CYCLE

| | |
|---|---|
| Type de cadre : | tubulaire, en acier |
| Suspension avant : | fourche conventionnelle de 41 mm non-ajustable |
| Suspension arrière : | 2 amortisseurs réglables en précharge |
| Freinage avant : | 2 disques de 260 mm de ø avec étriers à 2 pistons |
| Freinage arrière : | disque simple de 250 mm de ø |
| Pneus avant/arrière : | 120/70-15 & 160/90-14 |
| Empattement : | 1 595 mm |
| Hauteur du siège : | 750 mm |
| Poids à vide : | 238 kg |
| Réservoir de carburant : | 15 litres |

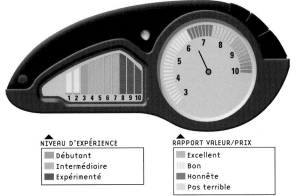

| | |
|---|---|
| NIVEAU D'EXPÉRIENCE | RAPPORT VALEUR/PRIX |
| Débutant | Excellent |
| Intermédiaire | Bon |
| Expérimenté | Honnête |
| | Pas terrible |

## PERFORMANCES

| | |
|---|---|
| Révolution à 100 km/h : | n/d |
| Consommation moyenne : | n/d |

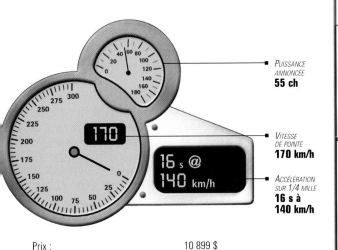

Puissance annoncée
**55 ch**

Vitesse de pointe
**170 km/h**

Accélération sur 1/4 mille
**16 s à 140 km/h**

| | |
|---|---|
| Prix : | 10 899 $ |
| Garantie : | 1 an/kilométrage illimité |
| Couleur : | bleu, argent |

## « Vendra, vendra pas… »

## Conclusion

Avec un poids à sec équivalent à celui d'une FJR1300, un plus grand empattement que pour toute routière, une transmission automatique, une position de conduite typique d'un scooter ainsi qu'un châssis et une mécanique absolument pas conventionnels, nous n'avons essentiellement aucune idée de ce que pourrait être l'expérience de pilotage du Burgman 650. Comme la plupart des motocyclistes, d'ailleurs. Voilà pourquoi il sera si intéressant, l'été arrivé, de voir si ce scooter dopé réussit, ou pas, à gagner l'intérêt des acheteurs locaux.

QUOI DE NEUF EN 2003 ?

• **Nouveau modèle**

PAS MAL

BOF

• **Un côté pratique assez flagrant puisque le rangement est généreux et les gadgets nombreux**

• **Une facilité de pilotage amenée par la transmission automatique qui pourrait en intéresser plusieurs**

• **Un niveau de confort qu'il n'est pas difficile d'imaginer bon, surtout avec une selle et un carénage aussi généreux**

• **À près de 11 000 $ pièce, non seulement ça fait cher pour un scooter, mais ça permet aussi d'envisager bien des options plus « sérieuses »**

• **Fiabilité inconnue de la mécanique et de cette transmission nouveau genre**

• **Un poids passablement élevé pour ce qui est présenté comme un scooter, puisque équivalent à celui d'une FJR1300 !**

# Suzuki
# Intruder 1500 LC et SE

| KG › 297-319 | CH › 67 | $ › 14 099 À 16 099 |

L'introduction de la grosse Intruder 1500 remonte à 1998, à une époque où Kawasaki récoltait d'excellents résultats avec l'une des seules grosses customs modernes du marché, la Vulcan 1500 Classic. Alors que l'arrivée de modèles concurrents provenant de Yamaha et Honda tardaient à arriver (bien que la Yamaha Road Star 1600 a été lancée un an plus tard, en 1999, il a fallu attendre 2002 pour voir la Honda VTX1800 se pointer), Suzuki en profita pour présenter une concurrente caractérisée par ses proportions massives. Deux ans plus tard, ce fut au tour de la version SE, un modèle exclusif au marché canadien, de se joindre à la gamme.

## Taille forte...

La première impression que renvoie l'Intruder 1500 en est une d'immensité, ce qui n'est pas peu dire lorsqu'on tient compte du fait que ses rivales directes, les Kawasaki Vulcan 1500 Classic et Yamaha Road Star 1600, sont loin d'être frêles. Si l'effet semble diminuer une fois en selle, elle n'en demeure pas moins imposante. La sensation n'est pas désagréable du tout, surtout que cette opulence se retrouve sur le généreux siège, pour le pilote comme le passager. La version SE n'est rien de plus qu'une LC accessoirisée, mais son agrément de conduite est considérablement plus élevé dans certaines circonstances. Par exemple, la protection du pare-brise est franchement appréciée lors d'un long trajet sur autoroute, surtout qu'il ne cause pratiquement pas de turbulences, ce qui est très rare pour un équipement de ce genre. L'écoulement tranquille de l'air permet également de pouvoir facilement communiquer avec son passager. Dépendamment des relations entre ce dernier et le pilote, ça peut être une bonne chose, ou non... Autrement, le niveau de confort offert par

les deux modèles est bon puisque la position de conduite est relaxe et bien équilibrée et que les suspensions travaillent bien en général.

Bien que la mécanique ne soit pas la plus charismatique de la classe en raison de sa sonorité plus industrielle que classique, ses performances sont relativement bonnes : les accélérations sont musclées dès les premiers régimes et l'Intruder continue de tirer franchement jusqu'en haut, sans vibrer de manière gênante. La conduite ne s'en trouve qu'agrémentée, les tours et les changements de rapports pouvant demeurer à un minimum en ville, et les dépassements sur l'autoroute pouvant se faire sans effort.

La tenue de route est saine dans l'ensemble puisqu'on ne peut vraiment la critiquer en conduite normale. Le fait que la garde au sol soit plutôt limitée empêche de toute façon de la piloter autrement. La stabilité est sans faute dans toutes les circonstances, l'effort à la direction est faible en entrée de courbe, le comportement en virage reste solide, neutre et plutôt précis, et le freinage est maintenant plus puissant depuis l'adoption d'une paire de disques à l'avant, l'an dernier. En raison du poids élevé, les manœuvres très lentes demandent une certaine habitude, mais la faible hauteur de selle les facilite.

Catégorie : Custom

## M O T E U R

| | |
|---|---|
| Type/refroidissement : | bicylindre en V/air + huile |
| Cylindrée : | 1 462 cc |
| Alésage et course : | 96 mm x 101 mm |
| Puissance : | 67 ch @ 4 800 tr/min |
| Couple : | 84 lb/pi @ 2 300 tr/min |
| Boîte de vitesses : | 5 rapports |
| Transmission finale : | par arbre |

## P A R T I E   C Y C L E

| | |
|---|---|
| Type de cadre : | double berceau, en acier |
| Suspension avant : | fourche conventionnelle de 41 mm non-ajustable |
| Suspension arrière : | 2 amortisseurs réglables en précharge |
| Freinage avant : | 2 disques de 300 mm de ø avec étriers à 2 pistons |
| Freinage arrière : | disque simple de 275 mm de ø |
| Pneus avant/arrière : | 150/80-16 & 180/70-15 |
| Empattement : | 1 700 mm |
| Hauteur du siège : | 700 mm |
| Poids à vide : | 297 (319) kg |
| Réservoir de carburant : | 15,5 litres |

## P E R F O R M A N C E S

| | |
|---|---|
| Révolution à 100 km/h : | environ 2 700 tr/min |
| Consommation moyenne : | 6,6 l/100 km |

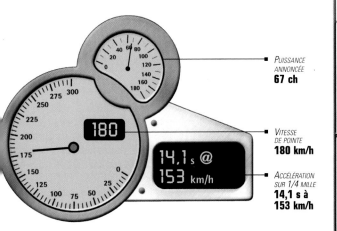

PUISSANCE ANNONCÉE
**67 ch**

VITESSE DE POINTE
**180 km/h**

ACCÉLÉRATION SUR 1/4 MILLE
**14,1 s à 153 km/h**

| | |
|---|---|
| Prix : | 14 099 $ (LC) 16 099 $ (SE) |
| Garantie : | 1 an/kilométrage illimité |
| Couleur : | vert et argent, argent et gris, noir |

## Technique

L'Intruder 1500 utilise une version gonflée de la mécanique de l'Intruder 1400, qui est en service depuis 1987. En augmentant la course de 3 mm et l'alésage de 2 mm, Suzuki a fait passer la cylindrée de 1 360 cc à 1 462 cc. Le gros V-Twin place ses cylindres à 45 degrés, est refroidi par air et huile, compte 3 soupapes et un arbre à cames en tête par cylindre, emploie une transmission à 5 rapports et dispose d'un entraînement final par arbre. Du côté de la partie cycle, rien n'est commun ou semblable à la vieille Intruder 1400. Depuis 2002, le système de freinage est amélioré, à l'avant, par l'ajout d'un deuxième disque et l'utilisation de nouveaux étriers à 2 pistons, tandis qu'un nouveau disque perforé pincé d'un étrier à 4 pistons ralentit la roue arrière.

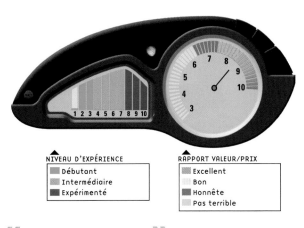

NIVEAU D'EXPÉRIENCE
- Débutant
- Intermédiaire
- Expérimenté

RAPPORT VALEUR/PRIX
- Excellent
- Bon
- Honnête
- Pas terrible

« *Cruiser générique...* »

## Conclusion

L'Intruder 1500 LC joue en quelque sorte le rôle de la grosse custom générique, celle qui dispose de tous les éléments dont doit disposer une telle monture, sans toutefois se distinguer par quelque chose de particulier. Si les puristes et les fins connaisseurs pouvaient y voir un certain manque de caractère, le fait est que la grosse Intruder ne fait pas grand-chose de mal. Elle représente donc un choix relativement économique pour la catégorie, et tout à fait valable pour l'acheteur moyen.

QUOI DE NEUF EN 2003 ?

- **Aucun changement**
- **Coûtent 100$ de plus qu'en 2002**

PAS MAL

- Un des pare-brise causant le moins de turbulence de la catégorie, pour la SE
- Un bon niveau de confort amené par des selles généreuses, une bonne position et des suspensions correctes
- Un comportement plutôt sain et exempt de vices majeurs

BOF

- Une maniabilité précaire à basse vitesse en raison du poids élevé et des dimensions gigantesques
- Des sacoches en cuir peu pratiques à l'utilisation et qui empiètent sur l'espace réservé aux pieds du passager
- Une mécanique quelque peu terne au chapitre du caractère

# Intruder 1400

| KG› 243 | CH› 71 | $› 10 599 |

L'an dernier, Suzuki faisant un sérieux ménage dans la tarification de ses customs, allant même jusqu'à trancher généreusement le prix de certaines d'entre elles afin de les rendre plus compétitives dans ce créneau toujours plus farouchement disputé. Si l'Intruder 1400 bénéficia bien, elle aussi, d'une coupure de quelques centaines de dollars, dans son cas, l'effet fut pratiquement nul. Car si personne ne dit non à sauver quelques sous, le fait est que la suggestion d'une quelconque économie est parfois simplement insuffisante, comme dans le cas d'une monture dont l'entrée en marché remonte à 1987 et qui n'a jamais évolué depuis.

## Image d'une époque révolue...

On entend souvent dire qu'il n'y a plus de mauvaises motos sur le marché. Tant qu'on parle de fiabilité, c'est au moins vrai à 95 pour cent. Cependant, c'est loin de signifier que 95 pour cent des motos sont bonnes. Et cette chère Intruder 1400 en est un bel exemple. Pour comprendre pourquoi, revenons un peu en arrière. La plupart des customs japonaises actuelles ont à l'origine été présentées vers le milieu des années 80. Et toutes ont bien entendu passablement évolué depuis, ou alors disparu. Toutes sauf laquelle ? La Suzuki Intruder 1400. Bien qu'elle ait tout de même encore certaines qualités, notamment sur le plan mécanique, le reste est difficilement appréciable. Ainsi, son V-Twin de 1 360 cc représente son plus grand intérêt. Visuellement d'abord, son apparence propre et non-encombrée est agréable, mais ce sont surtout ses prestations qui attirent. En fait, il s'agit d'une des cruisers les plus rapides du marché, exception faite des dernières customs de performance, bien entendu. Sa courbe de puissance est caractérisée par une

abondance de couple dans les régimes inférieurs, ce qui se traduit par des accélérations musclées immédiates et plaisantes. Cela permet d'éviter les tours élevés et leurs vibrations, mais agrémente également la conduite en limitant les changements de rapports et en permettant des reprises franches. La sonorité des échappements n'a rien d'américain, mais son ton grave n'est pas désagréable.

Si la mécanique peut à la rigueur encore plaire aujourd'hui, c'est tout le contraire pour le comportement routier, qui lui, est carrément dépassé. La stabilité en ligne droite n'attire pas de critiques, mais l'effort nécessaire à la direction pour l'inscrire en virage est élevé et la moto est loin d'être neutre en virage puisqu'elle semble résister aux commandes une fois en courbe. Ça reste tolérable si on ne fait que se promener tranquillement et si on n'a jamais rien roulé de plus récent, mais sans plus. Le freinage est tout juste adéquat.

La position de conduite n'a rien d'extrême, mais elle n'est plus naturelle dans le contexte actuel. Le guidon, qui a été remplacé il y a deux ans, tombe maintenant plus naturellement sous les mains et la selle est correctement rembourrée. Mais la suspension arrière se montre douloureusement sèche sur les grosses irrégularités et les vibrations de la mécanique finissent par agacer si on roule vite ou longtemps.

| | |
|---|---|
| Catégorie : | Custom |

## MOTEUR

| | |
|---|---|
| Type/refroidissement : | bicylindre en V/air + huile |
| Cylindrée : | 1 360 cc |
| Alésage et course : | 94 mm x 98 mm |
| Puissance : | 71 ch @ 4 800 tr/min |
| Couple : | 88 lb/pi @ 3 000 tr/min |
| Boîte de vitesses : | 5 rapports |
| Transmission finale : | par arbre |

## PARTIE CYCLE

| | |
|---|---|
| Type de cadre : | double berceau, en acier |
| Suspension avant : | fourche conventionnelle de 39 mm non-ajustable |
| Suspension arrière : | 2 amortisseurs réglables en précharge |
| Freinage avant : | 1 disque de 292 mm de ø |
| Freinage arrière : | disque simple |
| Pneus avant/arrière : | 100/90-19 & 170/80-15 |
| Empattement : | 1 620 mm |
| Hauteur du siège : | 735 mm |
| Poids à vide : | 243 kg |
| Réservoir de carburant : | 13 litres |

## PERFORMANCES

| | |
|---|---|
| Révolution à 100 km/h : | environ 3 100 tr/min |
| Consommation moyenne : | 5,7 l/100 km |

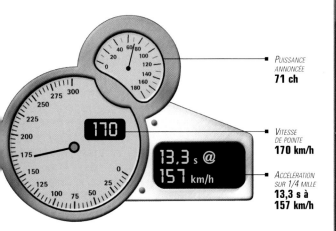

PUISSANCE ANNONCÉE
**71 ch**

VITESSE DE POINTE
**170 km/h**

ACCÉLÉRATION SUR 1/4 MILLE
**13,3 s à 157 km/h**

| | |
|---|---|
| Prix : | 10 599 $ |
| Garantie : | 1 an/kilométrage illimité |
| Couleur : | gris et noir, bleu et argent |

## Technique

L'aspect extérieur du V-Twin de l'Intruder 1400 démontre une attention aux détails particulièrement poussée. En effet, rien de superflu n'est visible, comme les tuyaux du radiateur d'huile, les fils d'allumage, la quincaillerie de carburation, etc. On note aussi qu'il n'a pas de couvercle de filtre à air, ce qui lui permet d'être entièrement visible. Il s'agit d'un bicylindre en V à 45 degrés de 1 360 cc, refroidi par air et huile, et disposant de 3 soupapes et d'un arbre à cames par cylindre. Sa transmission possède 5 rapports et son entraînement final est par arbre. Le châssis est fabriqué de tubes d'acier et est du type à double berceau. Aucun ajustement n'est possible sur la fourche, mais la précharge est réglable sur les amortisseurs doubles à l'arrière.

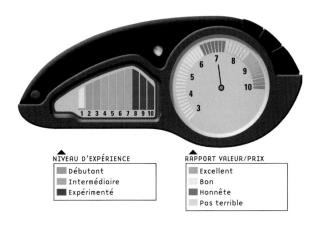

NIVEAU D'EXPÉRIENCE
- Débutant
- Intermédiaire
- Expérimenté

RAPPORT VALEUR/PRIX
- Excellent
- Bon
- Honnête
- Pas terrible

« *Un moteur agréable, mais c'est tout…* »

## Conclusion

Si l'Intruder 1400 faisait partie d'un créneau plus exclusif, d'une niche moins peuplée, peut-être arriverait-on à outre passer le fait qu'elle date de 1987. Mais dans le contexte où elle se trouve, dans cet univers bombardé de nouveautés en même temps mieux maniérées, mieux finies, mieux dessinées et moins coûteuses, le seul argument de la pauvre Intruder, sa mécanique, semble bien faible. Comme dans le cas de la 800, tout cela pourrait changer avec une habile révision. Il n'en tient qu'au constructeur.

QUOI DE NEUF EN 2003 ?

- Aucun changement
- Coûte 100$ de plus qu'en 2002

PAS MAL

BOF

- Un prix quand même intéressant, du moins si on oublie le fait qu'il s'agit d'une antiquité
- Une mécanique au charme encore présent dont le niveau de finition est étonnamment poussé
- Une fiabilité bien documentée au fil des ans, et un entretien minimal

- Un style qui remonte à l'âge de pierre de l'univers japonais de la custom
- Un comportement routier qui remonte à l'âge de pierre de la custom japonaise
- Une conception qui remonte à l'âge de pierre de…

# Volusia 800 et SE

**RÉVISION 2003**

| KG▸ 239 | CH▸ 50 | $▸ 8 599 À 9 999 |

Lancée en 2001, la Volusia est l'ajout le plus récent à la gamme de customs offerte par Suzuki. Basée sur la mécanique V-Twin de 800 cc de la Marauder 800, il s'agit d'un des modèles les plus esthétiquement soignés de la catégorie, et d'un des rares (le seul autre est l'Intruder 800) à bénéficier d'un entraînement par arbre. Pour 2003, une version SE équipée d'accessoires populaires tels un pare-brise, des sacoches de cuir et un dossier passager, entre autres, est offert pour un supplément somme toute raisonnable de 1 400 $. Il s'agit d'un modèle inspiré de l'Intruder 1500 SE qui se veut le seul du genre dans cette catégorie.

# L'élégance format moyen...

La catégorie des customs de cylindrée moyenne est littéralement sans pitié pour les modèles plus chers que la moyenne, et ce, peu importe les arguments avancés pour justifier le surplus par rapport à la moyenne. Ainsi, malgré le fait que la Volusia se soit amenée à la classe avec des lignes fraîches, un niveau de finition supérieur et un rare entraînement par arbre en place et lieu des salissantes chaînes plus habituellement retrouvées sur ces motos, tous des avantages concrets, on en n'a initialement pas voulu en raison de son prix trop élevé, la délaissant au profit d'autres excellents produits japonais. Suzuki rectifia toutefois la situation l'an dernier, en ramenant la Volusia a un prix beaucoup plus compétitif.

Bien que la Volusia ne réinvente pas la roue, dans cette classe, elle n'en demeure pas moins un choix très intéressant. Amicale à la prise en main, elle met tout de suite à l'aise, même si l'expérience dont on dispose est limitée, une caractéristique attribuable au poids relativement faible et bien distribué, à la selle basse et à la position de conduite relaxe et dégagée. Même les manœuvres lentes et serrées s'accomplissent sans tracas, alors qu'une fois en route elle se montre facile à mettre en angle tout en demeurant neutre et saine le long des virages. Les repose-pieds finissent par frotter, mais pas trop prématurément pour la classe. À plus haute vitesse, du moins tant qu'on n'exagère pas, là encore, le comportement reste sain. Seul le freinage est critiquable : la sensation au levier est molle et la puissance du frein avant plutôt faible. Si la selle n'est pas mauvaise et que la fourche se montre plutôt souple, en revanche, l'amortisseur arrière est fréquemment rude et punit votre dos. La nouvelle version SE devrait s'avérer plus confortable sur long trajet en raison de son pare-brise, surtout si ce dernier est aussi efficace que celui de l'Intruder 1500 SE.

Un peu à l'image du reste, le V-Twin de 805 cc fait bien son travail, sans toutefois montrer un caractère particulièrement excitant : il est doux, tremble et gronde gentiment, et procure des accélérations et des reprises satisfaisantes, encore une fois pour sa classe. Une carburation au point, un effort léger au levier d'embrayage et une transmission plutôt douce et précise sont autant de points qui le rendent plaisant à utiliser au quotidien.

Catégorie : Custom

## MOTEUR

| | |
|---|---|
| Type/refroidissement : | bicylindre en V/liquide |
| Cylindrée : | 805 cc |
| Alésage et course : | 83 mm x 74.4 mm |
| Puissance : | 50 ch @ 6 500 tr/min |
| Couple : | 46,6 lb/pi @ 5 000 tr/min |
| Boîte de vitesses : | 5 rapports |
| Transmission finale : | par arbre |

## PARTIE CYCLE

| | |
|---|---|
| Type de cadre : | double berceau, en acier |
| Suspension avant : | fourche inversée de 41 mm non-ajustable |
| Suspension arrière : | 2 amortisseurs réglables en précharge |
| Freinage avant : | 1 disque de 300 mm de ø avec étrier à 2 pistons |
| Freinage arrière : | tambour mécanique de 180mm de ø |
| Pneus avant/arrière : | 130/90 H16 & 170/80 H15 |
| Empattement : | 1 645 mm |
| Hauteur du siège : | 700 mm |
| Poids à vide : | 239 kg |
| Réservoir de carburant : | 16 litres |

## PERFORMANCES

| | |
|---|---|
| Révolution à 100 km/h : | environ 3 800 tr/min |
| Consommation moyenne : | 5,2 l/100 km |

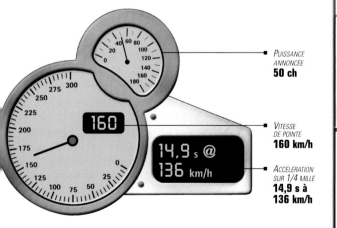

PUISSANCE ANNONCÉE
**50 ch**

VITESSE DE POINTE
**160 km/h**

ACCÉLÉRATION SUR 1/4 MILLE
**14,9 s à 136 km/h**

| | |
|---|---|
| Prix : | 8 599 $ (SE : 9 999 $) |
| Garantie : | 1 an/kilométrage illimité |
| Couleur : | argent et blanc, vert et argent, noir |

# Technique

On pourrait facilement croire que la Volusia est en fait une Marauder déguisée, surtout que les deux partagent la même mécanique, mais il s'agit en fait d'un modèle à part entière. À commencer par le cadre en acier dont la suspension arrière n'utilise qu'un amortisseur monté en position centrale. Le V-Twin de 805 cc refroidi par liquide tire ses origines de la première Intruder 750, mais bénéficie de plusieurs raffinements, notamment au niveau de la carburation, gérée par des cartographies modernes et aidée par un système de reconnaissance du positionnement de l'accélérateur. Dans une catégorie où le type d'entraînement final le plus communément retrouvé est la chaîne, la Volusia offre l'avantage non-négligeable d'un arbre, plus propre et infiniment plus facile d'entretien. Le freinage conserve toutefois la combinaison habituelle disque avant/tambour arrière.

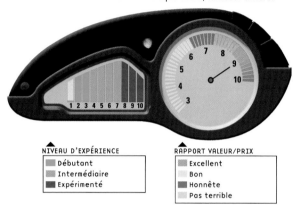

NIVEAU D'EXPÉRIENCE
- Débutant
- Intermédiaire
- Expérimenté

RAPPORT VALEUR/PRIX
- Excellent
- Bon
- Honnête
- Pas terrible

## « *Des arguments très solides...* »

# Conclusion

Suzuki a fait la même erreur que Kawasaki en tentant initialement de vendre une custom de cette cylindrée à prix fort, sous prétexte qu'elle était mieux finie et équipée d'un entraînement par arbre. Des raisons qui étaient pourtant valables. La concurrence présente au sein de la catégorie l'a donc obligé à abaisser son prix à un niveau plus intéressant. Le résultat est une custom de cylindrée moyenne haut de gamme vendue à prix ordinaire ou, dans des termes plus clairs, une excellente affaire.

QUOI DE NEUF EN 2003 ?

- **Version SE avec pare-brise, sacoches de cuir, dossier, etc.**
- **Version originale coûte 100$ de plus qu'en 2002**

PAS MAL

BOF

- **Une excellente affaire : une finition supérieure et un entraînement par arbre à prix normal**
- **Un comportement routier aussi sain qu'on puisse l'espérer pour ce genre de monture**
- **Une mécanique douce au rendement satisfaisant, bien que pas extraordinaire**

- **Un caractère plutôt ordinaire de la part du V-Twin**
- **Un freinage tout juste honnête, surtout dans le cas du frein avant qui manque de mordant**
- **Une suspension arrière qui devient rude sur mauvais revêtement**

# Suzuki
# Intruder 800

**KG▸ 201**     **CH▸ 60**     **$▸ 8 099**

L'arrivée sur le marché de l'Intruder 800 remonte à 1985, alors qu'elle ne déplaçait que 750 cc. Le passage à 800 cc se fit en 1992, ensuite de quoi le modèle ne changea pratiquement plus. En fait, les seules modifications furent l'installation d'un guidon large et plat à la mode ainsi que d'une roue avant réduite de 21 à 19 pouces en 2000. Mais dans l'ensemble, on continue d'avoir affaire à un concept remontant aux balbutiements du genre custom, chez les constructeurs japonais. N'arrivant probablement plus à convaincre quiconque de s'y intéresser, Suzuki retranchait 1 000 $ à la facture, l'an dernier.

# À bout d'arguments...

L'une des rarissimes qualités de l'Intruder 800 est que, malgré son âge, elle demeure l'une des customs les plus rapides de sa catégorie. Même la Marauder 800 et la plus récente Volusia, pourtant bien plus modernes et mues par des versions différentes de la même mécanique, ne sont pas du tout aussi rapides. La puissance utilisable arrive tôt en régime, puis continue de s'intensifier jusqu'en haut. Ainsi, que ce soit entre deux lumières, avec un passager à bord ou pour dépasser un véhicule plus lent sur l'autoroute, on a droit à des accélérations et à des reprises dynamiques. Le niveau des vibrations amenées par les hauts régimes est toutefois suffisamment élevé pour devenir désagréable, et on préférera les éviter.

À l'époque où l'Intruder 800 fut lancée, on attendait bien peu des customs : tant que leur chrome brillait et que la stabilité en ligne droite était bonne, ça allait. Tout juste quelques tours de roue sur pratiquement n'importe laquelle des customs rivales suffisent à démontrer que ces temps sont

révolus. Ainsi, l'Intruder 800 n'apprécie pas vraiment les tracés sinueux mettant sa direction lourde et imprécise en évidence, et la faisant se dandiner si la route est abîmée ou que la vitesse est le moindrement élevée. De plus, son comportement en virage n'est pas neutre puisqu'il faut garder une pression constante sur le guidon pour maintenir sa trajectoire. En ville, la selle basse et le poids relativement faible permettent une bonne maniabilité, mais l'angle de fourche relâché et la grande roue avant donnent à la direction la sensation de vouloir tomber d'un côté ou de l'autre lors de manœuvres lentes. Les freins travaillent correctement, sans plus.

Le confort est réduit par le niveau de vibrations venant de la mécanique, mais aussi en raison de la sécheresse de la suspension arrière lorsqu'un trou est rencontré. Ainsi, les sorties les plus agréables seront courtes, voire moyennes, mais pas longues. La selle est par contre satisfaisante, et la position de conduite à saveur custom est dégagée sans être extrême. Enfin, si le prix est à la baisse depuis l'an dernier, il demeure plus ou moins équivalent à celui de certaines concurrentes bien plus jeunes, dotées d'un comportement bien plus évolué, ce qui est tout simplement illogique.

Catégorie : Custom

## MOTEUR

| | |
|---|---|
| Type/refroidissement : | bicylindre en V/liquide |
| Cylindrée : | 805 cc |
| Alésage et course : | 83 mm x 74.4 mm |
| Puissance : | 60 ch @ 7 500 tr/min |
| Couple : | 50,6 lb/pi @ 5 500 tr/min |
| Boîte de vitesses : | 5 rapports |
| Transmission finale : | par arbre |

## PARTIE CYCLE

| | |
|---|---|
| Type de cadre : | double berceau, en acier |
| Suspension avant : | fourche conventionnelle de 39 mm non-ajustable |
| Suspension arrière : | 2 amortisseurs réglables en précharge |
| Freinage avant : | 1 disque de 292 mm de ø |
| Freinage arrière : | tambour mécanique |
| Pneus avant/arrière : | 120/90-19 & 140/90-15 |
| Empattement : | 1 560 mm |
| Hauteur du siège : | 700 mm |
| Poids à vide : | 201 kg |
| Réservoir de carburant : | 12 litres |

## PERFORMANCES

| | |
|---|---|
| Révolution à 100 km/h : | environ 3 800 tr/min |
| Consommation moyenne : | 5,2 l/100 km |

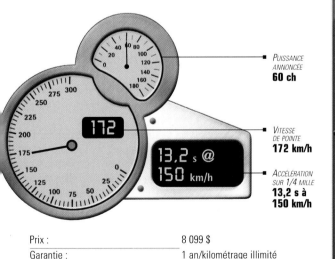

PUISSANCE ANNONCÉE
**60 ch**

VITESSE DE POINTE
**172 km/h**

ACCÉLÉRATION SUR 1/4 MILLE
**13,2 s à 150 km/h**

| | |
|---|---|
| Prix : | 8 099 $ |
| Garantie : | 1 an/kilométrage illimité |
| Couleur : | noir, argent |

# Technique

La plupart des dernières customs à moteur V-Twin sacrifient volontairement une certaine quantité de chevaux dans le but de produire plus de couple à bas régimes ou encore une sonorité plus classique. C'est la raison pour laquelle il n'est pas rare d'extraire de meilleures performances d'un vieux modèle comme l'Intruder 800 que d'un autre plus récent. Son V-Twin de 805 cc (750 cc au début) étant l'un des premiers du genre à provenir du Japon, il offre la puissance la plus élevée de la classe, soit 60 chevaux au vilebrequin, qui arrivent cependant haut en régime, à 7 500 tr/min. Pour y parvenir, il utilise un refroidissement au liquide, 4 soupapes et un arbre à cames en tête par cylindre, et un vilebrequin à 2 manetons. Son entraînement final par arbre, rare sur ces montures, est propre et pratique.

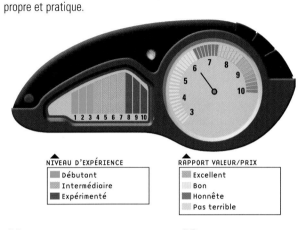

NIVEAU D'EXPÉRIENCE
- Débutant
- Intermédiaire
- Expérimenté

RAPPORT VALEUR/PRIX
- Excellent
- Bon
- Honnête
- Pas terrible

## « Un potentiel inexploité... »

# Conclusion

Sur le marché actuel, le fait est que l'Intruder 800 n'a essentiellement rien pour elle. Faisant partie de l'une des catégories les plus compétitives du marché, où le talent n'est donc pas rare et les prix sont extrêmement concurrentiels, il lui faudrait une sérieuse révision pour susciter de nouveau un quelconque intérêt. Le potentiel est là, puisque la ligne pourrait facilement évoluer dans la bonne direction avec un coup de crayon habile et que la mécanique n'aurait pas besoin de trop d'attention.

QUOI DE NEUF EN 2003 ?

- Aucun changement
- Coûte 100$ de plus qu'en 2002

PAS MAL | BOF

- Un style « Chopper », faute d'autre terme, qui a définitivement du potentiel
- Une mécanique étonnamment performante vu les standards de la catégorie
- Un des rares entraînements par arbre de la classe, qui facilite considérablement l'entretien

- Un style « Chopper » qui a effectivement du potentiel, mais qui, pour l'instant, est sans intérêt
- Un comportement routier d'une autre époque, puisque flou et peu coopérant
- Une mécanique qui vibre de façon excessive et une suspension arrière sèche

**KG ▸ 207**     **CH ▸ 50**     **$ ▸ 7 599**

Six ans déjà après son lancement, la Marauder exhibe toujours un style bien à elle, caractérisé surtout par son angle de direction généreusement ouvert, sa fourche inversée unique à la classe, ses massives roues coulées et son guidon étroit. Ayant toujours été l'un des modèles les moins chers de la catégorie (Suzuki l'a d'ailleurs retranchée de 800 $ l'an dernier pour s'en assurer), elle doit être considérée comme l'un des facteurs responsables des prix étonnamment bas devenus communs dans ce populaire créneau. Alors qu'elle bénéficie d'une meilleure sellerie depuis l'an dernier, pour 2003, on a changé la forme du couvercle de filtre à air.

## Faire bande à part...

**E**n maintenant sa Marauder 800 aussi près que possible de la barre des 8 000 $, et même en dessous depuis l'an dernier, Suzuki force d'une certaine manière les autres manufacturiers à emboîter le pas, ou à tout le moins à garder leur prix sous contrôle. Car même s'il est vrai que le modèle n'est pas le dernier venu, ou le mieux fini, les acheteurs de ces montures, qui recherchent avant tout une bonne affaire, passent souvent outre ces détails s'ils peuvent payer moins.

L'une des raisons pour lesquelles la Marauder peut être offerte à un coût si raisonnable est qu'elle emploie une mécanique produite depuis des lustres, celle de l'Intruder 800. Recalibrée pour livrer sa puissance et son couple maxis à des régimes plus bas, elle perd une dizaine de chevaux par rapport à la version d'origine. Les performances ultimes sont donc sensiblement inférieures à celles d'une Intruder, mais l'agrément de conduite reste bon grâce à des accélérations franches dès les premiers tours et à une souplesse honnête. Mais on ne doit pas s'attendre à être particulièrement impressionné, comme pour le reste de la classe d'ailleurs. Il est à noter que

l'agaçant niveau de vibrations qui afflige l'Intruder 800 fait place à une bonne douceur de fonctionnement sur la Marauder.

Le comportement routier est surtout caractérisé par une grande accessibilité du pilotage, une qualité qui la rend parfaitement envisageable pour des novices, des pilotes de courte taille ou des personnes physiquement moins fortes. Le poids faible et porté bas, la selle basse et la direction très légère en sont les principaux responsables. La stabilité est en général très bonne et ne se dégrade que dans les virages pris à haute vitesse. L'effort nécessaire à l'inscrire en courbe est très faible, et elle reste neutre et plutôt solide le long des virages. La maniabilité dans les situations plus lentes et serrées est excellente.

Le niveau de confort n'est pas mauvais, du moins tant qu'il ne s'agit pas de sorties trop longues à un rythme soutenu. La position de conduite place les pieds à l'avant et les mains basses sur un guidon étroit. La selle plus large et plus épaisse installée depuis 2002 est effectivement améliorée, tandis que l'ensemble est quand même bien équilibré et sans exagération. Les suspensions sont généralement assez souples, seul l'arrière devenant sec à l'occasion.

| | |
|---|---|
| Catégorie : | Custom |

## MOTEUR

| | |
|---|---|
| Type/refroidissement : | bicylindre en V/liquide |
| Cylindrée : | 805 cc |
| Alésage et course : | 83 mm x 74.4 mm |
| Puissance : | 50 ch @ 6 500 tr/min |
| Couple : | 46,6 lb/pi @ 5 000 tr/min |
| Boîte de vitesses : | 5 rapports |
| Transmission finale : | par chaîne |

## PARTIE CYCLE

| | |
|---|---|
| Type de cadre : | double berceau, en acier |
| Suspension avant : | fourche inversée de 41 mm non-ajustable |
| Suspension arrière : | 2 amortisseurs réglables en précharge |
| Freinage avant : | 1 disque de 300 mm de ø avec étrier à 2 pistons |
| Freinage arrière : | tambour mécanique de 180 mm de ø |
| Pneus avant/arrière : | 130/90 H16 & 150/90 H15 |
| Empattement : | 1 645 mm |
| Hauteur du siège : | 700 mm |
| Poids à vide : | 207 kg |
| Réservoir de carburant : | 13 litres |

## PERFORMANCES

| | |
|---|---|
| Révolution à 100 km/h : | environ 4 000 tr/min |
| Consommation moyenne : | 5,2 l/100 km |

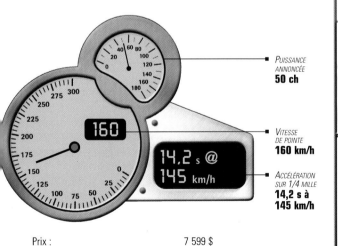

*PUISSANCE ANNONCÉE*
**50 ch**

*VITESSE DE POINTE*
**160 km/h**

*ACCÉLÉRATION SUR 1/4 MILLE*
**14,2 s à 145 km/h**

| | |
|---|---|
| Prix : | 7 599 $ |
| Garantie : | 1 an/kilométrage illimité |
| Couleur : | noir, noir et argent |

## Technique

La mécanique étant la composante la plus coûteuse d'une moto, il était logique que Suzuki opte pour une motorisation déjà existante s'il devait garder le coût final abordable. Ainsi, cette dernière provient de l'Intruder 800. Il s'agit d'un V-Twin à 45 degrés de 805 cc refroidi au liquide. Il dispose de 4 soupapes et d'un arbre à cames en tête par cylindre, et il a été calibré de manière à livrer sa puissance à plus bas régimes que sur le modèle original. Par souci d'économie, l'entraînement par arbre de l'Intruder a été remplacé par une chaîne, et le frein arrière est du type à tambour mécanique. D'un autre côté, Suzuki s'est permis d'équiper la Marauder 800 de certaines composantes de qualité, comme une longue et jolie fourche inversée et des roues coulées plutôt qu'à rayons.

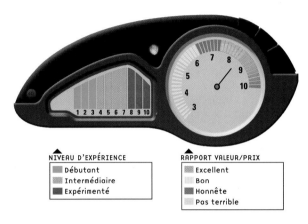

NIVEAU D'EXPÉRIENCE
- Débutant
- Intermédiaire
- Expérimenté

RAPPORT VALEUR/PRIX
- Excellent
- Bon
- Honnête
- Pas terrible

### « Moins chère qu'une V-Star 650 ! »

## Conclusion

Avec sa politique de bas prix, Suzuki donne bien des mots de tête à certains manufacturiers. Imaginez : sa Marauder 800 est non seulement la moins chère de sa catégorie, elle est aussi moins dispendieuse qu'une Yamaha V-Star 650 et coûte à peine plus qu'une Honda Shadow VLX600, des modèles appartenant au créneau inférieur. Et s'il est vrai qu'elle n'est pas la reine de la finition ou de la finesse, le tout fonctionne suffisamment bien pour satisfaire l'acheteur moyen sans problème.

QUOI DE NEUF EN 2003 ?

- **Nouveau couvercle de boîte à air**
- **Coûte 100$ de plus qu'en 2002**

PAS MAL

BOF

- **Des airs agressifs qui cachent un comportement extrêmement facile d'accès, même pour les novices**
- **Une mécanique qui ne peut être qualifiée de performante, mais dont le rendement satisfait**
- **Un prix extrêmement intéressant : elle est la moins chère de sa catégorie et rivalise même avec les cylindrées inférieures**

- **Une finition qui, à certains égards, reflète le prix peu élevé de l'ensemble**
- **Un niveau de performance modeste dans l'absolu, et un caractère moteur peu présent**
- **Un châssis qui devient flou si la conduite dépasse trop le mode « promenade »**

KG▸ 160          CH▸ 31                    $▸ 6 099

**L'introduction sur le marché de la Savage remonte à 1986. À l'exception d'une nouvelle selle et d'une mécanique plus soigneusement finie pour 2002, elle est demeurée essentiellement la même durant tout ce temps. Il s'agit d'une custom très basse, très légère et très peu puissante qui s'adresse strictement à une clientèle novice et craintive. La plupart des acheteurs sont des femmes de petite taille qui en sont à leurs tout premiers tours de roue, et qui recherchent une monture avant tout facile à piloter, fiable et qui demande le moins d'entretien possible. À part une légère augmentation de prix et de nouvelles couleurs, rien ne bouge en 2003.**

# Attrape-novice…

Les acheteurs potentiels d'une Savage ont vite fait d'être repérés par les vendeurs : ils ou elles sont en général totalement inexpérimenté(e)s et n'ont aucune ou très peu de connaissances en ce qui concerne les modèles disponibles et leurs histoires. Ils les invitent à l'enfourcher, leur font remarquer à quel point elle est basse et légère, combien elle est abordable pour une moto « neuve », leur disent qu'elle va bien avec leur coupe de cheveux, et les font signer à l'endos des trois copies. Remarquez, ça aurait pu être pire, puisqu'ils auraient pu essayer de leur vendre une Marauder 250…ou, oseraient-ils, une Buell Blast ? Soudainement, la Savage paraît moins inintéressante…

Blagues à part, la Savage peut être considérée comme l'équivalent d'une Marauder 250 gonflée : la ligne est semblable, la configuration du moteur est la même, les dimensions générales sont proches, et même la conduite est similaire. Si les performances sont heureusement bien meilleures, elles n'ont rien de très excitant, même pour un novice, tandis que la

sonorité du monocylindre n'a rien de vraiment agréable non plus. Bien qu'il n'y ait pas de problème à suivre la circulation automobile, ça devient toutefois plus ardu avec un passager à bord ou s'il faut dépasser sur une voie rapide. Comme la mécanique se débrouille bien à bas régimes, on peut généralement éviter les tours élevés et leurs vibrations.

Le but de la Savage est de faciliter le plus possible le pilotage. Grâce à sa selle basse et son poids faible, elle n'a aucune difficulté à remplir cette mission. La stabilité est toujours bonne, alors que le comportement en virage reste décent tant qu'on s'en tient à la promenade. L'effort nécessaire à l'inscrire en virage est faible et elle demeure relativement bien maniérée une fois inclinée. Les freins font leur travail, sans plus.

Tant qu'il ne s'agit pas d'enfiler des heures de route, le confort est correct. La position de conduite est relaxe sans être exagérée, tandis que la selle offre un niveau de confort honnête. Mais les vibrations de la mécanique finissent par devenir agaçantes si une vive allure est maintenue, et la suspension arrière peut devenir sèche sur chaussée dégradée.

## MOTEUR

| | |
|---|---|
| Type/refroidissement : | monocylindre/air |
| Cylindrée : | 652 cc |
| Alésage et course : | 94 mm x 94 mm |
| Puissance : | 31 ch @ 5 400 tr/min |
| Couple : | 37 lb/pi @ 300 tr/min |
| Boîte de vitesses : | 5 rapports |
| Transmission finale : | par courroie |

## PARTIE CYCLE

| | |
|---|---|
| Type de cadre : | berceau semi-double, en acier |
| Suspension avant : | fourche conventionnelle de 36 mm non-ajustable |
| Suspension arrière : | 2 amortisseurs réglables en précharge |
| Freinage avant : | 1 disque de 260 mm de ø avec étrier à 2 pistons |
| Freinage arrière : | tambour mécanique |
| Pneus avant/arrière : | 110/90-19 & 140/80-15 |
| Empattement : | 1 480 mm |
| Hauteur du siège : | 700 mm |
| Poids à vide : | 160 kg |
| Réservoir de carburant : | 10,5 litres |

## PERFORMANCES

| | |
|---|---|
| Révolution à 100 km/h : | n/d |
| Consommation moyenne : | n/d |

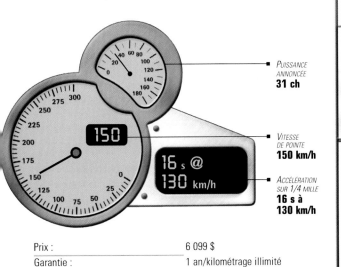

PUISSANCE ANNONCÉE
**31 ch**

VITESSE DE POINTE
**150 km/h**

ACCÉLÉRATION SUR 1/4 MILLE
**16 s à 130 km/h**

| | |
|---|---|
| Prix : | 6 099 $ |
| Garantie : | 1 an/kilométrage illimité |
| Couleur : | noir, vert |

## Technique

L'analogie faite plus haut avec la Marauder 250 est aussi valable au chapitre de la mécanique, puisque dans le cas de la Savage comme dans celui de la petite custom, il est pratiquement impossible de trouver un moteur quatre-temps et une partie cycle de routière de conception plus simple. Le monocylindre de 652 cc est refroidi par air, alimenté par un carburateur de 40 mm et dispose d'une culasse à 4 soupapes et d'un arbre à cames en tête. La boîte de vitesse compte 5 rapports, alors que le type d'entraînement final nécessite peu d'entretien, puisqu'il s'agit d'une courroie. Malgré un rapport volumétrique relativement bas, un système de décompression est présent pour faciliter le démarrage. Le châssis est fait de tubes d'acier et est du type à berceau semi-double.

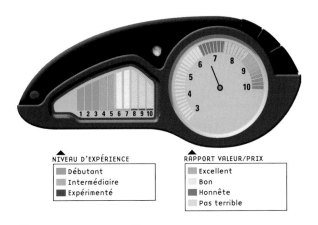

NIVEAU D'EXPÉRIENCE
- ▨ Débutant
- ▨ Intermédiaire
- ■ Expérimenté

RAPPORT VALEUR/PRIX
- ▨ Excellent
- ▨ Bon
- ■ Honnête
- ▨ Pas terrible

### « Allez, courage ! »

## Conclusion

La Savage est une sorte d'outil intemporel qui a pour mission bien précise d'initier en douceur le genre de novice qui perçoit le pilotage d'une moto comme une expérience absolument terrifiante. Ce qu'elle fait d'ailleurs fort bien en raison de ses dimensions modestes, de sa hauteur de selle excessivement faible et de sa puissance réduite. Toutefois, rares sont ceux qui la conservent longtemps après cette période d'apprentissage. Mieux vaut en être conscient avant l'achat.

QUOI DE NEUF EN 2003 ?

- **Aucun changement**
- **Coûte 100$ de plus qu'en 2002**

PAS MAL          BOF

- **Une très grande facilité de prise en main, même pour les plus craintifs des novices**
- **Une selle très basse, un poids faible et un centre de gravité bas sont les éléments clés de son côté amical**
- **Un entretien quasi inexistant et une fiabilité établie : le modèle est en production depuis 17 ans**

- **Des performances très modestes qui lasseront vite une fois la période d'apprentissage passée**
- **Un niveau de confort correct pour les courtes promenades, mais ça s'arrête là**
- **Un agrément de conduite essentiellement absent pour le pilote le moindrement expérimenté**

# Suzuki
# Marauder 250

**KG › 137     CH › 20          $ › 4 549**

Les motos du genre de cette petite Marauder 250 constituent essentiellement ce qu'il y a de plus facile à piloter sur le marché. Honda offre une Rebel 250, Kawasaki une Eliminator 125 et Yamaha une Virago 250 dont la mission est semblable. Il s'agit de montures exclusivement réservées à une clientèle débutante qu'on retrouve plus souvent qu'autrement dans les parcs de motos des écoles de conduite.

## FICHE TECHNIQUE

| | |
|---|---|
| Catégorie : | Custom |

### MOTEUR

| | |
|---|---|
| Type/refroidissement : | monocylindre/air |
| Cylindrée : | 249 cc |
| Alésage et course : | 72 mm x 61.2 mm |
| Puissance : | 20 ch @ 8 000 tr/min |
| Couple : | 15,3 lb/pi @ 6 000 tr/min |
| Boîte de vitesses : | 5 rapports |
| Transmission finale : | par chaîne |

### PARTIE CYCLE

| | |
|---|---|
| Type de cadre : | berceau semi-double, en acier |
| Suspension avant : | fourche conventionnelle non-ajustable |
| Suspension arrière : | monoamortisseur réglable en précharge |
| Freinage avant : | disque simple de 275 mm de ø |
| Freinage arrière : | tambour mécanique de 130 mm |
| Pneus avant/arrière : | 110/90-16 & 130/90-15 |
| Empattement : | 1 450 mm |
| Hauteur du siège : | 680 mm |
| Poids à vide : | 137 kg |
| Réservoir de carburant : | 13 litres |
| Prix : | 4 549 $ |
| Garantie : | 1 an/kilométrage illimité |
| Couleur : | bleul, noir |

Comme toutes les autres motos du même genre, le rôle de la Marauder 250 est d'initier les néophytes absolus avec le moins de stress et de surprises possibles. Elle est donc suffisamment basse pour permettre à presque n'importe qui de poser fermement les pieds au sol à l'arrêt, elle affiche un poids tellement bas que la question n'est pratiquement jamais soulevée, et elle s'avère extrêmement légère à manier, autant dans les situations lentes et serrées qu'à plus haute vitesse. Le petit monocylindre de 250 cc n'étant pas très puissant, on parle d'une vingtaine de chevaux, ces vitesses ne sont pas réellement élevées. En fait, bien que les 100 km/h soient plutôt faciles à atteindre, du moins tant qu'on ne gravit pas une côte ou qu'il ne vente pas trop, la petite mécanique perd rapidement son souffle par la suite, plafonnant vers les 130 km/h si on est très patient. En ville, pour autant qu'on face tourner le petit moulin sans gêne et qu'on soit rapide sur le sélecteur de vitesse, il n'y a aucun problème à suivre la circulation automobile. Les freins sont adéquats, mais l'arrière est bruyant, sifflant de façon agaçante. À l'exception d'une selle qui, bien que correctement rembourrée, tend à faire glisser le pilote vers l'avant, le niveau de confort est satisfaisant. La position assise est compacte et équilibrée, l'exposition au vent n'est que rarement un problème puisqu'on ne roule pas assez vite, et les suspensions calibrées de manière souple travaillent bien la majeure partie du temps.

Pour un prix raisonnable, la Marauder 250 se laisse apprivoiser presque instantanément, même par les débutants les plus craintifs. Mais tous finissent très rapidement par se lasser du niveau de performance de tortue. Pour les écoles de conduite, mais c'est tout.

# DR650S

KG ▸ 147      CH ▸ 46          $ ▸ 6 999

La DR650S n'a subi aucune modification depuis qu'elle a été introduite à la gamme Suzuki en 1996, à l'exception, bien entendu de nouveaux graphiques. Il s'agit d'une grosse double-usage à moteur monocylindre refroidi par air et huile ayant la particularité de pouvoir être abaissée de quelques centimètres afin d'accommoder des pilotes courts sur pattes, une clientèle généralement découragée par la hauteur de ce type de moto. Notons qu'il s'agit d'une modification relativement complexe devant être faite par un concessionnaire.

P our tout motocycliste mesurant moins de six pieds, la hauteur de selle de ce genre de monture double-usage est généralement trop importante pour se sentir à l'aise. Ce qui rend donc le kit de rabaissement optionnel de la DR650S assez intéressant pour les nombreux pilotes de courte taille.

Au chapitre de la mécanique, les prestations du monocylindre de la grosse DR sont surtout caractérisées par une bonne disponibilité de couple aux régimes inférieurs, ce qui facilite et agrémente la conduite urbaine, et par des accélérations suffisamment bonnes pour s'amuser et ne pas constamment avoir l'impression que la puissance manque. Il n'y a pas de difficulté à atteindre et à maintenir des vitesses d'autoroute, mais une cadence élevée amènera des vibrations. En ville, le poids très faible, la position de conduite haute et assise ainsi que la légèreté de la direction font que l'agilité est excellente. Dans des conditions plus rapides, le comportement routier s'avère de bonne qualité puisqu'il permet même un pilotage sportif. La combinaison d'un châssis rigide, d'une direction précise et très légère, d'une garde au sol sans limite et de tendres pneus double-usage lui permet d'être pilotée à un rythme surprenant dans une enfilade de virages. Il faut toutefois s'habituer à la mollesse des suspensions, également conçues pour rouler hors-route. Dans ces conditions, les possibilités sont assez bonnes puisqu'elles ne se limitent pas uniquement aux routes non-pavées, mais incluent aussi des sentiers passablement difficiles. À l'exception d'une selle étroite qui devient assez vite incommodante, le niveau de confort n'est pas mauvais puisque la position de conduite est naturelle et dégagée et que les suspensions absorbent absolument tout.

FICHE TECHNIQUE

| | |
|---|---|
| Catégorie : | Double-Usage |

## MOTEUR

| | |
|---|---|
| Type/refroidissement : | monocylindre/air & huile |
| Cylindrée : | 644 cc |
| Alésage et course : | 100 mm x 82 mm |
| Puissance : | 46 ch @ 5 000 tr/min |
| Couple : | 49 lb/pi @ 6 200 tr/min |
| Boîte de vitesses : | 5 rapports |
| Transmission finale : | par chaîne |

## PARTIE CYCLE

| | |
|---|---|
| Type de cadre : | berceau semi-double, en acier |
| Suspension avant : | fourche conventionnelle de 43 mm non-ajustable |
| Suspension arrière : | monoamortisseur réglable en précharge et compression |
| Freinage avant : | 1 disque de 230 mm de ø avec étrier à 1 piston |
| Freinage arrière : | disque simple de 210 mm de ø |
| Pneus avant/arrière : | 90/90-21 & 120/90-17 |
| Empattement : | 1 490 mm |
| Hauteur du siège : | 885 mm |
| Poids à vide : | 147 kg |
| Réservoir de carburant : | 13 litres |
| Prix : | 6 999 $ |
| Garantie : | 1 an/kilométrage illimité |
| Couleur : | blanc et bleu, jaune |

S u z u k i
# DR-Z400S

KG▸ 132    CH▸ 40         $▸ 7 399

La DR-Z400S a été lancée en 2000 en tant que remplaçante de la vieillissante DR350S, un modèle qui était présent au catalogue Suzuki depuis 1990. Il ne s'agit toutefois pas d'une évolution de la 350, mais bien d'un nouveau concept visant à offrir la plus grande habileté possible en sentier dans un emballage légal sur la route. Alors qu'elle bénéficiait l'an dernier de plus de possibilités d'ajustements à ses suspensions avant et arrière, rien ne change pour 2003.

Alors que les machines de compétition hors-route à moteur quatre-temps évoluent et s'imposent toujours plus à chaque année, les double-usages semblent stagner à un niveau bien lointain, elles qui sont pourtant censées en être le penchant routier. En fait, la DR-Z400S demeure actuellement la seule double-usage offrant une expérience hors-route un tant soit peu digne du terme. Elle combine un niveau d'agilité ressemblant à celui de modèles hors-route plus dédiés au couple abondant et à la facilité d'exploitation d'une mécanique quatre-temps de 400 cc. Bien qu'on ne puisse prétendre réellement offrir la légèreté et la maniabilité d'une véritable hors-route, les capacités de la DR-Z400S, en sentier, sont facilement parmi les plus relevées du marché. Alors qu'on doit habituellement se limiter aux chemins non-pavés et à l'amusement léger en sentier, il est dans ce cas possible d'attaquer un véritable parcours et de régulièrement quitter le plancher des vaches sans risquer d'y laisser sa peau. Du côté de la route, la conduite ressemble beaucoup plus à ce qu'on connaît de ce genre de monture. L'agilité est excellente dans toutes les situations, le comportement en virage est suffisamment solide et précis pour s'amuser dans une enfilade de courbes, et les suspensions molles demandent de s'habituer à leurs longs mouvements fréquents, particulièrement au freinage. Les performances sont décentes, puisqu'on peut circuler en ville ou sur l'autoroute sans avoir à torturer la mécanique. Mais le niveau de confort est limité par des vibrations toujours présentes et par une selle étroite. D'un autre côté, la position relevée et dégagée est agréable et les suspensions souples avalent littéralement tous les défauts de la route.

## FICHE TECHNIQUE

| | |
|---|---|
| Catégorie : | Double-Usage |

### MOTEUR

| | |
|---|---|
| Type/refroidissement : | monocylindre/liquide |
| Cylindrée : | 398 cc |
| Alésage et course : | 92 mm x 62.6 mm |
| Puissance : | 40 ch @ 8 500 tr/min |
| Couple : | 27 lb/pi @ 6 600 tr/min |
| Boîte de vitesses : | 5 rapports |
| Transmission finale : | par chaîne |

### PARTIE CYCLE

| | |
|---|---|
| Type de cadre : | berceau semi-double, en acier |
| Suspension avant : | fourche conventionnelle de 49 mm ajustable en précharge et compression |
| Suspension arrière : | monoamortisseur réglable en précharge et détente |
| Freinage avant : | disque simple de 250 mm de ø avec étrier à 2 pistons |
| Freinage arrière : | disque simple de 220 mm de ø |
| Pneus avant/arrière : | 80/100-21 & 120/90-18 |
| Empattement : | 1 485 mm |
| Hauteur du siège : | 935 mm |
| Poids à vide : | 132 kg |
| Réservoir de carburant : | 9,5 litres |
| Prix : | 7 399 $ |
| Garantie : | 1 an/kilométrage illimité |
| Couleur : | jaune, bleu et blanc |

# Suzuki
# DR200S

**KG › 113      CH › 20      $ › 4 999**

La plus faible cylindrée de la gamme Suzuki, la DR200S est une petite double-usage destinée à l'apprentissage de la conduite à moto, ainsi qu'à une utilisation récréative en sentier. Elle se veut donc relativement basse, très maniable et peu puissante, et ne nécessite pratiquement aucun entretien. Il s'agit du genre de moto qui n'évolue pratiquement pas au fil des ans, et 2003 n'y changera rien, exception faite d'un petit 50$ de plus à la facture.

La priorité de la DR200S est d'arriver à mettre en confiance le pilote novice aussi vite et aussi facilement que possible. Ce qu'elle accomplit au moyen d'une selle relativement basse pour une monture de ce genre, surtout avec le pilote en place alors que les suspensions molles se compressent, mais par-dessus tout grâce à un poids très bas de 113 kg. En plus, comme le guidon est assez large, la direction ne demande aucun effort et la maniabilité s'avère toujours excellente. Le comportement routier est dans l'ensemble satisfaisant puisque pratiquement exempt de mauvaises manières. On peut même réellement s'amuser dans une série de virages serrés, alors que la petite DR se montre précise et très facile à exploiter. La capacité de rouler hors-route est bien réelle puisqu'on peut franchement s'amuser, du moins tant qu'on s'en tient à un rythme modéré en sentier ou à des routes non-pavées. Là encore, la faible hauteur de selle et le poids réduit sont les éléments clés de la prise de confiance. Au chapitre de la mécanique, on s'en doute, la DR200S n'intimidera personne. La puissance est faible et il faut faire tourner sans gêne le petit moteur pour en extraire le meilleur. Il est toutefois possible de se mêler à la circulation automobile sans problème et même de s'aventurer sur l'autoroute. Cependant, même les plus angoissés des novices auront inévitablement vite fait de se lasser d'un niveau de puissance si limité. Côté confort, la position relevée et les suspensions souples sont les points forts, mais la selle étroite ne tarde pas à incommoder.

## FICHE TECHNIQUE

| Catégorie : | Double-Usage |
|---|---|

### MOTEUR

| | |
|---|---|
| Type/refroidissement : | monocylindre/air |
| Cylindrée : | 199 cc |
| Alésage et course : | 66 mm x 58.2 mm |
| Puissance : | 20 ch. (est.) |
| Couple : | n/d |
| Boîte de vitesses : | 5 rapports |
| Transmission finale : | par chaîne |

### PARTIE CYCLE

| | |
|---|---|
| Type de cadre : | berceau semi-double, en acier |
| Suspension avant : | fourche conventionnelle non-ajustable |
| Suspension arrière : | monoamortisseur réglable en précharge |
| Freinage avant : | disque simple |
| Freinage arrière : | tambour mécanique |
| Pneus avant/arrière : | 70/100-21 & 100/90-18 |
| Empattement : | 1 405 mm |
| Hauteur du siège : | 810 mm |
| Poids à vide : | 113 kg |
| Réservoir de carburant : | 13 litres |
| Prix : | 4 999 $ |
| Garantie : | 1 an/kilométrage illimité |
| Couleur : | jaune, bleu et blanc |

# Triumph
## Trippy

**KG› 220-235    CH› 97-107    $› 15 499**

La **Trophy** fut le premier modèle de l'ère moderne du constructeur britannique Triumph. D'abord introduite sous la forme d'une routière sportive, elle changea de vocation en 1996 après une révision qui devait la faire passer du côté des sport-tourismes. Alors que sa concurrence, qui vient des Honda ST1300, BMW R1150RT et FJR1300, a bien évolué depuis, la Trophy est demeurée intacte.

## Technique

La révision qu'a subie la Trophy, en 1996, a changé sa vocation originale de routière sportive à celle sport-tourisme. Elle partage depuis la classe avec les plus sérieuses sport-tourisme du marché, les Honda ST1300 et BMW R1150RT, mais sa partie cycle et sa mécanique n'ont que peu changé depuis l'introduction du modèle, il y a une douzaine d'années. Ainsi, malgré une ligne moderne qui continue de plaire et de réelles capacités de tourisme sportif, elle n'est pas vraiment à jour sur le plan technologique. Il s'agit donc avant tout d'une moto construite solidement et simplement, mais qui n'offre pas les avantages de l'ABS ou de l'injection de carburant, entre autres. La mécanique est d'ailleurs une version adaptée par Triumph des moteurs des grosses Kawasaki Ninja des années 80. En se basant sur les plans d'une motorisation déjà existante ayant fait ses preuves, le constructeur s'évitait le lourd fardeau de la conception et du développement d'un nouveau moteur, et se donnait aussi de meilleures chances de s'éloigner de la réputation peu enviable des Triumph d'antan, au chapitre de la fiabilité. Alors que la plateforme était jusque-là offerte avec un choix de deux motorisations, une 900 et une 1200, seule cette dernière est offerte depuis 2002. L'écart d'environ un millier de dollars qui séparait les deux versions n'était sans doute pas assez grand pour permettre à la 900 d'obtenir un succès raisonnable. Quant au 1200, il s'agit d'un 4-cylindres en ligne de 1 180 cc à double arbre à cames en tête et 16 soupapes que Triumph annonce à 107 chevaux.

### FICHE TECHNIQUE

| | |
|---|---|
| Catégorie : | Sport-Tourisme |

**MOTEUR**

| | |
|---|---|
| Type/refroidissement : | 4-cylindres en ligne/liquide |
| Cylindrée : | 1 180 cc |
| Alésage et course : | 76 mm x 65 mm |
| Puissance : | 107 ch @ 9 000 tr/min |
| Couple : | 76,7 lb/pi @ 5 000 tr/min |
| Boîte de vitesses : | 6 rapports |
| Transmission finale : | par chaîne |

**PARTIE CYCLE**

| | |
|---|---|
| Type de cadre : | poutre centrale, en acier |
| Suspension avant : | fourche conventionnelle de 43 mm non-ajustable |
| Suspension arrière : | monoamortisseur réglable en précharge et détente |
| Freinage avant : | 2 disques de 310 mm de ø avec étriers à 4 pistons |
| Freinage arrière : | disque simple de 255 mm de ø |
| Pneus avant/arrière : | 120/70 ZR17 & 170/60 ZR17 |
| Empattement : | 1 490 mm |
| Hauteur du siège : | 790 mm |
| Poids à vide : | 235 kg |
| Réservoir de carburant : | 25 litres |
| Prix : | 15 499 $ |
| Garantie : | 2 ans/kilométrage illimité |
| Couleur : | graphite, bleu, rouge |

**KG› 215      CH› 104                    $› 14 999**

**La Tiger est la vision de l'aventurière double-usage selon Triumph. D'abord basée sur le même cadre que le reste de la gamme modulaire, elle bénéficie d'une partie cycle spécifique depuis 1999, année à laquelle elle fut entièrement revue. La mécanique, quant à elle, devait évoluer deux ans plus tard, en 2001. Avec l'arrivée au pays de modèles comme la Suzuki V-Strom, l'an dernier, et probablement de l'Aprilia Caponord pour 2003, ce créneau gagne petit à petit en intérêt, chez nous.**

## Technique

Une catégorie aussi peu peuplée que celle de ces grosses double-usages peut être très prolifique, mais aussi très cruelle : offrez un bon produit et vous obtiendrez inévitablement la majeure partie des ventes, mais manquez votre coup et vous risquez bien de voir votre modèle littéralement ignoré. C'est pourquoi la BMW R1150GS se vend si bien, et également pourquoi la Moto Guzzi Quota a disparu de la carte depuis l'an dernier. Bien qu'elle ne devance pas l'allemande sur le plan de la polyvalence et de la sophistication, la Triumph Tiger se veut quand même un choix intéressant, surtout depuis son évolution mécanique de 2001, alors qu'elle recevait une version adoucie du tricylindre de 955 cc des sportives de la marque, annoncée à 104 chevaux. Ce niveau de puissance est aisément le plus élevé de la classe, car même la Suzuki V-Strom dont le moteur est dérivé de la TL1000S n'est annoncé qu'à 95 chevaux. D'après le constructeur, il ne s'agit pas simplement du moteur qui était employé jusque-là sur les Daytona 955i et Speed Triple, mais bien d'une évolution de cette motorisation qui se veut plus silencieuse et dotée d'une meilleure transmission, entre autres. La combinaison du niveau de confort habituellement retrouvé sur ces motos, en raison de leur position de conduite relevée et de leurs suspensions généreuses, d'une mécanique puissante et d'une capacité à affronter tout type de terrain fait de la Tiger une gosse double-usage aventurière qui mérite autant d'attention que n'importe quel autre modèle de la catégorie.

**FICHE TECHNIQUE**

| Catégorie : | Double-Usage |
|---|---|

### MOTEUR

| Type/refroidissement : | 3-cylindres en ligne/liquide |
|---|---|
| Cylindrée : | 955 cc |
| Alésage et course : | 79 mm x 65 mm |
| Puissance : | 104 ch @ 9 500 tr/min |
| Couple : | 67 lb/pi @ 4 400 tr/min |
| Boîte de vitesses : | 6 rapports |
| Transmission finale : | par chaîne |

### PARTIE CYCLE

| Type de cadre : | périmétrique, en acier |
|---|---|
| Suspension avant : | fourche conventionnelle de 43 mm non-ajustable |
| Suspension arrière : | monoamortisseur réglable en précharge et détente |
| Freinage avant : | 2 disques de 310 mm de ø avec étriers à 2 pistons |
| Freinage arrière : | disque simple de 285 mm de ø |
| Pneus avant/arrière : | 110/80-19 & 150/80-17 |
| Empattement : | 1 550 mm |
| Hauteur du siège : | 840/860 mm |
| Poids à vide : | 215 kg |
| Réservoir de carburant : | 24 litres |
| Révolution à 100 km/h : | environ 4 000 tr/min |
| Consommation moyenne : | 7 l/100 km |
| Prix : | 14 999 $ |
| Garantie : | 2 ans/kilométrage illimité |
| Couleur : | noir, orange, argent |

# Triumph
## TRIUMPH Sprint ST et RS

**KG› 207**     **CH› 118**          **$› 13 499 À 14 999**

Présentée en 1999, la Sprint ST était suivie l'année suivante d'une variante moins coûteuse à saveur légèrement plus sportive, la Sprint RS. Dans les faits, les deux modèles sont toutefois techniquement très proches. Pour le supplément de 1 500 $ qu'elle commande par rapport à la RS, la ST offre la beauté d'un bras oscillant monobranche, un carénage complet et la possibilité d'installer les valises rigides de Triumph, vendues comme accessoires. Toutes deux recevaient l'an dernier une version de 118 chevaux de la dernière évolution du tricylindre injecté de 955 cc, le même qui propulse la Daytona 955i.

## Sport de route...

Le créneau où se trouvent les Sprint ST et RS en est un plein de talent. La Honda VFR800 est un exemple du genre d'homogénéité et d'équilibre qui peut y régner. Malgré le niveau très relevé de cet environnement, les Sprint arrivent à très bien tirer leur épingle du jeu. S'il est vrai que la RS, en raison de son carénage un peu plus agressif, de son instrumentation plus spartiate et de sa position légèrement moins relevée paraît sensiblement plus sportive que la ST, toutes deux se veulent très raisonnables à ce chapitre en ne pliant pas trop les jambes et en épargnant les poignets de tout poids abusif. La protection offerte par le plus gros pare-brise de la ST est impressionnante, tandis que la RS reste dans la moyenne pour une monture de genre sportif.

Le terme « sportif » s'applique de façon juste au comportement des Sprint, du moins tant qu'on s'en tient à la conduite sur route, puisqu'elles ne sont définitivement pas le genre de machine qu'on risque de rencontrer lors d'une journée de piste, contrairement à une VFR800, par exemple. La direction est plutôt légère et précise, mais pas réellement incisive, ce qui

fait qu'on a davantage affaire à des motos plaisantes à piloter de manière rapide, mais coulée, que véritablement agressive. De toute façon, les suspensions sont plus calibrées pour faire face aux réalités de la route qu'à l'occasionnelle sortie sportive. Ce qui ne dérange d'aucune manière en usage régulier, au contraire.

L'un des points d'intérêts majeurs des Sprint est leur rare mécanique tricylindre injectée. En fait, Triumph est le seul « grand » manufacturier qui offre une telle configuration de moteur. Ironiquement, l'étonnante douceur de cette mécanique camoufle un peu trop les belles sensations qu'elle est capable de procurer, même qu'on pourrait presque croire, par moment, avoir affaire à un quatre-cylindres. Il est possible de profiter du caractère particulier du tricylindre avec un silencieux moins timide, ce que Triumph offre d'ailleurs en accessoire, puisqu'il laissera alors s'exprimer cette mécanique à la sonorité réellement spéciale. Il faudra aussi, dans ce cas, être prêt à faire face aux désavantages d'un silencieux bruyant. Quant aux performances, elles sont caractérisées par une agréable souplesse à mi-régimes et une montée progressive, mais soutenue de la puissance jusqu'à un amusant punch à l'approche de la zone rouge.

## FICHE TECHNIQUE

| Catégorie : | Routière Sportive |
|---|---|

### MOTEUR

| | |
|---|---|
| Type/refroidissement : | 3-cylindres en ligne/liquide |
| Cylindrée : | 955 cc |
| Alésage et course : | 79 mm x 65 mm |
| Puissance : | 118 ch @ 9 100 tr/min |
| Couple : | 74 lb/pi @ 5 200 tr/min |
| Boîte de vitesses : | 6 rapports |
| Transmission finale : | par chaîne |

### PARTIE CYCLE

| | |
|---|---|
| Type de cadre : | périmétrique en aluminium |
| Suspension avant : | fourche conventionnelle de 43 mm réglable en précharge |
| Suspension arrière : | monoamortisseur réglable en précharge et détente |
| Freinage avant : | 2 disques de 320 mm de ø avec étriers à 4 pistons |
| Freinage arrière : | disque simple de 255 mm de ø |
| Pneus avant/arrière : | 120/70 ZR17 & 180/55 ZR17 |
| Empattement : | 1 470 mm |
| Hauteur du siège : | 800 mm (RS : 805 mm) |
| Poids à vide : | 207 kg (RS : 299 kg) |
| Réservoir de carburant : | 21 litres |

### PERFORMANCES

| | |
|---|---|
| Révolution à 100 km/h : | environ 3 800 tr/min |
| Consommation moyenne : | 7,5 l/100 km |

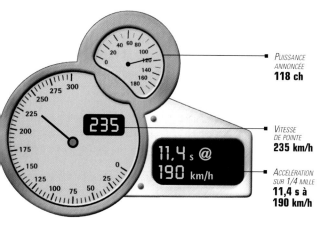

PUISSANCE ANNONCÉE
**118 ch**

VITESSE DE POINTE
**235 km/h**

ACCÉLÉRATION SUR 1/4 MILLE
**11,4 s à 190 km/h**

| | |
|---|---|
| Prix : | 13 499 $ (ST), 14 999 $ (RS) |
| Garantie : | 2 ans/kilométrage illimité |
| Couleur : | bleu, argent, vert (ST) noir, bleu |

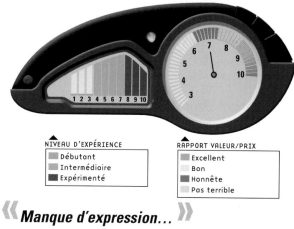

NIVEAU D'EXPÉRIENCE
- ◼ Débutant
- ◼ Intermédiaire
- ◼ Expérimenté

RAPPORT VALEUR/PRIX
- ◼ Excellent
- ◼ Bon
- ◼ Honnête
- ◼ Pas terrible

« *Manque d'expression...* »

## Conclusion

Les Sprint ST et RS sont des routières sportives dans le sens plus raisonnable du terme puisqu'elles privilégient l'aspect pratique et logique de la conduite à de quelconques prétentions sportives. Tout de même parfaitement capables de divertir sur un tracé sinueux, elles sont surtout des montures relativement simples et faciles à vivre. Si Triumph pouvait seulement trouver le moyen de libérer un peu le caractère de l'excellent tricylindre, ce qu'il a d'ailleurs très bien accompli sur la Speed Triple, l'ensemble pourrait même avoir un flair exotique.

QUOI DE NEUF EN 2003 ?

- Aucun changement
- ST coûte 300 $ de plus qu'en 2002
- Aucune augmentation de prix pour la RS

PAS MAL

BOF

- Un niveau de confort appréciable pour les deux modèles, même si la RS est légèrement plus sportive
- Une mécanique douce et souple dont les accélérations n'ont rien de timide
- Un comportement routier sans prétention, mais quand même équilibré et facile d'accès

- Un tricylindre au caractère génial, mais qui ne s'exprime presque pas dans ce cas, passant même pour un quatre-cylindres par moment
- Une tenue de route tout à fait correcte, mais qui n'affiche pas l'exactitude d'une Honda VFR800, par exemple
- Des prix qui, sans être exagérément élevés, ne sont pas suffisamment bas pour attirer une clientèle commune, qui préfère les choix sûrs

# Triumph
## Daytona 955i

**KG ▸ 188**  **CH ▸ 147**  **$ ▸ 15 999**

Lancée l'année dernière, la Daytona 955i a permis à Triumph de s'inscrire dans un créneau chaudement disputé de l'univers sportif, celui des hypersportives poids plume. En positionnant sagement son modèle non pas comme une compétitrice directe aux Yamaha R1, Honda 954 et autres Suzuki GSX-R1000, mais plutôt comme une routière de très hautes performances, Triumph s'évitait une guerre qu'il aurait difficilement pu remporter. En fait, la vocation de la 955i est actuellement un peu la même que celle de la Kawasaki ZX-9R qui, tout en étant extrêmement rapide, ne se situe pas à l'avant-plan de la classe. Pour 2003, toutes les 955i sont livrées avec le bras oscillant monobranche.

## Chaude compagnie...

**E**n choisissant de ne pas provoquer les monstres sacrés de la catégorie à laquelle elle appartient pourtant véritablement, Triumph a sagement évité de tomber dans le piège des comparaisons inhérentes à cette classe, où le vent change vite et la concurrence est sans pitié. Ce qui n'est pas dire que la Daytona soit d'une quelconque manière paresseuse ou malhabile. Ses dimensions ne sont pas aussi compactes que celles d'une YZF-R1 ou d'une Honda CBR954RR, mais elle demeure quand même assez ramassée. La Kawasaki ZX-9R est probablement la japonaise qui s'en rapproche le plus. La Triumph a toutefois l'avantage d'être propulsée par une mécanique extrêmement rare : un tricylindre en ligne à injection. Agréablement souple à bas, mais surtout à mi-régime, l'accélération qu'il génère entre 9 000 tr/min et 12 000 tr/min est étonnamment proche de celle des quatre cylindres rivaux, c'est-à-dire excellente. Le nez n'a pas une tendance trop marquée à s'envoyer en l'air sur le premier rapport, mais la 955i ne se fait quand

même pas prier pour se dresser sur sa roue arrière. La force de cette mécanique, outre son niveau de puissance très respectable, est son adorable caractère, particulièrement lorsqu'un silencieux un peu moins restrictif est installé (Triumph en offre un) et qu'on peut alors vraiment déguster le chant unique du tricylindre.

La partie cycle de la Daytona 955i est parfaitement adaptée à son niveau de performances. Bien qu'il ne s'agisse pas de la reine de l'agilité, elle reste agréablement facile à manier et à piloter rapidement sur un tracé sinueux. La stabilité est irréprochable, l'effort nécessaire à l'inscrire en courbe est faible, et sa précision, tout comme sa solidité et sa neutralité, une fois inclinée, sont toutes très bonnes. En fait, le calibre de la tenue de route est si bon que seule une piste permettra d'en tâter le potentiel.

Pour une sportive, la 955i offre un niveau de confort acceptable. La position de conduite est sérieuse, mais quand même tolérable, sans trop de poids sur les poignets et sans qu'elle ne plie exagérément les jambes. La selle est correcte, et la protection au vent bonne, mais les suspensions sont plutôt fermes. Enfin, sur long trajet, on note une certaine quantité de vibrations qui parviennent jusqu'au pilote au travers des poignées.

Catégorie :      Sportive

## MOTEUR

| | |
|---|---|
| Type/refroidissement : | 3-cylindres en ligne/liquide |
| Cylindrée : | 955 cc |
| Alésage et course : | 79 mm x 65 mm |
| Puissance : | 147 ch @ 10 700 tr/min |
| Couple : | 74 lb/pi @ 8 200 tr/min |
| Boîte de vitesses : | 6 rapports |
| Transmission finale : | par chaîne |

## PARTIE CYCLE

| | |
|---|---|
| Type de cadre : | tubulaire périmétrique, en aluminium |
| Suspension avant : | fourche conventionnelle de 45 mm réglable en précharge, compression et détente |
| Suspension arrière : | monoamortisseur réglable en précharge, compression et détente |
| Freinage avant : | 2 disques de 320 mm de ø avec étriers à 4 pistons |
| Freinage arrière : | disque simple de 220 mm de ø |
| Pneus avant/arrière : | 120/70 ZR17 & 180/55 ZR17 |
| Empattement : | 1 417 mm |
| Hauteur du siège : | 815 mm |
| Poids à vide : | 188 kg |
| Réservoir de carburant : | 21 litres |

## PERFORMANCES

| | |
|---|---|
| Révolution à 100 km/h : | environ 4 000 tr/min |
| Consommation moyenne : | 7,5 l/100 km |

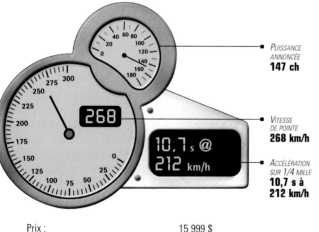

PUISSANCE ANNONCÉE
**147 ch**

VITESSE DE POINTE
**268 km/h**

ACCÉLÉRATION SUR 1/4 MILLE
**10,7 s à 212 km/h**

| | |
|---|---|
| Prix : | 15 999 $ |
| Garantie : | 2 ans/kilométrage illimité |
| Couleur : | rouge, noir, jaune |

## Technique

Lorsque Triumph a entrepris de rajeunir sa Daytona, il s'est bien entendu donné des objectifs de puissance et de poids à atteindre, mais il a également établi une liste de composantes qui se devaient de demeurer présentes afin de conserver le côté particulier et désirable de l'ancienne moto. Ainsi, la configuration de la mécanique, un trois cylindres en ligne, devait absolument revenir. La forte présence du cadre périmétrique en aluminium tubulaire dictait également de le conserver. Si le bras oscillant monobranche aurait logiquement dû se retrouver sur cette liste, sa lourdeur l'en a au début exclu. Pour 2003, toutefois, et même si l'adoption d'un bras oscillant double branche permettait de sauver rien de moins que 3,3 kg en poids non-suspendu, les acheteurs ont eu raison des ingénieurs, et le monobranche revient à la demande générale.

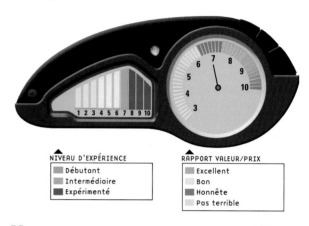

NIVEAU D'EXPÉRIENCE
- Débutant
- Intermédiaire
- Expérimenté

RAPPORT VALEUR/PRIX
- Excellent
- Bon
- Honnête
- Pas terrible

### « *Une signature mécanique exquise...* »

## Conclusion

Le plus grand intérêt de la Daytona 955i, outre le fait qu'il s'agisse d'une monture relativement exclusive du fait du nombre limité de ventes, vient de son tricylindre absolument exquis, dont la musique fait littéralement frissonner. S'il s'agit aussi hors de tout doute d'une sportive de haut niveau capable d'impressionnantes performances, force est d'admettre qu'elle n'appartient pas tout à fait à la même race que les GSX-R1000 et autres YZF-R1. Et c'est très bien comme ça.

QUOI DE NEUF EN 2003 ?

- Le bras oscillant monobranche remplace le double branche de l'an dernier, à la demande générale
- Coûte 600 $ de plus qu'en 2002

PAS MAL      BOF

- Une mécanique qui permet un niveau de performances véritablement élevé et une bonne souplesse
- Un tricylindre en ligne au caractère très particulier dont la musique s'avère véritablement exotique (surtout avec un silencieux de performance)
- Une tenue de route d'un calibre élevé et un freinage étonnamment puissant

- Un prix juste un peu trop élevé pour l'acheteur moyen qui doit être vraiment motivé pour passer droit devant les rivales asiatiques moins dispendieuses
- Une certaine quantité de vibrations provenant de la mécanique qui rejoignent le pilote par les poignées
- Une sportive relevée, mais qui n'a ni l'exactitude du comportement ni le potentiel de performances des équivalents japonais

# Triumph
# Daytona 600

TRIUMPH

| KG▸ 165 | CH▸ 110 | $▸ N/D |
|---|---|---|

Si la catégorie des 600 sportives était déjà chaudement disputée avant 2003, elle se veut désormais un véritable champ de bataille parsemé d'artillerie de fort calibre à peine réfugiée des circuits. En dehors des Quatre Grands, aucun manufacturier n'a même considéré se mêler aux hostilités. Sauf Triumph. Ce qui ne lui a d'ailleurs pas réussi, sa TT600 s'étant avérée dépassée par la concurrence dès son inauguration, en 2000. Avec cette nouvelle Daytona 600, le constructeur de Hinckley récidive de façon marquante et entre de plein pied dans cette course effrénée et sans fin, celle à la 600 sportive ultime.

## Récidiviste...

### Technique

Oubliez la TT600, son air sage et sa philosophie de compromis. La nouvelle Daytona 600 n'a qu'un seul objectif : s'imposer. Bien qu'il est vrai qu'elle soit basée sur la TT, pratiquement chaque pièce qui la compose a été altérée pour arriver à plus de puissance et, vous l'aurez deviné, moins de poids.

La progression de la technologie de l'injection de carburant a été l'un des principaux facteurs ayant permis aux constructeurs d'atteindre des nouveaux sommets de puissance avec seulement 600 cc. Triumph affirme avoir travaillé très étroitement avec le spécialiste japonais Keihin pour mettre au point un système d'injection à double papillon semblable à celui d'abord utilisé par Suzuki sur ses GSX-R, puis cette année par Kawasaki sur sa ZX-6R. Le degré de finesse à laquelle en est arrivé la quête de l'atomisation optimale est stupéfiante. On choisit désormais de pointer les injecteurs sur certaines pièces, dans ce cas, le dos du premier papillon, afin de pousser le mélange à se vaporiser et tourbillonner d'une manière bien

spécifique. Le système Ram air utilise maintenant une seule entrée située au point de pression supérieur sur le nez du carénage. Selon Triumph, le système amènerait 15 pour cent plus d'air à la boîte à air, tandis qu'une augmentation respective de 2 et 11 pour cent aurait été atteinte au niveau de l'efficacité des tubulures d'admission et d'échappement ; un nouveau système d'échappement a été développé pour maximiser ces gains. Triumph annonce une puissance de 110 chevaux à 12 750 tr/min pour la Daytona 600, un chiffre qui ne tiendrait pas compte de l'effet du système Ram Air. Une chasse aux grammes a été menée à tous les niveaux de la mécanique et de la partie cycle. On a, par exemple, sauvé 700 g sur le vilebrequin, 600 g sur le silencieux, près de 700 g sur le cadre et 200 g sur le sous cadre, près de 700 g sur le circuit électrique, pas moins de 1 kg en poids non suspendu sur la fourche (les composantes internes sont désormais toutes en aluminium), etc. En tout, le poids est abaissé de 5 kg par rapport à la TT600, pour s'établir à 165 kg. Le cadre ressemble à l'ancien, mais le procédé de fabrication est différent, et sa géométrie de direction est très légèrement relâchée, passant de 24 à 24,6 degrés. L'empattement est diminué de 5 mm et les disques du frein avant sont réduits de 310 à 308 mm.

## FICHE TECHNIQUE

| | |
|---|---|
| Catégorie : | Sportive |

### MOTEUR

| | |
|---|---|
| Type/refroidissement : | 4-cylindres en ligne/liquide |
| Cylindrée : | 599 cc |
| Alésage et course : | 68 mm x 41,3 mm |
| Puissance sans Ram Air: | 110 ch @ 12 750 tr/min |
| Couple : | 50,5 lb/pi @ 11 000 tr/min |
| Boîte de vitesses : | 6 rapports |
| Transmission finale : | par chaîne |

### PARTIE CYCLE

| | |
|---|---|
| Type de cadre : | périmétrique, en aluminium |
| Suspension avant : | fourche conventionnelle de 43 mm réglable en précharge, compression et détente |
| Suspension arrière : | monoamortisseur réglable en précharge, compression et détente |
| Freinage avant : | 2 disques de 308 mm de ø avec étriers à 4 pistons |
| Freinage arrière : | disque simple de 220 mm de ø |
| Pneus avant/arrière : | 120/70 ZR17 & 180/55 ZR17 |
| Empattement : | 1 390 mm |
| Hauteur du siège : | 815 mm |
| Poids à vide : | 165 kg |
| Réservoir de carburant : | 18 litres |

### PERFORMANCES ESTIMÉES

| | |
|---|---|
| Révolution à 100 km/h : | environ 5 500 tr/min |
| Consommation moyenne : | 6 l/100 km |

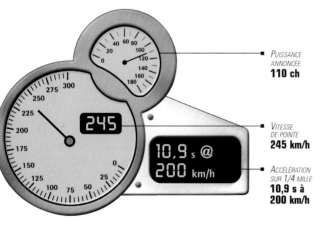

PUISSANCE ANNONCÉE
**110 ch**

VITESSE DE POINTE
**245 km/h**

ACCÉLÉRATION SUR 1/4 MILLE
**10,9 s à 200 km/h**

| | |
|---|---|
| Prix : | n/d |
| Garantie : | 2 ans/kilométrage illimité |
| Couleur : | jaune, argent |

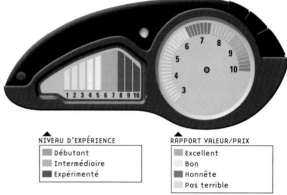

NIVEAU D'EXPÉRIENCE
- ▨ Débutant
- ▨ Intermédiaire
- ▧ Expérimenté

RAPPORT VALEUR/PRIX
- ▨ Excellent
- ▧ Bon
- ▨ Honnête
- ▨ Pas terrible

« **Dans la fosse aux lions...** »

## Conclusion

En prenant une direction aussi agressive avec sa nouvelle Daytona 600, Triumph abandonne la possibilité d'excuser une contre-performance par un design compromis par sa polyvalence. Une audace qu'on ne peut qu'admirer. Peu importe le niveau de performance dont elle fera preuve, et si elle est, ou non, à la hauteur de l'artillerie récente des japonais, la Daytona 600 est déjà une gagnante. D'abord parce que, visuellement, elle est absolument éblouissante, et, ensuite, simplement parce qu'elle fait partie de cet élitiste nouveau groupe de 600 sportives ultra spécialisées.

QUOI DE NEUF EN 2003 ?

- **Nouveau modèle**

PAS MAL  BOF

- **Une ligne inédite, agressive et distinguée qu'on ne confondra avec rien d'autre sur le marché. Bravo, franchement.**

- **Un châssis basé sur celui de la TT600 et qui devrait donc s'avérer au moins aussi compétent**

- **Une mécanique qui semble avoir subi un travail majeur et qui devrait s'avérer passablement performante**

- **Une classe où il est très difficile, voire impossible de s'imposer si on n'est pas japonais ; ce serait tout un exploit pour la Daytona 600 d'y arriver**

- **Un niveau de confort qui sera très probablement à la baisse par rapport à la TT600**

- **Une puissance annoncée qui est déjà sensiblement inférieure à celle des dernières 600 japonaises**

# Speed Triple

KG› 189    CH› 118              $› 14 999

Bien qu'elle fasse techniquement partie de la catégorie des standards, en raison de sa gueule délinquante de sportive dénudée, la Speed Triple est souvent qualifiée de « streetfighter ». Elle fut l'un des premiers modèles à être présentés par la nouvelle compagnie Triumph, au début des années 90. Elle a été complètement renouvelée en 1997 et partage depuis une grande quantité de composantes avec la sportive Daytona 955i.

## Technique

La Speed Triple est probablement l'une des motos dont le style est le plus distinct de l'industrie. Bien qu'il ne s'agisse en fait, de manière grossière, que d'une sportive Daytona sans carénage, l'ajout de cette paire de phares exorbitants semble lui avoir apporté quelque chose d'inexplicablement attirant. Ou repoussant, tout dépend du point de vue… La Speed Triple a évolué plus, l'an dernier, qu'elle ne l'a fait depuis sa refonte de 1997. D'abord, du côté mécanique, elle gagnait la même version adoucie du nouveau tricylindre injecté de la Daytona 955i que les Sprint ST. Annoncée à 118 chevaux, cette mécanique compacte à double arbre à cames en tête, 4 soupapes par cylindre et boîte de vitesses à 6 rapports a agrémenté les performances de façon notable en apportant une bonne dizaine de chevaux supplémentaire, sans parler d'un niveau de couple supérieur et arrivant plus tôt en régime. En ce qui a trait à la ligne, ses deux gros yeux sont maintenant moins écartés ; l'instrumentation à indicateur de vitesse digital et tachymètre analogue de la Daytona 955i est reprise ; le réservoir d'essence et la partie arrière entière, donc selles comprises, ont également été empruntés à la 955i ; enfin, Triumph annonçait une géométrie de direction revue afin d'accélérer la direction. Tous ces changements ont également résulté en une réduction du poids de l'ordre de 7 kg. Grâce à sa nouvelle mécanique, la Speed Triple a non seulement beaucoup gagné en caractère et en agrément de conduite, mais elle offre désormais un niveau de performance encore plus relevé. Son côté délinquant, lui, reste intact.

## FICHE TECHNIQUE

| | |
|---|---|
| Catégorie : | Standard |

### MOTEUR

| | |
|---|---|
| Type/refroidissement : | 3-cylindres en ligne/liquide |
| Cylindrée : | 955 cc |
| Alésage et course : | 79 mm x 65 mm |
| Puissance : | 118 ch @ 9 100 tr/min |
| Couple : | 74 lb/pi @ 5 100 tr/min |
| Boîte de vitesses : | 6 rapports |
| Transmission finale : | par chaîne |

### PARTIE CYCLE

| | |
|---|---|
| Type de cadre : | tubulaire périmétrique, en aluminium |
| Suspension avant : | fourche conventionnelle de 45 mm réglable en précharge, compression et détente |
| Suspension arrière : | monoamortisseur réglable en précharge, compression et détente |
| Freinage avant : | 2 disques de 320 mm de ø avec étriers à 4 pistons |
| Freinage arrière : | disque simple de 220 mm de ø |
| Pneus avant/arrière : | 120/70 ZR17 & 190/50 ZR17 |
| Empattement : | 1 429 mm |
| Hauteur du siège : | 815 mm |
| Poids à vide : | 189 kg |
| Réservoir de carburant : | 21 litres |
| Prix : | 14 999 $ |
| Garantie : | 2 ans/kilométrage illimité |
| Couleur : | noir, vert, argent |

# Triumph

## TRIUMPH **TT600**

KG▸ 170    CH▸ 108              $▸ 11 399

En 2003, comme c'est le cas de la CBR600F4i de Honda, avec l'arrivée de la CBR600RR, le rôle de la TT600 passe de 600 de premier plan à celui de 600 polyvalente et modérée; ce sera désormais le mandat de la nouvelle Daytona 600 d'aller se battre au front. Lancée en 2000, la TT600 a été la première monture de cette catégorie à utiliser l'injection d'essence. Problématique au début, cette injection est désormais au point.

## Technique

On ne peut que lever son chapeau à Triumph pour avoir osé essayer de jouer du coude avec les géants nippons dans une catégorie où ceux-ci dominent depuis toujours. Avec un poids à sec de 170 kg, une puissance annoncée de 108 chevaux au vilebrequin et la première injection de carburant sur une sportive de cette cylindrée, le constructeur semblait très sérieux lorsqu'il présenta la TT600, en 2000. Bien qu'on parlait d'une puissance légèrement inférieure à la concurrence et d'une injection moins que parfaite, la TT600 se mérita plus d'un compliment au chapitre de la tenue de route. Le modèle demeura intact pour 2001, alors que Triumph continuait de fignoler la programmation de son injection. Des améliorations similaires était d'ailleurs encore annoncées l'an dernier : un raffinement des cartographies d'injection a depuis complètement réglé les problèmes de réponse aux gaz du système d'injection, tandis qu'une réduction de la friction de certaines pièces internes a donné au compact 4-cylindres la meilleure forme de sa carrière. Bien que la TT600 soit relativement à jour sur le plan du comportement routier, elle accuse en revanche un certain retard au niveau de la puissance, un aspect extrêmement important pour les ventes dans cette catégorie. Sans avantage en performance pure ou du côté du coût, et ce même si la TT600 se vend maintenant pour environ le même prix qu'une machine japonaise, elle ne peut essentiellement attirer que les amateurs de la marque, ou alors ceux qui désirent absolument ressortir du lot. Voilà pourquoi le rôle de second plan que la TT600 prend cette année lui réussira sûrement mieux. Car elle peut désormais se contenter d'être simplement une 600 relativement amicale et performante. Ce qu'elle a essentiellement toujours été, de toute façon.

### FICHE TECHNIQUE

| Catégorie : | Sportive |
| --- | --- |

**MOTEUR**

| Type/refroidissement : | 4-cylindres en ligne/liquide |
| --- | --- |
| Cylindrée : | 599 cc |
| Alésage et course : | 68 mm x 41,3 mm |
| Puissance : | 108 ch @ 12 750 tr/min |
| Couple : | 50,5 lb/pi @ 11 000 tr/min |
| Boîte de vitesses : | 6 rapports |
| Transmission finale : | par chaîne |

**PARTIE CYCLE**

| Type de cadre : | périmétrique, en aluminium |
| --- | --- |
| Suspension avant : | fourche conventionnelle de 43 mm réglable en précharge, compression et détente |
| Suspension arrière : | monoamortisseur réglable en précharge, compression et détente |
| Freinage avant : | 2 disques de 310 mm de ø avec étriers à 4 pistons |
| Freinage arrière : | disque simple de 220 mm de ø |
| Pneus avant/arrière : | 120/70 ZR17 & 180/55 ZR17 |
| Empattement : | 1 395 mm |
| Hauteur du siège : | 810 mm |
| Poids à vide : | 170 kg |
| Réservoir de carburant : | 18 litres |
| Prix : | 11 399 $ |
| Garantie : | 2 ans/kilométrage illimité |
| Couleur : | noir, rouge, argent |

NOUVEAUTÉ
**2003**

| KG ▸ 170 | CH ▸ 97 | $ ▸ 11 499 |

**La Speed Four aurait dû être un modèle 2002 qui serait arrivé en milieu de saison, mais l'incendie qui devait ravager l'usine de Hinckley au printemps de la même année bouleversa passablement les plans de Triumph. Ainsi, c'est comme modèle 2003 que la petite Speed est présentée. S'il s'agit de la seule standard de moyenne cylindrée disponible sur notre marché, il faut savoir que cette catégorie de moto occupe le plus haut échelon des palmarès de ventes européens. La Speed Four est en fait une TT600 qu'on a soulagée de son carénage et qu'on a transformée en délinquante grâce à un traitement esthétique à la Speed Triple.**

# Bébé Speed...

**M**ême si elle fut la première sportive de 600 cc à recevoir un système d'injection de carburant, la TT600 n'a jamais vraiment été en mesure d'inquiéter ses rivales japonaises au chapitre de la performance. Au niveau de la tenue de route, toutefois, la Triumph se débrouillait admirablement bien. Cette qualité est l'une des facettes les plus marquantes de la Speed Four, qui est une monture basée de très près sur la TT600. En fait, d'un point de vue mécanique, à part une mécanique très légèrement moins puissante et un surplus notable de couple à mi-régime, la petite Speed est une TT. Il s'agit aisément de l'une des deux-roues les plus gratifiantes à piloter de façon sportive que nous ayons roulée à ce jour. Pas la plus rapide, pas la plus nerveuse, mais seulement l'une des plus agréables et faciles à exploiter. La légèreté et la précision de la direction sont telles qu'il ne faut pratiquement qu'une pensée pour l'amener à une pleine inclinaison, où elle reste neutre et rivée à sa ligne jusqu'à la sortie de virage. Comme la position de conduite relativement droite met immédiatement en confiance, on se sent littéralement capable de repousser ses propres limites. La mécanique qui anime ce fantastique châssis est annoncée à tout juste moins de 100 chevaux. Si cela peut sembler maigre par les temps qui courent, ce niveau de puissance reste tout à fait satisfaisant. La sonorité endiablée du compact quatre-cylindres, lorsqu'il grimpe jusqu'à sa zone rouge de 14 000 tr/min, se combine au travail essentiellement parfait de l'injection et à l'action légère et précise de la transmission pour en faire une monture que même un pilote habitué à des gros chevaux appréciera hautement. Si la véritable puissance arrive au-dessus de 10 000 tr/min, la Speed Four impressionne par l'aisance qu'elle démontre à bas et moyens régimes.

Malgré le fait qu'il s'agisse d'une standard, la Speed Four propose exactement la même position de conduite que la TT600. Sans être extrême, cette position met quand même un peu de poids sur les mains. La selle est toutefois bonne et les suspensions, bien que suffisamment fermes pour permettre l'excellente tenue de route décrite plus tôt, ne sont pas rudes. La protection au vent offerte par le petit saute vent est étonnante puisqu'elle soulage le torse d'une bonne partie de la pression du vent sur l'autoroute.

Catégorie :      Standard

## MOTEUR

| | |
|---|---|
| Type/refroidissement : | 4-cylindres en ligne/liquide |
| Cylindrée : | 599 cc |
| Alésage et course : | 68 mm x 41,3 mm |
| Puissance : | 97 ch @ 11 750 tr/min |
| Couple : | 50,5 lb/pi @ 10 500 tr/min |
| Boîte de vitesses : | 6 rapports |
| Transmission finale : | par chaîne |

## PARTIE CYCLE

| | |
|---|---|
| Type de cadre : | périmétrique, en aluminium |
| Suspension avant : | fourche conventionnelle de 43 mm réglable en précharge, compression et détente |
| Suspension arrière : | monoamortisseur réglable en précharge, compression et détente |
| Freinage avant : | 2 disques de 310 mm de ø avec étriers à 4 pistons |
| Freinage arrière : | disque simple de 220 mm de ø |
| Pneus avant/arrière : | 120/70 ZR17 & 180/55 ZR17 |
| Empattement : | 1 395 mm |
| Hauteur du siège : | 810 mm |
| Poids à vide : | 170 kg |
| Réservoir de carburant : | 18 litres |

## PERFORMANCES ESTIMÉES

| | |
|---|---|
| Révolution à 100 km/h : | environ 5 500 tr/min |
| Consommation moyenne : | 6 l/100 km |

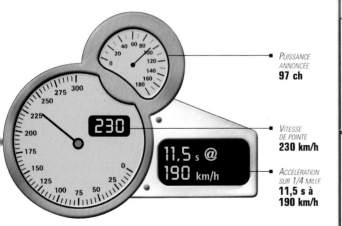

*PUISSANCE ANNONCÉE* **97 ch**

*VITESSE DE POINTE* **230 km/h**

*ACCÉLÉRATION SUR 1/4 MILLE* **11,5 s à 190 km/h**

| | |
|---|---|
| Prix : | 11 499 $ |
| Garantie : | 2 ans/kilométrage illimité |
| Couleur : | noir, vert, orange |

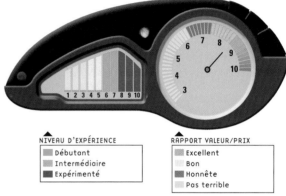

NIVEAU D'EXPÉRIENCE
- Débutant
- Intermédiaire
- Expérimenté

RAPPORT VALEUR/PRIX
- Excellent
- Bon
- Honnête
- Pas terrible

## « *Délicieusement satisfaisante à pousser...* »

## Conclusion

La facilité avec laquelle la Speed Four se manie est simplement déconcertante. Les moments que nous avons passés à ses commandes sur le circuit espagnol d'Alicante, où nous avons fait connaissance avec, le printemps dernier, sont parmi les plus satisfaisants que nous ayons vécus sur une sportive. Elle se veut une impressionnante démonstration de savoir faire de la part de Triumph, et une preuve irréfutable qu'on n'a pas besoin de chevaux à la tonne pour se faire plaisir.

QUOI DE NEUF EN 2003 ?

- Nouveau modèle

PAS MAL

- Un châssis léger, précis, neutre, bref presque incritiquable et extrêmement gratifiant à pousser
- Une mécanique qui aime tourner haut, qui chante bien et dont les performances sont parfaitement satisfaisantes
- Une finition très soignée et une allure de délinquante qui surpasse peut-être même celle de la Speed Triple

BOF

- Des performances qui, dans l'absolu, ne sont pas particulièrement impressionnantes
- Une protection au vent minimale qui limite le confort à haute vitesse
- Des suspensions assez fermes qui pourraient se révéler occasionnellement rudes sur nos routes

# Triumph
# Bonneville

KG▸ 205    CH▸ 61    $▸ 9 999 À 10 999

La Bonneville est un modèle extrêmement important pour Triumph puisqu'il représente l'essence même de la marque britannique et se veut le lien le plus fidèle avec son héritage. C'est ce qui explique qu'en dépit des procédés modernes de manufacture, une Bonneville de la fin des années 60 et une Bonnie toute neuve sont virtuellement impossibles à distinguer.

## Technique

Le fait que la vocation de la nouvelle Bonneville soit d'imiter le modèle original, et ce, autant du point de vue esthétique que mécanique, ne l'empêche aucunement d'utiliser une technologie moderne. Enfin relativement, puisqu'on ne parle évidemment pas de haute technologie, mais plutôt de techniques de fabrication fiables et éprouvées. Du côté du traditionnel bicylindre parallèle, par exemple, l'aspect externe semble vieillot, mais la finition est sérieuse et l'apparence générale est gardée propre grâce au refroidissement par air (bien qu'un petit radiateur d'huile soit aussi utilisé). À l'intérieur, on retrouve une cylindrée de 790 cc et une culasse à 4 soupapes par cylindre et 2 arbres à cames en tête. La transmission dispose de 5 rapports et l'entraînement final est par chaîne. Triumph annonce une puissance maxi de 61 chevaux pour un couple de 44 lb/pi, des chiffres respectables et passablement supérieurs à ceux de la Kawasaki W650. On note que le vilebrequin est du type à 360 degrés, ce qui signifie que les 2 pistons montent et descendent en même temps ; des contrebalanciers sont employés afin de garder les vibrations sous contrôle. Du côté de la partie cycle, le cadre à double berceau semble plutôt conventionnel, mais le bras oscillant qui pivote à la fois sur le châssis et les carters moteur indique un effort pour rigidifier l'ensemble. L'authenticité de la Bonneville semble fortement jouer en sa faveur puisque Triumph affirme que le modèle compte pour presque la moitié de ses ventes. Quant à la version T100 offerte depuis l'an dernier, elle se distingue essentiellement de la Bonneville régulière par ses coloris particuliers, par son instrumentation incluant un tachymètre et aussi par une facture de 1 000 $ plus élevée.

## FICHE TECHNIQUE

| | |
|---|---|
| Catégorie : | Standard |

### MOTEUR

| | |
|---|---|
| Type/refroidissement : | bicylindre parallèle/air |
| Cylindrée : | 790 cc |
| Alésage et course : | 86 mm x 68 mm |
| Puissance : | 61 ch @ 7 400 tr/min |
| Couple : | 44,3 lb/pi @ 3 500 tr/min |
| Boîte de vitesses : | 5 rapports |
| Transmission finale : | par chaîne |

### PARTIE CYCLE

| | |
|---|---|
| Type de cadre : | double berceau, en acier |
| Suspension avant : | fourche conventionnelle de 41 mm non-ajustable |
| Suspension arrière : | 2 amortisseurs réglables en précharge |
| Freinage avant : | 1 disque de 310 mm de ø avec étrier à 2 pistons |
| Freinage arrière : | disque simple de 255 mm de ø |
| Pneus avant/arrière : | 100/90-19 & 130/80-17 |
| Empattement : | 1 493 mm |
| Hauteur du siège : | 775 mm |
| Poids à vide : | 205 kg |
| Réservoir de carburant : | 16 litres |
| Prix : | 9 999 $  (T100 : 10 999 $) |
| Garantie : | 2 ans/kilométrage illimité |
| Couleur : | noir, rouge (Bonneville) bleu et blanc, vert et or (T100) |

# Thunderbird

**KG› 224    CH› 69    $› 12 299 À 12 999**

La Thunderbird a été lancée en 1995. Elle jouait alors la carte de la nostalgie, comme le fait aujourd'hui la Bonneville. Au fil des ans, plusieurs variantes de la Thunderbird ont vu le jour : l'Adventurer, la Legend TT et la Sport. Toutes ont cependant disparu. Pour 2003, la Sport fait un retour. Il s'agit essentiellement d'une Thunderbird originale équipée de suspensions ajustables et de roues de 17 pouces.

## Technique

La réaction qu'a reçu la Thunderbird originale, lorsqu'elle fut lancée, en 1995, a été très similaire à l'enthousiasme qui a entouré l'arrivée de la nouvelle Bonneville à sa sortie. Pour plusieurs, elle représentait la Triumph authentique, celle qui rappelait des souvenirs, celle qui faisait enfin un lien entre le passé de la marque et sa seconde vie. Plusieurs composantes de la Thunderbird, comme les silencieux et l'emblème apposé sur le réservoir d'essence, sont d'ailleurs calquées sur les pièces d'époques. Ainsi, pour un temps, le modèle fut même le meilleur vendeur de la gamme. On n'en a toutefois pas souvent vu sur nos routes, pas plus que la majorité des autres modèles de la gamme, d'ailleurs, puisque c'est surtout en Europe, où les liens avec l'histoire de Triumph sont plus forts, que le gros du marché se situe. En fait, les ventes de certains modèles ont été si faibles, comme celles de l'Adventurer et de la Legend TT que le manufacturier a décidé de les discontinuer à compter de l'année dernière. Le temps dira si le retour du modèle Sport aura valu la peine. En raison de son style assez fidèle aux Triumph d'antan, la Thunderbird continue de faire vibrer la corde sensible d'une certaine clientèle. Mais il s'agit du modèle le plus vieux de la gamme et il ne faudrait pas s'étonner de le voir éventuellement disparaître, à moins que le manufacturier ne s'y attarde et le rende plus intéressant. Une forte possibilité est qu'elle soit tout simplement remplacée. On sait maintenant que la « power cruiser » de Triumph est plus qu'une rumeur. Il s'agit d'un monstre de 2 200 cc aux allures de Valkyrie qui pourrait apparaître dès 2004.

**FICHE TECHNIQUE**

| | |
|---|---|
| Catégorie : | Standard |

### MOTEUR

| | |
|---|---|
| Type/refroidissement : | 3-cylindres en ligne/liquide |
| Cylindrée : | 885 cc |
| Alésage et course : | 76 mm x 65 mm |
| Puissance : | 69 ch (Sport : 82 ch) @ 8 000 tr/min |
| Couple : | 51 lb/pi (Sport : 56 lb/pi) @ 4 000 tr/min |
| Boîte de vitesses : | 6 rapports |
| Transmission finale : | par chaîne |

### PARTIE CYCLE

| | |
|---|---|
| Type de cadre : | poutre centrale, en acier |
| Suspension avant : | fourche conventionnelle de 43 mm non-ajustable (Sport : ajustable en précharge, compression et détente) |
| Suspension arrière : | monoamortisseur réglable en précharge (Sport : compression et détente) |
| Freinage avant : | 1 (2) disque de 320 (310) mm de ø avec 1 (2) étrier à 2 pistons |
| Freinage arrière : | disque simple de 285 mm de ø |
| Pneus avant/arrière : | 110/80-18 (110/70-17) & 150/80-16 (160/70-17) |
| Empattement : | 1 580 mm |
| Hauteur du siège : | 776 mm (Sport : 790 mm) |
| Poids à vide : | 220 kg (Sport : 224 kg) |
| Réservoir de carburant : | 15 litres |
| Prix : | 12 299 $ (Sport : 12 999 $) |
| Garantie : | 2 ans/kilométrage illimité |
| Couleur : | rouge et argent, vert et crème (T-Bird) orange et noir (Thunderbird Sport) |

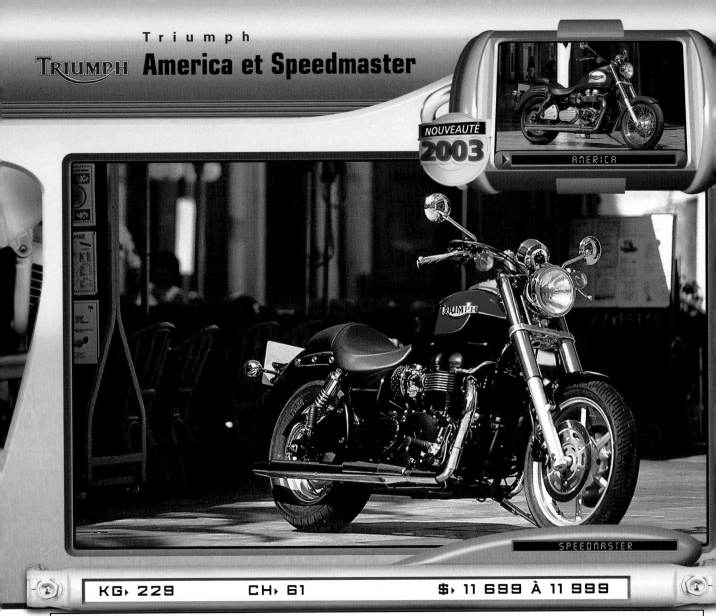

NOUVEAUTÉ **2003**

AMERICA

SPEEDMASTER

| KG▸ 229 | CH▸ 61 | $▸ 11 699 À 11 999 |

**Malgré un prix relativement élevé pour sa catégorie, la première véritable custom du constructeur britannique lancée l'année dernière, l'America, a obtenu des chiffres de ventes auxquels Triumph n'était définitivement pas habitué en sol Nord Américain. L'étape suivante était écrite dans le ciel : concevoir une variante esthétique de l'America, et continuer de vendre plus de motos, toujours plus ! Pour 2003, cette variante prend la forme de la Speedmaster, qui se veut essentiellement une America un peu plus agressive au niveau du stylisme et de la position de conduite. Tout le reste, de la mécanique au châssis, ne change pas.**

## Clonage payant...

L'America est immédiatement ressentie comme une custom de cylindrée moyenne typique. La position n'est pas sans rappeler celle d'une Honda Shadow A.C.E. 750, d'une Kawasaki Vulcan 800 Classic, ou d'autres motos du genre. S'étalant sur un empattement considérablement plus long que celui de la Bonneville originale, elle allonge généreusement vos jambes vers l'avant et laisse tomber vos mains de façon naturelle sur un guidon large et bas. Rien de désagréable jusque-là, au contraire. Mettez le contact, toutefois, et il devient clair qu'on n'a pas affaire à une custom comme les autres : malgré des efforts non-négligeables de la part du manufacturier visant à donner un caractère de V-Twin au bicylindre parallèle de 791 cc provenant de la Bonneville classique (le vilebrequin à 360 degrés a été remplacé par un à 270 degrés, ce qui simule l'ordre d'allumage d'un V-Twin), la mécanique renvoie toujours des sensations de bicylindre parallèle. Il s'agit, de plus, d'une motorisation extrêmement douce et discrète, du genre qu'on n'entend et ne sent pratiquement plus vrombir une fois en route. Ceux qui aiment une telle tranquillité apprécieront, mais les pilotes qui recherchent un

caractère moteur marqué et des sensations franches seront déçus. Au niveau de la performance, l'America s'avère un peu timide. Ce qui n'a rien de fondamentalement mauvais, les autres customs de cette cylindrée n'étant pas exactement des fusées. Contrairement à l'America, toutefois, ces dernières compensent partiellement cette timidité en ligne droite par une mécanique plus présente. La soixantaine de chevaux produite par la Triumph reste néanmoins amplement suffisante pour rouler agréablement, pour autant que l'esprit reste à la balade. Les chevaux arrivent graduellement avec les tours, et n'amènent jamais avec eux de vibrations déplaisantes. La transmission et l'embrayage fonctionnent en douceur et de façon précise.

Du côté du comportement routier, l'America démontre d'excellentes manières : elle s'incline sans effort, se montre précise, neutre et solide en virage, et sa stabilité n'est jamais prise en faute, même si on la pilote rapidement. Les freinages sont adéquats, sans pour autant impressionner.

Le niveau de confort n'est pas mauvais puisque la position dégagée est agréable, du moins pour des périodes de temps limitées, et que la selle est plutôt bien formée et rembourrée. Mais la suspension arrière, sans être rude, reste ferme. Comme le poids du pilote est concentré sur le bas de son dos, les bons trous peuvent devenir douloureux.

| | |
|---|---|
| Catégorie : | Custom |

## MOTEUR

| | |
|---|---|
| Type/refroidissement : | bicylindre parallèle/liquide |
| Cylindrée : | 790 cc |
| Alésage et course : | 86 mm x 68 mm |
| Puissance : | 61 ch @ 7 400 tr/min |
| Couple : | 44,3 lb/pi @ 3 500 tr/min |
| Boîte de vitesses : | 5 rapports |
| Transmission finale : | par chaîne |

## PARTIE CYCLE

| | |
|---|---|
| Type de cadre : | double berceau, en acier |
| Suspension avant : | fourche conventionnelle de 41 mm non-ajustable |
| Suspension arrière : | 2 amortisseurs réglables en précharge |
| Freinage avant : | 1 disque de 310 mm de ø avec étrier à 2 pistons |
| Freinage arrière : | disque simple de 285 mm de ø |
| Pneus avant/arrière : | 110/80-18 & 170/80-15 |
| Empattement : | 1 655 mm |
| Hauteur du siège : | 720 mm |
| Poids à vide : | 229 kg (America : 226 kg) |
| Réservoir de carburant : | 16,6 litres |

## PERFORMANCES

| | |
|---|---|
| Révolution à 100 km/h : | n/d |
| Consommation moyenne : | 5,0 l/100 km |

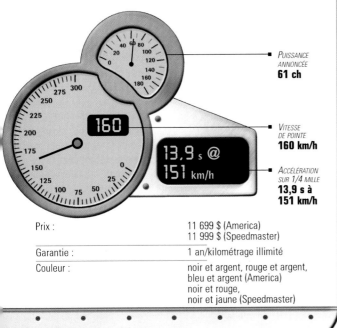

PUISSANCE
ANNONCÉE
**61 ch**

VITESSE
DE POINTE
**160 km/h**

ACCÉLÉRATION
SUR 1/4 MILLE
**13,9 s à 151 km/h**

| | |
|---|---|
| Prix : | 11 699 $ (America) 11 999 $ (Speedmaster) |
| Garantie : | 1 an/kilométrage illimité |
| Couleur : | noir et argent, rouge et argent, bleu et argent (America) noir et rouge, noir et jaune (Speedmaster) |

## Technique

La Bonneville America est plus qu'une nouvelle version de la Bonneville classique lancée en 2001, comme on pourrait être tenté de le croire. Il s'agit en fait d'un modèle à part entière puisque la majorité de ses composantes lui sont particulières, ce qui inclut le cadre, les roues et, bien entendu, toutes les pièces de carrosserie. Pour la concevoir, Triumph s'est essentiellement basé sur les goûts de sa clientèle cible, la laissant même, au travers de groupes de discussion, choisir son guidon préféré, sa forme de réservoir favorite, et ainsi de suite pour presque tous les éléments de styles. Le résultat, s'il est prévisible, donnant quand même une monture longue et basse qui a la gueule de l'emploi. La mécanique offre exactement les mêmes valeurs de puissance et de couple que celle de la Bonneville, mais elle a subi quelques modifications internes.

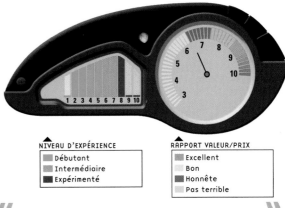

NIVEAU D'EXPÉRIENCE
- ☐ Débutant
- ☐ Intermédiaire
- ☐ Expérimenté

RAPPORT VALEUR/PRIX
- ☐ Excellent
- ☐ Bon
- ☐ Honnête
- ☐ Pas terrible

« *Construisez-les, et ils les achèteront...* »

## Conclusion

Le fait que l'America se soit très bien vendue confirme une fois de plus l'engouement apparemment sans limite que génère ce genre de moto puisqu'il ne s'agit pas vraiment d'une bonne affaire, mais plutôt d'un choix particulier, qui pourrait même être considéré comme extravagant. Au-delà de ces histoires de style, l'America se veut surtout une petite custom qui affiche un comportement fort bien équilibré et extrêmement facile d'accès, avec comme principal défaut une mécanique un peu trop timide.

QUOI DE NEUF EN 2003 ?

- L'America coûte 200 $ de plus qu'en 2002
- Lancement d'une variante stylistique de l'America : la Speedmaster

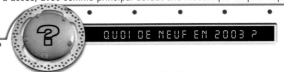

PAS MAL          BOF

- Une ligne soignée qui a la gueule de l'emploi pour les deux modèles et un niveau finition appréciable
- Une tenue de route qui n'a de surprenant que sa solidité et sa stabilité, et qui s'avère hautement accessible
- Un moteur relativement peu entraînant, mais en revanche doux et silencieux

- Un niveau de puissance adéquat pour la circulation normale, mais qu'on souhaiterait un peu plus excitant
- Une ligne qui a quelque chose de résolument étrange à cause de l'absence d'un V-Twin
- Une mécanique tellement douce et silencieuse qu'elle semble presque disparaître de l'expérience, par moment

# Classic Cruiser
# et Touring Cruiser

TOURING CRUISER

CLASSIC CRUISER

| KG › 330 | CH › 81 | $ › 19 949 À 21 749 |

La Classic Cruiser est le nouveau nom donné par Victory à sa custom originale, la V92C. Introduite en 1998, celle-ci marquait les tout premiers pas du géant américain Polaris, bien connu pour ses divers véhicules récréatifs, dans le monde des deux-roues. Surtout attiré par les ventes continuellement croissantes de customs, le constructeur créait la bannière Victory et se lançait dans l'aventure. Une aventure qui, d'ailleurs, allait démarrer difficilement. En attendant l'arrivée d'une génération de modèles plus dynamiques, comme la nouvelle Vegas, la Classic Cruiser et son penchant de tourisme léger, la Touring Cruiser, continuent d'être offertes, se contentant d'évoluer tranquillement.

## Premier jet...

Parmi les améliorations apportées au fil des ans à la Classic Cruiser, alias V92C, la plus significative est l'arrivée d'une première évolution du V-Twin Victory original, l'an dernier. À la manière de l'autre géant américain que Polaris aimerait bien arriver un jour à concurrencer, Harley-Davidson, ce nouveau moteur était même baptisé « Freedom ». Considérablement amélioré sur le plan mécanique, mais aussi esthétique, le nouveau V-Twin de 1 507 cc affiche une forme plutôt impressionnante, grimpant en régime avec empressement et accélérant avec une force qui n'est pas sans rappeler, disons, celle d'une Kawasaki Mean Streak, ce qui n'a rien de méchant. Relativement doux, il est considérablement plus à l'aise à bas régimes que la version précédente. Plutôt qu'offrir un couple explosant très tôt, il bâtit sa puissance avec les tours, pour offrir un rendement global qu'on peut sans trop de difficultés qualifier de supérieur à la moyenne de la classe. Toutefois, malgré toutes ces améliorations, la mécanique semble toujours chercher ce petit quelque chose de langoureux et de viscérale qui fait d'un V-Twin custom une expérience particulière.

En d'autres mots, le fonctionnement reste un peu trop machinal. Le constructeur aurait d'ailleurs mis beaucoup d'effort à améliorer ce côté sur la nouvelle Vegas, qui partage cette même mécanique. Quant à la transmission, l'un des points faibles des premières Victory, elle travaille maintenant correctement, sans toutefois impressionner outre mesure. Contrairement à cette dernière, la partie cycle se mérite depuis le début de bonnes notes, affichant une plaisante légèreté de direction, ainsi qu'un comportement plutôt précis et neutre en virage. Les suspensions ont toujours été fermement calibrées, sans toutefois qu'elles soient rudes. La garde au sol n'étant pas exagérément faible, ces belles manières peuvent même se transformer en agrément de conduite sur une route sinueuse.

Grâce à sa position de conduite typiquement relaxe, mais bien équilibrée et sa selle honnête, la Classic Cruiser propose un niveau de confort satisfaisant. Ce niveau devient en revanche meilleur sur la version de tourisme léger de la Classic, la Touring Cruiser. Toutefois, sur la version Deluxe de la Classic, équipée d'un pare-brise, comme sur la Touring, le pauvre aérodynamisme génère une agaçante turbulence au niveau du casque.

| | |
|---|---|
| Catégorie : | Custom |

## MOTEUR

| | |
|---|---|
| Type/refroidissement : | bicylindre en V/air et huile |
| Cylindrée : | 1 507 cc |
| Alésage et course : | 97 mm x 102 mm |
| Puissance : | 81 ch @ 5 500 tr/min |
| Couple : | 92 lb/pi @ 3 300 tr/min |
| Boîte de vitesses : | 5 rapports |
| Transmission finale : | par courroie |

## PARTIE CYCLE

| | |
|---|---|
| Type de cadre : | double berceau, en acier |
| Suspension avant : | fourche conventionnelle de 45 mm non-ajustable |
| Suspension arrière : | monoamortisseur réglable en précharge |
| Freinage avant : | disque simple (TC: double) de 300 mm de ø avec étrier à 4 pistons |
| Freinage arrière : | disque simple de 300 mm de ø |
| Pneus avant/arrière : | MT90B 16 & 160/80-16 |
| Empattement : | 1 608 mm (TC: 1 660 mm) |
| Hauteur du siège : | 720 mm |
| Poids à vide : | 288 kg (TC: 327 kg) |
| Réservoir de carburant : | 19 litres |

## PERFORMANCES

| | |
|---|---|
| Révolution à 100 km/h : | n/d |
| Consommation moyenne : | n/d |

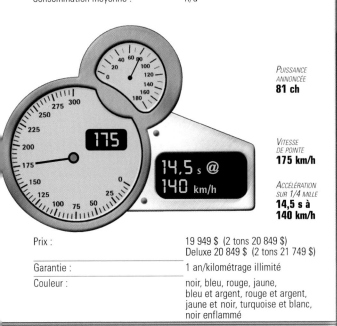

PUISSANCE ANNONCÉE
**81 ch**

VITESSE DE POINTE
**175 km/h**

ACCÉLÉRATION SUR 1/4 MILLE
**14,5 s à 140 km/h**

| | |
|---|---|
| Prix : | 19 949 $ (2 tons 20 849 $) Deluxe 20 849 $ (2 tons 21 749 $) |
| Garantie : | 1 an/kilométrage illimité |
| Couleur : | noir, bleu, rouge, jaune, bleu et argent, rouge et argent, jaune et noir, turquoise et blanc, noir enflammé |

## Technique

Lors de la révision majeure faite à la mécanique, l'un des premiers objectifs a été d'améliorer l'apparence du V-Twin injecté de 1 507 cc ouvert à 50 degrés. Cela a été accompli grâce à des ailettes beaucoup plus généreuses aux extrémités polies, à une meilleure finition générale, mais aussi à l'élimination de l'affreux refroidisseur d'huile qui pendait à l'avant de l'ancienne mécanique. À l'intérieur, si l'architecture générale reste la même, il y a beaucoup de neuf : pistons, chambres de combustion, soupapes, bielles, rapports de transmission, système d'injection, lubrification et refroidissement sont autant de facettes altérées dans le but d'obtenir plus de chevaux et de faciliter la conduite. À l'exception d'une quantité d'équipements inégale, les deux versions sont très semblables, la principale différence se trouvant au niveau de la longueur de l'empattement plus long de la Touring.

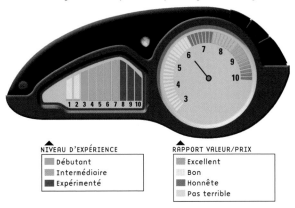

NIVEAU D'EXPÉRIENCE
- Débutant
- Intermédiaire
- Expérimenté

RAPPORT VALEUR/PRIX
- Excellent
- Bon
- Honnête
- Pas terrible

« *Elles n'ont rien de méchant, mais...* »

## Conclusion

Qu'il s'agisse de la version Classic ou de son penchant de tourisme léger, la Touring Cruiser, on a affaire à des customs relativement fonctionnelles, dotées d'une mécanique plutôt performante et bien maniérée sur la route. Le problème est que nombreux sont les constructeurs qui offrent une marchandise semblable, et souvent bien plus agréable, à bien meilleur prix. L'arrivée de la jolie Vegas montre non seulement de quoi Victory est capable, elle indique aussi le genre de produit qui devra être commercialisé si de telles factures doivent commencer à être justifiées.

QUOI DE NEUF EN 2003 ?

- Changement d'identités : la V92C devient la Classic Cruiser et la V92TC devient la Touring Cruiser
- Améliorations diverses à la mécanique
- Selle redessinée et plus basse sur la Classic Cruiser
- Aucune augmentation de prix

PAS MAL

BOF

- Un niveau de puissance tout à fait honnête et une bonne souplesse de la part du V-Twin Freedom
- Un comportement agréablement solide et précis en courbe, et une stabilité sans reproche
- Un niveau de confort satisfaisant amené par une bonne selle, une position équilibrée et des suspensions correctes

- Un V-Twin qui, malgré ses performances relativement bonnes, affiche un caractère machinal, sans beaucoup d'intérêt
- Une ligne beaucoup trop anodine pour gagner le cœur des amateurs de customs choyés, à ce niveau, par la concurrence
- Des prix trop élevés sans autres justifications que celle de désirer se positionner comme un produit haut de gamme

NOUVEAUTÉ
2003

| KG › 280 | CH › 81 | $ › 19 949 - 21 749 |

La Vegas est non seulement le tout dernier né des membres de la famille de customs Victory, il est également le plus élégant, et par une bonne marge. Il s'agit du premier modèle conçu entièrement par l'équipe de design maison du constructeur du Minnesota, et d'une moto qui rend mieux que toute autre Victory l'impression de haut de gamme recherchée depuis la naissance de la marque, en 1998. La Vegas indiquerait même le ton des modèles à venir en matière de style et d'originalité. Malgré un niveau de finition considérablement supérieur, la Vegas et proposée à un prix semblable à celui des autres Victory.

# Parieuse...

La Vegas est un concept entièrement neuf pour Victory, et non un habile remaniement de la plateforme existante, celle des Classic et Touring Cruiser. Construite autour d'un cadre en acier tubulaire de type à double berceau, elle est propulsée par le V-Twin Freedom de 1 507 cc du constructeur américain, le même qui propulse les autres modèles. Si la Vegas a été entièrement conçue par l'équipe de design maison de Victory, le constructeur se plaît à mentionner que nul autre que Arlen Ness, le réputé styliste américain connu pour ses originaux concepts basés sur des Harley-Davidson, a agi à titre de consultant dans le projet. L'une des évidences de cette participation pourrait être le thème de l'épine dorsale qu'affiche la Vegas sur toute sa longueur et qui semble vouloir unir les diverses composantes. Il faut savoir que dans les divers concours de personnalisation, des événements bien connus de Ness, les motos les plus appréciées sont souvent celles affichant justement un thème, qui prend souvent la forme d'un détail retrouvé à plusieurs endroits sur la monture modifiée.

| | |
|---|---|
| Catégorie : | Custom |

## MOTEUR

| | |
|---|---|
| Type/refroidissement : | bicylindre en V/air et huile |
| Cylindrée : | 1 507 cc |
| Alésage et course : | 97 mm x 102 mm |
| Puissance : | 81 ch @ 5 500 tr/min |
| Couple : | 92 lb/pi @ 3 300 tr/min |
| Boîte de vitesses : | 5 rapports |
| Transmission finale : | par courroie |

## PARTIE CYCLE

| | |
|---|---|
| Type de cadre : | double berceau, en acier |
| Suspension avant : | fourche conventionnelle de 43 mm non-ajustable |
| Suspension arrière : | monoamortisseur réglable en précharge |
| Freinage avant : | disque simple de 300 mm de ø avec étrier à 4 pistons |
| Freinage arrière : | disque simple de 300 mm de ø |
| Pneus avant/arrière : | 80/90-21 & 170/60-18 |
| Empattement : | 1 690 mm |
| Hauteur du siège : | 673 mm |
| Poids à vide : | 280 kg |
| Réservoir de carburant : | 17 litres |

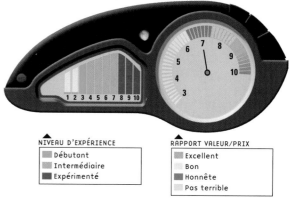

NIVEAU D'EXPÉRIENCE
- ▪ Débutant
- ▪ Intermédiaire
- ▪ Expérimenté

RAPPORT VALEUR/PRIX
- ▪ Excellent
- ▪ Bon
- ▪ Honnête
- ▪ Pas terrible

## PERFORMANCES ESTIMÉES

| | |
|---|---|
| Révolution à 100 km/h : | n/d |
| Consommation moyenne : | n/d |

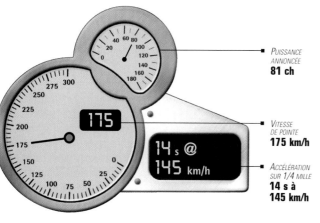

PUISSANCE ANNONCÉE
**81 ch**

VITESSE DE POINTE
**175 km/h**

ACCÉLÉRATION SUR 1/4 MILLE
**14 s à 145 km/h**

| | |
|---|---|
| Prix : | 19 949 $ (2 tons 20 849 $) Deluxe 20 849 $ (2 tons 21 749 $) |
| Garantie : | 1 an/kilométrage illimité |
| Couleur : | noir, bleu, rouge, jaune, argent, argent enflammé |

## « *La preuve que le potentiel est là…* »

## Conclusion

Il a toujours été établi que Polaris a les reins amplement solides pour encaisser quelques mauvaises années, le temps de mieux saisir comment approcher le marché de la custom. Le dévoilement de la Victory Vegas est la preuve que le potentiel est bel et bien là puisqu'il s'agit définitivement d'une des customs les plus réussies du marché, sur le plan esthétique. S'il reste évidemment à voir comment elle se comporte, le fait qu'elle soit si plaisante à l'œil lui donne déjà des chances infiniment supérieures de réussir que les autres Victory.

QUOI DE NEUF EN 2003 ?

- **Nouveau modèle**

PAS MAL

BOF

- **Une ligne qui étonne par l'équilibre de ses proportions et par l'attention portée à divers détails**
- **Une mécanique qui, sur les autres Victory, se montre plutôt performante et souple**
- **Un châssis qui risque d'être bien manié si l'on prend les autres modèles comme indication**

- **Un prix qui reste élevé, même si le produit le justifie davantage que dans le cas des autres Victory**
- **Un caractère mécanique un peu fade du V-Twin Freedom qui se retrouvera possiblement sur la Vegas**
- **Une valeur de revente incertaine en raison de la faible demande pour les autres produits du constructeur**

| KG▸ 366 | CH▸ 98 | $▸ 21 399 À 21 999 |

**La Venture est le seul modèle survivant de la famille de customs Royal Star ayant vu le jour en 1996. Après avoir été retirées, puis ramenées, les premières variantes ont toutes finalement été discontinuées l'an dernier. La Venture de tourisme en est la variation la plus récente, ayant été lancée en 1999. Elle n'a jamais été revue depuis, mais une très jolie édition Midnight a été présentée l'année dernière. Se distinguant surtout par son thème noir sur noir, elle continue d'être offerte en 2003, moyennant un supplément de 600 $. Comme l'ont toujours été les Royal Star, la Venture est couverte par une garantie de cinq ans.**

## Fille de Star...

Quand les amateurs de customs changent de monture, ils optent invariablement pour plus gros et plus confortable. À la toute fin des options qui leur sont offertes, après les grosses customs classiques et leurs versions de tourisme léger, se trouve une catégorie peu populeuse de luxueuses montures de tourisme apprêtées à la façon custom. Les Harley-Davidson Electra Glide en sont d'ailleurs l'exemple le plus connu. La Venture est l'une d'elles. Elle propose ainsi un équipement complet et un confort douillet, mais aussi une charmante motorisation V4 crachant près d'une centaine de chevaux. Cette dernière permet des performances bien plus intéressantes que la moyenne, chez les grosses customs à moteur V-Twin : elle tire agréablement à bas et moyen régimes, et continue d'accélérer franchement jusqu'aux derniers tours disponibles. La sonorité rauque et veloutée provenant du gros quatre-cylindres en V de 1 294 cc est digne de mention puisqu'elle ajoute vraiment à l'agrément de conduite.

Les Royal Star originales ont toujours démontré une bonne tenue de route, mais le châssis considérablement plus rigide de la Venture lui permet facilement de compenser l'excès de poids qu'elle accuse par rapport aux cruisers sur lesquels elle est basée. La stabilité est excellente, que ce soit en ligne droite ou dans les courbes prises à grande vitesse, et la direction s'avère agréablement légère et précise. Du moins une fois en mouvement, puisque à basse vitesse ou lors de manœuvres serrées, le poids élevé demande une attention particulière. Le centre de gravité bas et la faible hauteur de selle facilitent toutefois la conduite urbaine. Le comportement en virage de la Venture est solide, alors qu'elle tient sa ligne de manière neutre et n'est pas dérangée par les défauts de la chaussée. Le freinage est puissant et précis.

De longues distances peuvent être parcourues avec le confort et les commodités d'une authentique monture de tourisme : l'équipement est complet et fonctionnel, la position de conduite est relaxe et dégagée, la selle reste confortable des heures durant, les suspensions travaillent avec une surprenante efficacité, et la protection aux éléments est excellente. La bonne hauteur du pare-brise peut toutefois devenir un désavantage par temps pluvieux puisqu'on doit regarder au travers plutôt qu'au-dessus. Enfin, la finition est absolument impeccable et la garantie est la meilleure de l'industrie.

| Catégorie : | Tourisme de luxe |
|---|---|

## MOTEUR

| Type/refroidissement : | 4-cylindres en V/liquide |
|---|---|
| Cylindrée : | 1 294 cc |
| Alésage et course : | 79 mm x 66 mm |
| Puissance : | 98 ch @ 6 000 tr/min |
| Couple : | 89 lb/pi @ 4 750 tr/min |
| Boîte de vitesses : | 5 rapports |
| Transmission finale : | par arbre |

## PARTIE CYCLE

| Type de cadre : | double berceau, en acier |
|---|---|
| Suspension avant : | fourche conventionnelle de 43 mm avec ajustement pneumatique |
| Suspension arrière : | monoamortisseur avec ajustement pneumatique |
| Freinage avant : | 2 disques de 298 mm de ø avec étriers à 4 pistons |
| Freinage arrière : | disque simple de 320 mm de ø |
| Pneus avant/arrière : | 150/80-16 & 150/90-15 |
| Empattement : | 1 705 mm |
| Hauteur du siège : | 750 mm |
| Poids à vide : | 366 kg |
| Réservoir de carburant : | 22,5 litres |

## PERFORMANCES

| Révolution à 100 km/h : | environ 3 000 tr/min |
|---|---|
| Consommation moyenne : | 7,5 l/100 km |

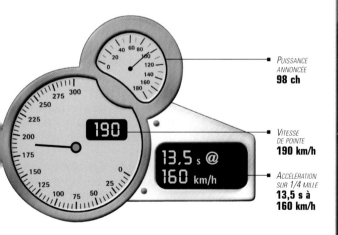

PUISSANCE ANNONCÉE
**98 ch**

VITESSE DE POINTE
**190 km/h**

ACCÉLÉRATION SUR 1/4 MILLE
**13,5 s à 160 km/h**

| Prix : | 21 399 $ (Midnight : 21 999 $) |
|---|---|
| Garantie : | 5 ans/kilométrage illimité |
| Couleur : | gris (Midnight : noir) |

## Technique

La plateforme de la custom Royal Star originale a servi de base à la Venture. La mécanique est essentiellement la même : il s'agit d'un 4-cylindres en V à 70 degrés de 1 298 cc refroidi par liquide et disposant de 16 soupapes et de 4 arbres à cames en tête. Mais sa puissance passe de 74 chevaux sur les customs à 98 chevaux au vilebrequin sur la Venture. Cela a été accompli en permettant simplement au moteur de mieux respirer : les tubulures d'admission ont été agrandies, les carburateurs sont passés de 28 mm à 32 mm et le volume de la boîte à air a été triplé. En ce qui concerne le châssis, la rigidité a été accrue en utilisant la mécanique comme élément structural, c'est-à-dire en la fixant solidement au cadre.

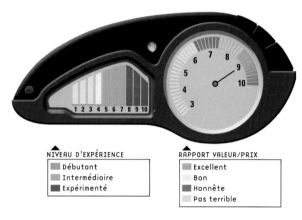

NIVEAU D'EXPÉRIENCE
- ☐ Débutant
- ☐ Intermédiaire
- ■ Expérimenté

RAPPORT VALEUR/PRIX
- ■ Excellent
- ☐ Bon
- ■ Honnête
- ☐ Pas terrible

*Voyageuse décontractée...*

## Conclusion

La Royal Star Venture a beau jouer la carte de la custom décontractée et ultra équipée, il s'agit en fait d'une véritable machine de tourisme, avec tous les avantages que cela implique au niveau de l'équipement et du confort. S'il est vrai qu'elle ne se veut pas tout à fait l'équivalent des machines équipées d'ABS et de pare-prise électrique, il est tout aussi vrai que son prix s'en trouve ajusté en conséquence. Si bien qu'elle représente tout simplement l'une des meilleures valeurs dans ce créneau.

**QUOI DE NEUF EN 2003 ?**

- Aucun changement
- Version Midnight coûte 300 $ de plus qu'en 2002

**PAS MAL**

- Un puissant moteur V4 au couple abondant, au roulement doux et à la belle sonorité
- Un châssis faisant preuve de très belles manières et des suspensions intelligemment calibrées
- Un niveau de confort élevé, un équipement très complet et une finition sans bavure

**BOF**

- Un gabarit imposant qui rend délicates les manœuvres lentes ou les déplacements à l'arrêt
- Un pare-brise haut au travers duquel il devient difficile de voir par temps pluvieux, surtout le soir
- Un équipement assez complet, mais qui ne comporte pas d'éléments chauffants, d'ABS, etc.

**KG› 237**     **CH› 145**                    **$› 17 499**

Incertain du succès qui l'attendait ici, Yamaha a mis presque deux ans avant de se décider à nous offrir sa FJR1300. Il fait d'ailleurs peu de doutes que l'arrivée imminente de la Honda ST1300 a été l'un des principaux facteurs qui l'ont poussé à agir. S'il s'agit d'une concurrente directe de cette dernière, la FJR diffère toutefois de la Honda (et de toute autre sport-tourisme) par le net accent mis sur ses capacités sportives. Elle est ainsi la seule de sa catégorie qui s'adresse non seulement à l'amateur typique de ce genre de monture, mais aussi au pilote sportif désirant plus de confort.

## Tourisme empressé...

L e vrai sens du terme « sport » dans sport-tourisme a toujours été relatif, mais la FJR1300 lui donne plus de crédibilité qu'il n'en n'a jamais eu sur une monture de ce genre. En commençant par un niveau de performances qui s'avère même suffisant pour distraire un habitué de sportives. La puissance annoncée à 145 chevaux (environ 130 à la roue arrière) donne littéralement des ailes à la FJR, lui permettant de catapulter son pilote à 90 km/h en première, pour ensuite l'expédier jusqu'à environ 250 km/h (indiqués) à raison de tranches empressées de 40 km/h à chaque passage de rapport. Quant au couple qu'elle dispense généreusement tout en bas et au milieu, il est sublime. Les mécaniques capables d'envoyer un tel coup de pied au derrière à partir de régimes aussi bas ne font définitivement pas légion, puisqu'on pense à des machines comme la Gold Wing 1800 ou la VTX1800. À part de légères vibrations surtout présentes à haute vitesse et au travers des poignées, ainsi qu'un sixième rapport qu'on cherche parfois sans jamais trouver (la boîte n'a que cinq rapports), il s'agit

d'un moteur fabuleux dont même la sonorité de turbine est agréable. Le sentiment de machine sportive renvoyé par la FJR1300 est également clairement ressenti au niveau de son comportement routier. En fait, malgré l'image de machine massive qu'elle donne de l'extérieur, une fois en selle, on a davantage l'impression d'être aux commandes d'une sportive ouverte aux proportions sensiblement gonflées que de piloter sur une grosse monture de sport-tourisme. Ce qui se traduit par une étonnante facilité de maniement, une direction légère, précise et neutre, un châssis solide et équilibré ainsi qu'une imperturbable stabilité. Le freinage est à la hauteur de la tâche, mais aucun système ABS n'est offert (il l'est en Europe pour 2003). La FJR1300 positionne son pilote idéalement, c'est-à-dire de façon sportive et détendue en même temps. Une très bonne selle, même pour le passager et des suspensions fermes mais efficaces rendent les longues distances invitantes. Le pare-brise ajustable électriquement permet d'éliminer presque entièrement la pression du vent à haute vitesse dans sa position relevée, mais il crée également une agaçante turbulence au niveau du casque, ainsi qu'un retour de pression qui pousse le pilote vers l'avant. Le modèle 2003 européen bénéficie d'ailleurs d'un pare-brise revu.

| | |
|---|---|
| Catégorie : | Sport-Tourisme |

## MOTEUR

| | |
|---|---|
| Type/refroidissement : | 4-cylindres en ligne/liquide |
| Cylindrée : | 1 298 cc |
| Alésage et course : | 79 mm x 66,2 mm |
| Puissance : | 145 ch @ 8 000 tr/min |
| Couple : | 99,1 lb/pi @ 7 000 tr/min |
| Boîte de vitesses : | 5 rapports |
| Transmission finale : | par arbres |

## PARTIE CYCLE

| | |
|---|---|
| Type de cadre : | périmétrique, en aluminium |
| Suspension avant : | fourche conventionnelle de 48 mm réglable en précharge, compression et détente |
| Suspension arrière : | monoamortisseur réglable en précharge, compression et détente |
| Freinage avant : | 2 disques de 298 mm de ø avec étriers à 4 pistons |
| Freinage arrière : | disque simple de 282 mm de ø |
| Pneus avant/arrière : | 120/70 ZR17 & 180/55 ZR17 |
| Empattement : | 1 402 mm |
| Hauteur du siège : | 805 mm |
| Poids à vide : | 237 kg |
| Réservoir de carburant : | 25 litres |

## PERFORMANCES

| | |
|---|---|
| Révolution à 100 km/h : | environ 3 500 tr/min |
| Consommation moyenne : | 7,5 l/100 km |

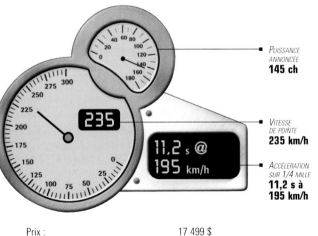

PUISSANCE ANNONCÉE
**145 ch**

VITESSE DE POINTE
**235 km/h**

ACCÉLÉRATION SUR 1/4 MILLE
**11,2 s à 195 km/h**

| | |
|---|---|
| Prix : | 17 499 $ |
| Garantie : | 1 an/kilométrage illimité |
| Couleur : | argent |

## Technique

La FJR1300 est un modèle de conception inédite qui n'est basée sur aucune autre moto existante, même si elle emprunte quelques menus détails à la sportive R1, comme le double disque du frein avant et ses étriers à 4 pistons. La mécanique est un gros 4-cylindres en ligne de 1 298 cc annoncé à 145 chevaux. Muni des dernières avancées technologiques, dont l'injection d'essence et la superposition des axes de transmission (qui permet de garder la longueur du moteur à un minimum), il s'agit d'une motorisation qui tourne relativement bas, ayant une zone rouge fixée à 9 000 tr/min. Elle loge dans un cadre d'aluminium massif de type périmétrique et utilise un entraînement par arbre qui passe au travers d'un solide bras oscillant. La fourche de 43 mm est ajustable en précharge, en compression et en détente, une caractéristique unique à la catégorie.

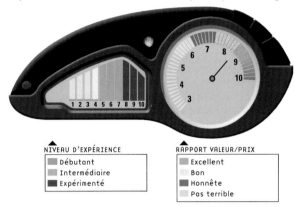

NIVEAU D'EXPÉRIENCE
- Débutant
- Intermédiaire
- Expérimenté

RAPPORT VALEUR/PRIX
- Excellent
- Bon
- Honnête
- Pas terrible

## « Une proposition unique... »
## Conclusion

Rapide, précise et posée, la FJR1300 se présente définitivement comme l'option la plus sportive de cet élitiste et talentueux créneau, sans toutefois que cela ait été accompli au détriment du confort. Il s'agit donc d'une proposition essentiellement unique qui réussira aussi bien à satisfaire le pilote sportif souhaitant désormais un certain niveau de confort, que le routier dédié qui cherche un moyen de traverser de façon dynamique. S'il est évident qu'elle puisse progresser sur les plans de l'aérodynamisme et de l'équipement, l'ensemble tel qu'il est reste absolument louable.

QUOI DE NEUF EN 2003 ?

- **Nouveau modèle sur notre marché, mais qui est commercialisé en Europe depuis 2001**

PAS MAL

BOF

- **Un niveau de performances impressionnant, autant en ce qui concerne l'accélération que le couple**
- **Une tenue de route qui semble davantage être celle d'une sportive alourdie que celle d'une sport-tourisme habituelle**
- **Un niveau de confort élevé amené par une très belle position, une très bonne selle et des suspensions efficaces**

- **Un pare-brise électrique qui réduit la pression du vent, mais qui crée en revanche de la turbulence et un retour d'air**
- **Une mécanique qui ne peut être qualifiée de rugueuse, mais qui laisse quand même légèrement filtrer de constantes vibrations par les poignées**
- **Une suspension arrière qui se montre occasionnellement assez ferme**

**Yamaha**
## FZ-1

| KG▸ 208 | CH▸ 141 | $▸ 11 999 À 12 099 |

Les motos comme cette FZ-1 sont vouées à devenir plus populaires avec les années, c'est une question de logique. Car les comportements toujours plus radicaux des sportives pures ne font pas l'affaire de tous, surtout quand on sait que le parc des motocyclistes vieillit. Lancée en 2001, la FZ-1 est justement un genre de version « civile » de la YZF-R1, une moto destinée à tous plutôt qu'à l'élite. Elle reprend la mécanique de la sportive dans un ensemble plus lourd, mais aussi bien moins tranchant et infiniment plus confortable. Pour 2003, une version jaune et noir rappelant les vieilles machines de courses du constructeur est offerte.

# Démonstration de logique...

**Q**uiconque a déjà possédé ou piloté une sportive pure ne peut qu'avoir rêvé de pouvoir un jour vivre une expérience similaire accompagnée d'un niveau de confort moins exécrable. Ce souhait décrit de façon très juste le rôle de la FZ-1. Bien que Yamaha la définisse comme une R1 « pour la route », dans les faits, il s'agit plutôt d'une routière sportive qui partage certaines composantes avec la renommée sportive, particulièrement au niveau de la mécanique et du freinage. Comme on pourrait s'en douter, le résultat est une moto merveilleusement polyvalente. Et heureusement, toujours performante, car s'il faut oublier les accélérations de la R1, on peut définitivement toujours parler de hautes performances. À l'exception de la nouvelle Kawasaki Z1000 qui offre un rapport poids/puissance supérieur et qui pourrait venir brouiller les cartes, la FZ-1 est essentiellement la plus rapide de son petit groupe. La distribution de la puissance est agréablement généreuse aux régimes bas et moyens, tandis qu'en haut, un fort amusant punch demeure présent. L'avant s'envoie même régulièrement en l'air sur le premier rapport, mais cela se fait en douceur et de façon prévisible. Malgré cette légèreté du train avant, la stabilité reste généralement bonne, même sur les surfaces abîmées. La mécanique n'est, par contre, pas parfaite : un léger jeu dans le rouage d'entraînement ainsi que dans l'accélérateur et une carburation abrupte à la réouverture des gaz se combinent pour rendre la conduite à basse vitesse plus souvent saccadée que coulée.

Comme machine de tourisme, la FZ-1 se tire honnêtement d'affaire : la selle est bonne, bien que pas exceptionnelle, les suspensions arrivent à un compromis intéressant entre sport et confort, la position de conduite est idéalement équilibrée, et même le passager se voit bien accueilli. Du côté des moins, ont trouve une protection au vent réduite par le minuscule pare-brise, un niveau de vibrations pouvant devenir gênant à la longue, et une occasionnelle sécheresse de l'arrière.

Quant aux prouesses sportives, la FZ-1 en est définitivement capable. Bien qu'elle ne soit pas du niveau d'une R1, la tenue de route est excellente : la direction est légère, neutre et précise ; malgré la souplesse relative des suspensions, le comportement en inclinaison est solide et exact ; et, enfin, le freinage est superbe grâce aux composantes piratées à la R1.

| Catégorie : | Routière Sportive |
|---|---|

## MOTEUR

| | |
|---|---|
| Type/refroidissement : | 4-cylindres en ligne/liquide |
| Cylindrée : | 998 cc |
| Alésage et course : | 74 mm x 58 mm |
| Puissance : | 141 ch @ 9 500 tr/min |
| Couple : | 78 lb/pi @ 7 500 tr/min |
| Boîte de vitesses : | 6 rapports |
| Transmission finale : | par chaîne |

## PARTIE CYCLE

| | |
|---|---|
| Type de cadre : | double berceau, en acier |
| Suspension avant : | fourche conventionnelle de 43 mm réglable en précharge, compression et détente |
| Suspension arrière : | monoamortisseur réglable en précharge, compression et détente |
| Freinage avant : | 2 disques de 298 mm de ø avec étriers à 4 pistons |
| Freinage arrière : | disque simple de 267 mm de ø |
| Pneus avant/arrière : | 120/70 ZR17 & 180/55 ZR17 |
| Empattement : | 1 450 mm |
| Hauteur du siège : | 820 mm |
| Poids à vide : | 208 kg |
| Réservoir de carburant : | 21 litres |

## PERFORMANCES

| | |
|---|---|
| Révolution à 100 km/h : | environ 4 100 tr/min |
| Consommation moyenne : | 7,2 l/100km |

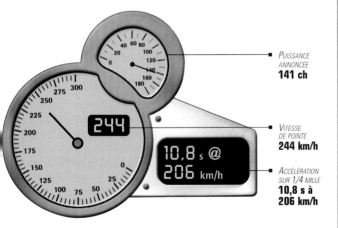

PUISSANCE ANNONCÉE
**141 ch**

VITESSE DE POINTE
**244 km/h**

ACCÉLÉRATION SUR 1/4 MILLE
**10,8 s à 206 km/h**

| Prix : | 11 999 $ (Limited Edition : 12 099 $) |
|---|---|
| Garantie : | 1 an/kilométrage illimité |
| Couleur : | bleu, argent (Limited Edition : jaune et noir) |

## Technique

Lorsque la FZ-1 fut dévoilée, elle fut décrite par le manufacturier, et parfois même par la presse, comme une R1 dénudée. Techniquement, toutefois, ce n'est pas tout à fait le cas. Il faudrait plutôt parler de montures partageant certaines composantes. Parmi celles-ci, bien entendu, on retrouve la mécanique : exception faite de détails mineurs, il s'agit vraiment du moteur de la YZF-R1. Au chapitre de la puissance, Yamaha prétendait une perte d'une dizaine de chevaux par rapport à la sportive, ce que les mesures sur dynamomètre confirment. Les freins sont également communs et les roues sont similaires, mais ça s'arrête essentiellement là. Le reste, du cadre à double berceau en acier tubulaire jusqu'aux suspensions, en passant par le carénage et l'instrumentation, est propre à la FZ-1.

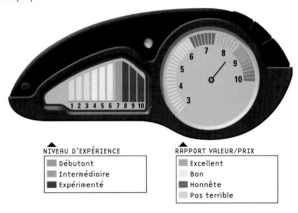

NIVEAU D'EXPÉRIENCE
- Débutant
- Intermédiaire
- Expérimenté

RAPPORT VALEUR/PRIX
- Excellent
- Bon
- Honnête
- Pas terrible

《 *Sport et confort se rencontrent...* 》

## Conclusion

La FZ-1 représente l'un des achats les plus intéressants du marché pour les amateurs de machines sportives qui ne sont plus près à se soumettre au supplice des versions pures. Il s'agit d'une authentique sportive dans le sens où ses performances et sa tenue de route sont d'un calibre véritablement relevé, mais dont le comportement se veut relativement docile et le niveau de confort élevé. Bref, elle incarne d'une manière particulièrement brillante le concept de la moto à tout faire.

QUOI DE NEUF EN 2003 ?

- **Édition limitée jaune et noir**
- **Aucune augmentation de prix**

PAS MAL — BOF

- **Des performances de haut niveau, facilement accessibles grâce à un comportement relativement docile**
- **Une tenue de route suffisamment relevée pour qu'elle ne soit pas dépaysée sur une piste**
- **Un bon niveau de confort surtout amené par une position logique et des suspensions bien calibrées**

- **Un léger jeu dans le rouage d'entraînement et une carburation abrupte qui peuvent rendre la conduite saccadée**
- **Une mécanique qui vibre toujours un peu, juste assez pour gêner sur un long trajet**
- **Une protection au vent minimale en raison de la surface inutilement réduite du pare-brise**

| KG▸ 174 | CH▸ 152 | $▸ 14 399 À 14 499 |

**La YZF-R1 est hors de tout doute l'une des plus belles deux-roues actuellement produites. C'est aussi l'une des plus radicales. En fait, il s'agit du modèle qui poussa les hypersportives vers l'incroyable niveau de performances qui représente aujourd'hui la norme dans cette classe phénoménale. Lancée en 1998 et revue en 2001, ce n'est que l'an dernier qu'elle évoluait enfin vraiment. Plutôt que hausser drastiquement la mise, ce qui aurait facilement pu être fait, Yamaha décidait sagement de jouer de finesse : le rapport poids/puissance n'était que légèrement bonifié, mais la partie cycle évoluait considérablement et la superbe ligne était encore embellie.**

# Beauté sauvage...

## Technique

S'il est juste d'affirmer que la YZF-R1 de nouvelle génération représente une évolution sage et prudente de la version précédente, il est également fondamental de mettre les choses en perspective. Car on a ici affaire à l'une des bêtes les plus radicales jamais mises en production. Partant de là, on comprend pourquoi le constructeur n'a pas jugé nécessaire d'en augmenter de façon marquée les capacités, et a plutôt tenté de les rendre plus accessibles. Voilà un autre qualificatif qui doit être interprété dans le bon contexte, puisque parler d'une monture accessible dans le cas de la R1 est une contrevérité s'il en est une. Malgré le fait que l'aura « extrême » qui l'entoure attire trop souvent une clientèle inexpérimentée en manque d'attention, la YZF-R1 se situe tout en haut de la liste des motos « pour adulte seulement ».
Son rapport poids/puissance exceptionnel est à la base du comportement qui en fait exclusivement une monture d'expert. Même si l'adoption d'un excellent système d'injection de carburant, lors de la révision de l'an dernier, a

normalisé l'arrivée de la puissance, la R1 demeure hautement délicate à exploiter. Alors qu'il est relativement facile pour le pilote commun d'obtenir des performances élevées à ses commandes, il n'est certainement pas donné à tous d'en extraire le plein potentiel. Car si elle est admirablement souple, et ce, à partir de très bas régimes, la mécanique pousse avec suffisamment d'intensité pour mettre la R1 en chandelle dès 4 000 tr/min, sur le premier rapport, une tendance qu'elle répète même sans trop insister sur le second. Pour les habitués de ce genre de manège, les performances sont simplement brillantes, et s'il est vrai que l'intensité des accélérations est très légèrement inférieure à ce qu'offre une GSX-R1000, on se demande en revanche, avec un tel comportement, ce qu'on ferait avec plus de chevaux.
La R1 est tout aussi exceptionnelle au chapitre de la tenue de route puisqu'il s'agit en fait d'une machine de piste de haut calibre. Elle s'avère donc très légère à manier en entrée de courbe ou lors d'un changement rapide de cap, et extrêmement précise et posée en pleine inclinaison. Les freinages sont superbes, tant au niveau de la modulation que de la puissance. En pleine accélération, la stabilité est toutefois proportionnelle à l'état du revêtement. Bonne s'il est beau, elle devient précaire s'il est abîmé, la R1 secouant à ce

| | |
|---|---|
| Catégorie : | Sportive |

## MOTEUR

| | |
|---|---|
| Type/refroidissement : | 4-cylindres en ligne/liquide |
| Cylindrée : | 998 cc |
| Alésage et course : | 74 mm x 58 mm |
| Puissance : | 152 ch @ 10 500 tr/min |
| Couple : | 77,4 lb/pi @ 8 500 tr/min |
| Boîte de vitesses : | 6 rapports |
| Transmission finale : | par chaîne |

## PARTIE CYCLE

| | |
|---|---|
| Type de cadre : | périmétrique «Deltabox III», en aluminium |
| Suspension avant : | fourche inversée de 43 mm réglable en précharge, compression et détente |
| Suspension arrière : | monoamortisseur réglable en précharge, compression et détente |
| Freinage avant : | 2 disques de 298 mm de ø avec étriers à 4 pistons |
| Freinage arrière : | disque simple de 220 mm de ø |
| Pneus avant/arrière : | 120/70 ZR17 & 190/50 ZR17 |
| Empattement : | 1 395 mm |
| Hauteur du siège : | 820 mm |
| Poids à vide : | 174 kg |
| Réservoir de carburant : | 17 litres |

## PERFORMANCES

| | |
|---|---|
| Révolution à 100 km/h : | environ 4 000 tr/min |
| Consommation moyenne : | 7,2 l/100 km |

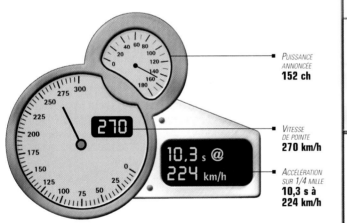

*PUISSANCE ANNONCÉE* **152 ch**

*VITESSE DE POINTE* **270 km/h**

*ACCÉLÉRATION SUR 1/4 MILLE* **10,3 s à 224 km/h**

| | |
|---|---|
| Prix : | 14 399 $ (Limited Edition : 14 499 $) |
| Garantie : | 1 an/kilométrage illimité |
| Couleur : | bleu, argent (Limited Edition : noir enflammé) |

moment son train avant plus ou moins énergiquement, comme pour dire qu'elle s'apprête à mordre et qu'il est temps de modérer ses ardeurs. L'installation d'un amortisseur de direction améliore drastiquement ce point. On ne peut évidemment pas espérer un niveau de confort extraordinaire d'une telle machine. En fait, il faut même être particulièrement dédié à ce genre d'engin pour tolérer sur une base régulière la fermeté des suspensions, qui ne sont pourtant pas les plus rudes de la catégorie, et le poids important placé sur les poignets. Si la protection au vent est réduite par la faible hauteur du pare-brise, elle reste relativement acceptable, mais la constante vibration transmise par la mécanique au travers des poignées devient agaçante sur long trajet. La selle, qui n'est pas mauvaise, n'est habituellement pas un facteur d'inconfort puisque autre chose attire l'attention avant. Quant au passager, le seul plaisir qu'il ou elle aura sera d'être à bord d'une jolie moto, car le sort qui lui est réservé est peu enviable.

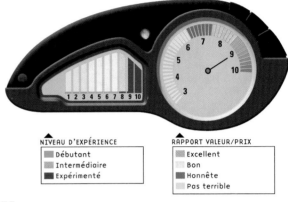

NIVEAU D'EXPÉRIENCE
- Débutant
- Intermédiaire
- Expérimenté

RAPPORT VALEUR/PRIX
- Excellent
- Bon
- Honnête
- Pas terrible

## « Elle invoque l'exaltation, mais aussi le respect... »

## Conclusion

En termes de performance pure, la YZF-R1 doit être perçue comme un outil de précision hautement sophistiqué qui ne livrera son véritable potentiel que s'il est manipulé par des mains expérimentées. Car si cette nouvelle génération est effectivement plus sage et plus exploitable que la première, ce n'est que dans ces mains expertes. Gare au pilote moins doué qui, par besoin d'attention, en prendra les commandes : au moindre écart de conduite, la R1 n'en fera qu'une bouchée sans préavis.

QUOI DE NEUF EN 2003 ?

- Version limitée offerte avec peinture à motif enflammé ( 100 $ de plus)
- Aucune augmentation de prix

PAS MAL

- Des performances brillantes, mais aussi une excellente souplesse qui rend carrément optionnelle l'utilisation des régimes élevés
- Un châssis moins hyperactif que par le passé, qui se montre plus précis et solide que jamais
- Une ligne absolument superbe qui illustre à merveille son tempérament extrême et sans concession

BOF

- Un comportement qui reste hautement radical lorsque le plein potentiel de ses capacités est approché : pilotes experts seulement dans ce cas
- Un niveau de confort très précaire pour le pilote, et totalement inexistant pour le passager
- Des performances tellement élevées qu'il est difficile d'en profiter pleinement sur une base régulière

NOUVEAUTÉ
2003

| KG▸ 162 | CH▸ 123 | $▸ 11 499 À 11 599 |
|---|---|---|

Le fait que Yamaha ait pu se permettre d'attendre quatre ans avant de lancer une YZF-R6 de nouvelle génération (la version 2001 n'a été que très sommairement remaniée) illustre bien à quel point le modèle était en avance sur son temps lorsqu'il fut introduit, en 1999. Par ailleurs, l'arrivée de cette nouvelle R6 tombe pile en 2003, puisque durant les années qui ont suivi son entrée sur le marché, sa tête a en quelque sorte été mise à prix par une concurrence qui se pointe aujourd'hui avec une artillerie plus sérieuse et spécialisée que jamais.

# Mise à prix...

## Technique

Bien que la première véritable évolution de la YZF-R6 soit passablement poussée, visuellement, la nouveauté garde un proche air de famille avec sa devancière, exactement comme l'a fait la nouvelle YZF-R1 lancée il y a un an. Et pourtant, quand on regarde de près, pratiquement tout est nouveau. La même idéologie est appliquée au compact quatre-cylindres puisque, s'il ne change pas d'architecture, pas moins de 90 pour cent de ses composantes sont modifiées. Déjà extrêmement poussée, la mécanique a vu chacune de ses pièces examinées une par une. Si le constructeur a surtout cherché à les alléger à l'extrême, il s'est également affairé à réduire les pertes de puissance dues aux diverses frictions internes. Mais c'est surtout au niveau de l'alimentation que les choses changent, grâce à l'adoption d'une injection d'essence basée sur le système utilisé par la R1. On annonce une nouvelle puissance de 123 chevaux à 13 000 tr/min, un gain de 3 chevaux. Le manufacturier précise toutefois qu'il s'agit d'une puissance prenant en compte l'effet du système Ram Air ; sans ce dernier,

la puissance est de 117 chevaux. D'après Yamaha, une attention particulière a été portée à la façon dont la puissance est livrée. Ainsi, on s'est appliqué à ce que le second souffle présent sur la première version après 8 000 tr/min soit conservé, ce qui a été fait en calibrant l'injection en conséquence.

La fabrication du tout nouveau châssis, que Yamaha qualifie de Deltabox III, fait appel à une technique de coulage sous vide de l'aluminium à la fine pointe de la technologie. Désormais, le cadre et le bras oscillant sont même entièrement fabriqués ainsi plutôt qu'en combinant des pièces coulées, extrudées ou pliées. Les bénéfices sont majeurs, en commençant par une augmentation de l'ordre de 50 pour cent de la rigidité en torsion ; le cadre de la R6 serait maintenant aussi rigide, en torsion, que celui de la R7 de Superbike ! La constance de fabrication est également augmentée par le fait que le cadre ne nécessite plus que deux soudures (une de chaque côté, pour marier les parties avant et arrière), par rapport à seize auparavant. Son poids baisse ainsi d'un demi-kilo. En tout, la R6 2003 est annoncée à 5 kilos de moins que le modèle 2002, à sec. Notons qu'à part un déport de fourche réduit de 40 mm à 35 mm, la géométrie de direction ne change pas.

Catégorie : Sportive

## MOTEUR

| | |
|---|---|
| Type/refroidissement : | 4-cylindres en ligne/liquide |
| Cylindrée : | 599 cc |
| Alésage et course : | 65,5 mm x 45,5 mm |
| Puissance avec Ram Air : | 123 ch @ 13 000 tr/min |
| Puissance sans Ram Air : | 117 ch @ 13 000 tr/min |
| Couple : | 51 lb/pi @ 12 000 tr/min |
| Boîte de vitesses : | 6 rapports |
| Transmission finale : | par chaîne |

## PARTIE CYCLE

| | |
|---|---|
| Type de cadre : | périmétrique «Deltabox III» en aluminium |
| Suspension avant : | fourche conventionnelle de 43 mm réglable en précharge, compression et détente |
| Suspension arrière : | monoamortisseur réglable en précharge, compression et détente |
| Freinage avant : | 2 disques de 298 mm de ø avec étriers à 4 pistons |
| Freinage arrière : | disque simple de 220 mm de ø |
| Pneus avant/arrière : | 120/60 ZR17 & 180/55 ZR17 |
| Empattement : | 1 380 mm |
| Hauteur du siège : | 820 mm |
| Poids à vide : | 162 kg |
| Réservoir de carburant : | 17 litres |

## PERFORMANCES ESTIMÉES

| | |
|---|---|
| Révolution à 100 km/h : | environ 5 100 tr/min |
| Consommation moyenne : | 6,2 l /100 km |

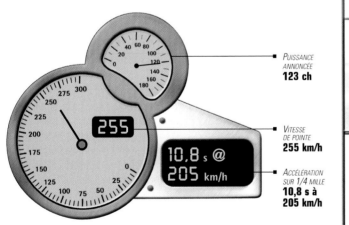

PUISSANCE ANNONCÉE
**123 ch**

VITESSE DE POINTE
**255 km/h**

ACCÉLÉRATION SUR 1/4 MILLE
**10,8 s à 205 km/h**

| | |
|---|---|
| Prix : | 11 499 $ (Limited Edition : 11 599 $) |
| Garantie : | 1 an/kilométrage illimité |
| Couleur : | bleu, argent (Limited Edition : noir enflammé) |

Le reste de la partie cycle évolue aussi, comme par exemple les roues qui sont maintenant à cinq branches plutôt que trois, et les calibrages des suspensions qui sont revus. Le nouveau bras oscillant est plus long de 10 mm, mais son pivot dans le cadre a été rapproché de la même distance vers le pignon de sortie de la boîte de vitesses révisée, afin de réduire l'effet de tension de la chaîne en pleine accélération. L'empattement reste donc le même, à 1 380 mm, mais la stabilité serait en progrès, selon le constructeur, et ce, sans que la légendaire vivacité du châssis de la R6 ne soit affectée. Comme dans le passé, il n'y a pas d'amortisseur de direction.

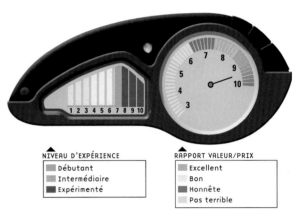

NIVEAU D'EXPÉRIENCE
- Débutant
- Intermédiaire
- ■ Expérimenté

RAPPORT VALEUR/PRIX
- Excellent
- Bon
- Honnête
- Pas terrible

## « *Cible roulante…* »

## Conclusion

En dépit des incroyables progrès faits par les 600 au cours des quatre dernières années, la R6 a toujours conservé un avantage sur la concurrence au niveau de la pureté de sa tenue de route et du degré d'excitation amené par sa mécanique. D'après le constructeur, il s'agit précisément des qualités qu'il a non seulement cherché à conserver sur cette nouvelle génération, mais aussi à amplifier. Sur papier, du moins, tout semble donc indiquer qu'on aura affaire à une prétendante extrêmement sérieuse au titre de « meilleure 600 ».

QUOI DE NEUF EN 2003 ?

- Évolution de la YZF-R6 2002
- Coûte 150 $ de plus qu'en 2002

PAS MAL

- Un rapport poids/puissance plus favorable que jamais et une attention particulière à la façon dont sont livrés les chevaux
- Un châssis rigidifié à un niveau qui aurait littéralement sa place sur une Superbike
- Une ligne qui n'a évolué que prudemment, mais qui n'en est pas moins superbe

BOF

- L'ancienne version pouvait avoir un caractère assez radical, et rien n'indique que la nouvelle le sera moins
- L'absence d'un amortisseur de direction installé de série
- Une position de conduite compacte et sévère pour laquelle le confort n'est pas une priorité

## Yamaha
# YZF600R

**KG ▸ 187      CH ▸ 105      $ ▸ 9 799**

La YZF600R se voulait une 600 de premier plan lorsqu'elle a été mise en marché, en 1996. Devant à faire face à une concurrence venant surtout, à cette époque, des Honda CBR600F3 et Kawasaki ZX-6R (Suzuki n'avait alors qu'une Katana et une Bandit 600 pour se défendre), elle fut reléguée au rang de 600 de second plan en 1999 quand Yamaha lança la YZF-R6. Le modèle actuel est en tout point identique à la première version et doit être considéré, dans le contexte courant, comme une 600 modérée et relativement confortable destinée à une clientèle moins extrême, moins expérimentée ou moins exigeante.

# Au second plan...

**S**i le contexte actuel demande de parler de YZF600R comme d'une 600 modérée, il faut bien préciser que c'est en raison du niveau de spécialisation extrême atteint par des modèles comme les Honda CBR600RR, Kawasaki ZX-6R et autres Yamaha YZF-R6. Car isolée, la YZF600R représente toujours une sportive sérieuse, dotée de suspensions entièrement réglables et d'une partie cycle solide. Elle n'a jamais vraiment été populaire parce que Yamaha l'avait conçue comme une sportive polyvalente, un peu à l'image de la CBR600F3. La combinaison de ses lignes inhabituelles à cette image quelque peu retenue n'a apparemment pas produit la réaction chimique voulue dans le cerveau des amateurs de sportives pour en faire un succès. Dommage, puisqu'elle a de belles qualités, comme par exemple une mécanique calibrée de manière à offrir une bonne souplesse à partir des régimes moyens, et donc à faciliter et à agrémenter la conduite normale en limitant les changements de rapports et en permettant de conserver des tours moteurs relativement bas. Ce qui

n'empêche pas les performances d'être assez relevées, loin de là, puisqu'on dispose tout de même de 105 chevaux au vilebrequin.

Du côté de la tenue de route, bien que toutes les composantes de la partie cycle soient solides et de qualité, le poids relativement élevé de l'ensemble prive la YZF600R de la formidable agilité des sportives de 600 cc courantes. Mais, encore une fois, tant qu'une comparaison directe n'est pas faite, on a quand même affaire à un comportement de qualité : la direction est légère, rapide, neutre et précise, la stabilité est excellente, et la maniabilité est très bonne. La souplesse des suspensions est franchement appréciée sur une mauvaise route, et tant qu'il ne s'agit pas de pilotage extrême sur piste, cela ne cause aucun problème de comportement en virage. Le freinage est très bon grâce aux excellentes composantes du système.

Le confort est bon, probablement même le meilleur de la classe, actuellement. La position de conduite reste sportive, mais est suffisamment relevée pour ne pas faire souffrir les poignets et elle ne plie pas trop les jambes. La combinaison de la bonne protection au vent, de la douceur du moteur, du calibrage réaliste des suspensions et de la bonne selle la rend tout à fait à l'aise sur de longs parcours.

Catégorie : Sportive

## MOTEUR

| | |
|---|---|
| Type/refroidissement : | 4-cylindres en ligne/liquide |
| Cylindrée : | 599 cc |
| Alésage et course : | 62 mm x 49,6 mm |
| Puissance : | 105 ch @ 11 500 tr/min |
| Couple : | 47,9 lb/pi @ 9 500 tr/min |
| Boîte de vitesses : | 6 rapports |
| Transmission finale : | par chaîne |

## PARTIE CYCLE

| | |
|---|---|
| Type de cadre : | périmétrique «Deltabox» en acier |
| Suspension avant : | fourche conventionnelle de 41 mm réglable en précharge, compression et détente |
| Suspension arrière : | monoamortisseur réglable en précharge, compression et détente |
| Freinage avant : | 2 disques de 298 mm de ø avec étriers à 4 pistons |
| Freinage arrière : | disque simple de 245 mm de ø |
| Pneus avant/arrière : | 120/60 ZR17 & 160/60 ZR17 |
| Empattement : | 1 415 mm |
| Hauteur du siège : | 805 mm |
| Poids à vide : | 187 kg |
| Réservoir de carburant : | 19 litres |

## PERFORMANCES

| | |
|---|---|
| Révolution à 100 km/h : | environ 4 800 tr/min |
| Consommation moyenne : | 5,9 l/100 km |

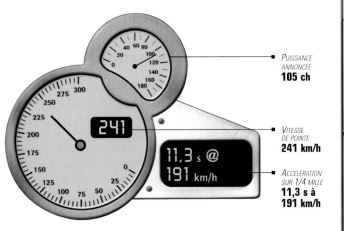

*PUISSANCE ANNONCÉE*
**105 ch**

*VITESSE DE POINTE*
**241 km/h**

*ACCÉLÉRATION SUR 1/4 MILLE*
**11,3 s à 191 km/h**

| | |
|---|---|
| Prix : | 9 799 $ |
| Garantie : | 1 an/kilométrage illimité |
| Couleur : | bleu, argent |

## Technique

La YZF600R est la seule sportive de la gamme Yamaha à être toujours construite autour d'un châssis périmétrique en acier. Toutes les sportives sérieuses utilisent aujourd'hui l'aluminium, avec ce type de cadre. Le 4-cylindres en ligne de 599 cc est muni de 16 soupapes, et non 20 comme sur les sportives Yamaha de plus grosse cylindrée, et de 2 arbres à cames en tête. L'admission bénéficie d'un système d'entrée d'air forcée. Le manufacturier annonce une puissance de 105 chevaux au vilebrequin, ce qui n'est pas très loin des puissances des modèles courants. Du côté des suspensions, des composantes entièrement ajustables sont employées, alors que sur le plan du freinage, on retrouve des disques et des étriers de haute qualité, pratiquement identiques à ceux des R1 et R6.

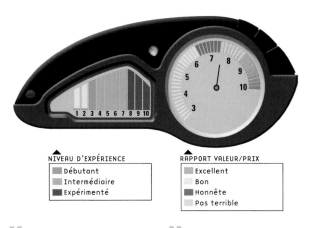

| NIVEAU D'EXPÉRIENCE | RAPPORT VALEUR/PRIX |
|---|---|
| Débutant | Excellent |
| Intermédiaire | Bon |
| Expérimenté | Honnête |
| | Pas terrible |

## 《 *L'argent change tout…* 》

## Conclusion

En dépit de toutes les belles qualités dont fait preuve la YZF600R, le fait que Yamaha l'ait toujours offerte à quelques centaines de dollars de moins que sa R6 dernier cri n'a jamais semblé inspirer les acheteurs. Pour 2003, toutefois, le constructeur retranche 700 $ au prix de détail du modèle, qui tombe maintenant sous les 10 000 $, ce qui fait de la YZF600R une option passablement plus intéressante. Définitivement à considérer pour ceux qui ne se sentent pas à la hauteur (ou en besoin) d'une 600 de pointe.

QUOI DE NEUF EN 2003 ?

- Aucun changement
- Coûte 700 $ de moins qu'en 2002

PAS MAL

- Des performances tout à fait honnêtes et une souplesse intéressante à mi-régime
- Un comportement routier solide et sûr qu'on apprivoise rapidement et sans se faire peur
- Un bon niveau de confort amené par une position modérée, une bonne selle et une protection au vent correcte

BOF

- Un niveau de performance qui pourrait ne pas satisfaire les pilotes habitués à une sportive plus puissante
- Une très bonne tenue de route, mais qui n'est pas du tout à la hauteur des dernières venues
- Une ligne un peu étrange qui n'a jamais remporté un gros succès

| KG▸ 275,5 | CH▸ 88 | $▸ 17 999 À 18 199 |

**Construite autour d'une version gonflée à 1 670 cc du V-Twin de la Road Star 1600, la Warrior est arrivée sur le marché l'an dernier, en même temps que les autres customs de performance en provenance de Harley-Davidson, Honda et Kawasaki. Elle se distingue de sa concurrence en offrant à la fois un degré de technologie inhabituellement élevé pour une custom, surtout au niveau de la partie cycle, et une attention tout aussi poussée du côté mécanique, en ce qui a trait aux sensations viscérales tant recherchées chez les customs. Pour 2003, Yamaha propose une édition limitée dont la peinture enflammée est particulièrement réussie.**

# Presque sportive...

Les termes « sport et performance », s'ils peuvent sembler égarés dans un texte décrivant une custom, sont bel et bien à leur place dans celui de la Road Star Warrior, car la première impression qu'elle renvoie est carrément celle d'une monture techniquement évoluée au comportement presque sportif. Étonnamment légère une fois en route, dotée d'une direction agréablement neutre et précise, et dégageant une impression de rigidité et d'équilibre jusqu'ici essentiellement inconnue sur une moto de ce type, elle offre de plus un freinage de première classe, gracieuseté des composantes de frein avant identiques à celles de la sportive YZF-R1. Sans l'ombre d'un doute, il s'agit de la custom possédant la meilleure tenue route de l'industrie. En fait, à ce chapitre, la Warrior relève tout simplement la barre à un niveau jusque là inexploré chez les customs. Bien que les repose-pied positionnés typiquement loin et bas limitent éventuellement les inclinaisons possibles, la garde au sol reste aisément supérieure à la moyenne. Ainsi, non seulement la Warrior s'avère tout à fait amusante à pousser sur une route sinueuse, mais sa tenue de route est suffisamment relevée pour y soutenir un rythme

carrément agressif. Les proprios de sportives n'ont qu'à bien se tenir !

Le beau comportement routier de la Warrior ne représente que la moitié du plaisir qu'on peut en retirer puisque la mécanique est, elle aussi, absolument charmante. En gros, tout le charisme du V-Twin de la Road Star 1600 demeure présent, avec en bonus un niveau de performance amplement supérieur. Ainsi, en plus du grondement profond et du tremblement tout sauf discret de la version originale de cette mécanique, on a droit à des accélérations parfaitement divertissantes, caractérisées par une production massive de couple dès les premiers régimes et, ensuite, par une augmentation graduelle et linéaire de la puissance. Si on ne peut parler de performances et surtout de couple tout à fait équivalents à ceux de la Honda VTX1800, on n'en demeure pas très loin. Ce qui, compte tenu du refroidissement par air de la Warrior, est assez impressionnant.

Pour ce qui est du confort, la position de conduite « pieds devant, mains devant » n'est évidemment pas idéale pour rouler longtemps, mais comme la selle large et ferme procure un bon support et que les suspensions offrent une souplesse acceptable, on arrive à faire de bonnes distances sans trop se plaindre.

| | |
|---|---|
| Catégorie : | Custom |

## MOTEUR

| | |
|---|---|
| Type/refroidissement : | bicylindre en V/air |
| Cylindrée : | 1 670 cc |
| Alésage et course : | 97 mm x 113 mm |
| Puissance : | 88 ch @ 4 400 tr/min |
| Couple : | 109 lb/pi @ 3 500 tr/min |
| Boîte de vitesses : | 5 rapports |
| Transmission finale : | par courroie |

## PARTIE CYCLE

| | |
|---|---|
| Type de cadre : | double berceau, en aluminium |
| Suspension avant : | fourche inversée de 41 mm réglable en précharge |
| Suspension arrière : | monoamortisseur réglable en précharge |
| Freinage avant : | 2 disques de 298 mm de ø avec étriers à 4 pistons |
| Freinage arrière : | disque simple de 282 mm de ø |
| Pneus avant/arrière : | 120/70-18 & 200/50-17 |
| Empattement : | 1 695 mm |
| Hauteur du siège : | 725 mm |
| Poids à vide : | 275,5 kg |
| Réservoir de carburant : | 15 litres |

## PERFORMANCES

| | |
|---|---|
| Révolution à 100 km/h : | environ 2 500 tr/min |
| Consommation moyenne : | 6,5 l/100km |

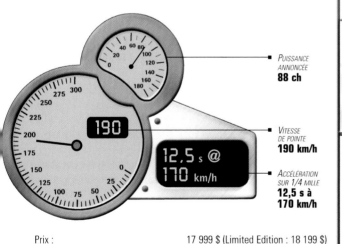

*PUISSANCE ANNONCÉE* **88 ch**

*VITESSE DE POINTE* **190 km/h**

*ACCÉLÉRATION SUR 1/4 MILLE* **12,5 s à 170 km/h**

| | |
|---|---|
| Prix : | 17 999 $ (Limited Edition : 18 199 $) |
| Garantie : | 1 an/kilométrage illimité |
| Couleur : | graphite, argent (Limited Edition : violet enflammé) |

## Technique

La fiche technique de la Warrior révèle de nombreuses et très intéressantes irrégularités. Le carde, par exemple, est extrêmement rigide et entièrement fabriqué en aluminium, une première sur une custom. Avec un bras oscillant en alu dérivé de celui la R1 et des roues sport, l'allégement par rapport à la Road Star 1600 originale est substantiel. Au niveau du train avant, on note une fourche basée sur celle de la R1 et dotée d'une rare possibilité d'ajustement, ainsi que des disques, des étriers et un maître cylindre tous identiques aux pièces de la R1. Côté moteur, d'abondantes modifications permettraient une puissance annoncée 40 % plus élevée que sur la Road Star originale. En gros, la cylindrée passe de 1 602 cc à 1 670 cc, l'injection remplace les carburateurs, les culasses sont profondément revues et la capacité de la boîte à air est généreusement accrue.

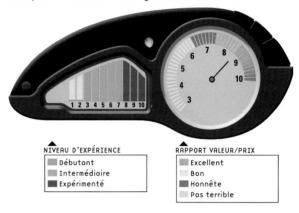

NIVEAU D'EXPÉRIENCE
- Débutant
- Intermédiaire
- Expérimenté

RAPPORT VALEUR/PRIX
- Excellent
- Bon
- Honnête
- Pas terrible

## « *Démarrage lent...* »

## Conclusion

À l'exception de la V-Rod de Harley-Davidson, les customs de performances haut de gamme comme la VTX1800 et cette Warrior connaissent des débuts lents. Si la situation est partiellement due à des prix costauds, la position de conduite extrême et l'énorme silencieux de la Warrior ne l'ont décidément pas aidée. C'est dommage, car en fait d'expérience unique, on trouve difficilement mieux. Il s'agit d'une combinaison de style, de performance et de tenue de route aussi inusitée qu'agréable qui mérite réellement d'être mieux connue.

QUOI DE NEUF EN 2003 ?

- Édition limitée à peinture « enflammée »
- Suspension arrière réglable en amortissement
- Aucune augmentation de prix

PAS MAL

BOF

- Un gros V-Twin performant au caractère profond et extrêmement plaisant
- Une tenue de route d'une précision et d'une solidité dignes du qualificatif sportif
- Une exclusivité due aux ventes faibles : on n'en voit définitivement pas une à tous les coins de rue

- Un niveau de confort limité par une position peu naturelle pour le pilote, et ridicule pour le passager
- Une garde au sol généreuse pour une custom, mais qui limite avant tout les capacités du châssis
- Un silencieux dont les proportions sont caricaturales et qu'il ne faudrait pas s'étonner de voir remplacé à court terme

# Yamaha
## Road Star 1600
## et Road Star Silverado

| KG▸ 307-322 | CH▸ 63 | $▸ 15 299 À 17 799 |
|---|---|---|

**En 1978, Yamaha proposait pour la première fois un genre de moto qui allait prendre une importance inouïe de par l'industrie et qui, un quart de siècle plus tard, allait même représenter l'essentiel de sa gamme. Il s'agissait de la XS650 Special, sa première custom. Afin de commémorer cette page d'histoire, la Road Star 1600 et sa version de tourisme léger, la Silverado, sont offertes en « Silver Edition » pour 2003 (respectivement 700 $ et 800 $ de plus), qui ne diffère des versions de base offertes depuis 1999 que d'un point de vue esthétique. Une édition Midnight Star de la custom est également proposée, pour un supplément de 300 $.**

# 25 ans de customs...

L'une des raisons pour lesquelles les V-Twin américains ont une telle présence mécanique vient du fait qu'ils sont techniquement lourds et rudimentaires, des caractéristiques d'ailleurs tout à fait volontaires. Afin d'offrir des sensations semblables, Yamaha décida d'introduire en 1999 sa propre version de ce V-Twin, un bloc de 1 602 cc qui incarnait la notion de design retro. Bien que cette cylindrée ait été la plus importante à l'époque, ses accélérations ne sont que moyennes, pour la classe. Ceci dit, la manière très plaisante qu'a le gros bicylindre d'être à l'aise à des régimes extrêmement bas en fait l'un des V-Twin les plus agréables non seulement chez les customs japonaises, mais de toute l'industrie. Chaque mouvement de ses massives pièces internes est clairement ressenti par le pilote sous la forme d'un tremblement qui n'a rien de désagréable, bien au contraire, et ce, même à hauts régimes. Les traditionnels V-Twin de Milwaukee chatouillent les sens d'une manière similaire, mais sur la Road Star, l'emphase sur les tous premiers régimes est encore plus prononcée. L'effet est si plaisant que sur le

plan de l'agrément de conduite, il compense facilement le niveau ordinaire des accélérations.

En raison de son large guidon, la Road Star affiche une direction très légère en entrée de courbe ; une fois inclinée, elle demeure stable, neutre et précise, même si on exagère un peu. De toute façon, le frottement des plateformes sur le sol indique relativement tôt qu'on s'est assez amusé. Malgré le poids élevé, la maniabilité à basse vitesse est bonne grâce à un centre de gravité bas et une faible hauteur de selle. La stabilité est sans faute et les freinages sont francs.

Le confort est très honnête puisque la position est dégagée et reposante, que la selle est large et bien formée, et que le travail des suspensions est d'une qualité surprenante. Si le pare-brise de la Silverado réduit efficacement la pression du vent, il crée aussi une agaçante turbulence au niveau du casque. Le reste de l'équipement ajouté qui en fait un modèle distinct de la Road Star se limite essentiellement à un pratique dossier passager et à une paire de sacoches latérales en cuir de volume plutôt faible.

| | |
|---|---|
| Catégorie : | Custom |

## MOTEUR

| | |
|---|---|
| Type/refroidissement : | bicylindre en V/air |
| Cylindrée : | 1 602 cc |
| Alésage et course : | 95 mm x 113 mm |
| Puissance : | 63 ch @ 4 000 tr/min |
| Couple : | 99 lb/pi @ 2 250 tr/min |
| Boîte de vitesses : | 5 rapports |
| Transmission finale : | par courroie |

## PARTIE CYCLE

| | |
|---|---|
| Type de cadre : | double berceau, en acier |
| Suspension avant : | fourche conventionnelle de 43 mm non-ajustable |
| Suspension arrière : | monoamortisseur non-ajustable |
| Freinage avant : | 2 disques de 298 mm de ø avec étriers à 2 pistons |
| Freinage arrière : | disque simple de 320 mm de ø |
| Pneus avant/arrière : | 130/90-16 & 150/80-16 |
| Empattement : | 1 685 mm |
| Hauteur du siège : | 710 mm |
| Poids à vide : | 307 (322) kg |
| Réservoir de carburant : | 20 litres |

## PERFORMANCES

| | |
|---|---|
| Révolution à 100 km/h : | environ 2 275 tr/min |
| Consommation moyenne : | 6,5 l/100km |

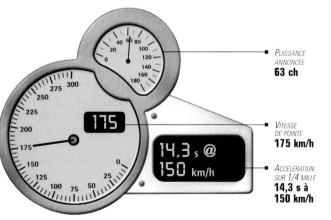

*PUISSANCE ANNONCÉE*
**63 ch**

*VITESSE DE POINTE*
**175 km/h**

*ACCÉLÉRATION SUR 1/4 MILLE*
**14,3 s à 150 km/h**

| | |
|---|---|
| Prix : | 15 299 $ à 15 999 $ (Road Star 1600) 16 999 $ à 17 799 $ (Road Star Silverado) |
| Garantie : | 1 an/kilométrage illimité |
| Couleur : | orange, argent, violet (Road Star) violet, gris (Silverado) (Limited Edition : argent) |

## Technique

L'élément technique le plus intéressant de la Road Star est sa mécanique en V, puisqu'elle est pratiquement une copie conforme d'un gros V-Twin Harley-Davidson. C'est ce qui explique d'ailleurs que les sensations ressenties par le pilote soient tellement similaires. Dans les deux cas, il s'agit d'un bicylindre en V refroidi par air, lubrifié par carter sec, ouvrant ses soupapes par un système de tiges et culbuteurs, ou « pushrods », dont le pignon de sortie est situé sur un boîtier de transfert et dont l'entraînement final est confié à une courroie. Même l'angle entre les cylindres est de 48 degrés, presque identique aux 45 degrés d'une Harley. Les différences dans les détails de conception sont en réalité très nombreuses, mais l'architecture générale est effectivement presque la même.

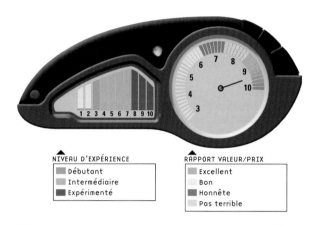

| NIVEAU D'EXPÉRIENCE | RAPPORT VALEUR/PRIX |
|---|---|
| ■ Débutant | ■ Excellent |
| ■ Intermédiaire | ■ Bon |
| ■ Expérimenté | ■ Honnête |
| | ■ Pas terrible |

« *Un attrait initial qui vieillit très bien...* »

## Conclusion

Si elle a commencé par clamer haut et fort qu'il s'agissait de la plus grosse cylindrée du marché, la Road Star a surtout l'avantage, aujourd'hui que ses 1 600 cc sont tout ce qu'il y a de commun, d'offrir une mécanique aussi plaisante aux sens qu'à utiliser au quotidien, ce qui n'a rien de banal. Le tout, dans un emballage extrêmement soigné et très bien maniéré. Comme son prix n'est pas exagérément élevé, il s'agit toujours d'un des achats les plus intéressants, dans le genre.

QUOI DE NEUF EN 2003 ?

- **Versions « Silver Edition » commémorant le 25e anniversaire de la première custom Yamaha, la XS650 Special**
- **Aucune augmentation de prix**

PAS MAL      BOF

- **Une mécanique tout à fait charmante, qui séduit autant par sa façon de bouger que de converser**
- **Un comportement routier étonnamment solide, équilibré et facile à vivre au quotidien**
- **Un bon niveau de confort amené par une belle position, une bonne selle et des suspensions bien calibrées**

- **Des accélérations quelque peu décevantes compte tenu de la cylindrée massive**
- **Un pare-brise qui cause une agaçante turbulence au niveau du casque, sur la Silverado**
- **Un gabarit imposant qui demande une certaine habitude à basse vitesse ou à l'arrêt**

## Yamaha
# V-Max

| KG› 263 | CH› 145 | $› 12 299 |

**Offerte en 2003 dans une teinte noir mat qui lui va à ravir, le vénérable monstre qu'est la V-Max revient pour une ixième année sans modification. Si le constructeur n'indique d'aucune manière qu'une remplaçante est prévue, ses réponses deviennent évasives lorsque l'an 2005, qui coïncide avec le 20ᵉ anniversaire de la « muscle bike », est amené à la discussion. Il pourrait s'agir d'un espoir fondé puisqu'il est essentiellement impensable que cette moto qui en est arrivée au statu de culte ne soit jamais modernisée. D'ici là, comme son prix demeure raisonnable avec les années qui passent, elle reste toujours une façon relativement économique de se faire peur.**

# Espoir à l'horizon...

**M**algré ses 18 ans de services, ou devrait-on peut-être dire d'épouvante, la V-Max continue de représenter l'une des motos les plus originales de l'industrie, l'une de celles qui fascinent le plus ceux qui en ont déjà fait l'expérience et qui suscitent l'envie de ceux qui n'ont jamais eu cette chance. Ce qui n'a rien d'étonnant compte tenu de sa réputation d'avaleuse de pneus et de son coup de crayon aussi radical. Mais l'imaginer n'est pas assez, et ce n'est qu'en selle qu'on réalise vraiment à quoi on a affaire. Légèrement penché vers l'avant, les jambes modérément pliées, on aperçoit les fausses, mais spectaculaires entrées d'air, ainsi que les formes particulières des instruments et des pièces qui les entourent. Au ralenti, le gros V4 gronde sourdement et répond vivement lorsqu'on le sollicite. Une fois la première engagée et les gaz ouverts, on se rend vite compte que tous ces détails ne sont pas une frime, bien au contraire ! L'accélération est forte dès les premiers tours, continue de gagner en intensité vers les mi-régimes, puis explose une fois que le système V-Boost s'enclenche, vers 8 000 tr/mn. La beauté de cette mécanique est qu'elle se prête aussi bien à une conduite perverse qu'à une simple promenade. Les motos qui accélèrent plus fort que la V-Max ne sont pas rares, mais aucune n'appartient à sa catégorie. Même la nouvelle V-Rod et son V-Twin sportif dont on louange partout les performances ne sont pas de taille.

Si la puissance du V4 divertit autant aujourd'hui qu'en 1985, on ne peut en dire autant de la tenue de route, car bien qu'il soit encore possible de s'amuser en V-Max sur une route sinueuse, il est préférable de bien choisir cette dernière et de ne pas exagérer. En deux mots, évitez les tracés en mauvais état que les suspensions n'arrivent simplement pas à dompter, et gardez un rythme modéré qui ne fera pas trop tordre la partie cycle. La direction n'est pas particulièrement rapide par rapport au standard moderne, mais reste quand même satisfaisante. Le comportement primitif des suspensions affecte également le confort, la plupart des irrégularités étant transmises assez sèchement. C'est un peu dommage, car la position de conduite se prête bien aux promenades et la selle ne devient pas inconfortable trop rapidement. Quant aux freins, qui font partie des améliorations que la V-Max a reçues depuis son lancement, ils sont à la hauteur de la tâche.

| | |
|---|---|
| Catégorie : | Custom |

## MOTEUR

| | |
|---|---|
| Type/refroidissement : | 4-cylindres en V/liquide |
| Cylindrée : | 1 198 cc |
| Alésage et course : | 76 mm x 66 mm |
| Puissance : | 145 ch |
| Couple : | 86,9 lb/pi @ 7 500 tr/min |
| Boîte de vitesses : | 5 rapports |
| Transmission finale : | par arbre |

## PARTIE CYCLE

| | |
|---|---|
| Type de cadre : | double berceau, en acier |
| Suspension avant : | fourche conventionnelle de 43 mm réglable pour la pression d'air |
| Suspension arrière : | 2 amortisseurs réglables en précharge et détente |
| Freinage avant : | 2 disques de 282 mm de ø avec étriers à 4 pistons |
| Freinage arrière : | disque simple de 282 mm de ø |
| Pneus avant/arrière : | 110/90 V18 & 150/90 V15 |
| Empattement : | 1 590 mm |
| Hauteur du siège : | 765 mm |
| Poids à vide : | 263 kg |
| Réservoir de carburant : | 15 litres |

## PERFORMANCES

| | |
|---|---|
| Révolution à 100 km/h : | environ 3 800 tr/min |
| Consommation moyenne : | 6,8 l/100 km |

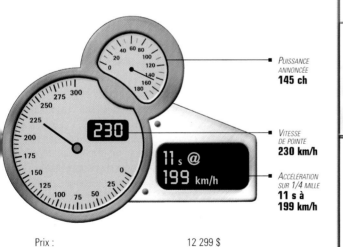

*Puissance annoncée* **145 ch**

*Vitesse de pointe* **230 km/h**

*Accélération sur 1/4 mille* **11 s à 199 km/h**

| | |
|---|---|
| Prix : | 12 299 $ |
| Garantie : | 1 an/kilométrage illimité |
| Couleur : | noir mat |

## Technique

C'est surtout grâce à sa formidable mécanique que la V-Max plaît encore autant aujourd'hui. Il s'agit d'un 4-cylindres en V de 1 198 cc refroidi au liquide et muni de 16 soupapes et 2 arbres à cames en tête. Sa carburation est particulière puisqu'elle utilise un ingénieux système que Yamaha appelle V-Boost. À partir d'un certain régime moteur, ce système permet à chaque cylindre d'être nourri par 2 carburateurs au lieu d'un, ce qui crée un surplus de puissance réellement perceptible en selle. Le système étant assez volumineux, il occupe tout l'espace situé sous le faux réservoir d'essence. Le carburant est plutôt logé sous la selle. La fourche et les freins sont les seules composantes de la V-Max qui aient été révisées depuis son lancement, en 1985.

| NIVEAU D'EXPÉRIENCE | RAPPORT VALEUR/PRIX |
|---|---|
| ▢ Débutant | ▢ Excellent |
| ▢ Intermédiaire | ▢ Bon |
| ▢ Expérimenté | ▢ Honnête |
| | ▢ Pas terrible |

« *Terreur sur demande…* »

## Conclusion

La V-Max devrait être le sujet de ces émissions sur les phénomènes inexpliqués, puisqu'il est franchement étrange qu'une moto continue de tellement fasciner après tant d'années. En fait, il est fort possible que la raison soit la même qui pousse les gens à faire la file des heures pour un tour de montagnes russes. Car si l'âge de la V-Max la prive de manières modernes, il ne l'empêche certainement pas de terrifier son pilote chaque fois que celui-ci ose ouvrir les gaz en grand.

QUOI DE NEUF EN 2003 ?

- **Aucun changement**
- **Aucune augmentation de prix**

PAS MAL — BOF

- **Une mécanique fascinante même après toutes ces années, et d'excellentes performances**
- **Une position de conduite équilibrée qui tend davantage du côté standard que custom**
- **Une gueule qui continue de plaire, de susciter l'intérêt et même d'inspirer les autres (V-Rod, Rune ?)**

- **Un châssis qui n'a évidemment pas la rigidité nécessaire pour contenir la colère du gros V4**
- **Des suspensions peu sophistiquées qui digèrent mal les routes en mauvais état**
- **Un comportement qui peu dégénérer dans les mains d'un pilote sans expérience : pour adulte mature seulement**

**KG▸ 259-272    CH▸ 62    $▸ 10 389 À 12 599**

**Des tonnes de V-Star 1100, voilà combien Yamaha vend de ces jolies customs. Et pour cause : les grosses V-Star n'ont essentiellement aucune concurrence dans ce créneau puisque les seules autres 1100 japonaises, les Honda Shadow, n'arrivent tout simplement pas à les concurrencer au niveau prix. Pour 2003, Yamaha lance une version Silverado de la 1100 Classic. Équipée d'un pare-brise, de sacoches de cuir et d'un dossier de selle pour le passager, elle diffère également du modèle régulier par ses roues coulées. Avec un prix de détail fixé à 12 599 $, Yamaha devrait vendre quelques tonnes de copies de celle-là aussi.**

# Des tonnes de copies...

**E**n créant ses économiques V-Star 1100 à partir de l'antique Virago 1100, Yamaha a carrément réussit un coup de maître, puisque les coûts de développement sont demeurés bas et que les modèles se vendent toujours extrêmement bien. À 1 500 $ de plus que la version régulière, la nouvelle Silverado ne devrait pas rester collée aux planchers de vente ; à titre de comparaison, Honda a vainement tenté de vendre une version Tourer de sa Shadow A.C.E. 1100 entre 1997 et 2001 ; elle se détaillait au début à plus de 15 000 $…

La mécanique qui propulse toutes les versions de la V-Star 1100 est la même. Elle offre des performances vives et plaisantes qui se comparent même, en ligne droite, à celles de mécaniques de 1 500 et 1 600 cc. Évidemment, l'énorme couple offert par ces dernières ne peut être reproduit, mais la souplesse dans les tours inférieurs demeure quand même satisfaisante puisqu'elles n'éprouvent aucune difficulté à trotter à bas régimes, même sur un rapport élevé. La puissance ne plafonne pas une fois les mi-régimes franchis, mais continue plutôt d'être disponible jusqu'en haut. Les vibrations du V-Twin sont toujours bien contrôlées.

Du côté du comportement routier, on note une direction très légère en entrée de courbe : les V-Star suivent de manière neutre et précise l'arc choisi en virage et ne sont pas affectées par les défauts de la chaussée lorsqu'elles sont inclinées. La garde au sol n'est toutefois pas très généreuse. La stabilité n'attire pas de critique, même dans les courbes rapides, alors qu'à plus basse vitesse, la maniabilité est très bonne grâce au poids raisonnable et à la faible hauteur de selle. La direction de la Custom est cependant légèrement plus lourde en raison de sa roue avant de plus grand diamètre. Grâce au double disque à l'avant, les freinages sont excellents pour des customs.

Les bonnes suspensions, les bonnes selles et les positions de conduite relaxes permettent un bon niveau de confort pour tous les modèles, mais la position un peu plus assise et les plateformes permettant un certain mouvement de la Classic lui donnent un léger avantage. En raison de la protection amenée par son pare-brise, la nouvelle Silverado offre évidemment un confort supérieur aux deux autres sur l'autoroute. Ses sacoches en cuir sont pratiques, mais ont un volume faible.

Catégorie : Custom

## MOTEUR

| | |
|---|---|
| Type/refroidissement : | bicylindre en V/air |
| Cylindrée : | 1 063 cc |
| Alésage et course : | 95 mm x 75 mm |
| Puissance : | 62 ch @ 5 750 tr/min |
| Couple : | 63,6 lb/pi @ 2 500 tr/min |
| Boîte de vitesses : | 5 rapports |
| Transmission finale : | par arbre |

## PARTIE CYCLE

| | |
|---|---|
| Type de cadre : | double berceau, en acier |
| Suspension avant : | fourche conventionnelle de 41 mm non-ajustable |
| Suspension arrière : | monoamortisseur ajustable en précharge |
| Freinage avant : | 2 disques de 298 mm de ø avec étriers à 2 pistons |
| Freinage arrière : | disque simple de 282 mm de ø |
| Pneus avant/arrière : | 130/90-16 (110/90-18) & 170/80-15 |
| Empattement : | 1 645 (1 640) mm |
| Hauteur du siège : | 710 (690) mm |
| Poids à vide : | 272 (259) kg |
| Réservoir de carburant : | 17 litres |

## PERFORMANCES

| | |
|---|---|
| Révolution à 100 km/h : | environ 3 400 tr/min |
| Consommation moyenne : | 5,5 l/100 km |

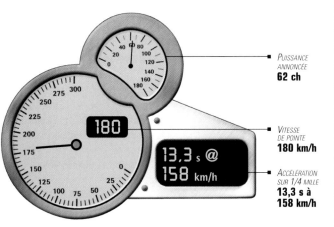

*PUISSANCE ANNONCÉE*
**62 ch**

*VITESSE DE POINTE*
**180 km/h**

*ACCÉLÉRATION SUR 1/4 MILLE*
**13,3 s à 158 km/h**

| | |
|---|---|
| Prix : | 10 389 $ (Custom), 11 099 $ (Classic) 12 599 $ (Silverado) |
| Garantie : | 1 an/kilométrage illimité |
| Couleur : | noir, argent (Classic) noir, gris (Custom) marron (Silverado) |

## Technique

L'une des raisons pour lesquelles Yamaha peut se permettre de vendre ses V-Star 1100 à des prix aussi raisonnables, c'est que leur mécanique, la composante la plus chère de la moto, est produite depuis des lustres. Il s'agit du V-Twin de 1 063 cc à 75 degrés refroidi par air de la bonne vieille Virago 1100. Yamaha l'a cependant légèrement revu avant de l'installer dans le nouveau modèle en allégeant certaines pièces, en réduisant la friction interne, en réajustant les arbres à cames, en jouant avec l'admission et l'échappement, etc. Toutes les versions sont identiques à quelques exceptions près : la Classic utilise par exemple une roue avant plus petite chaussée d'un pneu plus large, en plus d'un guidon plus large. Quant à la Silverado, il s'agit d'une Classic avec des roues coulées et des accessoires ajoutés.

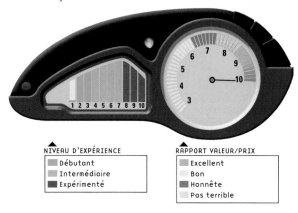

NIVEAU D'EXPÉRIENCE
- ▨ Débutant
- ▨ Intermédiaire
- ■ Expérimenté

RAPPORT VALEUR/PRIX
- ▨ Excellent
- ▨ Bon
- ■ Honnête
- ▨ Pas terrible

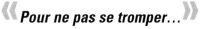

### 《 *Pour ne pas se tromper...* 》

## Conclusion

Les V-Star 1100 obtiennent un tel succès tout simplement parce qu'elles sont d'excellentes affaires. Elles représentent ce choix sûr tant recherché lors de n'importe quel achat, celui qui nous assure de ne pas se tromper. Peu importe la version, il s'agit de customs plaisantes d'un point de vue mécanique, agréables à l'œil, considérablement plus faciles à piloter que les grosses cylindrées, et impeccablement finies. Si seulement il y avait des « meilleurs choix » aussi clairs partout...

QUOI DE NEUF EN 2003 ?

- **Version Silverado offerte à 1 500 $ de plus que la Classic**
- **Aucun changement**
- **Aucune augmentation de prix**

PAS MAL    BOF

- **Un rapport valeur/prix tout simplement imbattable, peu importe la version choisie**
- **Un V-Twin doux et honnêtement souple, au caractère simple, mais plaisant**
- **Un comportement routier sain et solide qui s'avère considérablement plus facile d'accès que celui des plus grosses customs**

- **Un niveau de performance correct, mais qui n'a rien de très excitant**
- **Une direction qui semble vouloir tomber vers l'intérieur du virage lors de manœuvres serrées, sur la Custom**
- **Une garde au sol qui n'est pas exagérément faible, mais qui est quand même vite épuisée**

# V-Star 650 Classic et Custom

| KG ▸ 214-225 | CH ▸ 40 | $ ▸ 7 899 À 8 399 |
|---|---|---|

Dès le moment où elle fut présentée, en 1998, la plus petite des V-Star suscita un immense intérêt. La combinaison de son bas prix, de ses dimensions pleines et de la possibilité de choisir l'une des deux versions disponibles, la Classic et la Custom, allait même la rendre occasionnellement difficile à obtenir. La situation s'est toutefois normalisée au fil des ans, puis s'est même tranquillement atténuée avec l'arrivée constante de rivales de 750 et 800 cc à prix semblable. Pour 2003, ni l'une ni l'autre des versions ne subissent de modifications, mais la logique voudrait que cela ne tarde encore très longtemps.

## Succès souvenir...

La principale raison derrière le succès des deux variantes de la V-Star 650, la Custom et la Classic, outre leur facture invitante, est la facilité qu'elles ont de se faire prendre pour d'autres : même l'œil averti peine à les différencier des versions 1 100 cc, tellement leurs dimensions sont semblables et leur finition est soignée.

Au chapitre de la conduite, qu'il soit question d'une version ou de l'autre, on a essentiellement affaire à la même moto, la seule différence technique digne de mention se retrouvant au niveau de la roue avant, plus grande et plus mince sur la Custom que sur la Classic. Mais même en tenant compte de cette dernière, la conduite reste pratiquement identique. Les 40 chevaux provenant de leur cylindrée limitée à 650 cc dirigent les V-Star 650 vers les motocyclistes débutants, peu expérimentés, ou intimidés par le sport ; tout est d'ailleurs en place pour mettre ces derniers rapidement à l'aise. Le poids raisonnable permet des performances honnêtes malgré la faible puissance, ce qui permet de se mêler à la circulation sans aucun problème, que ce soit

en ville ou sur l'autoroute, ainsi que de suivre aisément des customs de cylindrées supérieures. La puissance arrive suffisamment tôt en régime pour pouvoir garder les tours raisonnablement bas en conduite normale, mais la souplesse est faible et il faut s'attendre à devoir faire tourner sans gêne le petit V-Twin pour obtenir ses meilleures performances. Heureusement, les régimes élevés n'amènent pas de vibrations excessives.

Grâce au poids qui est faible pour des customs pleine grandeur, au centre de gravité bas et à la faible hauteur de selle, la maniabilité dans les situations serrées est bonne et la prise de confiance se fait rapidement. Le comportement routier rappelle celui des plus grosses V-Star puisque la direction est très légère, que le comportement en virage est relativement solide et précis, et que la stabilité est toujours bonne ; quant au freinage, il est satisfaisant. Le confort est honnête, surtout grâce aux positions de conduite qui sont dégagées, relaxes et sans exagération. La Classic, avec ses plateformes, semble même un peu plus spacieuse. Les selles sont bien formées et bien rembourrées, et le travail des suspensions est correct tant qu'on ne roule pas sur une route trop abîmée, sur laquelle l'arrière peut occasionnellement devenir sec.

| | |
|---|---|
| Catégorie : | Custom |

## MOTEUR

| | |
|---|---|
| Type/refroidissement : | bicylindre en V/air |
| Cylindrée : | 649 cc |
| Alésage et course : | 81 mm x 63 mm |
| Puissance : | 40 ch @ 6 500 tr/min |
| Couple : | 37,5 lb/pi @ 3 000 tr/min |
| Boîte de vitesses : | 5 rapports |
| Transmission finale : | par arbre |

## PARTIE CYCLE

| | |
|---|---|
| Type de cadre : | double berceau, en acier |
| Suspension avant : | fourche conventionnelle de 41 mm non-ajustable |
| Suspension arrière : | monoamortisseur ajustable en précharge |
| Freinage avant : | 1 disque de 298 mm de ø avec étriers à 2 pistons |
| Freinage arrière : | tambour mécanique |
| Pneus avant/arrière : | 130/90-16 (100/90-19) & 170/80-15 |
| Empattement : | 1 625 (1 610) mm |
| Hauteur du siège : | 710 (695) mm |
| Poids à vide : | 225 (214) kg |
| Réservoir de carburant : | 16 litres |

## PERFORMANCES

| | |
|---|---|
| Révolution à 100 km/h : | environ 4 300 tr/min |
| Consommation moyenne : | 5,0 l/100 km |

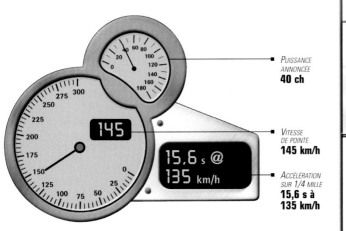

PUISSANCE ANNONCÉE
**40 ch**

VITESSE DE POINTE
**145 km/h**

ACCÉLÉRATION SUR 1/4 MILLE
**15,6 s à 135 km/h**

| | |
|---|---|
| Prix : | 7 899 $ (Custom), 8 399 $ (Classic) |
| Garantie : | 1 an/kilométrage illimité |
| Couleur : | noir, violet, argent (Classic) noir, gris (Custom) |

## Technique

Dans le but de garder les coûts de fabrication les plus bas possibles, Yamaha a développé une mécanique déjà existante pour propulser ses V-Star 650 plutôt que d'en concevoir une nouvelle, exactement comme il l'a fait pour ses V-Star 1100 d'ailleurs. Le moteur de départ, dans ce cas, est le V-Twin de 535 cc de la Virago 535 aujourd'hui discontinuée. Un sérieux remaniement fut toutefois nécessaire puisque la cylindrée est passée à 649 cc sur les V-Star. L'angle entre les cylindres est toujours de 70 degrés, il y a encore 2 soupapes et un simple arbre à cames en tête par cylindre, et le refroidissement reste par air. L'entraînement final par arbre est une caractéristique unique chez les customs de cette cylindrée, et rare chez les cylindrées moyennes.

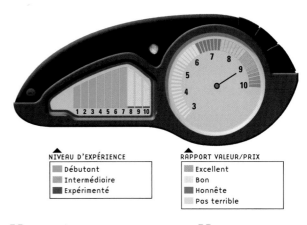

NIVEAU D'EXPÉRIENCE
- Débutant
- Intermédiaire
- Expérimenté

RAPPORT VALEUR/PRIX
- Excellent
- Bon
- Honnête
- Pas terrible

## « En attendant autre chose... »

## Conclusion

Pour les montants qu'on en demande, les deux versions de la V-Star 650 restent de bonnes valeurs puisqu'il s'agit de motos extrêmement accessibles, bien maniérées et dont la finition est étonnamment soignée. Le problème est que la concurrence offre plus de cubage au même prix, ou presque. Yamaha a conçu le modèle autour de la mécanique de la Virago 535, et il serait facile pour lui de répéter la recette avec le V-Twin de la défunte Virago 750. L'histoire de la petite V-Star pourrait alors se répéter.

QUOI DE NEUF EN 2003 ?

- **Aucun changement**
- **Aucune augmentation de prix**

PAS MAL

BOF

- **Des lignes et des proportions qui ressemblent à s'y méprendre à celles des V-Star 1100**
- **Un comportement routier sain, très facile d'accès même pour une clientèle novice**
- **Un excellent niveau de finition et un entraînement final par arbre propre et pratique**

- **Une cylindrée trop petite pour que la mécanique puisse faire sentir un quelconque caractère**
- **Des performances peu intéressantes, surtout en raison du manque de couple**
- **Des prix corrects, mais quand même plus ou moins équivalents à ceux des 750 et 800 rivales**

# Virago 250

**KG ▸ 137       CH ▸ 21              $ ▸ 4 799**

La Virago 250 est une toute petite moto d'initiation qui se trouve dans le même créneau que les Honda Rebel 250, Suzuki Marauder 250 et, à la rigueur Kawasaki Eliminator 125. Elle était absente du marché canadien depuis plusieurs années, et la seule raison pour laquelle Yamaha décide de la ramener maintenant est de ne pas donner la catégorie à la concurrence.

Ici, au Canada, cela fait un bout de temps que le nom Virago n'est plus prononcé, du moins en ce qui concerne le marché de la moto neuve. Si la Virago 250 fait un retour, quelque sept ans après sa disparition de la gamme Yamaha, c'est davantage pour éviter de laisser une catégorie « sans défense » devant la compétition, si impopulaire soit-elle. Car la Virago miniature n'avait pas vraiment cessé d'être produite ; Yamaha Canada avait plutôt décidé de ne plus l'inclure à la gamme, par manque d'intérêt. Le modèle 2003 est en tout point identique à la première version, lancée en 1988. Il s'agit de la seule monture de son créneau qui soit motorisée par un V-Twin, et donc de celle qui rend le plus fidèlement le thème custom. Ceci dit, V-Twin ou pas, la vingtaine de chevaux annoncée ne suffit guerre qu'à suivre la circulation, voire s'aventurer occasionnellement sur l'autoroute. Tous sauf les novices les plus craintifs n'ayant aucune expérience sur deux roues la trouveront anémique, comme toutes les autres montures du genre, d'ailleurs.

Le comportement routier, qui n'est pas mauvais, est surtout caractérisé par une extrême maniabilité due à un poids très faible. Mais la Virago 250 a beau être légère, son étrange position de conduite contribue plutôt à mettre mal à l'aise. Ce n'est pas la selle, qui est basse, ou la position assez compacte des jambes qui gêne, mais plutôt la hauteur inutile du guidon et l'angle bizarre des poignées, des détails qui témoignent de l'âge du concept. La plupart des montures de ce type sont surtout utilisées par des écoles de conduite. Sur la route, leur intérêt est essentiellement inexistant.

## FICHE TECHNIQUE

| | |
|---|---|
| Catégorie : | Custom |

### MOTEUR

| | |
|---|---|
| Type/refroidissement : | bicylindre en V/air |
| Cylindrée : | 249 cc |
| Alésage et course : | 49 mm x 66 mm |
| Puissance : | 21 ch @ 8 000 tr/min |
| Couple : | 15,2 lb/pi @ 6 000 tr/min |
| Boîte de vitesses : | 5 rapports |
| Transmission finale : | par chaîne |

### PARTIE CYCLE

| | |
|---|---|
| Type de cadre : | double berceau, en acier |
| Suspension avant : | fourche conventionnelle de 33 mm non-ajustable |
| Suspension arrière : | 2 amortisseurs ajustables en précharge |
| Freinage avant : | 1 disque de 282 mm de ø avec étriers à 2 pistons |
| Freinage arrière : | tambour mécanique |
| Pneus avant/arrière : | 3,00-18 & 130/90-15 |
| Empattement : | 1 488 mm |
| Hauteur du siège : | 685 mm |
| Poids à vide : | 137 kg |
| Réservoir de carburant : | 9,5 litres |
| Prix : | 4 799 $ |
| Garantie : | 1 an/kilométrage illimité |
| Couleur : | noir |

# Yamaha
# XT225

**KG▸ 108      CH▸ 20                    $▸ 5 099**

**Introduite en 1992, la petite XT225 est une double-usage format léger conçue exclusivement pour servir à l'apprentissage ou à l'amusement en sentier. Il s'agit du modèle de ce genre le plus récent vendu par Yamaha, sur notre marché. Elle est propulsée par un monocycindre à quatre temps de 223 cc refroidi par air et se veut la rivale des Suzuki DR200S et Kawasaki Super Sherpa.**

L a petite XT225 ayant comme vocation première de mettre son pilote le plus rapidement à l'aise, elle dispose d'une hauteur de selle relativement faible, d'un poids très bas et d'une direction qui ne demande essentiellement pas d'effort. Elle se laisse donc instantanément manier avec grande facilité, et ne démontre aucune manière susceptible de gêner ou d'intimider un pilote, même totalement inexpérimenté. Surtout pas en ce qui a trait à la mécanique, dont la puissance avoisinant les 20 chevaux permet tout de même de circuler sans difficulté en ville, du moins tant qu'on se montre prêt à faire tourner librement le petit moteur. On peut à la rigueur circuler sur l'autoroute, mais sans trop espérer dépasser les vitesses légales. Les vibrations du petit monocylindre sont assez bien contrôlées et ne dérangeront que sur de longues distances, si une vitesse élevée est maintenue. Le poids faible, la direction légère et les débattements généreux des suspensions permettent de franchement s'amuser en sentier et de passer littéralement partout. Sur la route, ces mêmes débattements avalent sans problème les pires défauts de la chaussée et la position dégagée et relevée ajoute encore au confort. L'étroitesse de la selle finit toutefois par devenir gênante.

Tant qu'elle est utilisée dans les conditions pour lesquelles elle est conçue, la XT225 livre honnêtement la marchandise. Pour un coût raisonnable, elle peut autant servir de mode de déplacement au chalet que d'une manière de s'initier au pilotage d'une moto. De plus, la fiabilité est bonne et l'entretien est minimal.

## FICHE TECHNIQUE

| | |
|---|---|
| Catégorie : | Double-Usage |

### MOTEUR

| | |
|---|---|
| Type/refroidissement : | monocylindre/air |
| Cylindrée : | 223 cc |
| Alésage et course : | 70 mm x 58 mm |
| Puissance : | 20 ch @ 8 000 tr/min |
| Couple : | 12,4 lb/pi @ 6 500 tr/min |
| Boîte de vitesses : | 6 rapports |
| Transmission finale : | par chaîne |

### PARTIE CYCLE

| | |
|---|---|
| Type de cadre : | berceau semi-double, en acier |
| Suspension avant : | fourche conventionnelle de 36 mm ajustable |
| Suspension arrière : | monoamortisseur réglable en précharge |
| Freinage avant : | 1 disque de 220 mm de ø |
| Freinage arrière : | tambour mécanique |
| Pneus avant/arrière : | 2.75-21 & 120/80-18 |
| Empattement : | 1 350 mm |
| Hauteur du siège : | 810 mm |
| Poids à vide : | 108 kg |
| Réservoir de carburant : | 8,8 litres |
| Prix : | 5 099 $ |
| Garantie : | 1 an/kilométrage illimité |
| Couleur : | argent |

# TW200

**KG› 118     CH› 15,2          $› 4 599**

Apparemment très recherchée sur certains marchés, notamment celui du Japon où on parlerait même de moto culte, ce qui semble particulièrement troublant, chez nous, la petite double-usage qu'est la TW200 est plutôt réservée à l'initiation ou à l'amusement léger en sentier. Introduite en 1987, elle recevait une première série d'améliorations en 2001. À part un changement de couleur, rien ne bouge en 2003, pas même le prix.

Si l'utilisation première que nous faisons de la petite TW200 en est une éducationnelle, comme l'illustre d'ailleurs bien le fait qu'on en retrouve régulièrement dans les écoles de conduite, il reste qu'avec ses gros pneus à crampons, ses suspensions souples et sa selle relativement basse, elle se veut également fort amusante à piloter en sentier, même pour les néophytes de la conduite hors-route. De légères, mais appréciables modifications ont été apportées en 2001. Au niveau de la mécanique, on annonçait un nouveau carburateur, une boîte à air révisée, une nouvelle courbe d'allumage et un nouveau tendeur de chaîne automatique. On notait également un nouveau phare avant de type halogène. Du côté châssis, les roulements à billes de la colonne de direction ont été revus, mais la plus importante annonce a été celle d'un nouveau frein avant à disque de 220 mm beaucoup plus efficace que l'ancien frein à tambour. Si ces légères améliorations ont été les bienvenues, elles n'ont rien changé au caractère de la petite TW200. On a donc toujours affaire à une moto extrêmement amicale à piloter, surtout que la selle n'est pas trop haute et que la position de conduite relevée met immédiatement à l'aise. Les performances ne sont évidemment pas renversantes, mais on peut tout de même se déplacer sans difficulté en ville et même s'aventurer sur l'autoroute. Que le but soit d'initier un novice, de se déplacer et de s'amuser au chalet, ou encore de l'utiliser comme véhicule fixé à l'arrière du motorisé, la TW200 fera le travail, pour pas trop cher et de façon fiable.

## FICHE TECHNIQUE

| | |
|---|---|
| Catégorie : | Double-Usage |

### MOTEUR

| | |
|---|---|
| Type/refroidissement : | monocylindre/air |
| Cylindrée : | 196 cc |
| Alésage et course : | 67 mm x 55,7 mm |
| Puissance : | 15,2 ch @ 8 000 tr/min |
| Couple : | 11,1 lb/pi @ 6 500 tr/min |
| Boîte de vitesses : | 5 rapports |
| Transmission finale : | par chaîne |

### PARTIE CYCLE

| | |
|---|---|
| Type de cadre : | berceau semi-double, en acier |
| Suspension avant : | fourche conventionnelle de 33 mm non-ajustable |
| Suspension arrière : | monoamortisseur réglable en précharge |
| Freinage avant : | disque simple de 220 mm de ø |
| Freinage arrière : | tambour mécanique |
| Pneus avant/arrière : | 130/80-18 & 180/80-14 |
| Empattement : | 1 325 mm |
| Hauteur du siège : | 790 mm |
| Poids à vide : | 118 kg |
| Réservoir de carburant : | 7 litres |
| Prix : | 4 599 $ |
| Garantie : | 1 an/kilométrage illimité |
| Couleur : | argent |

# Yamaha
# BW's

KG▸ N/O    CH▸ 5              $▸ 2 699

**Le BW's est le scooter le plus populaire au Canada, et par une grande marge. En fait, il faudrait plutôt parler du Québec puisque c'est chez nous que la majorité de ces petits engins est vendue, notamment en raison de nos lois amicales à leur égard. Le « beeweez », c'est ainsi que son nom se prononce, a été profondément revu l'an dernier. Aucun changement, donc, à signaler pour 2003, pas même au niveau du prix.**

A u-delà de son air de véhicule lunaire, le BW's est l'un des scooters de cette catégorie les plus pratiques sur le marché en raison de sa capacité à accepter légalement un passager. C'est la combinaison de son image extrême et de ce côté pratique qui lui permet d'obtenir une telle popularité auprès des jeunes. D'ailleurs, certaines écoles secondaires voient aujourd'hui leur espace de stationnement pour vélos littéralement envahi par des BW's de toutes les couleurs, et dans tous les états… Heureusement, en plus d'être joli et pratique, le BW's est également plus solide et sécuritaire que la moyenne des scooters. Bâti autour d'un châssis costaud en acier, le BW's se distingue surtout de la concurrence, à ce sujet, par ses roues et ses pneus surdimensionnés qui sont infiniment plus résistants aux chocs constants provoqués par l'état de nos routes que les frêles roues des scooters normaux. Le frein avant à disque est un avantage marqué sur le minuscule tambour régulièrement utilisé sur les autres modèles puisqu'il permet des arrêts plus puissants et plus court.

Le côté pratique va plus loin que la simple possibilité d'amener légalement un passager puisqu'on trouve sous la selle un espace de rangement verrouillable dont le volume est suffisant pour accepter un casque intégral. Au chapitre du comportement, le BW's affiche l'agilité typique des scooters de ce gabarit, sans toutefois qu'on puisse parler de nervosité, tandis que du côté performances, la révision de l'an dernier n'a pas vraiment apporté de progrès. Il s'agit donc toujours d'un véhicule capable de se mêler à un flot normal de circulation, mais qui réussit aussi, occasionnellement, à impatienter les automobilistes.

## FICHE TECHNIQUE

| | |
|---|---|
| Catégorie : | Scooter |

### MOTEUR

| | |
|---|---|
| Type/refroidissement : | monocylindre 2 temps/air forcé |
| Cylindrée : | 49 cc |
| Alésage et course : | 40 mm x 39,2 mm |
| Puissance estimée: | 5 ch |
| Couple : | n/d |
| Boîte de vitesses : | automatique |
| Transmission finale : | par courroie |

### PARTIE CYCLE

| | |
|---|---|
| Type de cadre : | en acier |
| Suspension avant : | fourche conventionnelle non-ajustable |
| Suspension arrière : | monoamortisseur non-ajustable |
| Freinage avant : | disque simple de 180 mm de ø avec étrier à 1 piston |
| Freinage arrière : | tambour mécanique |
| Pneus avant/arrière : | 120/90-10 & 130/90-10 |
| Empattement : | 1 275 mm |
| Hauteur du siège : | 765 mm |
| Poids à vide : | n/d |
| Réservoir de carburant : | 5,7 litres |
| Prix : | 2 699 $ |
| Garantie : | 1 an/kilométrage illimité |
| Couleur : | argent, jaune, bleu |

**KG › 68       CH › 4,5        $ › 2 349 À 2 399**

Lancé il y a deux ans, le Vino est un scooter dont la ligne est inspirée des célèbres Vespa italiens. Il s'agissait de la première nouveauté à apparaître dans cette classe depuis de longues années, et d'un ajout fort rafraîchissant à une catégorie qui n'a jamais été, sur notre marché du moins, très audacieuse au niveau du style. Un fait qui devrait d'ailleurs changer avec l'arrivée prochaine sur le marché québécois de marques étrangères.

## FICHE TECHNIQUE

| | |
|---|---|
| Catégorie : | Scooter |

### MOTEUR

| | |
|---|---|
| Type/refroidissement : | monocylindre 2 temps/air forcé |
| Cylindrée : | 49 cc |
| Alésage et course : | 40 mm x 39.2 mm |
| Puissance : | 4,5 ch (est.) |
| Couple : | 4,7 lb/pi @ 6 000 tr/mn |
| Boîte de vitesses : | automatique |
| Transmission finale : | par courroie |

### PARTIE CYCLE

| | |
|---|---|
| Type de cadre : | en acier |
| Suspension avant : | fourche articulée non-ajustable |
| Suspension arrière : | monoamortisseur non-ajustable |
| Freinage avant : | tambour mécanique |
| Freinage arrière : | tambour mécanique |
| Pneus avant/arrière : | 80/90-10 & 80/90-10 |
| Empattement : | 1 150 mm |
| Hauteur du siège : | 715 mm |
| Poids à vide : | 68 kg |
| Réservoir de carburant : | 6 litres |
| Prix : | 2 349 $ (Classic : 2 399 $) |
| Garantie : | 1 an/kilométrage illimité |
| Couleur : | bleu, rouge argent, or (Classic) |

I a été passablement surprenant de voir débarquer chez nous le petit Vino, en 2001, suivi, l'année dernière, du Honda Jazz de style semblable (mais dont la technologie est complètement différente). Car si les scooters aux styles les plus farfelus pullulent en Europe, et même si plusieurs sont fabriqués par des constructeurs actifs sur notre marché, on ne semble recevoir que ceux dont les traits sont les plus ennuyants. L'arrivée récente de la marque Derbi et celle d'autres manufacturiers, chez nous, devrait sensiblement relever la barre de ce côté. En attendant, il reste très plaisant de pouvoir acheter quelque chose dans ce créneau qui ressemble à autre chose qu'une boîte aux lettres. Sur le plan technique, toutefois, le Vino n'innove pas vraiment puisqu'il s'agit en quelque sorte du remplaçant du Jog, le modèle de milieu de gamme chez Yamaha avant 2002. Il est propulsé par un petit monocylindre 2-temps refroidi par air forcé qui produirait, selon le manufacturier, un couple maxi identique à celui du plus gros BW's R, ce qui laisse présager des accélérations à tout le moins décentes. Pour des raisons d'unité à travers les marchés, sa vitesse de pointe serait toutefois volontairement limitée à plus ou moins 50 km/h. Un « débridage » est possible, mais un concessionnaire doit faire le travail. Hormis sa sympathique ligne, il s'agit d'un scooter relativement commun : injection automatique d'huile, « gros » réservoir d'essence de 6 litres (assez pour quelques mois, ou presque...), moteur 2-temps à refroidissement par air forcé et pratiquement aucun entretien, etc. Le côté pratique du Vino ne s'arrête pas là puisqu'un généreux volume de rangement verrouillable est situé sous la selle. Enfin, on remarque que la finition est supérieure à ce qu'on retrouve habituellement dans cette classe, au niveau de la quantité de pièces chromées, par exemple.

# Index des concessionnaires

# Index des concessionnaires

**Action Motosport**
Honda – Kawasaki
motos usagées
124, Joseph-Carrier
(450) 510-5100
**Vaudreuil-Dorion**

**A.M.I. Sport**
Honda – TM
motos usagées
2509, Curé-Labelle
(450) 973-7979
**Laval**

**André Joyal MTG**
Kawasaki – Triumph
motos usagées
438, rang Thiersant
(450) 788-2289
**Massueville**

**Beauce Sports**
Honda – Kawasaki
610, boul. Vachon Sud
(418) 387-6655
**Ste-Marie**

**Caza Yamaha**
Yamaha
motos usagées
3755, route 132
(450) 264-2300
**St-Anicet**

**Centre du Sport Alary**
Yamaha
1324, route 158
(450) 436-2242   1-866-436-2242
**St-Jérôme**

**Deshaies Motosport**
Kawasaki – Yamaha
8568, boul. St-Michel
(514) 593-1950
**Montréal**

**Dion Moto**
Honda – Suzuki
motos usagées
840, Côte Joyeuse
(418) 337-2776
**St-Raymond**

**Équipements Villeneuve**
Honda
1178, boul. Ste-Geneviève
(418) 543-3600
**Chicoutimi**

**Gagné-Lessard Sports**
Kawasaki – Yamaha
motos usagées – location de motos
16, route 147
(819) 849-4849
**Coaticook**

**Harley-Davidson Rimouski**
Harley-Davidson
motos usagées – location de motos
424, montée Industrielle
(418) 724-0883
**Rimouski**

**Harricana Aventures**
Suzuki  – Yamaha
motos usagées
211, Principale Sud
(819) 732-4677
**Amos**

**J.B. Pothier & Fils**
Honda
motos usagées
5330, boul. Royal
(819) 539-8151
**Shawinigan**

**Jean Morneau**
Honda
motos usagées – location de motos
91 boul. Cartier
(418) 860-3632 – 1-888-297-3632
**Rivière-du-Loup**

**J. Sicard Sport**
Honda – Yamaha
motos usagées
811, boul. St-Laurent Est
(819) 228-5803
**Louiseville**

**Lajeunesse Moto Sport**
Derbi – Honda – Triumph
motos usagées
700, boul. des Laurentides
(450) 663-7005
**Laval**

**Latendresse Sports**
Kawasaki
motos usagées, location de motos
7150, route 125
(450) 882-2888
**Chertsey**

**Laval Moto**
Suzuki
motos usagées – location de motos
315, boul. Cartier Ouest
(450) 662-1919
**Laval**

**Lavertu Équipement**
Honda
motos usagées
4, rue St-Augustin
(418) 832-6143
**Breakyville**

**Location Val-D'or**
Kawasaki – Yamaha
motos usagées – location de motos
336, avenue Centrale
(819) 825-3335
**Val-D'or**

**Marina Tracy Sports**
CPI – Derbi – Honda – Suzuki
motos usagées
3890, chemin St-Roch
(450) 742-1910
**Sorel-Tracy**

**Méga Sports St-Jérôme**
Honda
motos usagées
55, Matile
(450) 431-6622
**St-Jérôme**

**Mini Moteurs RG**
Suzuki – Yamaha
motos usagées
1012, avenue Bergeron
(418) 888-3692
**St-Agapit**

**Monette Sports**
BMW – Ducati – Kawasaki – KTM – Yamaha
motos usagées
251, boul. des Laurentides
(450) 668-6466
**Laval**

**Moto Centre St-Hyacinthe**
Honda
625, boul. Laurier
1-800-605-6686
**St-Hyacinthe**

**Moto Clinique St-Jean**
Honda – Yamaha
motos usagées
92, Jacques Cartier Sud
(450) 346-4795
**St-Jean-sur-Richelieu**

**Moto Ducharme**
Honda – Kawasaki
motos usagées – location de motos
761, chemin des Prairies
(450) 755-4444
**Joliette**

**Moto Expert**
Kawasaki – Yamaha
460, boul. Laurier
(450) 799-3000
**Ste-Rosalie**

**Moto Internationale –
Harley-Davidson Montréal**
BMW – Derbi – Harley-Davidson
Honda – Suzuki – Yamaha
motos usagées – location de motos
6695, rue St-Jacques Ouest
(514) 483-6686  –  1-800-871-6686
**Montréal**

**Moto JMF**
Honda – Suzuki – Yamaha
motos usagées – location de motos
842, boul. Smith Sud
(418) 335-6226
**Thetfordmines**

**Motopro**
Derbi – Yamaha
6685, 127ᵉ rue Est
(418) 228-7574  –  1-877-224-7574
**St-Georges**

**Moto Repentigny**
Honda – Kawasaki – Suzuki – Yamaha
motos usagées
101, Grenier
(450) 585-5224
**Charlemagne**

**Moto Rive-Sud**
Honda
motos usagées
628, route Kennedy
(418) 837-7170
**Pintendre**

**Motoroute des Laurentides**
Derbi – Kawasaki – Suzuki
444, rue de St-Jovite
(819) 429-6686
**Mont-Tremblant**

**Motos Illimitées**
Honda – Kawasaki – Suzuki – Yamaha
motos usagées
3250, boul. des Entreprises
(450) 477-4000
**Terrebonne**

**Moto Sport Newman**
Kawasaki – Yamaha
motos usagées
7308, boul. Newman
(514) 366-4863
**Lasalle**

**Moto Vanier**
BMW – Ducati – Kawasaki
motos usagées
176, boul. Hamel
(418) 527-6907
**Québec**

**M.R. Chicoine Sports**
Kawasaki – Yamaha
motos usagées
14 400, boul. Pierrefonds
(514) 626-1919
**Pierrefonds**

**Nadon Sport**
Honda – Kawasaki – Yamaha
motos usagées
280, Béthanie
(450) 562-2272
**Lachute**

**Pelletier Moto Sport**
Kawasaki – Yamaha
motos usagées
356, rue Témiscouata
(418) 867-4611
**Rivière-du-Loup**

**Pridex Sports**
Honda
239, St-Jean-Baptiste
(450) 691-2931
**Mercier**

**R. Goulet Moto Sports**
Honda – Kawasaki – Moto Guzzi – Trike Lehman
motos usagées – location de motos
110, Turgeon
(450) 435-2408
**Ste-Thérèse**

**Richard Moto Sport**
Kawasaki, Sense Scooter
motos usagées
945, chemin Rhéaume
(450) 454-9711  –  1-888-454-9711
**St-Michel-de-Napierville**

**Riendeau Sports**
Honda – Indian – Kawasaki
motos usagées
1855, route 132 Est
(514) 875-3984
**Varennes**

**RPM Rive-Sud**
Kawasaki – Suzuki – Yamaha
motos usagées
4822, boul. de la Rive-Sud
(418) 835-1624
**Lévis**

**SM Sport**
Honda – Suzuki – Yamaha
motos usagées – location de motos
113, boul. Valcartier
(418) 842-2703
**Loretteville**

**Sports Plus**
Suzuki
motos usagées – location de motos
5, du Carrefour (via Témiscouata)
(418) 862-9444
**Rivière-du-Loup**

*L'Index des concessionnaires du Guide de la Moto est un service payant offert
aux marchands de motos. Les commerces intéressés à être présents dans la
prochaine édition sont priés de nous contacter au (450) 651-8623.*